DATI SUI MONDIALI DI CALCIO DAL 1930 AL 2022

Sommario

_ Storia - Tutto il mondo (passato)

Squadra	Vincitore	Secondo posto	Terzo Posto	Quarto Posto	Tot. Podi	Tot. piazzamenti nei primi quattro	Edizioni Vincenti	Partecipazioni
Brasile	5	2	2	2	9	11	1958, 1962, 1970, 1994 e 2002	21
Germania	4	4	4	1	12	13	1954, 1974, 1990 e 2014	19
Italia	4	2	1	1	7	8	1934, 1938, 1982 e 2006	18
Argentina	2	3	-	-	5	5	1978 e 1986	17
Francia	2	1	2	1	5	6	1998 e 2018	15
Uruguay	2	-	-	3	2	5	1930 e 1950	13
Inghilterra	1	-	-	2	1	3	1966	15
Spagna	1	-	-	1	1	2	2010	15
Paesi Bassi	-	3	1	1	4	5	-	10
Ungheria	-	2	-	-	2	2	-	9
Cecoslovacchia	-	2	-	-	2	2	-	9
Svezia	-	1	2	1	3	4	-	12
Croazia	-	1	1	-	2	2	-	5
Polonia	-	-	2	-	2	2	-	8
Austria	-	-	1	1	1	2	-	7
Portogallo	-	-	1	1	1	2	-	7
Belgio	-	-	1	1	1	2	-	13
Stati Uniti	-	-	1	-	1	1	-	10
Cile	-	-	1	-	1	1	-	9
Turchia	-	-	1	-	1	1	-	2
Jugoslavia	-	-	-	2	-	2	-	8
Unione Sovietica	-	-	-	1	-	1	-	11
Bulgaria	-	-	-	1	-	1	-	7
Corea del Sud	-	-	-	1	-	1	-	10

La classifica storica dei mondiali di calcio mostra i risultati accumulati da ogni selezione nazionale che abbia partecipato ai Mondiali di calcio. Il punteggio è determinato assegnando 3 punti per la vittoria, 1 punto per il pareggio, zero punti per la sconfitta.

Aggiornata al 15 luglio 2018

Posicione | Squadra | Partecipazioni | PG | V | N | P | GF | GS | DR | PT | MP | Miglior piazzamento

Posicione	Squadra	Partecipazioni	PG	V	N	P	GF	GS	DR	PT	MP	Miglior piazzamento
1.	Brasile	21	109	73	18	18	229	105	124	237	2,17	Campione
2.	Germania	19	109	67	20	22	226	125	101	221	2,03	Campione
3.	Italia	18	83	45	21	17	128	77	51	156	1,88	Campione
4.	Argentina	17	81	43	15	23	137	93	44	144	1,78	Campione
5.	Francia	15	66	34	13	19	120	77	43	115	1,74	Campione
6.	Inghilterra	15	69	29	21	19	91	64	27	108	1,57	Campione
7.	Spagna	15	63	30	15	18	99	72	27	105	1,67	Campione
8.	Paesi Bassi	10	50	27	12	11	86	48	38	93	1,86	Finalista
9.	Uruguay	13	56	24	12	20	87	74	13	84	1,50	Campione
10.	Svezia	12	51	19	13	19	80	73	7	70	1,37	Finalista
11.	Belgio	13	48	20	9	19	68	72	−4	69	1,44	Terzo posto
12.	Russia	11	45	19	10	16	77	54	23	67	1,49	Quarto posto
13.	Serbia	12	46	18	8	20	66	63	3	62	1,35	Quarto posto
14.	Messico	16	57	16	14	27	60	98	−38	62	1,09	Quarti di finale
15.	Polonia	8	34	16	5	13	46	45	1	53	1,56	Terzo posto
16.	Portogallo	7	30	14	6	10	49	35	14	48	1,6	Terzo posto
17.	Ungheria	9	32	15	3	14	87	57	30	48	1,5	Finalista
18.	Svizzera	11	37	12	8	17	50	64	−14	44	1,19	Quarti di finale
19.	Rep. Ceca	9	33	12	5	16	47	49	−2	41	1,24	Finalista
20.	Austria	7	29	12	4	13	43	47	−4	40	1,38	Terzo posto
21.	Cile	9	33	11	7	15	40	49	−9	40	1,21	Terzo posto
22.	Croazia	5	23	11	4	8	35	26	9	37	1,61	Finalista
23.	Danimarca	5	20	9	5	6	30	26	4	32	1,6	Quarti di finale
24.	Paraguay	8	27	7	10	10	30	38	−8	31	1,15	Quarti di finale
25.	Colombia	6	22	9	3	10	32	30	2	30	1,36	Quarti di finale
26.	Stati Uniti	10	33	8	6	19	37	62	−25	30	0,91	Terzo posto
27.	Romania	7	21	8	5	8	30	32	−2	29	1,38	Quarti di finale
28.	Corea del Sud	10	34	6	9	19	34	70	−36	27	0,79	Quarto posto
29.	Nigeria	6	21	6	3	12	23	30	−7	21	1	Ottavi di finale
30.	Costa Rica	5	18	5	5	8	19	28	−9	20	1,11	Quarti di finale
31.	Giappone	6	21	5	5	11	20	29	−9	20	0,95	Ottavi di finale
32.	Scozia	8	23	4	7	12	25	41	−16	19	0,83	Primo turno
33.	Camerun	7	23	4	7	12	18	43	−25	19	0,83	Quarti di finale
34.	Perù	5	18	5	3	10	21	33	−12	18	1	Quarti di finale
35.	Bulgaria	7	26	3	8	15	22	53	−31	17	0,65	Quarto posto
36.	Turchia	2	10	5	1	4	20	17	3	16	1,6	Terzo posto
37.	Ghana	3	12	4	3	5	13	16	−3	15	1,25	Quarti di finale
38.	Irlanda	3	13	2	8	3	10	10	0	14	1,08	Quarti di finale
39.	Irlanda del Nord	3	13	3	5	5	13	23	−10	14	1,08	Quarti di finale
40.	Ecuador	3	10	4	1	5	10	11	−1	13	1,3	Ottavi di finale

41. | Senegal | 2 | 8 | 3 | 3 | 2 | 11 | 10 | 1 | 12 | 1,5 | Quarti di finale
42. | Algeria | 4 | 13 | 3 | 3 | 7 | 13 | 19 | −6 | 12 | 0,92 | Ottavi di finale
43. | Marocco | 5 | 16 | 2 | 5 | 9 | 14 | 22 | −8 | 11 | 0,69 | Ottavi di finale
44. | Arabia Saudita | 5 | 16 | 3 | 2 | 11 | 11 | 39 | −28 | 11 | 0,69 | Ottavi di finale
45. | Costa d'Avorio | 3 | 9 | 3 | 1 | 5 | 13 | 14 | −1 | 10 | 1,11 | Primo turno
46. | Sudafrica | 3 | 9 | 2 | 4 | 3 | 11 | 16 | −5 | 10 | 1,11 | Primo turno
47. | Tunisia | 5 | 15 | 2 | 4 | 9 | 13 | 25 | −12 | 10 | 0,67 | Primo turno
48. | Iran | 5 | 15 | 2 | 4 | 9 | 9 | 24 | −15 | 10 | 0,67 | Primo turno
49. | Australia | 5 | 16 | 2 | 4 | 10 | 13 | 31 | −18 | 10 | 0,63 | Ottavi di finale
50. | Norvegia | 3 | 8 | 2 | 3 | 3 | 7 | 8 | −1 | 9 | 1,13 | Ottavi di finale
51. | Germania Est | 1 | 6 | 2 | 2 | 2 | 5 | 5 | 0 | 8 | 1,33 | Secondo turno
52. | Grecia | 3 | 10 | 2 | 2 | 6 | 5 | 20 | −15 | 8 | 0,8 | Ottavi di finale
53. | Ucraina | 1 | 5 | 2 | 1 | 2 | 5 | 7 | −2 | 7 | 1,4 | Quarti di finale
54. | Galles | 1 | 5 | 1 | 3 | 1 | 4 | 4 | 0 | 6 | 1,2 | Quarti di finale
55. | Cuba | 1 | 3 | 1 | 1 | 1 | 5 | 12 | −7 | 4 | 1,33 | Quarti di finale
56. | Slovacchia | 1 | 4 | 1 | 1 | 2 | 5 | 7 | −2 | 4 | 1 | Ottavi di finale
57. | Slovenia | 2 | 6 | 1 | 1 | 4 | 5 | 10 | −5 | 4 | 0,67 | Primo turno
58. | Corea del Nord | 2 | 7 | 1 | 1 | 5 | 6 | 21 | −15 | 4 | 0,57 | Quarti di finale
59. | Bosnia ed Erzegovina | 1 | 3 | 1 | 0 | 2 | 4 | 4 | 0 | 3 | 1 | Primo turno
60. | Giamaica | 1 | 3 | 1 | 0 | 2 | 3 | 9 | −6 | 3 | 1 | Primo turno
61. | Nuova Zelanda | 2 | 6 | 0 | 3 | 3 | 4 | 14 | −10 | 3 | 0,5 | Primo turno
62. | Honduras | 3 | 9 | 0 | 3 | 6 | 3 | 14 | −11 | 3 | 0,33 | Primo turno
63. | Angola | 1 | 3 | 0 | 2 | 1 | 1 | 2 | −1 | 2 | 0,67 | Primo turno
64. | Israele | 1 | 3 | 0 | 2 | 1 | 1 | 3 | −2 | 2 | 0,67 | Primo turno
65. | Egitto | 3 | 7 | 0 | 2 | 5 | 5 | 12 | −7 | 2 | 0,29 | Ottavi di finale[7]
66. | Islanda | 1 | 3 | 0 | 1 | 2 | 2 | 5 | −3 | 1 | 0,33 | Primo turno
67. | Kuwait | 1 | 3 | 0 | 1 | 2 | 2 | 6 | −4 | 1 | 0,33 | Primo turno
68. | Trinidad e Tobago | 1 | 3 | 0 | 1 | 2 | 0 | 4 | −4 | 1 | 0,33 | Primo turno
69. | Bolivia | 3 | 6 | 0 | 1 | 5 | 1 | 20 | −19 | 1 | 0,17 | Primo turno
70. | Iraq | 1 | 3 | 0 | 0 | 3 | 1 | 4 | −3 | 0 | 0 | Primo turno
71. | Togo | 1 | 3 | 0 | 0 | 3 | 1 | 6 | −5 | 0 | 0 | Primo turno
72. | Canada | 1 | 3 | 0 | 0 | 3 | 0 | 5 | −5 | 0 | 0 | Primo turno
73. | Indie orientali olandesi | 1 | 1 | 0 | 0 | 1 | 0 | 6 | −6 | 0 | 0 | Ottavi di finale
74. | Emirati Arabi Uniti | 1 | 3 | 0 | 0 | 3 | 2 | 11 | −9 | 0 | 0 | Primo turno
75. | Panama | 1 | 3 | 0 | 0 | 3 | 2 | 11 | −9 | 0 | 0 | Primo turno
76. | Cina | 1 | 3 | 0 | 0 | 3 | 0 | 9 | −9 | 0 | 0 | Primo turno
77. | Haiti | 1 | 3 | 0 | 0 | 3 | 2 | 14 | −12 | 0 | 0 | Primo turno
78. | Zaire | 1 | 3 | 0 | 0 | 3 | 0 | 14 | −14 | 0 | 0 | Primo turno
79. | El Salvador | 2 | 6 | 0 | 0 | 6 | 1 | 22 | −21 | 0 | 0 | Primo turno

Legenda

PG Partite giocate
V Vinte
N Nulle
P Perse
GF Gol fatti
GS Gol subiti
DR Differenza reti
PT Punti totali
MP Media punti per partita

CLASSIFICA DELLE COPPE DEL MONDO GIOCATE

1. Brasile
   - Coppa del Mondo 21 (2018, 2014, 2010, 2006, 2002, 1998, 1994, 1990, 1990, 1986, 1982, 1978, 1978, 1974, 1970, 1970, 1966, 1962, 1958, 1954, 1950, 1938, 1934, 1930)

   2. Italia
   - Coppa del Mondo 18 (2014, 2010, 2006, 2002, 1998, 1998, 1994, 1990, 1986, 1982, 1982, 1978, 1974, 1970, 1966, 1962, 1954, 1950, 1938, 1934)

   3. Argentina
   - Coppa del Mondo 17 (2018, 2014, 2010, 2006, 2002, 1998, 1994, 1994, 1990, 1986, 1986, 1982, 1978, 1974, 1966, 1962, 1958, 1934, 1930)

   4. Messico
   - Coppa del Mondo 16 (2018, 2014, 2010, 2006, 2002, 1998, 1994, 1994, 1986, 1978, 1970, 1966, 1962, 1958, 1954, 1950, 1930)

   5. Inghilterra
   - Coppa del Mondo 15 (2018, 2014, 2010, 2006, 2002, 1998, 1990, 1986, 1986, 1982, 1970, 1966, 1962, 1958, 1954, 1950)

   6. Francia
   - Coppa del Mondo 15 (2018, 2014, 2010, 2006, 2002, 1998, 1986, 1982, 1982, 1978, 1966, 1958, 1954, 1938, 1934, 1930)

   7. Spagna
   - Coppa del Mondo 15 (2018, 2014, 2010, 2006, 2002, 1998, 1994, 1990, 1990, 1986, 1982, 1978, 1978, 1966, 1962, 1950, 1934)

   8. Belgio
   - Coppa del Mondo 13 (2018, 2014, 2002, 1998, 1994, 1990, 1986, 1982, 1982, 1970, 1954, 1938, 1934, 1930)

   9. Uruguay
   - Coppa del Mondo 13 (2018, 2014, 2010, 2002, 1990, 1986, 1974, 1970, 1970, 1966, 1962, 1954, 1950, 1930)

   10. Svezia
   - Coppa del Mondo 12 (2018, 2006, 2002, 1994, 1990, 1990, 1978, 1974, 1970, 1958, 1950, 1938, 1934)

   11. Svizzera
   - Coppa del Mondo 11 (2018, 2014, 2010, 2006, 1994, 1966, 1962, 1954, 1954, 1950, 1938, 1934)

   12. Paesi Bassi
   - Coppa del Mondo 10 (2014, 2010, 2006, 1998, 1994, 1990, 1978, 1974, 1938, 1934)

   13. 13. Corea del Sud
   - Coppa del Mondo 10 (2018, 2014, 2010, 2006, 2002, 1998, 1994, 1990, 1986, 1954)

   14. 14. 14. 14. 14. Stati Uniti
   - Coppa del Mondo 10 (2014, 2010, 2006, 2002, 1998, 1994, 1990, 1950, 1934, 1930)

   15. Germania Ovest (-1989)
   - Coppa del Mondo 10 (1990, 1986, 1982, 1978, 1978, 1974, 1970, 1970, 1966, 1962, 1958, 1954)

   16. Cile
   - Coppa del Mondo 9 (2014, 2010, 1998, 1982, 1974, 1974, 1966, 1962, 1950, 1930)

   17. Germania
   - Coppa del Mondo 9 (2018, 2014, 2010, 2006, 2002, 1998, 1994, 1938, 1934)

18. Ungheria
- Coppa del Mondo 9 (1986, 1982, 1978, 1966, 1962, 1958, 1954, 1938, 1934)
Jugoslavia (-2003)
- Coppa del Mondo 9 (1998, 1990, 1982, 1974, 1962, 1958, 1954, 1950, 1930)
20. Cecoslovacchia (-1992)
- Coppa del Mondo 8 (1990, 1982, 1970, 1962, 1958, 1954, 1954, 1938, 1934)
21. Paraguay
- Coppa del Mondo 8 (2010, 2006, 2002, 1998, 1986, 1958, 1950, 1930)
22. Polonia
- Coppa del Mondo 8 (2018, 2006, 2002, 1986, 1982, 1982, 1978, 1974, 1938)
23. Scozia
- Coppa del Mondo 8 (1998, 1990, 1986, 1982, 1978, 1978, 1974, 1958, 1954)
24. Austria
- Coppa del Mondo 7 (1998, 1990, 1982, 1978, 1958, 1958, 1954, 1934)
25. Bulgaria
- Coppa del Mondo 7 (1998, 1994, 1986, 1974, 1970, 1970, 1966, 1962)
26. Camerun
- Coppa del Mondo 7 (2014, 2010, 2002, 1998, 1994, 1994, 1990, 1982)
27. Portogallo
- Coppa del Mondo 7 (2018, 2014, 2010, 2006, 2002, 1986, 1966)
28. Romania
- Coppa del Mondo 7 (1998, 1994, 1990, 1970, 1970, 1938, 1934, 1930)
29. Unione Sovietica (-1991)
- Coppa del Mondo 7 (1990, 1986, 1982, 1970, 1970, 1966, 1962, 1958)
30. Colombia
- Coppa del Mondo 6 (2018, 2014, 1998, 1994, 1994, 1990, 1962)
31. Giappone
- Coppa del Mondo 6 (2018, 2014, 2010, 2006, 2006, 2002, 1998)
32. Nigeria
- Coppa del Mondo 6 (2018, 2014, 2010, 2002, 1998, 1994)
33. Australia
- Coppa del Mondo 5 (2018, 2014, 2010, 2006, 1974)
34. 34. Costa Rica
- Coppa del Mondo 5 (2018, 2014, 2006, 2002, 1990)
35. Croazia
- Coppa del Mondo 5 (2018, 2014, 2006, 2002, 1998)
36. Danimarca
- Coppa del Mondo 5 (2018, 2010, 2002, 1998, 1986)
37. Iran
- Coppa del Mondo 5 (2018, 2014, 2006, 1998, 1978)
38. Marocco
- Coppa del Mondo 5 (2018, 1998, 1994, 1986, 1970)
39. Perù
- Coppa del Mondo 5 (2018, 1982, 1978, 1970, 1930)

40. 40. Arabia Saudita
- Coppa del Mondo 5 (2018, 2006, 2002, 1998, 1994)
41. Tunisia
- Coppa del Mondo 5 (2018, 2006, 2002, 1998, 1978)
42. Algeria
- Coppa del Mondo 4 (2014, 2010, 1986, 1982)
43. Russia
- Coppa del Mondo 4 (2018, 2014, 2002, 1994)
44. Bolivia
- Coppa del Mondo 3 (1994, 1950, 1930)
45. Costa d'Avorio
- Coppa del Mondo 3 (2014, 2010, 2006)
46. Ecuador
- Coppa del Mondo 3 (2014, 2006, 2002)
47. Egitto
- Coppa del Mondo 3 (2018, 1990, 1934)
48. Ghana
- Coppa del Mondo 3 (2014, 2010, 2006)
49. Grecia
- Coppa del Mondo 3 (2014, 2010, 1994)
50. Honduras
- Coppa del Mondo 3 (2014, 2010, 1982)
51. Irlanda
- Coppa del Mondo 3 (2002, 1994, 1990)
52. 52. Irlanda del Nord
- Coppa del Mondo 3 (1986, 1982, 1958)
53. Norvegia
- Coppa del Mondo 3 (1998, 1994, 1938)
54. 54. 54. Sudafrica
- Coppa del Mondo 3 (2010, 2002, 1998)
55. El Salvador
- Coppa del Mondo 2 (1982, 1970)
56. Nuova Zelanda
- Coppa del Mondo 2 (2010, 1982)
57. Corea del Nord
- Coppa del Mondo 2 (2010, 1966)
58. Senegal
- Coppa del Mondo 2 (2018, 2002)
59. Serbia
- Coppa del Mondo 2 (2018, 2010)
60. Slovenia
- Coppa del Mondo 2 (2010, 2002)
61. Turchia
- Coppa del Mondo 2 (2002, 1954)

62. Angola
- Coppa del Mondo 1 (2006)
63. Bosnia ed Erzegovina
- Coppa del Mondo 1 (2014)
64. Canada
- Coppa del Mondo 1 (1986)
65. Cina
- Coppa del Mondo 1 (2002)
66. Cuba
- Coppa del Mondo 1 (1938)
67. 67. Repubblica Ceca
- Coppa del Mondo 1 (2006)
68. Indie orientali olandesi (-1945)
- Coppa del Mondo 1 (1938)
69. Germania Est (-1989)
- Coppa del Mondo 1 (1974)
70. Haiti
- Coppa del Mondo 1 (1974)
71. Islanda
- Coppa del Mondo 1 (2018)
72. Iraq
- Coppa del Mondo 1 (1986)
73. Israele
- Coppa del Mondo 1 (1970)
74. Giamaica
- Coppa del Mondo 1 (1998)
75. Kuwait
- Coppa del Mondo 1 (1982)
76. Panama
- Coppa del Mondo 1 (2018)
77. Serbia e Montenegro (-2006)
- Coppa del Mondo 1 (2006)
78. Slovacchia
- Coppa del Mondo 1 (2010)
79. Togo
- Coppa del Mondo 1 (2006)
80. Trinidad e Tobago
- Coppa del Mondo 1 (2006)
81. Ucraina
- Coppa del Mondo 1 (2006)
82. Emirati Arabi Uniti
- Coppa del Mondo 1 (1990)
83. Galles
- Coppa del Mondo 1 (1958)

84. Zaire (-1997)
- Coppa del Mondo 1 (1974)

Classifica assoluta dei marcatori

La classifica è aggiornata al 15 luglio 2018.

Giocatore	Nazionale	Reti	Partite	Media gol	Partecipazioni
Miroslav Klose	Germania	16	24	0,67	4 (2002, 2006, 2010, 2014)
Ronaldo	Brasile	15	19	0,79	4 (1994[n 1], 1998, 2002, 2006)
Gerd Müller	Germania	14	13	1,08	2 (1970, 1974)
Just Fontaine	Francia	13	6	2,17	1 (1958)
Pelé	Brasile	12	14	0,86	4 (1958, 1962, 1966, 1970)
Sándor Kocsis	Ungheria	11	5	2,2	1 (1954)
Jürgen Klinsmann	Germania	11	17	0,65	3 (1990, 1994, 1998)
Thomas Müller[n 2]	Germania	10	13	0,77	3 (2010, 2014, 2018)
Helmut Rahn	Germania	10	10	1	2 (1954, 1958)
Gabriel Batistuta	Argentina	10	12	0,83	3 (1994, 1998, 2002)
Gary Lineker	Inghilterra	10	12	0,83	2 (1986, 1990)
Teófilo Cubillas	Perù	10	13	0,77	3 (1970, 1978, 1982)
Grzegorz Lato	Polonia	10	20	0,5	3 (1974, 1978, 1982)
Ademir	Brasile	9	6	1,5	1 (1950)
Eusébio	Portogallo	9	6	1,5	1 (1966)
Christian Vieri	Italia	9	9	1	2 (1998, 2002)
Vavá	Brasile	9	10	0,9	2 (1958, 1962)
David Villa	Spagna	9	12	0,75	3 (2006, 2010, 2014)
Paolo Rossi	Italia	9	14	0,64	3 (1978, 1982, 1986)
Roberto Baggio	Italia	9	16	0,56	3 (1990, 1994, 1998)
Jairzinho	Brasile	9	16	0,56	3 (1966, 1970, 1974)
Karl-Heinz Rummenigge	Germania	9	19	0,47	3 (1978, 1982, 1986)
Uwe Seeler	Germania	9	21	0,43	4 (1958, 1962, 1966, 1970)

Note

Capocannonieri delle singole edizioni

Edizione	Capocannoniere	Nazionale	Gol
Uruguay 1930	Guillermo Stábile	Argentina	8
Italia 1934	Oldřich Nejedlý	Cecoslovacchia	5
Francia 1938	Leônidas	Brasile	7
Brasile 1950	Ademir	Brasile	9
Svizzera 1954	Sándor Kocsis	Ungheria	11
Svezia 1958	Just Fontaine	Francia	13
Cile 1962	Garrincha	Brasile	4
	Vavá	Brasile	
	Leonel Sánchez	Cile	
	Flórián Albert	Ungheria	
	Valentin Ivanov	Unione Sovietica	
	Dražan Jerković	Jugoslavia	
Inghilterra 1966	Eusébio	Portogallo	9
Messico 1970	Gerd Müller	Germania Ovest	10
Germania Ovest 1974	Grzegorz Lato	Polonia	7
Argentina 1978	Mario Kempes	Argentina	6
Spagna 1982	Paolo Rossi	Italia	6
Messico 1986	Gary Lineker	Inghilterra	6
Italia 1990	Salvatore Schillaci	Italia	6
Stati Uniti 1994	Hristo Stoičkov	Bulgaria	6
	Oleg Salenko	Russia	
Francia 1998	Davor Šuker	Croazia	6
Corea del Sud e Giappone 2002	Ronaldo	Brasile	8
Germania 2006	Miroslav Klose	Germania	5
Sudafrica 2010	Thomas Müller	Germania	5
	Wesley Sneijder	Paesi Bassi	
	Diego Forlán	Uruguay	
	David Villa	Spagna	
Brasile 2014	James Rodríguez	Colombia	6
Russia 2018	Harry Kane	Inghilterra	6

Miglior giocatore (dal 1978)

Edizione	Miglior giocatore	Nazionale
Argentina 1978	Mario Kempes	Argentina
Spagna 1982	Paolo Rossi	Italia
Messico 1986	Diego Armando Maradona	Argentina
Italia 1990	Salvatore Schillaci	Italia
Stati Uniti 1994	Romàrio	Brasile
Francia 1998	Ronaldo	Brasile
Corea del Sud e Giappone 2002	Oliver Kahn	Germania
Germania 2006	Zinédine Zidane	Francia
Sudafrica 2010	Diego Forlán	Uruguay
Brasile 2014	Lionel Messi	Argentina
Russia 2018	Luka Modrić	Croazia

Miglior portiere (dal 1994)

Edizione	Miglior portiere	Nazionale
Stati Uniti 1994	Michel Preud'homme	Belgio
Francia 1998	Fabien Barthez	Francia
Corea del Sud e Giappone 2002	Oliver Kahn	Germania
Germania 2006	Gianluigi Buffon	Italia
Sudafrica 2010	Iker Casillas	Spagna
Brasile 2014	Manuel Neuer	Germania
Russia 2018	Thibaut Courtois	Belgio

Capitani e allenatori delle squadre vincitrici

Anno	Capitano	Allenatore	Squadra
1930	José Nasazzi	Alberto Horacio Suppici	Uruguay
1934	Gianpiero Combi	Vittorio Pozzo	Italia
1938	Giuseppe Meazza	Vittorio Pozzo	Italia
1950	Obdulio Varela	Juan López Fontana	Uruguay
1954	Fritz Walter	Sepp Herberger	Germania Ovest
1958	Hilderaldo Bellini	Vicente Feola	Brasile
1962	Mauro Ramos	Aymoré Moreira	Brasile
1966	Bobby Moore	Alf Ramsey	Inghilterra
1970	Carlos Alberto	Mário Zagallo	Brasile
1974	Franz Beckenbauer	Helmut Schön	Germania Ovest
1978	Daniel Passarella	César Luis Menotti	Argentina
1982	Dino Zoff	Enzo Bearzot	Italia
1986	Diego Armando Maradona	Carlos Bilardo	Argentina
1990	Lothar Matthäus	Franz Beckenbauer	Germania Ovest
1994	Dunga	Carlos Alberto Parreira	Brasile
1998	Didier Deschamps	Aimé Jacquet	Francia
2002	Cafu	Luiz Felipe Scolari	Brasile
2006	Fabio Cannavaro	Marcello Lippi	Italia
2010	Iker Casillas	Vicente del Bosque	Spagna
2014	Philipp Lahm	Joachim Löw	Germania
2018	Hugo Lloris	Didier Deschamps	Francia

URUGUAY 1930

_ Coppa del Mondo del 1930 _ in Uruguay, 13 luglio - 30 luglio

Gruppo 1 : Argentina Cile Francia Francia Messico
Gruppo 2 : Jugoslavia Brasile Brasile Bolivia
Gruppo 3 : Uruguay Romania Perù
Gruppo 4 : Stati Uniti Paraguay Belgio

Giorno 1 | 13 luglio
Secondo giorno | 14 luglio
Giorno 3 | 15 luglio
Giorno 4 | 16 luglio
Giorno 5 | 17 luglio
Giorno 6 | 18 luglio
Giorno 7 | 19 luglio
Giorno 8 | 20 luglio
Giorno 9 | 21 luglio
Giorno 10 | 22 luglio
Semifinale | 26 luglio - 27 luglio
Finale | 30 luglio

Gruppo 1:
(1) 13 luglio Francia 4-1 (3-0) Messico @ Estadio Pocitos, Montevideo
L. Laurent 19' Langiller 40' Maschinot 43', 87'; Carreño 70'].
(5) 15 luglio Argentina 1-0 (0-0) Francia allo stadio Parque Central, Montevideo
[Monti 81']
(6) 16 luglio Cile 3-0 (1-0) Messico allo stadio Parque Central, Montevideo
[Vidal 3', 65' M. Rosas 51' (o.g.)]
(10) 19 luglio Cile 1-0 (0-0) Francia all'Estadio Centenario, Montevideo
[Subiabre 65']
(11) 19 luglio Argentina 6-3 (3-1) Messico all'Estadio Centenario, Montevideo
Stábile 8', 17', 80' Zumelzú 12', 55' Varallo 53'; M. Rosas 42' (penna), 65' Gayón 75'].
(15) 22 luglio Argentina 3-1 (2-1) Cile all'Estadio Centenario, Montevideo
[Stábile 12', 13' M. Evaristo 81'; Subiabre 15']
Gruppo 2:
(3) 14 luglio Yugoslavia 2-1 (2-0) Brasile al Parque Central Stadium, Montevideo
[Tirnanić 21' Bek 30'; Preguinho 62']
(7) 17 luglio Yugoslavia 4-0 (0-0) Bolivia allo stadio Parque Central, Montevideo
[Bek 60', 67' Marjanović 65' Vujadinović 85']
(12) 20 luglio Brasile 4-0 (1-0) Bolivia a Estadio Centenario, Montevideo
[Moderato 37', 73' Preguinho 57', 83']
Gruppo 3:

(4) 14 luglio Romania 3-1 (1-0) Perù @ Estadio Pocitos, Montevideo
[Deşu 1' Stanciu 79' Kovács 89'; Souza Ferreira 75']
(9) 18 luglio Uruguay 1-0 (0-0) Perù a Estadio Centenario, Montevideo
[Castro 60']
(14) 21 luglio Uruguay 4-0 (4-0) Romania @ Estadio Centenario, Montevideo
[Golden 7' Scarone 24' Anselmo 30' Cea 35']

Gruppo 4:
(2) 13 luglio Stati Uniti 3-0 (2-0) Belgio al Parque Central Stadium, Montevideo
[McGhee 23' Florie 45' Patenaude 69']
(8) 17 luglio Stati Uniti 3-0 (2-0) Paraguay al Parque Central Stadium, Montevideo
[Patenaude 10', 15', 50']
(13) 20 luglio Paraguay 1-0 (1-0) Belgio a Estadio Centenario, Montevideo
[Vargas Peña 40']

Semifinali
(16) 26 luglio Argentina 6-1 (1-0) Stati Uniti all'Estadio Centenario, Montevideo
[Monti 20' Scopelli 56' Stábile 69', 87' Peucelle 80', 85'; Brown 89'].
(17) 27 luglio Uruguay 6-1 (3-1) Jugoslavia presso Estadio Centenario, Montevideo
Cea 18', 67', 72' Anselmo 20', 31' Iriarte 61'; Vujadinović 4'].

Finale
(18) 30 luglio Uruguay 4-2 (1-2) Argentina presso Estadio Centenario, Montevideo
[Golden 12' Cea 57' Cea 57' Iriarte 68' Castro 89'; Peucelle 20' Stábile 37']

SQUADRE PARTECIPANTI ALL'URUGUAY 1930

_ Argentina (ARG)

_ - 22 giocatori

- GK Ángel Bossio ___, Workshop
- GK Juan Botasso ___, Argentino de Quilmes
- DF Rodolfo Orlandini __ -, Studente di Porteño
- DF Alberto Chividini __ -, Studente di Porteño
- DF Adolfo Zumelzú __, Studente di Porteño
- DF José Della Torre ___, Corse
- DF Juan Evaristo ___, Sportivo Barracas
- DF Edmundo Piaggio __ -, Lanús
- DF Ramón Muttis ___, Boca Juniors
- DF Fernando Paternoster __ -, Corse
- MF Luis Monti ___, San Lorenzo
- MF Pedro Suárez __ -, Boca Juniors
- FW Alejandro Scopelli __, La Plata Studenti
- FW Natalio Perinetti __ -, Corse
- FW Carlos Peucelle __ -, Sportivo Buenos Aires
- FW Mario Evaristo __ -, Boca Juniors
- FW Manuel Ferreira ___, Studenti di La Plata
- FW Carlos Spadaro __ -, Lanús
- FW Guillermo Stábile __ -, Uragano
- FW Roberto Cherro __ -, Boca Juniors
- FW Francisco Varallo ___, Ginnastica e scherma La Plata
- FW Attilio Demaría -, Gimnasia de La Plata

_ Belgio (BEL)

_ - 16 giocatori

- GK Arnold Badjou __ 3, Daring Club de Bruxelles Societe Royale
- GK Jean De Bie __ 37, Royal Racing Club di Bruxelles
- DF Theodore Nouwens __ 10, RC de Malines Societe Royale
- DF Nic Hoydonckx __ 19, FC Excelsior Hasselt
- DF Henri De Deken __ 0, Royal Antwerp FC
- MF Jean De Clercq __ 5, Royal Antwerp FC
- MF Pierre Braine __ 42, Royal Beerschot AC
- MF Alexis Chantraine __ 0, Royal FC Liegeois
- MF August Hellemans __ 4, Royal FC Malinois
- FW Jan Diddens __ 21, RC de Malines Societe Royale
- FW Gérard Delbeke __ 0, Royal FC Brugeois
- FW Jacques Moeschal __ 15, Royal Racing Club di Bruxelles
- FW Ferdinand Adams __ 21, SC Anderlechtois

- FW André Saeys __ 0, Royal CS Brugeois
- FW Louis Versyp __ 7, Royal FC Brugeois
- FW Bernard Voorhoof __ 6, Liersche Sportkring

_____

_ Bolivia (BOL)
_ - 17 giocatori
- GK Miguel Murillo __ 0, Club Bolívar
- GK Jesús Bermúdez __ 6, Oruro Royal
- DF Luis Reyes Peñaranda __ 0, Università di La Paz
- DF Segundo Durandal __ 0, CS San José Oruro
- DF Casiano Chavarría __ 6, Calavera La Paz
- MF Renato Sáinz __ -, Il più forte
- MF Miguel Brito __ 0, Oruro Royal
- MF Juan Argote __ 0, Club Bolívar
- MF Constantino Noya __ 0, Oruro Royal
- MF Diógenes Lara __ 7, Club Bolívar
- MF Jorge Jorge Valderrama __ 5, Oruro Royal
- FW Gumersindo Gómez __ 0, Oruro Royal
- FW Rafael Méndez __ 7, Universitario La Paz
- FW Eduardo Reyes Ortíz __ 0, Il più forte
- FW René Fernández __ 0, Oruro Alliance
- FW José Bustamante __ 7, Litorale
- FW Mario Alborta __ 7, Club Bolivar

_____

_ Brasile (BRA)
_ - 22 giocatori
- GK peloso ___, Fluminense
- GK Joel ___, America-RJ
- DF Brilhante ___, Vasco da Gama
- DF Zé Luiz ___, São Cristóvão
- DF Italia ___, Vasco da Gama
- DF Oscarino __ -, Ypiranga Niterói
- MF Fernando __ -, Fluminense
- MF Hermogenes __ -, America-RJ
- MF Fausto __ -, Vasco da Gama
- MF Ivan Mariz __ -, Fluminense
- MF Pamplona __ -, Botafogo
- MF Fortes __ -, Fluminense
- FW Manoelzinho __ -, Ypiranga Niterói
- FW Nilo __ -, Botafogo
- FW Moderato __ -, Flamengo
- FW Carvalho Leite __ -, Botafogo
- FW Poly ___, americano
- FW Preguinho ___, Fluminense

- FW Russinho ___, Vasco da Gama
- FW Teóphilo ___, São Cristóvão
- FW Benedict ___, Botafogo
- FW Araken ___, Flamengo

_ Cile (CHI)

_ - 19 giocatori

- GK Roberto Cortés __, Colo-Colo
- GK Cesar Espinoza __ -, Santiago Vagabundos
- DF Víctor Morales __ -, Colo-Colo
- DF Guillermo Riveros -, La Cruz Valparaíso
- DF Ernesto Chaparro __, Colo-Colo
- DF Ulisse Poirier __ -, La Croce di Valparaiso
- MF Guillermo Saavedra __ -, Colo-Colo
- MF Arturo Torres __ -, Colo-Colo
- MF Casimiro Torres __ -, Everton
- MF Humberto Elgueta __ -, Santiago Vagabundos
- FW Tomás Ojeda __ -, Boca Juniors Antofagasta
- FW Horacio Muñoz ___, Arturo Fernández Vial
- FW Arturo Coddou __ -, Arturo Fernández Vial
- FW Carlos Schneeberger __ -, Colo-Colo
- FW Guillermo Subiabre __ -, Colo-Colo
- FW Juan Aguilera __ -, Audax Italiano
- FW Guillermo Arellano __ -, Colo-Colo
- FW Carlos Vidal ___, Audax Italiano
- FW Eberardo Villalobos __ -, Rangers

_ Francia (FRA)

_ - 16 giocatori

- GK Alex Thépot __ 12, Stella Rossa Parigi
- GK André Tassin __ 0, Racing Club de France
- DF Marcel Capelle __ 4, Racing Club de France
- DF Numa Andoire __ 0, FC Antibes
- DF Étienne Mattler __ 1, FC Sochaux
- MF Augustin Chantrel __ 8, CASG Parigi
- MF Jean Laurent __ 3, FC Sochaux
- MF Marcel Pinel __ 3, Stella Rossa di Parigi
- MF Célestin Delmer __ 2, Amiens AC
- MF Alexandre Villaplane __ 22, Racing Club de France
- FW André Maschinot __ 3, FC Sochaux
- FW Lucien Laurent __ 2, FC Sochaux
- FW Marcel Langiller __ 8, Excelsior AC Roubaix
- FW Edmond Delfour __ 6, Racing Club de France
- FW Émile Veinante __ 3, Racing Club de France

- FW Ernest Libérati __ 3, Amiens AC

_____

_ Messico (MEX)
_ - 17 giocatori
- GK Isidoro Sota ___, America
- GK Oscar Bonfiglio ___, Marte
- DF Francisco Garza Gutiérrez __ -, America
- DF Manuel Rosas __ -, Atlante
- DF Rafael Garza Gutiérrez __ -, America
- MF Alfredo Sánchez __ -, America
- MF Felipe Rosas __ -, Atlante
- MF Raymundo Rodriguez __ -, Marte
- MF Efraín Amézcua __ -, Atlante
- FW Felipe Olivares __ -, Atlante
- FW Luis Pérez __ -, Necaxa
- FW Hilario Lopez ___, Marte
- FW Roberto Gayon ___, America
- FW Jesús Castro ___, Deportivo Mexico
- FW José Ruíz __ -, Necaxa
- FW Juan Carreño ___, Atlante
- FW Dionysius Mejia __ -, Atlantis

_____

_ Perù (PER)
_ - 20 giocatori
- GK Jorge Pardon ___, Tabacco sportivo
- GK Juan Valdivieso __ -, Alianza Lima
- DF Antonio Maquilón __ -, Tarapacá Railway
- DF Mario de las Casas ___, Tennis su prato della mostra
- DF Arturo Fernández __ -, Sport Universitario
- DF Alberto Soria ___, Alianza Lima
- MF Plácido Galindo __ -, Sport Universitario
- MF Domingo García __, Alianza Lima
- MF Julio Quintana __ -, Alianza Lima
- MF Alberto Denegri ___, Alianza Lima
- MF Eduardo Astengo ___, Sport Universitario
- FW Demetrio Neyra __ -, Alianza Lima
- FW Pablo Pacheco __ -, Sport Universitario
- FW Julio Lores __ -, FBC Association
- FW Lizardo Rodríguez Nue ___, Sport Progreso
- FW Jorge Sarmiento __ -, Alianza Lima
- FW José María Lavalle __ -, Alianza Lima
- FW Luis Souza Ferreira __ -, Sport Universitario
- FW Carlos Cillóniz __ -, Sport Universitario
- FW Alejandro Villanueva __ -, Alianza Lima

_ Paraguay (PAR)

_ - 22 giocatori

- GK Pedro Benítez __, Libertà
- GK Modesto Denis ___, Nazionale
- DF José Miracca ___, Nazionale
- DF Quiterio Olmedo -, Nazionale
- DF Salvador Flores __ -, Cerro Porteño
- DF Eustacio Chamorro __ -, Presidente Hayes
- MF Francisco Aguirre __ -, Olimpia
- MF Eusebio Díaz __ -, Guaraní
- MF Santiago Benitez __ -, Olimpia
- MF Romildo Etcheverry __ -, Olimpia
- MF Diego Florentín ___, River Plate
- MF Tranquilino Garcete __ -, Libertà
- FW Delfín Benítez Cáceres __, Libertà
- FW Aurelio González __, Olimpia
- FW Saguier Carreras __ -, Sportivo Luqueño
- FW Lino Nessi ___, Libertà
- FW Diógenes Domínguez __ -, Sportivo Luqueño
- FW Amadeo Ortega __ -, River Plate
- FW Bernabé Rivera __ -, Sportivo Luqueño
- FW Gerardo Romero ___, Libertà
- FW Luis Vargas Peña __ -, Olimpia
- FW Jacinto Villalba __ -, Cerro Porteño

_ Romania (ROU)

_ - 15 giocatori

- GK Samuel Zauber __ 0, Maccabi Bucureşti
- GK Ion Lăpuşneanu __ 3, Sportul Studenţesc
- DF Iosif Czako __ 1, UDR Reşiţa
- DF Rudolf Bürger __ 4, Chinezul Timişoara
- DF Adalbert Steiner __ 9, Chinezul Timişoara
- MF Alfred Eisenbeisser __ 0, Dragoş Vodă Cernăuţi
- MF Emerich Vogl __ 10, Juventus Bucureşti
- MF Corneliu Robe __ 0, Olympia Bucureşti
- MF Ladislau Raffinsky __ 4, Juventus Bucuresti
- FW Constantin Stanciu __ 4, Venere Bucureşti
- FW Miklós Kovács __ 3, Banatul Timişoara
- FW Ilie Subăşeanu __ 2, Olympia Bucureşti
- FW Adalbert Deşu __ 4, UDR Reşiţa
- FW Rudolf Wetzer __ 12, Juventus Bucureşti
- FW Ştefan Barbu __ 4, Gloria Arad

_ Stati Uniti (USA)

_ - 16 giocatori

- GK Jimmy Douglas __ 5, New York Nationals
- DF Alexander Wood __ 0, Detroit Holley Carburatore
- DF George Moorhouse __ 1, New York Giants
- DF Frank Vaughn __ 0, Ben Millers
- DF Raphael Tracey __ 0, Ben Millers
- DF James Gentle __ 0, Philadelphia Cricket Club
- DF Jimmy Gallagher __ 2, New York Nationals
- MF Billy Gonsalves __ 0, Marksmen di Fall River
- MF Philip Slone __ 0, Giganti di New York
- MF Jim Brown __ 3, New York Giants
- MF Arnie Oliver __ 0, Providence Gold Bugs
- MF Andy Auld __ 1, bug d'oro della Provvidenza
- FW Bert Patenaude __ 0, Marksmen del fiume Fall
- FW Tom Florie __ 2, New Bedford Whalers
- FW Mike Bookie __ 0, Cleveland Slavia
- FW Bart McGhee __ 0, New York Nationals

_ Uruguay (URU)

_ - 22 giocatori

- GK Enrique Ballestrero __ 1, Rampla Juniors
- GK Miguel Capuccini __ 6, Peñarol
- DF Emilio Recoba __ 5, Nazionale
- DF Ernesto Mascheroni __ -, Olimpia
- DF Domingo Tejera __ 15, Montevideo Vagabundos
- DF José Nasazzi __ 28, Bella Vista
- MF José Andrade __ 30, Nazionale
- MF Lorenzo Fernández __ 20, Peñarol
- MF Carlos Riolfo __ 2, Peñarol
- MF Álvaro Gestido __ 10, Peñarol
- MF Conduelo Píriz __ 7, Nazionale
- MF Angel Melogno __ 5, Bella Vista
- FW Pedro Petrone __ 28, Nazionale
- FW Héctor Castro __ 17, Nazionale
- FW Pedro Cea __ 21, Nazionale
- FW Santos Iriarte __ -, Racing Club
- FW Juan Carlos Calvo -, Miramar Misiones
- FW Pablo Dorado __ 2, Bella Vista
- FW Zoilo Saldombide __ 14, Nazionale
- FW Hector Scarone __ 49, Nazionale
- FW Peregrino Anselmo __ 8, Peñarol
- FW Santos Urdinarán __ 19, Nazionale

_ Yuguslavia (YUG)

_ - 17 giocatori

- GK Milano Stojanović __ 0, BSK Beograd

- GK Milovan Jakšić __ 2, SK Soko

- DF Dragoslav Mihajlović __ 1, BSK Beograd

- DF Dragomir Tošić __ 0, BSK Beograd

- DF Milutin Ivković __ 22, SK Soko

- MF Milorad Arsenijević __ 16, SK Beograd

- MF Teofilo Spasojević __ 1, Jugoslavija Beograd

- MF Momčilo Đokić __ 2, Jugoslavija Beograd

- MF Ljubiša Stefanović __ 0, FC Sète

- FW Blagoje Marjanović __ 15, SK Beograd

- FW Branislav Sekulić __ 3, SC Montpellier

- FW Dragutin Najdanović __ 3, BSK Beograd

- FW Branislav Hrnjiček __ 4, Jugoslavija Beograd

- FW Bozidar Marković __ 0, Vojvodina Novi Sad

- FW Aleksandar Tirnanić __ 5, BSK Beograd

- FW Ivan Bek __ 2, FC Sète

- FW Đorđe Vujadinović __ 4, BSK Beograd

COPPA DEL MONDO IN ITALIA 1934
_ 1934 Coppa del Mondo _ in Italia, 27 maggio - 10 giugno

Giro Preliminare
(1) 27 maggio Svezia 3-2 (1-1) Argentina allo Stadio Littoriale di Bologna
[Jonasson 9', 67' Kroon 79'; Belis 4' Galateo 48']
(2) 27 maggio Austria 3-2 a.e.t. (1-1, 1-1) Francia @ Stadio Benito Mussolini, Torino
Sindelar 44' Schall 93' Bican 109'; Nicolas 18' Verriest 116' (penna.)].
(3) 27 maggio Germania 5-2 (1-2) Belgio allo Stadio Giovanni Berta, Firenze
Kobierski 25' Siffling 49' Conen 66', 70', 87'; Voorhoof 29', 43'].
(4) 27 maggio Spagna 3-1 (3-0) Brasile allo stadio Luigi Ferraris, Genova
Iraragorri 18' (penna), 25' Langara 29'; Leônidas 55'].
(5) 27 maggio Ungheria 4-2 (2-2) Egitto allo stadio Giorgio Ascarelli, Napoli
[Teleki 11' Toldi 27', 61' Vincze 53'; Fawzi 31', 39']
(6) 27 maggio Svizzera 3-2 (2-1) Paesi Bassi @ Stadio San Siro, Milano
[Kielholz 7', 43' Abegglen 69'; Smit 19' Vente 84']
(7) 27 maggio Italia 7-1 (3-0) Stati Uniti @ Stadio Nazionale PNF, Roma
[Schiavio 18', 29', 64' Orsi 20', 69' Ferrari 63' Meazza 90'; Donelli 57']
(8) 27 maggio Cecoslovacchia 2-1 (0-1) Romania @ Stadio Littorio, Trieste
[Puč 50' Nejedlý 67'; Dobay 11']

Quarti di finale
(9) 31 maggio Cecoslovacchia 3-2 (1-1) Svizzera allo stadio Benito Mussolini, Torino
[Svoboda 24' Sobotka 49' Nejedlý 82'; Kielholz 18' Jäggi 78']
(10) 31 maggio Germania 2-1 (0-0) Svezia @ Stadio San Siro, Milano
[Hohmann 60', 63'; Dunker 82']
(11) 31 maggio Italia 1-1 a.e.t. (1-1, 1-1) Spagna allo Stadio Giovanni Berta, Firenze
[Ferrari 44'; Regueiro 30']
(12) 31 maggio Austria 2-1 (1-0) Ungheria presso lo Stadio Littoriale di Bologna
[Horvath 8' Zischek 51'; Sárosi 60' (p.)]
Repliche dei quarti di finale
(13) 1 giugno Italia 1-0 (1-0) Spagna allo Stadio Giovanni Berta, Firenze
[Meazza 11']
Semifinali
(14) 3 giugno Italia 1-0 (1-0) Austria allo stadio di San Siro, Milano
[Guaita 19']
(15) 3 giugno Cecoslovacchia 3-1 (1-0) Germania allo Stadio Nazionale PNF, Roma
[Nejedlý 19', 71', 80'; Noack 62']
La partita per il terzo posto
(16) 7 giugno Germania 3-2 (3-1) Austria allo stadio Giorgio Ascarelli di Napoli
[Lehner 1', 42' Conen 27'; Horvath 28' Sesta 54']

Finale
(17) 10 giugno Italia 2-1 a.e.t. (1-1, 0-0) Cecoslovacchia @ Stadio Nazionale PNF, Roma
[Orsi 81' Schiavio 95'; Puč 71']

GIOCATORI PARTECIPANTI IN ITALIA 1934

_ Argentina (ARG)

_ - 18 giocatori

- GK Héctor Freschi ___, Vite a resistenza
- GK Ángel Grippa __, Alsina Sports Club
- DF Enrique Chimento __ -, Barracas Central
- DF Ernesto Belis __ -, Difensori di Belgrano
- DF Ramón Astudillo __ -, Colombo di Santa Fe
- DF Juan Pedevilla __ -, Club Atletico Estudiantil Porteño
- MF Ernesto Albarracín __ -, Club Sportivo Buenos Aires
- MF Constantino Urbieta Sosa __ -, Godoy Cruz
- MF José Nehin __ -, Sportivo Desamparados
- MF Alfonso Lorenzo __ -, Barracas Central
- MF Arcadio López __ -, Club Sportivo Buenos Aires
- FW Luis Izzeta __ -, Difensori di Belgrano
- FW Roberto Irañeta __, Ginnastica e scherma di Mendoza
- FW Alberto Galateo __ -, Unione di Santa Fe
- FW Francisco Pérez __ -, Almagro
- FW Francisco Rúa ___, Sportivo Dock Sud
- FW Alfredo Devincenzi __ -, Club Atlético Estudiantil Porteño
- FW Federico Wilde ___, Unione di Santa Fe

_ Austria (AUT)

_ - 22 giocatori

- GK Rudolf Raftl __ 1, Rapid Wien
- GK Peter Platzer __ 10, Admira Wien
- GK Friederich Franzl __ 13, Wiener SC
- DF Willibald Schmaus __ 0, Prima Vienna
- DF Anton Janda __ 9, Admira Wien
- DF Karl Sesta __ 16, Wiener SC
- DF Franz Cisar __ 5, Wiener SC
- MF Josef Smistik __ 28, Rapid Wien
- MF Johann Urbanek __ 0, Admira Wien
- MF Franz Wagner __ 7, Rapid Wien
- MF Leopold Hofmann __ 19, Prima Vienna
- FW Anton Schall __ 26, Admira Wien
- FW Matthias Kaburek __ 2, Rapid Wien
- FW Johann Horvath __ 41, Prima Vienna
- FW Matthias Sindelar __ 29, Austria Vienna
- FW Josef Hassmann __ 0, Prima Vienna
- FW Josef Stroh __ 0, Austria Vienna

- FW Josef Bican __ 6, Rapid Wien
- FW Rudolf Viertl __ 9, Austria Vienna
- FW Georg Braun __ 6, Wiener SC
- FW Hans Walzhofer __ 4, Wacker Wien
- FW Karl Zischek __ 20, Wacker Wien

_____

_ Belgio (BEL)

_ - 22 giocatori
- GK Arnold Badjou __ 12, Daring Club de Bruxelles Societe Royale
- GK André Vandeweyer __ 4, R. Union Saint-Gilloise
- DF Constant Joacim __ 2, Royal Berchem Sport
- DF Philibert Smellinckx __ 5, R. Union Saint-Gilloise
- DF Jules Pappaert __ 4, R. Union Saint-Gilloise
- MF Jean Claessens __ 12, R. Union Saint-Gilloise
- MF Joseph Van Ingelgem __ 11, Daring Club Bruxelles
- MF August Hellemans __ 28, Royal FC Malinois
- MF Victor Putmans __ -, Union Hutoise
- MF Désiré Bourgeois __ 2, Royal FC Malinois
- MF Frans Peeraer __ 2, Royal Antwerp FC
- MF Rene Simons __ -, Koninklijke Lierse
- MF Félix Welkenhuysen __ 3, R. Union Saint-Gilloise
- FW Robert Lamoot __ 1, Daring Club de Bruxelles Societe Royale
- FW Albert Heremans __ 6, Daring Club de Bruxelles Societe Royale
- FW Laurent Laurent Grimmonprez __ 9, Royal Racing Club di Gand
- FW François Devries __ 0, Royal Antwerp FC
- FW Jean Capelle __ 14, Royal Standard Club Liegi
- FW Jean Brichaut __ 11, Royal Standard Club Liegi
- FW Louis Versyp __ 33, Royal FC Brugeois
- FW Bernard Voorhoof __ 31, KSK Liersche
- FW Francois Ledent __ -, Royal Standard Club Liegi

_____

_ Brasile (BRA)

_ - 20 giocatori
- GK Germano ___, Botafogo
- GK Pedrosa ___, Botafogo
- DF Luiz Luz ___, American Rio Grande (BRA)
- DF Pamplona __ -, Botafogo
- DF Octacílio __ -, Botafogo
- DF Sylvio Hoffman __ -, San Paolo da Floresta
- MF Canalli ___, Botafogo (BRA)
- MF Bile __ -, Ypiranga (BRA)
- MF Tinoco __ -, Vasco da Gama
- MF Waldyr ___, Botafogo
- MF Almeida ___, CE Bahia

- MF Martim ___, Botafogo
- MF Ariel __ -, Botafogo
- FW Luisinho ___, São Paulo da Floresta
- FW Patesko ___, Nazionale
- FW Leônidas ___, Vasco da Gama
- FW Carvalho Leite __ -, Botafogo
- FW Attila ___, Botafogo
- FW Armandinho ___, São Paulo da Floresta
- FW Waldemar de Britto __, São Paulo da Floresta

_____

_ Svizzera (SUI)
_ - 22 giocatori
- GK Renato Bizzozero __, FC Lugano
- GK Willy Huber ___, Grasshopper Club di Zurigo
- GK Frank Séchehaye __ 31, Servette FC
- DF Arnaldo Ortelli ___, FC Lugano
- DF Severino Minelli __ 27, Grasshopper Club Zürich
- DF Walter Weiler ___, Grasshopper Club Zürich
- DF Louis Gobet ___, FC Berna
- MF Ernst Frick ___, FC Lucerna
- MF Edmond Loichot __ -, Servette FC
- MF Albert Guinchard __ 2, Servette FC
- MF Ernst Hufschmid __ 6, FC Basilea
- MF Fernand Jaccard __ 0, FC La Tour-de-Peilz
- FW Alfred Jaeck __ 17, FC Basilea
- FW Willy Jäggi __ 15, Losanna Sport
- FW Leopold Kielholz __ 4, Servette FC
- FW Erwin Hochsträsser __ -, Losanna Sport
- FW Otto Bühler __ -, Zurigo Grasshopper Club
- FW Albert Büche ___, FC Nordstern Basel
- FW Raymond Passello __ 17, Servette FC
- FW Joseph Bossi __ 3, FC Berna
- FW Willy von Känel __ 16, FC Bienne-Biel
- FW André Abegglen __ 30, Grasshopper Club Zürich

_____

_ Germania (GER)
_ - 22 giocatori
- GK Hans Jakob __ 8, Jahn Regensburg
- GK Willibald Kreß __ 13, Rot-Weiss Frankfurt
- GK Fritz Buchloh __ 5, VfB Speldorf
- DF Willy Busch __ 2, TuS Duisburg
- DF Sigmund Haringer __ 8, FC Bayern München
- DF Hans Schwartz __ 0, SpVgg Viktoria Hamburg
- MF Rudolf Gramlich __ 7, Eintracht Francoforte

- MF Fritz Szepan __ 4, FC Schalke 04
- MF Reinhold Münzenberg __ 4, Germania
- MF Paul Zielinski __ 0, SV Unione di Amburgo
- MF Ernst Albrecht __ 17, Fortuna Düsseldorf
- MF Paul Janes __ 5, Fortuna Düsseldorf
- FW Stanislaus Kobierski __ 12, Fortuna Düsseldorf
- FW Karl Hohmann __ 8, VfL Benrath
- FW Ernst Lehner __ 3, TSV Schwaben Augsburg
- FW Matthias Heidemann __ 1, SC Bonn
- FW Rudolf Noack __ 1, SV Amburgo
- FW Franz Dienert __ 0, VfB Mühlburg
- FW Otto Siffling __ 0, Waldhof Mannheim
- FW Josef Streb __ 0, Wacker München
- FW Edmund Conen __ 1, FV Saarbrücken
- FW Jakob Bender __ 3, Fortuna Düsseldorf

_____

_ Egitto (EGY)
_ - 20 giocatori
- GK Aziz Fahmy __ 1, Al-Ahly National SC
- GK Mustafa Mansour __ -, Al-Ahly National SC
- DF Hamidu __ 2, Al-Olympi Alexandria
- DF Ali El-Said __ 2, Zamalek Mokhtalat
- DF Yacout El-Soury __ 4, Al-Ittihad
- MF Mohammed Bakhati __ 1, Zamalek Mokhtalat
- MF Hemli Moustafa __ 0, Al-Masry AC Port Said
- MF Hassan Raghab __ 2, Ithad Recreational Union
- MF Ismail Rafaat __ 0, Zamalek Mokhtalat
- MF Ahmed Halim Ibrahim Ibrahim __ -, Zamalek Mokhtalat
- MF Hassan El-Far __ 2, Zamalek Mokhtalat
- MF Hafez Kasseb __ 0, Al-Olympi Alexandria
- FW Mohamed Latif __ 2, Zamalek Mokhtalat
- FW Mohammed Hassan ___, Al-Masry AC Port Said
- FW Hany Kamel Mahmoud __ 0, Al-Ahly National SC
- FW Mahmoud 'El-Tetsh' Mokhtar __ 5, Al-Ahly National SC
- FW Kamel Mosaoud __ -, Al-Ahly National SC
- FW Abdelrahman Fawzi __ 2, Al-Masry AC Port Said
- FW Mahmoud El-Nigero __ 0, Polizia del Cairo Shourta
- FW Mostafa Taha __ -, Zamalek Mokhtalat

_____

_ Spagna (ESP)
_ - 22 giocatori
- GK Ricardo Zamora __ 42, Real Madrid
- GK Juan José Nogués __ 0, FC Barcellona
- DF Ramón Zabalo __ 5, FC Barcellona

- DF Hilario __ 1, Real Madrid
- DF Jacinto Quincoces __ 19, Real Madrid
- DF Ciriaco __ 11, Real Madrid
- MF José Muguerza __ 1, Atletico Bilbao
- MF Leonardo Cilaurren __ 8, Atletico Bilbao
- MF Martín Marculeta __ 13, Real Sociedad
- FW Simon Lecue __ 0, Betis reale
- FW Isidro Lángara __ 3, Real Oviedo
- FW Lafuente __ 5, Atletico Bilbao
- FW José Iraragorri __ 1, Atletico Bilbao
- FW Luis Marín __ 0, Atlético de Madrid
- FW Guillermo Gorostiza __ 9, Atletico Bilbao
- FW Fede __ 2, Siviglia FC
- FW Chacho __ 2, Deportivo de La Coruña
- FW Luis Regueiro __ 16, Real Madrid
- FW Pedro Solé __ 3, Spagna
- FW Martí Ventolrà __ 5, FC Barcellona
- FW Campanal __ 0, Siviglia FC
- FW Crisant Bosch __ 7, Italiano

_____

_ Francia (FRA)
_ - 22 giocatori
- GK René Llense __ 0, FC Sete
- GK Robert Défossé __ 8, Lille OSC
- GK Alex Thépot __ 28, Stella Rossa Parigi
- DF Jacques Mairesse __ 5, Stella Rossa di Parigi
- DF Jules Vandooren __ 7, OC Lillois
- DF Étienne Mattler __ 22, FC Sochaux
- DF Joseph Gonzales __ 0, Cinque
- MF Louis Gabrillargues __ 0, FC Sete
- MF Célestin Delmer __ 12, Amiens SC
- MF Roger Rio __ 10, FC Rouen
- MF Edmond Delfour __ 25, RC Paris
- MF Georges Beaucourt __ 0, Lille OSC
- MF Noël Lietaer __ 5, Excelsior Roubaix
- MF Georges Verriest __ 4, RC Roubaix
- FW Lucien Laurent __ 9, CA Paris
- FW Pierre Korb __ 12, FC Mulhouse
- FW Jean Nicolas __ 11, FC Rouen
- FW Fritz Keller __ 1, Strasburgo
- FW Roger Courtois __ 1, FC Sochaux
- FW Alfred Aston __ 4, Stella Rossa Parigi
- FW Émile Veinante __ 11, RC Paris
- FW Joseph Alcazar __ 9, Olympique de Marseille

_ Ungheria (UNO)

_ - 22 giocatori

- GK Antal Szabó __ 10, Hungária FC
- GK József Háda __ 11, Ferencváros FC
- DF Gyula Futó __ 0, Újpest FC
- DF László Sternberg __ 7, Újpest FC
- DF Sándor Bíró __ 13, Hungária FC
- DF József Vágó __ 1, Debreceni Bocskai FC
- MF Gyula Lazár __ 19, Ferencváros FC
- MF György Szűcs __ 3, Újpest FC
- MF István Palotás __ 4, Debreceni Bocskai FC
- MF Gyula Polgár __ 5, Ferencváros FC
- MF Antal Szalay __ 8, Újpest FC
- MF János Dudás __ 0, Hungária FC
- MF Rezső Somlai __ 0, Kispest FC
- FW István Avar __ 17, Újpest FC
- FW Gábor P. Szabó __ 10, Újpest FC
- FW György Sárosi __ 22, Ferencváros FC
- FW Imre Markos __ 13, Debreceni Bocskai FC
- FW István Tamássy __ 1, Újpest FC
- FW Pál Teleki __ 6, Debreceni Bocskai FC
- FW Géza Toldi __ 21, Ferencváros FC
- FW Tibor Kemény __ 5, Ferencváros FC
- FW Jenő Vincze __ 5, Debreceni Bocskai FC

_ Italia (ITA)

_ - 22 giocatori

- GK Giuseppe Cavanna __ 0, Napoli
- GK Guido Masetti __ 0, Roma
- GK Gianpiero Combi __ 42, Juventus
- DF Luigi Allemandi __ 9, Ambrosiana-Inter
- DF Umberto Caligaris __ 59, Juventus
- DF Virginio Rosetta __ 51, Juventus
- DF Eraldo Monzeglio __ 12, Bologna
- MF Luigi Bertolini __ 19, Juventus
- MF Mario Pizziolo __ 8, Fiorentina
- MF Luis Monti __ 10, Juventus
- MF Attilio Ferraris __ 22, Roma
- MF Armando Castellazzi __ 2, Ambrosiana-Interna
- MF Giuseppe Meazza __ 22, Ambrosiana-Inter
- MF Mario Varglien __ 0, Juventus
- FW Anfilogino Guarisi __ 5, Lazio
- FW Giovanni Ferrari __ 19, Juventus

- FW Attilio Demaria __ 1, Ambrosiana-Inter
- FW Raymond Orsi __ 27, Juventus
- FW Felice Borel __ 2, Juventus
- FW Pietro Arcari __ 0, Milano
- FW Angelo Schiavio __ 17, Bologna
- FW Enrique Guaita __ 2, Roma

_ Paesi Bassi (NED)
_ - 22 giocatori
- GK Gejus van der Meulen __ 53, HFC Haarlem
- GK Adri van Male __ 4, SC Feijenoord Rotterdam
- GK Leo Halle __ 2, Go Ahead Eagles Deventer
- DF Sjef van Run __ 19, PSV Eindhoven
- DF Mauk Weber __ 14, ADO Den Haag
- DF Jan van Diepenbeek __ 2, Ajax Amsterdam
- MF Puck van Heel __ 41, SC Feijenoord Rotterdam
- MF Toon Oprinsen __ 1, NOAD Breda
- MF Bas Paauwe __ 1, SC Feijenoord Rotterdam
- MF Henk Pellikaan __ 10, Longa Tilburg
- MF Wim Anderiesen __ 20, Ajax Amsterdam
- FW Kick Smit __ 4, HFC Haarlem
- FW Arend Schoemaker __ 1, Quick Den Haag
- FW Jaap Mol __ 5, KFC Koog
- FW Kees Mijnders __ 3, DFC Dordrecht
- FW Wim Langendaal __ 0, Xerxes Rotterdam
- FW Joop van Nellen __ 17, DHC
- FW Jan Graafland __ 0, HBS Craeyenhout
- FW Leen Vente __ 5, Neptunus Rotterdam
- FW Manus Vrauwdeunt __ 0, SC Feijenoord Rotterdam
- FW Beb Bakhuys __ 7, ZAC
- FW Frank Wels __ 14, Unitas Gorinchem

_ Romania (ROU)
_ - 22 giocatori
- GK Vilmos Zombori __ 3, Ripensia Timişoara
- GK Stanislau Konrad __ 0, CA Timişoara
- GK Adalbert Püllöck __ 5, Crişana Oradea
- DF Lazăr Sfera __ 2, Venere Bucureşti
- DF Rudolf Bürger __ 14, Ripensia Timişoara
- DF Emerich Vogl __ 27, Juventus Bucureşti
- DF Alexandru Cuedan __ 0, Rapid Bucureşti
- DF Gheorghe Albu __ 20, Venere Bucureşti
- MF Rudolf Kotormány __ 6, Ripensia Timişoara
- MF Gusztáv Juhász __ 0, Juventus Bucureşti

- MF Károly Weichelt __ 1, CAO Oradea
- MF Vasile Deheleanu __ 1, Ripensia Timişoara
- MF József Moravetz __ 8, RGM Timişoara
- FW Iuliu Bodola __ 20, CAO Oradea
- FW Gheorghe Ciolac __ 14, Ripensia Timişoara
- FW Nicolae Kovács __ 19, CAO Oradea
- FW Sándor Schwartz __ 4, Ripensia Timişoara
- FW Graţian Sepi __ 18, Universitatea Cluj
- FW Silviu Bindea __ 8, Ripensia Timişoara
- FW Iuliu Barátky __ 1, Crişana Oradea
- FW István Klimek __ 0, ILSA Timişoara
- FW Ştefan Dobay __ 12, Ripensia Timişoara

_ Svezia (SWE)

_ - 17 giocatori

- GK Anders Rydberg __ 18, IFK Göteborg
- GK Eivar Widlund __ 5, AIK Solna
- DF Otto Andersson __ 9, Örgryte È
- DF Sven Andersson __ 15, AIK Solna
- DF Nils Axelsson __ 7, Hälsingborgs IF
- MF Victor Carlund __ 6, Örgryte è
- MF Ernst Andersson __ 11, IFK Göteborg
- MF Runa Carlsson __ 5, IFK Eskilstuna
- MF Nils Rosén __ 20, Hälsingborgs IF
- MF Helge Liljebjorn __ -, GAIS
- FW Ragnar Gustavsson __ 6, GAIS
- FW Gosta Dunker __ -, Sandvikens IF
- FW Sven Jonasson __ 2, IF Elfsborg
- FW Tore Keller __ 18, IK Sleipner
- FW Knut Kroon __ 31, Hälsingborgs IF
- FW Gunnar Olsson __ 6, GAIS
- FW Arvid Thörn __ 2, IFK Grängesberg

_ Svezia riserve (SWE) in standby

_ - 5 giocatori

- GK Sture Hult ___, IFK Eskilstuna
- FW Lennart Bunke __ -, Hälsingborgs IF
- FW Gunnar Jansson __ 1, Gefle IF
- FW Carl-Erik Holmberg __ 14, Örgryte È
- FW Harry Lundahl __ 14, IFK Eskilstuna

_ Cecoslovacchia (TCH)

_ - 22 giocatori

- GK Čestmír Patzel __ 0, Teplitzer FK

- GK František Plánička __ 48, SK Slavia Praga
- DF Jaroslav Burgr __ 31, AC Sparta Praga
- DF Josef Čtyřoký Čtyřoký __ 18, AC Sparta Praga
- DF Ferdinand Daučík __ 1, CSK Bratislava
- DF Ladislav Çeníšek __ 15, SK Slavia Praga
- MF Jaroslav Bouček __ 1, AC Sparta Praga
- MF Vlastimil Kopecký __ 4, SK Slavia Praga
- MF Josef Košťálek __ 11, AC Sparta Praga
- MF Rudolf Krčil __ 12, SK Slavia Praga
- MF Antonín Vodička __ 14, SK Slavia Praga
- MF Franti'ek 'terc _ _ 0, SK 'idenice
- MF Þtefan Čambal __ 14, SK Slavia Praga
- MF Erich Srbek __ 6, AC Sparta Praga
- MF Adolf Þimperský __ 10, SK Slavia Praga
- FW Josef Silný __ 49, AC Nimes
- FW Jiří Sobotka __ 3, SK Slavia Praga
- FW Antonín Puč __ 42, SK Slavia Praga
- FW Frantisek Junek __ 26, SK Slavia Praga
- FW Frantisek Svoboda __ 39, SK Slavia Praga
- FW Oldřich Nejedlý __ 14, AC Sparta Praga
- FW Géza Kalocsay __ 1, AC Sparta Praga

_ Stati Uniti (USA)
_ - 19 giocatori
- GK Julius Hjulian __ 1, Chicago Wonderbolts
- DF George Moorhouse __ 6, New York Americans
- DF Herman Rapp __ 0, Filadelfia tedesco-americana
- DF Ed Czerkiewicz __ 1, Pawtucket Rangers
- DF Joe Martinelli __ 0, Pawtucket Rangers
- DF Al Harker __ 0, Filadelfia tedesco-americana
- MF Tom Amrhein __ 0, Cantone di Baltimora
- MF Billy Gonsalves __ 5, St. Louis Stix, Baer & Fuller
- MF Tom Florie __ 7, Rangers a nottolino
- MF Jimmy Gallagher __ 7, Cleveland Slavia
- MF William Lehman __ 1, St. Louis Stix, Baer & Fuller
- MF Tom Lynch __ 0, Brooklyn Celtic
- MF Bill Fiedler __ 0, Filadelfia tedesco-americana
- MF Peter Pietras __ 1, Filadelfia tedesco-americana
- FW Willie McLean __ 1, St. Louis Stix, Baer & Fuller
- FW Werner Nilsen __ 1, St. Louis Stix, Baer & Fuller
- FW Aldo Donelli __ 1, Pittsburgh Curry Silver Tops
- FW Walter Dick __ 0, Pawtucket Rangers
- FW Francis Ryan __ 2, Filadelfia tedesco-americana

FRANCIA 1938

_ Coppa del Mondo 1938 _ in Francia, 4 giugno - 19 giugno

Primo round.

(1) 4 giugno Svizzera 1-1aet (1-1, 1-1) Germania nel Parc des Princes, Parigi
[Abegglen 43'; Gauchel 29']

(2) 5 giugno Ungheria 6-0 (4-0) Indie orientali olandesi @ Vélodrome Municipal, Reims
[Kohut 14' Toldi 16' Sárosi 25', 88' Zsengellér 30', 67']

(3) 5 giugno Francia 3-1 (2-1) Belgio allo Stade Olympique de Colombes, Parigi
[Ventunesimo Nicolás 16', 69'; Isemborghs 38']

(4) 5 giugno Cuba 3-3aet (2-2, 1-1) Romania @ Stade Chapou, Tolosa
Socorro 44' Fernandez 87' Tuñas 117'; Bindea 35' Baratky 88' Dobay 105

(5) 5 giugno Italia 2-1aet (1-1, 1-0) Norvegia @ Stade Vélodrome, Marsiglia
[Ferraris 2' Piola 94'; Brustad 83']

(6) 5 giugno Brasile 6-5aet (4-4, 3-1) Polonia presso lo Stade de la Meinau, Strasburgo
[Leônidas 18', 93', 104' Romeu 25' Perácio 44', 71'; Scherfke 23' (penna) Wilimowski 53', 59', 89', 118'].

(7) 5 giugno Cecoslovacchia 3-0aet (0-0, 0-0) Paesi Bassi @ Comune di Stade, Le Havre
[Košťálek 93' Nejedlý 111' Zeman 118']

Il primo round si ripete

(8) 9 giugno Cuba 2-1 (0-1) Romania @ Stade Chapou, Tolosa
Socorro 51' Oliveira 57'; Dobay 35']

(9) 9 giugno Germania 2-4 (2-1) Svizzera nel Parc des Princes, Parigi
Hahnemann 8' Lörtscher 22' (es.); Walaschek 42' Bickel 64' Abegglen 75', 78'].

Quarti di finale

(10) 12 giugno Brasile 1-1aet (1-1, 1-0) Cecoslovacchia @ Parc Lescure, Bordeaux
[Leônidas 30'; Nejedlý 65' (penna.)]

(11) 12 giugno Svizzera 0-2 (0-1) Ungheria allo Stade Victor Boucquey, Lille
[-; Sárosi 40' Zsengellér 89']

(12) 12 giugno Svezia 8-0 (4-0) Cuba allo Stade du Fort Carré, Antibes
H. Andersson 9', 81', 90' Wetterström 32', 37', 44' Keller 80' Nyberg 84'].

(13) 12 giugno Francia 1-3 (1-1) Italia allo Stade Olympique de Colombes, Parigi
[Heisserer 10'; Colaussi 9' Piola 51', 72']

Replay dei quarti di finale

(14) 14 giugno Brasile 2-1 (0-1) Cecoslovacchia @ Parc Lescure, Bordeaux
[Leônidas 57' Roberto 62'; Kopecký 25']

Semifinali

(15) 16 giugno Ungheria 5-1 (3-1) Svezia @ Parc des Princes, Parigi
[Jacobsson 19' (es.) Titkos 37' Zsengellér 39', 85' Sárosi 65'; Nyberg 1'].

(16) 16 giugno Italia 2-1 (0-0) Brasile @ Stade Vélodrome, Marsiglia
Colaussi 51' Meazza 60' (penna); Romeu 87']
Partita per il terzo posto
(17) 19 giugno Svezia 2-4 (2-1) Brasile @ Parc Lescure, Bordeaux
[Jonasson 28' Nyberg 38'; Romeu 44' Leônidas 63', 74' Perácio 80'].

Finale
(18) 19 giugno Ungheria 2-4 (1-3) Italia allo Stade Olympique de Colombes, Parigi
[Titkos 8' Sárosi 70'; Colaussi 6', 35' Piola 16', 82']

GIOCATORI PARTECIPANTI

_ Belgio (BEL)

_ - 22 giocatori

- GK Arnold Badjou __ 29, Daring Club de Bruxelles Societe Royale
- GK Robert Braet __ 14, Cercle Brugge
- GK André Vandeweyer __ 5, Union Royale Saint-Gilloise
- DF Jean Petit __ 4, Royal Standard Club Liegi
- DF Frans Gommers __ 1, Royal Beerschot AC
- DF Philibert Smellinckx __ 19, Union Royale Saint-Gilloise
- DF Corneel Seys __ 1, Royal Beerschot AC
- DF Robert Paverick __ 26, Royal Antwerp FC
- MF Alfons De Winter __ 18, Royal Beerschot AC
- MF Émile Stijnen __ 25, Royal Olympic Club di Charleroi
- MF Paul Henry __1, Daring Club de Bruxelles Societe Royale
- MF John Van Alphen __ 4, Royal Beerschot AC
- MF Pierre Dalem __ 22, Royal Standard Club Liegi
- FW Henri Isemborghs __ 11, Royal Beerschot AC
- FW Joseph Nelis __ 2, Berchem Sport
- FW Jean Fievez __ 4, Stella Bianca Brüssel
- FW Arthur Ceuleers __ 4, Royal Beerschot AC
- FW Jean Capelle __ 30, Royal Standard Club Liegi
- FW Fernand Buyle __ 10, Daring Club de Bruxelles Societe Royale
- FW Charles Vanden Wouwer __ 5, Royal Beerschot AC
- FW Raymond Braine __ 47, Royal Beerschot AC
- FW Bernard Voorhoof __ 54, KSK Liersche

_ Brasile (BRA)

_ - 22 giocatori

- GK Walter ___, Flamengo
- GK Batatais ___, Fluminense
- DF Naso ___, Botafogo
- DF Machado ___, Fluminense
- DF Jaú ___, Corinzi
- DF Domingos da Guia __ -, Flamengo
- MF Afonsinho ___, São Cristóvão
- MF Britto __ -, America Mineiro
- MF Argemiro ___, Portoghese Santista
- MF Martim ___, Botafogo
- MF Brandão ___, Corinzi
- MF Zezé Procópio __ -, Botafogo
- FW Ercole __ -, Fluminense

- FW Luizinho ___, SS Palestra Italia
- FW Lopes ___, Corinzi
- FW Patesko __ -, Botafogo
- FW Perácio ___, Botafogo
- FW Roberto ___, São Cristóvão
- FW Romeu ___, Fluminense
- FW Tim ___, Fluminense
- FW Leônidas ___, Flamengo
- FW Niginho ___, Vasco da Gama

_ Svizzera (SUI)

_ - 22 giocatori

- GK Erwin Ballabio ___, FC Grenchen
- GK Renato Bizzozero __, FC Lugano
- GK Willy Huber ___, Grasshopper Club di Zurigo
- DF Severino Minelli ___, Grasshopper Club Zürich
- DF August Lehmann ___, Grasshopper Club di Zurigo
- DF Adolf Stelzer __ -, Losanna Sport
- MF Ernst Lörtscher __ -, Servette
- MF Sirio Vernati ___, Grasshopper Club Zürich
- MF Oscar Rauch ___, Grasshopper Club Zürich
- MF Albert Guinchard __ -, Servette
- MF Hermann Springer ___, Grasshopper Club Zürich
- FW Leopold Kielholz __ -, SC YF Juventus
- FW Tullio Grassi __, FC Lugano
- FW Alessandro Frigerio __ -, Le Havre AC
- FW Alfred Bickel ___, Grasshopper Club Zürich
- FW André Abegglen __ -, FC Sochaux-Montbéliard
- FW Eugen Rupf ___, Grasshopper Club Zürich
- FW Lauro Amadò ___, FC Lugano
- FW Paul Aeby ___, Giovani Ragazzi di Berna
- FW Georges Aeby ___, Servette
- FW Fritz Wagner __, Grasshopper Club di Zurigo
- FW Eugen Walaschek __ -, Servette

_ Cuba (CUB)

_ - 15 giocatori

- GK Juan Ayra ___, America spagnola
- GK Benito Carvajales __ -, Centro Galiziano
- DF Manuel Chorens ___, CD Centro Gallego
- DF Jacinto Barquín ___, Gioventù aturiana
- MF Pedro Berges ___, Iberia L'Avana
- MF José Antonio Rodríguez __, CD Centro Gallego
- MF Joaquín Arias __ -, Gioventù asturiana

- FW Tomás Fernández __, CD Centro Gallego
- FW Pedro Ferrer __ -, Iberia L'Avana
- FW José Magriñá ___, CD Centro Gallego
- FW Carlos Oliveira __ -, America spagnola
- FW Juan Alonzo ___, Centro Galiziano
- FW Héctor Socorro __ -, Iberia Habana
- FW Mario Sosa ___, Iberia Havana
- FW Juan Tuñas ___, Centro Galiziano

_____

_ Germania (GER)

_ - 22 giocatori

- GK Fritz Buchloh __ 17, VfB Speldorf
- GK Hans Jakob __ 35, Jahn Regensburg
- GK Rudolf Raftl __ 0, Rapid Wien
- DF Ludwig Goldbrunner __ 31, FC Bayern Munchen
- DF Willibald Schmaus __ 0, Prima Vienna
- DF Jakob Streitle __ 0, FC Bayern Munchen
- DF Paul Janes __ 34, Fortuna Düsseldorf
- DF Reinhold Münzenberg __ 39, Germania
- MF Andreas Kupfer __ 10, 1. FC Schweinfurt 05
- MF Stefan Skoumal __ 0, Rapid Wien
- MF Hans Mock __ 0, Austria Vienna
- MF Albin Kitzinger __ 18, 1. FC Schweinfurt 05
- MF Franz Wagner __ 0, Rapid Wien
- FW Hans Pesser __ 1, Rapid Wien
- FW Wilhelm Hahnemann __ 0, Admira Wien
- FW Leopold Neumer __ 0, Austria Vienna
- FW Otto Siffling __ 31, Waldhof Mannheim
- FW Ernst Lehner __ 39, Schwaben Augsburg
- FW Josef Gauchel __ 6, TuS Koblenz-Neuendorf
- FW Josef Stroh __ 0, Austria Vienna
- FW Fritz Szepan __ 30, FC Schalke 04
- FW Rudolf Gellesch __ 14, FC Schalke 04

_____

_ Indie orientali olandesi (DEI)

_ - 17 giocatori

- GK Tan "Bing" Mo Heng __ -, HCTNH Soerabaja
- GK Van Beusekom L.N. ___, Hercules Batavia
- DF Jack Samuels Kolle __ -, Excelsior Soerabaja
- DF J. Harting ___, HBS Soerabaja
- DF Frans G. Hu Kon __ -, Sparta Batavia
- MF Sutan Anwar ___, VIOS Batavia
- MF Achmad Nawir __ -, HBS Soerabaja
- MF G. Van Den Burgh __ -, SVV Semarang

- MF Frans Alfred Meeng ___, SVVB Batavia
- MF G.H.V.L. Faulhaber __, Djocoja Djokjakarta
- FW Tan Hong Djien __ -, Tiong Hoa Soerabaja
- FW M.J. Hans Taihuttu __ -, VV Jong Jong Ambon Batavia
- FW Suvarte Soedarmadji __ -, HBS Soerabaja
- FW Tan See Han ___, Gie Hoo Soerabaja
- FW R. Telwe ___, HBS Soerabaja
- FW Isaak "Tjaak" Pattiwael __ -, VV Jong Jong Ambon Batavia
- FW Hendrikus V. "Henk" Zomers __ -, Hercules Batavia

_____

_ Francia (FRA)
_ - 22 giocatori
- GK Julien Darui __ 0, Olympique Lillois
- GK René Llense __ 9, FC Sète
- GK Laurent Di Lorto __ 9, FC Sochaux-Montbéliard
- DF Martin Povolny __ 0, FC Le Havre
- DF Abdelkader Ben Bouali __ 1, Olympique de Marseille
- DF Hector Cazenave __ 6, FC Sochaux-Montbéliard
- DF Jules Vandooren __ 14, Olympique Lillois
- DF Étienne Mattler __ 38, FC Sochaux-Montbéliard
- MF Jean Bastien __ 0, Olympique de Marseille
- MF François Bourbotte __ 9, SC Fives
- MF Raoul Diagne __ 11, RC Paris
- MF Auguste Jordan __ 3, RC Paris
- MF Lucien Jasseron __ 0, FC Le Havre
- FW Oscar Heissererer __ 6, RC Strasbourg
- FW Ignace Kowalczyk __ 5, FC Metz
- FW Edmond Delfour __ 39, RC Roubaix
- FW Roger Courtois __ 19, FC Sochaux-Montbéliard
- FW Jean Nicolas __ 22, FC Rouen
- FW Michel Brusseaux __ 1, FC Sète
- FW Alfred Aston __ 15, Stella Rossa Olimpica
- FW Émile Veinante __ 18, RC Paris
- FW Mario Zatelli __ 0, Olympique de Marseille

_____

_ Ungheria (UNO)
_ - 22 giocatori
- GK Antal Szabó __ 32, MTK Hungária FC
- GK József Háda __ 15, Ferencváros FC
- GK József Pálinkás __ 5, Szeged FC
- DF Sándor Bíró __ 26, MTK Hungária FC
- DF Lajos Korányi __ 30, Ferencváros FC
- DF Gyula Polgár __ 14, Ferencváros FC
- MF Antal Szalay __ 19, Újpest FC

- MF János Dudás __ 12, MTK Hungária FC
- MF Gyula Lazár __ 34, Ferencváros FC
- MF György Szűcs __ 23, Újpest FC
- MF József Turay __ 41, MTK Hungária FC
- MF István Balogh __ 3, Újpest FC
- MF Béla Sárosi __ 0, Ferencváros FC
- FW Ferenc Sas __ 13, MTK Hungária FC
- FW György Sárosi __ 42, Ferencváros FC
- FW Vilmos Kohut __ 24, Olympique Marseille
- FW László Cseh __ 32, MTK Hungária FC
- FW Pál Titkos __ 45, MTK Hungária FC
- FW Géza Toldi __ 39, Ferencváros FC
- FW Mihály Bíró __ 0, Ferencváros FC
- FW Jenő Vincze __ 22, Újpest FC
- FW Gyula Zsengellér __ 9, Újpest FC

_ Italia (ITA)

_ - 22 giocatori
- GK Aldo Olivieri __ 8, Lucchese
- GK Guido Masetti __ 1, Roma
- GK Carlo Ceresoli __ 7, Bologna
- DF Eraldo Monzeglio __ 32, Roma
- DF Alfredo Foni __ 6, Juventus
- DF Pietro Rava __ 11, Juventus
- MF Renato Olmi __ 0, Ambrosiana-Inter
- MF Aldo Donati __ 0, Roma
- MF Mario Perazzolo __ 2, Genova
- MF Bruno Chizzo __ 0, Triestina
- MF Mario Genta __ 0, Genova
- MF Michele Andreolo __ 11, Bologna
- MF Pietro Serantoni __ 9, Roma
- MF Giuseppe Meazza __ 43, Ambrosiana-Inter
- MF Ugo Locatelli __ 7, Ambrosiana-Inter
- FW Pietro Ferraris __ 3, Ambrosiana-Inter.
- FW Giovanni Ferrari __ 38, Ambrosiana-Inter
- FW Pietro Pasinati __ 10, Triestina
- FW Gino Colaussi __ 12, Triestina
- FW Silvio Piola __ 14, Lazio
- FW Amedeo Biavati __ 0, Bologna
- FW Sergio Bertoni __ 3, Pisa

_ Paesi Bassi (NED)

_ - 22 giocatori
- GK Niek Michel __ 0, VSV Velsen

- GK Adri van Male __ 9, SC Feyenoord Rotterdam
- DF Mauk Weber __ 25, ADO Den Haag
- DF Bertus Caldenhove __ 18, DWS Amsterdam
- DF Dick Been __ 0, Ajax Amsterdam
- DF Hendrikus Plenter __ 0, Quick Groningen
- MF Puck van Heel __ 62, SC Feyenoord Rotterdam
- MF Frans Hogenbirk __ 0, Quick Groningen
- MF Wim Anderiesen __ 40, Ajax Amsterdam
- MF Bas Paauwe __ 21, SC Feyenoord Rotterdam
- MF Rene Pijpers __ 0, RFC Roermond
- FW Klaas Ooms __ 0, DWV Amsterdam
- FW Daaf Drok __ 7, RFC Rotterdam
- FW Piet Punt __ 1, DFC Dordrecht
- FW Kick Smit __ 21, HFC Haarlem
- FW Frans van der Veen __ 1, Heracles Almelo
- FW Arie de Winter __ 0, HFC Haarlem
- FW Bertus de Harder __ 1, VUC Den Haag
- FW Henk van Spaandonck __ 7, Neptunus Rotterdam
- FW Leen Vente __ 14, Neptunus Rotterdam
- FW Piet de Boer __ 1, KFC
- FW Frank Wels __ 35, Unitas Gorinchem

_____

_ Norvegia (NOR)
_ - 22 giocatori
- GK Sverre Nordby __ 2, Mjøndalen
- GK Anker Kihle __ 0, Tempesta
- GK Henry Johansen __ 44, Vålerengen
- DF Øivind Holmsen __ 22, Lyn
- DF Jørgen Juve __ 45, Lyn
- DF Roald Amundsen __ 0, Mjøndalen
- DF Sigurd Hansen __ 0, Fram Larvik
- DF Nils Eriksen __ 34, Dispari
- DF Rolf Johannessen __ 11, Fredrikstad
- MF Oddmund Andersen __ 1, Mjøndalen
- MF Gunnar Andreassen __ 0, Fredrikstad
- MF Rolf Holmberg __ 18, Dispari
- MF Kristian Henriksen __ 12, Lyn
- FW Arne Brustad __ 19, Lyn
- FW Reidar Kvammen __ 29, Viking
- FW Magnar Isaksen __ 12, Lyn
- FW Arne Ileby __ 0, Fredrikstad
- FW Hjalmar Andresen __ 0, Sarpsborg
- FW Odd Frantzen __ 14, Hardy
- FW Knut Brynildsen __ 1, Fredrikstad

- FW Alf Martinsen __ 17, Lillestrøm
- FW Sverre Berglie __ -, Drafn

_ Polonia (POL)
_ - 22 giocatori
- GK Edward Madejski __ 6, Wisła Krakow
- GK Walter Brom __ 0, Ruch Chorzów
- DF Edmund Twórz __ 2, Warta Poznań
- DF Władysław Szczepaniak __ 22, Polonia Varsavia
- DF Antoni Gałecki __ 16, ŁKS Łódź
- DF Edmund Giemsa __ 6, Ruch Chorzów
- MF Wilhelm Góra __ 8, Cracovia
- MF Ewald Dytko __ 16, Dąb Katowice
- MF Jan Wasiewicz __ 14, Pogoń Lwów
- MF Kazimierz Lis __ 0, Warta Poznań
- MF Wilhelm Piec __ 3, Naprzód Lipiny
- MF Erwin Nyc __ 4, Polonia Varsavia
- FW Stanisław Baran __ 0, Warszawianka Warszawa
- FW Leonard Piątek __ 9, AKS Chorzów
- FW Ryszard Piec __ 18, Naprzód Lipiny
- FW Antoni Łyko __ 1, Wisła Krakow
- FW Fryderyk Scherfke __ 12, Warta Poznań
- FW Józef Korbas __ 1, Cracovia
- FW Bolesław Habowski __ 1, Wisła Krakow
- FW Ewald Cebula __ 0, Śląsk Świętochłowice
- FW Ernst Wilimowski __ 14, Ruch Chorzów
- FW Gerard Wodarz __ 24, Ruch Chorzów

_ Romania (ROU)
_ - 22 giocatori
- GK Dumitru Pavlovici __ 8, Ripensia Timişoara
- GK Mircea David __ 4, Venere Bucureşti
- GK Róbert Szádowsky __ 1, AMEF Arad
- DF Lazăr Sfera __ 5, Venere Bucureşti
- DF Iacob Felecan __ 4, Victoria Cluj
- DF Vasile Chiroiu __ 5, Ripensia Timişoara
- DF Rudolf Bürger __ 27, Ripensia Timişoara
- MF Gheorghe Brandabura __ 4, Juventus Bucureşti
- MF Vintilă Cossini __ 12, Rapid Bucureşti
- MF Gheorghe Rasinaru __ 1, Rapid Bucureşti
- MF Ladislau Raffinsky __ 18, Rapid Bucureşti
- MF Andrei Bărbulescu __ 2, Venere Bucureşti
- MF Stefan Dobra __ -, Gloria Arad
- FW Nicolae Kovács __ 35, CAO Oradea

- FW Ioachim Moldoveanu __ 3, Rapid Bucureşti
- FW Miklós Nagy __ 0, Crişana Oradea
- FW Ştefan Dobay __ 33, Ripensia Timişoara
- FW Gyula Prassler __ 1, AMEF Arad
- FW Ion Bogdan __ 1, Rapid Bucureşti
- FW Iuliu Bodola __ 39, Venere Bucureşti
- FW Silviu Bindea __ 18, Ripensia Timişoara
- FW Iuliu Baratky __ 10, Rapid Bucureşti

_____

_ Svezia (SWE)

_ - 22 giocatori

- GK Henock Abrahamsson __ 0, Gårda BK Göteborg
- GK Gustav Sjöberg __ 7, AIK
- DF Harry Nilsson __ 0, Landskrona BoIS
- DF Erik Nilsson __ 0, Malmö FF
- DF Ivar Eriksson __ 1, Sandvikens IF
- DF Olle Källgren __ 6, Sandvikens IF
- MF Karl-Erik Grahn __ 15, IF Elfsborg Borås
- MF Kurt Svanström __ 4, Örgryte IS Göteborg
- MF Erik Almgren __ 5, AIK
- MF Sven Jacobsson __ 2, GAIS Göteborg
- MF Arne Linderholm __ 0, IK Sleipner Norrköping
- FW Harry Andersson __ 0, IK Sleipner Norrköping
- FW Tore Keller __ 22, IK Sleipner Norrköping
- FW Sven Jonasson __ 28, IF Elfsborg Borås
- FW Curt Bergsten __ 6, Landskrona BoIS
- FW Åke Andersson __ 2, GAIS Göteborg
- FW Arne Nyberg __ 2, IFK Göteborg
- FW Erik Persson __ 27, AIK
- FW Knut Hansson __ 4, Landskrona BoIS
- FW Lennart Bunke __ -, Helsingborgs IF
- FW Sven Unger __ -, Sleinper IK
- FW Gustav Wetterström __ 4, IK Sleipner Norrköping

_____

_ Cecoslovacchia (TCH)

_ - 22 giocatori

- GK Karel Burkert __ 1, SK 'idenice
- GK František Plánička __ 71, SK Slavia Praga
- DF Ferdinand Daučík __ 10, SK Slavia Praga
- DF Jaroslav Burgr __ 51, AC Sparta Praga
- DF Karel Černý __, SK Slavia Praga
- DF Josef Orth ___, ÅK Slovan Bratislava
- MF Jaroslav Bouček __ 22, AC Sparta Praga
- MF Karel Kolský __ 10, AC Sparta Praga

- MF Vlastimil Kopecký __ 13, SK Slavia Praga
- MF Josef Košťálek __ 36, AC Sparta Praga
- MF Otakar Nožíř __ 0, SK Slavia Praga
- FW Josef Ludl __ 3, Viktoria 'ï'kov
- FW Oldřich Nejedlý __ 38, AC Sparta Praga
- FW Arnošt Kreuz __ 2, SK Pardubice
- FW Václav Horák __ 9, SK Slavia Praga
- FW Vojtěch Bradáč __ 7, SK Slavia Praga
- FW Antonín Puč __ 59, SK Slavia Praga
- FW gennaio Říha __ 9, AC Sparta Praga
- FW Oldřich Rulc __ 15, SK 'idenice
- FW Karel Senecký __ 2, AC Sparta Praga
- FW Ladislav Šimůnek __ 2, SK Slavia Praga
- FW Josef Zeman __ 3, AC Sparta Praga

BRASILE 1950

_ Coppa del Mondo 1950 _ in Brasile, 24 giugno - 16 luglio

Gruppo 1 : Brasile Brasile Messico Svizzera Jugoslavia
   Gruppo 2 : Inghilterra Cile Spagna USA
   Gruppo 3 : Italia India Paraguay Svezia
   Gruppo 4 : Uruguay Bolivia Francia

Primo turno | 24 giugno - 2 luglio

Gruppo 1:
   (1) 24 giugno Brasile 4-0 (1-0) Messico @ Estádio do Maracanã, Rio de Janeiro
   [Ademir 30', 79' Jair 65' Baltazar 71']
   (5) 25 giugno Yugoslavia 3-0 (0-0) Svizzera @ Estádio Independência, Belo Horizonte
   [Mitić 59' Tomašević 70' Ognjanov 75']
   (6) 28 giugno Brasile 2-2 (2-1) Svizzera @ Estádio do Pacaembu, São Paulo
   [Alfredo 3' Baltazar 32'; Fatton 17', 88']
   (7) 28 giugno Yugoslavia 4-1 (2-0) Messico @ Estádio dos Eucaliptos, Porto Alegre
   Bobek 19" '. Čajkovski 22', 62' Tomašević 81'; Ortiz 89' (penna)].
   (11) 1o luglio Brasile 2-0 (1-0) Jugoslavia "Estádio do Maracanã, Rio de Janeiro
   [Ademir 4' Zizinho 69']
   (14) 2 luglio Svizzera 2-1 (2-0) Messico @ Estádio dos Eucaliptos, Porto Alegre
   Bader 10' Antenenen 44'; Casarín 89']
   Gruppo 2:
   (2) 25 giugno Inghilterra 2-0 Cile @ Estádio do Maracanã, Rio de Janeiro
   Mortensen 27' Mannion 51
   (3) 25 giugno Spagna 3-1 Stati Uniti @ Estádio Durival de Britto, Curitiba
   Igoa 81' Basora 83' Zarra 89'; Pariani 17']
   (8) 29 giugno Spagna 2-0 Cile @ Estádio do Maracanã, Rio de Janeiro
   Bassora 17' Zarra 30']
   (10) 29 giugno Stati Uniti 1-0 Inghilterra @ Estádio Independência, Belo Horizonte
   [Gaetjens 38']
   (12) 2 luglio Spagna 1-0 Inghilterra @ Estádio do Maracanã, Rio de Janeiro
   [Zarra 48']
   (15) 2 luglio Cile 5-2 Stati Uniti @ Estádio Ilha do Retiro, Recife
   Robledo 16' Riera 32' Cremaschi 54', 82' Prieto 60'; Wallace 47' Maca 48' (penna)].

Gruppo 3:
   (4) 25 giugno Svezia 3-2 Italia @ Estádio do Pacaembu, San Paolo
   [Jeppson 25', 68' Andersson 33'; Carapellese 7' Muccinelli 75']
   (9) 29 giugno Svezia 2-2 Paraguay @ Estádio Durival Britto, Curitiba

Sundqvist 17' Palmér 26'; López 35' López Fretes 74'].

(13) 2 luglio Italia 2-0 Paraguay @ Estádio do Pacaembu, São Paulo

[Carapellese 12' Pandolfini 62']

Gruppo 4:

(16) 2 luglio Uruguay 8-0 Bolivia @ Estádio Independência, Belo Horizonte

[Míguez 14', 40', 51' Vidal 18' Schiaffino 23', 54' Pérez 83' Ghiggia 87']

Gruppo F: Uruguay, Brasile, Svezia, Spagna

Finale : 9 luglio - 16 luglio

Gruppo F:

(17) 9 luglio Uruguay 2-2 Spagna @ Estádio do Pacaembu, São Paulo

Ghiggia 29' Varela 73'; Bassora 37', 39']

(18) 9 luglio Brasile 7-1 Svezia @ Estádio do Maracanã, Rio de Janeiro

[Ademir 17', 36', 36', 52', 58' Boy 39', 88' Maneca 85'; Andersson 67' (penna.)].

(19) 13 luglio Brasile 6-1 Spagna nell'Estádio do Maracanã, Rio de Janeiro

[Parra 15' (o.g.) Jair 21' Chico 31', 55' Ademir 57' Zizinho 67'; Igoa 71'].

(20) 13 luglio Uruguay 3-2 Svezia @ Estádio do Pacaembu, São Paulo

Ghiggia 39' Miguez 77', 85'; Palmér 5' Sundqvist 40'].

(21) 16 luglio Svezia 3-1 Spagna @ Estádio do Pacaembu, São Paulo

Sundqvist 15' Mellberg 33' Palmér 80'; Zarra 82']

(22) 16 luglio Uruguay 2-1 Brasile @ Estádio do Maracanã, Rio de Janeiro

[Schiaffino 66' Ghiggia 79'; Friaça 47']

GIOCATORI E SQUADRE PARTECIPANTI

_ Bolivia (BOL)

_ - 22 giocatori

- GK Vicente Arraya __ 26, La Paz Railway
- GK Eduardo Gutiérrez __ 12, Ingavi CD
- DF José Bustamante __ 31, Club Litoral
- DF Alberto Figueroa de Acha __ 23, Il più forte
- DF Antonio Greco __ 0, Club Litoral
- MF Juan Arricio __ 0, Ayacucho La Paz
- MF Duberty Aráoz __ 10, Club Litoral
- MF Alberto Aparicio __ 0, La Paz Railway
- MF René Cabrera __ 8, Club Jorge Wilstermann
- MF Eulogio Sandoval __ 0, Club Litoral
- MF Leonardo Ferrel __ 18, Il più forte
- MF Humberto Saavedra __ 0, Il più forte
- MF Antonio Valencia __ 9, Club Bolívar
- FW Juan Guerra __ 9, La Paz Railway
- FW Benigno Gutiérrez __ 15, Club Litoral
- FW Roberto Capparelli __ 0, Il più forte
- FW Benjamín Maldonado __ 4, San José de Oruro
- FW Mario Mena __ 9, Club Bolivar
- FW Victor Brown __ 2, Club Litoral
- FW Victor Celestino Algarañaz __ 8, Club Litoral
- FW Victor Agustin Ugarte __ 16, Club Bolivar
- FW Benedicto Godoy Véizaga __ 9, Ferroviario La Paz

_ Brasile (BRA)

_ - 22 giocatori

- GK Barbosa __ 13, Vasco da Gama
- GK Castilho __ 2, Fluminense
- DF Nílton Santos __ 5, Botafogo
- DF Ely __ 8, Vasco da Gama
- DF Juvenal __ 4, Flamengo
- DF Augusto __ 12, Vasco da Gama
- DF Nena __ 5, Internazionale
- MF Noronha __ 15, San Paolo
- MF Danilo __ 15, Vasco da Gama
- MF Bauer __ 6, San Paolo
- MF Bigode __ 5, Flamengo
- MF Rui __ 27, São Paulo
- FW Alfredo __ 0, Vasco da Gama

- FW Baltazar __ 4, Corinzi
- FW Chico __ 15, Vasco da Gama
- FW Jair __ 32, Palmeiras
- FW Ademir __ 25, Vasco da Gama
- FW Maneca __ 3, Vasco da Gama
- FW Zizinho __ 30, Bangu
- FW Friaça __ 6, São Paulo
- FW Rodrigues __ 2, Fluminense
- FW Adãozinho __ 2, Internazionale

_ Svizzera (SUI)

_ - 22 giocatori
- GK Adolphe Hug __ -, Urania Genf
- GK Georges Stuber __ -, Losanna-Sport
- GK Eugen Corrodi __ -, FC Lugano
- DF Roger Bocquet __ -, Losanna-Sport
- DF Kurt Rey ___, SC Young Fellows
- DF Willi Steffen ___, Cantone di Neuchâtel
- DF André Neury ___, FC Locarno
- DF Rudolf Gyger __ -, Cantone di Neuchâtel
- DF Willy Kernen ___, FC La Chaux-de-Fonds
- MF Roger Quinche ___, Giovani Ragazzi di Berna
- MF Robert Hasler ___, FC Lugano
- MF Oliver Eggimann __ -, Servette FC
- FW Charles Antenenen ___, FC La Chaux-de-Fonds
- FW Gerhard Lusenti __ -, AC Bellinzona
- FW Hans-Peter Friedländer __ -, Losanna-Sport
- FW Jacques Fatton ___, Servette FC
- FW Alfred Bickel ___, Grasshoppers Club Zurich
- FW Walter Schneiter ___, FC Zurigo
- FW Hans Siegenthaler __ -, SC Young Fellows
- FW Walter Beerli ___, Giovani Ragazzi di Berna
- FW René Bader ___, FC Basilea
- FW Jean Tamini ___, Servette FC

_ Cile (CHI)

_ - 22 giocatori
- GK René Quitral __ 0, Santiago Vagabundos
- GK Sergio Livingstone __ 31, Universidad Católica
- DF Manuel Álvarez Jiménez __ 3, Università Cattolica
- DF Fernando Roldán __ 0, Universidad Católica
- DF Miguel Flores __ 0, Università del Cile
- DF Francisco Urroz __ 10, Colo-Colo
- DF Arturo Farías __ 4, Colo-Colo

- DF Manuel Machuca __ -,
- MF Miguel Busquets __ 15, Università del Cile
- MF Osvaldo Saez __ 11, Colo-Colo
- MF Fernando Campos __ 5, Colo-Colo
- MF Carlos Rojas __ 5, Unione Spagnola
- MF Hernán Carvallo __ 5, Universidad Católica
- FW Manuel Muñoz __ 0, Colo-Colo
- FW Andrés Prieto __ 9, Università Cattolica
- FW Luis Mayanés __ 0, Università del Cile
- FW Fernando Riera __ 16, Universidad Católica
- FW George Robledo __ 0, Newcastle United
- FW Atilio Cremaschi __ 10, Unione Spagnola
- FW Guillermo Díaz __ 4, Santiago Vagabundos
- FW Raimundo Infante __ 13, Università Cattolica
- FW Carlos Ibáñez __ 0, Magellano

_____

_ Inghilterra (GNL)
_ - 21 giocatori
- GK Bert Williams __ 7, Wolverhampton Wanderers
- GK Ted Ditchburn __ 2, Tottenham Hotspur
- DF Laurie Scott __ 17, Arsenal
- DF Jim Taylor __ 0, Fulham
- DF Alf Ramsey __ 5, Tottenham Hotspur
- DF John Aston __ 14, Manchester United
- DF Bill Eckersley __ 0, Blackburn Rovers
- DF Billy Wright __ 29, Wolverhampton Wanderers
- MF Laurie Hughes __ 0, Liverpool
- MF Eddie Baily __ 0, Tottenham Hotspur
- MF Willie Watson __ 2, Sunderland
- MF Henry Cockburn __ 10, Manchester United
- MF Jimmy Dickinson __ 7, Portsmouth
- MF Bill Nicholson __ 0, Tottenham Hotspur
- FW Jimmy Mullen __ 4, Wolverhampton Wanderers
- FW Stan Mortensen __ 18, Blackpool
- FW Jackie Milburn __ 7, Newcastle United
- FW Roy Bentley __ 4, Chelsea
- FW Tom Finney __ 25, Preston North End
- FW Wilf Mannion __ 19, Middlesbrough
- FW Stanley Matthews __ 30, Blackpool

_____

_ Spagna (ESP)
_ - 22 giocatori
- GK Juan Acuña __ 1, Deportivo de La Coruña
- GK Antoni Ramallets __ 0, CF Barcellona

- GK Ignacio Eizaguirre __ 14, Valencia CF
- DF Vicente Asensi __ 5, Valencia CF
- DF Alfonso Silva __ 3, Atlético Madrid
- DF Gabriel Alonso __ 4, Celtico di Vigo
- DF Francisco Antúnez __ 2, CF Siviglia
- DF Josep Gonzalvo __ 3, CF Barcellona
- DF José Parra __ 1, RCD Espanyol
- DF Rafael Lesmes __ 0, Valladolid
- MF Nando __ 5, Atlético Bilbao
- MF Antonio Puchades __ 6, Valencia CF
- MF Marià Gonzalvo __ 8, CF Barcellona
- FW José Juncosa __ 1, Atlético Madrid
- FW Luis Molowny __ 2, Real Madrid
- FW Silvestre Igoa __ 5, Valencia CF
- FW José Luis Luis Panizo __ 6, Atlético Bilbao
- FW Rosendo Hernández __ 2, RCD Espanyol
- FW Agustín Gaínza __ 14, Atlético Bilbao
- FW César __ 8, CF Barcelona
- FW Estanislao Basora __ 4, CF Barcellona
- FW Zarra __ 11, Atlético Bilbao

_____

_ Italia (ITA)
_ - 22 giocatori
- GK Giuseppe Moro __ 2, Torino
- GK Giuseppe Casari __ 2, Atalanta
- GK Lucidio Sentimenti __ 7, Lazio
- DF Attilio Giovannini __ 4, Internazionale
- DF Carlo Annovazzi __ 10, Milano
- DF Zeffiro Furiassi __ 0, Lazio
- DF Ivano Blason __ 0, Triestina
- DF Osvaldo Fattori __ 3, Internazionale
- MF Leandro Remondini __ 0, Lazio
- MF Giacomo Mari __ 3, Juventus
- MF Carlo Parola __ 9, Juventus
- MF Augusto Magli __ 0, Fiorentina
- MF Omero Tognon __ 4, Milano
- FW Benito Lorenzi __ 5, Internazionale
- FW Riccardo Carapellese __ 11, Torino
- FW Emilio Caprile __ 2, Atalanta
- FW Ermes Muccinelli __ 2, Juventus
- FW Egisto Pandolfini __ 0, Fiorentina
- FW Gino Cappello __ 3, Bologna
- FW Aldo Campatelli __ 6, Internazionale
- FW Giampiero Boniperti __ 6, Juventus

- FW Amedeo Amadei __ 6, Internazionale

_ Messico (MEX)
_ - 22 giocatori
- GK Antonio Carbajal __ -, Spagna FC
- GK Raúl Córdoba __, San Sebastián León
- DF José Antonio Roca __ -, Necaxa
- DF Felipe Zetter ___, Atlante
- DF Rodrigo Ruiz __ -, Deportivo Guadalajara
- DF Alfonso Montemayor __ -, FC Leon
- DF Gregorio Gómez __, Deportivo Guadalajara
- DF Manuel Gutiérrez __, Club America
- MF Carlos Guevara __ -, Asturias F.C.
- MF Francisco Hernández ___, Asturias F.C.
- MF Antonio Flores ___, Atlante
- MF Samuel Cuburu __ -, FC Puebla
- MF Mario Pérez ___, CD Mars
- MF Mario Ochoa ___, Club America
- MF Héctor Ortiz ___, CD Mars
- FW José Naranjo ___, Oro Guadalajara
- FW Max Prieto __ -, Deportivo Guadalajara
- FW Leonardo Navarro ___, FC Atlante
- FW Horacio Casarín __ -, Spagna FC
- FW Carlos Septién __ -, Spagna FC
- FW José Velázquez __, FC Veracruz
- FW José Luis Luis Borbolla __ -, Club America

_ Paraguay (PAR)
_ - 22 giocatori
- GK Marcelino Vargas ___, Libertà
- GK Pablo Centurión __ -, Cerro Porteño
- DF Manuel Gavilán __ -, Libertà
- DF Elioro Paredes __ -, Sportivo Luqueño
- DF Antonio Cabrera ___, Libertà
- DF Casiano Céspedes __ -, Olimpia
- DF Alberto González __ -, Olimpia
- MF Castor Cantero ___, Olimpia
- MF Victoriano Leguizamón __ -, Olimpia
- MF Armando González __ -, Guaraní
- MF Melanio Baez ___, Nazionale
- FW Atilio López __ -, Nazionale
- FW Lorenzo Calonga __ -, Guarani
- FW Juan Cañete ___, Presidente Hayes
- FW Ángel Berni __ -, Sportivo Luqueño

- FW César López Fretes ___, Olimpia
- FW Hilarión Osorio __ -, Sportivo Luqueño
- FW Marcial Avalos __ -, Cerro Porteño
- FW Dario Saguier __ -, Cerro Porteño
- FW Francisco Sosa __ -, Cerro Porteño
- FW Leongino Unzaim __ -, Olimpia
- FW Enrique Avalos __ -, Cerro Porteño

_____

_ Svezia (SWE)
_ - 22 giocatori
- GK Kalle Svensson __ 4, Helsingborgs IF
- GK Torsten Lindberg __ 18, IFK Norrköping
- GK Tore Svensson __ 0, Malmö FF
- DF Lennart Samuelsson __ 1, IF Elfsborg Borås
- DF Ivan Bodin __ 0, AIK Stoccolma
- DF Gunnar Johansson __ 0, GAIS
- DF Arne Månsson __ 1, Malmö FF
- DF Erik Nilsson __ 28, Malmö FF
- MF Olle Åhlund __ 15, Degerfors IF
- MF Ingvar Gärd __ 1, Malmö FF
- MF Sune Andersson __ 23, AIK Stoccolma
- MF Knut Nordahl __ 22, IFK Norrköping
- FW Stellan Nilsson __ 15, Malmö FF
- FW Karl-Erik Palmér __ 5, Malmö FF
- FW Ingvar Rydell __ 2, Malmö FF
- FW Bror Mellberg __ 1, AIK Stockholm
- FW Lennart Skoglund __ 1, AIK Stoccolma
- FW Stig Sundqvist __ 6, IFK Norrköping
- FW Egon Jönsson __ 7, Malmö FF
- FW Kurt Svensson __ 0, IS Halmia
- FW Hasse Jeppson __ 1, Djurgårdens IF Stockholm
- FW Börje Tapper __ 4, Malmö FF

_____

_ Stati Uniti (USA)
_ - 19 giocatori
- GK Frank Borghi __ 4, St. Louis Simpkins-Ford
- GK Gino Gardassanich __ 0, Chicago Slovacchia
- DF Robert Annis __ 1, St. Louis Simpkins-Ford
- DF Joe Maca __ 0, ispanico di Brooklyn
- DF Geoff Coombes __ 0, Chicago Vikings
- DF Harry Keough __ 3, St. Louis McMahon
- MF Charlie Colombo __ 7, St. Louis Simpkins-Ford
- MF Ed Ed McIlvenny __ 0, Philadelphia Nationals
- MF Walter Bahr __ 7, Philadelphia Nationals

- FW Benny McLaughlin __ 0, Philadelphia Nationals
- FW Robert Craddock __ 0, Pittsburgh Harmarville S.C.
- FW Joe Gaetjens __ 0, Brookhattan
- FW Nicholas DiOrio __ 0, Pittsburgh Harmarville S.C.
- FW Frank Moniz __ 0, Ponta Delgada S.C.
- FW Gino Pariani __ 2, St. Louis Simpkins-Ford
- FW Ed Souza __ 2, Ponta Delgada S.C.
- FW John Souza __ 9, Ponta Delgada S.C.
- FW Frank Wallace __ 4, St. Louis Simpkins-Ford
- FW Adam Wolanin __ 0, Chicago Eagles

_____

_ Uruguay (URU)
_ - 22 giocatori
- GK Hannibal Paz __ 23, Nazionale
- GK Roque Máspoli __ 27, Peñarol
- DF Schubert Gambetta __ 39, Nazionale
- DF Eusebio Tejera __ 28, Nazionale
- DF Juan Carlos González __ 3, Peñarol
- DF Matías González __ 7, Cerro
- DF William Martinez __ 3, Rampla Juniors
- DF Héctor Vilches __ 5, Hill
- MF Víctor Rodríguez Andrade __ 11, Centrale
- MF Obdulio Varela __ 39, Peñarol
- MF Washington Ortuño __ 0, Peñarol
- MF Rodolfo Pini __ 6, Nazionale
- FW Oscar Míguez __ 5, Peñarol
- FW Alcides Ghiggia __ 3, Peñarol
- FW Luis Rijo __ 0, Centrale
- FW Julio Perez __ 7, Nazionale
- FW Carlos Romero __ 3, Danubio
- FW Juan Alberto Schiaffino __ 9, Peñarol
- FW Juan Burgueño __ 4, Danubio
- FW Rubén Morán __ 2, Cerro
- FW Ernesto Vidal __ 0, Peñarol
- FW Julio César Britos __ 10, Peñarol

_____

_ Yuguslavia (YUG)
_ - 22 giocatori
- GK Srđan Mrkušić __ 4, Stella Rossa di Belgrado (SFR)
- GK Vladimir Beara __ 0, Hajduk Split (SFR)
- DF Siniša Zlatković __, Nasa Krila (SFR)
- DF Božo Broketa __ 3, Hajduk Split (SFR)
- DF Branko Stanković __ 19, Stella Rossa di Belgrado (SFR)
- DF Miodrag Jovanović __ 18, Partizan Belgrado (SFR)

- DF Ratko Čolić __ 6, Partizan Belgrado (SFR)
- DF Ivica Horvat __ 13, Dinamo Zagabria (SFR)
- Firma di Vladimir DF __ 3, Partizan Belgrado (SFR)
- MF Ervin Katnić ___, Hajduk Split (SFR)
- MF Zlatko Čajkovski __ 25, Partizan Belgrado (SFR)
- MF Predrag Đajić __ 5, Stella Rossa di Belgrado (SFR)
- MF Aleksandar Atanacković __ 15, Partizan Belgrado (SFR)
- MF Ivo Radovniković __ -, Hajduk Split (SFR)
- MF Bela Palfi __ 1, Stella Rossa di Belgrado (SFR)
- FW Tihomir Ognjanov __ 2, Stella Rossa di Belgrado (SFR)
- FW 'eljko Čajkovski __ 16, Dinamo Zagabria (SFR)
- FW Rajko Mitić __ 19, Stella Rossa di Belgrado (SFR)
- FW Stjepan Bobek __ 26, Partizan Belgrado (SFR)
- FW Kosta Tomašević __ 6, Stella Rossa di Belgrado (SFR)
- FW Bernard Vukas __ 6, Hajduk Split (SFR)
- FW Prvoslav Mihajlović __ 12, Partizan Belgrado (SFR)

SVIZZERA 1954

_ Coppa del Mondo del 1954 _ in Svizzera, 16 giugno - 4 luglio

Gruppo 1 : Brasile Jugoslavia Francia Francia Messico

    Gruppo 2 : Ungheria Germania Ovest Turchia Corea del Sud

    Gruppo 3 : Uruguay Austria Cecoslovacchia Scozia

    Gruppo 4 : Inghilterra Svizzera Italia Belgio

Giorno 1 | 16 giugno - 17 giugno

    Secondo giorno | 19 giugno - 20 giugno

Gruppo 1:

    (3) 16 giugno Brasile 5-0 Messico allo stadio Charmilles, Ginevra

    (4) 16 giugno Jugoslavia 1-0 Francia allo Stade Olympique de la Pontaise, Losanna

    (10) 19 giugno Brasile 1-1 a.e.t. (1-1) Jugoslavia allo Stade Olympique de la Pontaise, Losanna

    (11) 19 giugno Francia 3-2 Messico allo stadio Charmilles, Ginevra

Gruppo 2:

    (5) 17 giugno Germania Ovest 4-1 Turchia allo stadio di Wankdorf, Berna

    (8) 17 giugno Ungheria 9-0 Corea del Sud allo stadio Hardturm di Zurigo

    (14) 20 giugno Ungheria 8-3 Germania Ovest allo stadio St. Jakob, Basilea

    (15) 20 giugno Turchia 7-0 Corea del Sud allo stadio di Charmilles, Ginevra

    Gruppo 2 Play-off

    (25) 23 giugno Germania Ovest 7-2 Turchia allo stadio Hardturm di Zurigo

Gruppo 3:

    (1) 16 giugno Uruguay 2-0 Cecoslovacchia allo stadio di Wankdorf, Berna

    (2) 16 giugno Austria 1-0 Scozia allo stadio di Hardturm, Zurigo

    (9) 19 giugno Austria 5-0 Cecoslovacchia allo stadio di Hardturm, Zurigo

    (12) 19 giugno Uruguay 7-0 Scozia allo stadio St. Jakob, Basilea

Gruppo 4:

    (6) 17 giugno Inghilterra 4-4 a.e.t. (3-3) Belgio allo stadio St. Jakob, Basilea

    (7) 17 giugno Svizzera 2-1 Italia allo Stade Olympique de la Pontaise, Losanna

    (13) 20 giugno Inghilterra 2-0 Svizzera allo stadio di Wankdorf, Berna

    (16) 20 giugno Italia 4-1 Belgio allo stadio di Cornaredo, Lugano

    Gruppo 4 Play-off

    (26) 23 giugno Svizzera 4-1 Italia allo stadio St. Jakob, Basilea

Quarti di finale
  (19) 26 giugno Austria 7-5 Svizzera allo Stade Olympique de la Pontaise, Losanna
  (20) 26 giugno Uruguay 4-2 Inghilterra allo stadio St. Jakob, Basilea
  (17) 27 giugno Yugoslavia 0-2 Germania Ovest allo stadio Charmilles, Ginevra
  (18) 27 giugno Brasile 2-4 Ungheria allo stadio di Wankdorf, Berna

Semifinali
  (21) 30 giugno Germania Ovest 6-1 Austria allo stadio St. Jakob, Basilea
  (22) 30 giugno Ungheria 4-2 a.e.t. (2-2) Uruguay allo Stade Olympique de la Pontaise, Losanna

Partita per il terzo posto
  (23) 3 luglio Uruguay 1-3 Austria @ Hardturm Stadium, Zurigo

Finale
  (24) 4 luglio Ungheria 2-3 Germania Ovest allo stadio di Wankdorf, Berna

GIOCATORI E SQUADRE PARTECIPANTI

_ Austria (AUT)

_ - 22 giocatori

(1) GK Kurt Schmied __ 1, First Vienna CF

(15) GK Franz Pelikan __ 3, Wacker Wien

(16) GK Walter Zeman __ 38, Rapid Wien

(2) DF Gerhard Hanappi __ 37, Rapid Wien

(4) DF Leopold Barschandt __ 2, Wiener Sportclub

(5) DF Ernst Ocwirk __ 44, Austria Vienna

(20) DF Paul Halla __ 3, Rapid Wien

(3) MF Ernst Happel __ 39, Rapid Wien

(6) MF Karl Koller __ 7, First Vienna CF

(10) MF Erich Probst __ 8, Rapid Wien

(12) MF Karl Stotz __ 10, Austria Vienna

(13) MF Walter Kollmann __ 3, Wacker Wien

(14) MF Karl Giesser __ 1, Rapid Wien

(17) MF Alfred Teinitzer __ 0, Linzer ASK

(18) MF Johann Riegler __ 3, Rapid Wien

(7) FW Robert Körner __ -, Rapid Wien

(8) FW Walter Schleger __ 8, Austria Vienna

(9) FW Theodor Wagner __ 28, Wacker Wien

(11) FW Alfred Körner __ -, Rapid Wien

(19) FW Robert Dienst __ 16, Rapid Wien

(21) FW Ernst Stojaspal __ 27, Austria Vienna

(22) FW Walter Haummer __ 4, Wacker Wien

_ Belgio (BEL)

_ - 22 giocatori

(1) GK Léopold Gernaey __ 7, A.S.V. Oostende K.M.

(12) GK Charles Geerts __ 0, Royal Beerschot AC

(17) GK Raymond Ausloos __ 0, Stella Bianca

(2) DF Marcel Dries __ 7, Berchem Sport

(3) DF Alfons Van Brandt __ 18, Lierse

(4) DF Constant Huysmans __ 5, Royal Beerschot AC

(13) DF Henri Dirickx __ 13, Union St. Gilloise

(18) DF Jef Van Der Linden __ 0, Royal Antwerp FC

(5) MF Louis Carré __ 39, Royal FC Liegeois

(6) MF Victor Mees __ 31, Royal Antwerp FC

(7) MF Jozef Vliers __ 0, Royal Beerschot AC

(14) MF Robert Van Kerkhoven __ 5, Audacity Club

(19) MF Jo Backaert __ 0, Charleroi SC

(20) MF Robert Maertens __ 11, Royal Antwerp FC

(21) MF Jean Van Steen __ 5, RSI Anderlechtois

(8) FW Denis Houf __ 0, Standard Liegi

(9) FW Henri Coppens __ 32, Royal Beerschot AC

(10) FW Léopold Anoul __ 45, Royal FC Liegeois

(11) FW Joseph Mermans __ 45, RSC Anderlechtois

(15) FW Hippolyte Van Den Bosch __ 2, RSC Anderlechtois

(16) FW Pieter Van Den Bosch __ 0, RSC Anderlechtois

(22) FW Luc Van Hoyweghen __ 0, Daring Club

_ Brasile (BRA)

_ - 22 giocatori

(1) GK Castilho __ 13, Fluminense

(21) GK Fuzzy __ 3, Fluminense

(22) GK Cabeção ___, Corinzi

(2) DF Djalma Santos __ 14, portoghese

(3) DF Nílton Santos __ 18, Botafogo

(4) DF Brandãozinho __ 12, portoghese

(12) DF Paulinho ___, Vasco da Gama

(13) DF Alfredo ___, San Paolo FC

(15) DF Mauro __ 4, San Paolo FC

(5) MF Pinheiro __ 13, Fluminense

(6) MF Bauer __ 21, San Paolo FC

(8) MF Didi __ 13, Fluminense

(14) MF Ely __ 15, Vasco da Gama

(16) MF Dequinha __ 7, Flamengo

(7) FW Julinho __ 13, portoghese

(9) FW Baltazar __ 19, Corinzi

(10) FW Pinga __ 14, Vasco da Gama

(11) FW Rodrigues __ 14, Palmeiras

(17) FW Maurinho __ 0, São Paulo FC

(18) FW Humberto __ 3, Palmeiras

(19) FW indiano __ 0, fiammingo

(20) FW Rubens __ 1, fiammingo

_ Svizzera (SUI)

_ - 22 giocatori

(1) GK Walter Eich ___, Giovani Ragazzi di Berna

(2) GK Eugene Parlier __ -, Servette FC

(3) GK Georges Stuber __ -, Losanna Sport

(5) DF Marcel Flückiger __ -, Giovani Ragazzi Berna

(6) DF Roger Mathis __ -, Losanna Sport

(7) DF André Neury __ -, Servette FC

(10) DF Oliver Eggimann __ -, FC La Chaux-de-Fonds

(14) DF Willy Kernen __, FC La Chaux-de-Fonds

(4) MF Roger Bocquet __ -, Losanna Sport

(8) MF Heinz Bigler __ -, Giovani Ragazzi di Berna

(9) MF Charles Casali ___, Giovani Ragazzi di Berna

(12) MF Gilbert Fesselet __ -, FC La Chaux-de-Fonds

(13) MF Ivo Frosio __ -, Grasshopper Club Zürich

(11) FW Norbert Eschmann __, Losanna Sport

(15) FW Charles Antenenen ___, FC La Chaux-de-Fonds

(16) FW Robert Ballaman __ -, Grasshopper Club Zürich

(17) FW Jacques Fatton __ -, Servette FC

(18) FW Josef Hügi ___, FC Basilea

(19) FW Marcel Mauron __ -, FC La Chaux-de-Fonds

(20) FW Eugen Meier __ -, Giovani Ragazzi di Berna

(21) FW Ferdinando Riva ___, FC Chiasso

(22) FW Roger Vonlanthen ___, Grasshopper Club Zürich

_ Inghilterra (GNL)

_ - 22 giocatori

(1) GK Gil Merrick __ 20, Città di Birmingham

(12) GK Ted Burgin __ 0, Sheffield United

(2) DF Ron Staniforth __ 3, Huddersfield Town

(3) DF Roger Byrne __ 3, Manchester United

(4) DF Billy Wright __ 58, Wolverhampton Wanderers

(13) DF Ken Green __ 0, Città di Birmingham

(18) DF Allenby Chilton __ 2, Manchester United

(5) MF Syd Owen __ 2, Luton Town

(6) MF Jimmy Dickinson __ 35, Portsmouth

(14) MF Bill McGarry __ 0, Huddersfield Town

(16) MF Albert Quixall __ 3, Sheffield mercoledì

(19) MF Ken Armstrong __ 0, Chelsea

(20) MF Bedford Jezzard __ 1, Fulham

(21) MF Johnny Haynes __ 0, Fulham

(7) FW Stanley Matthews __ 36, Blackpool

(8) FW Ivor Broadis __ 11, Newcastle United

(9) FW Nat Lofthouse __ 19, Bolton Wanderers

(10) FW Tommy Taylor __ 3, Manchester United

(11) FW Tom Finney __ 51, Preston North End

(15) FW Dennis Wilshaw __ 1, Wolverhampton Wanderers

(17) FW Jimmy Mullen __ 11, Wolverhampton Wanderers

(22) FW Harry Hooper __ 0, West Ham United

_ Francia (FRA)

_ - 22 giocatori

(1) GK François Remetter __ 4, FC Metz

(2) GK César Ruminski __ 7, Lille OSC

(3) GK Claude Abbes __ 0, AS Saint-Étienne

(4) DF Lazare Gianessi __ 12, AS Monaco

(5) DF Jacques Grimonpon __ 0, FC Girondins de Bordeaux

(6) DF Raymond Kaelbel __ 0, RC Strasburgo

(7) DF Roger Marche __ 37, Stade de Reims

(14) DF Armand Penverne __ 11, Stade de Reims

(8) MF Guillaume Bieganski __ 1, Lille OSC

(9) MF Antoine Cuissard __ 27, OGC Nizza

(10) MF Robert Jonquet __ 26, Stade de Reims

(11) MF Xercès Louis __ 0, RC Lens

(12) MF Jean-Jacques Marcel __ 8, FC Sochaux

(15) MF Abdelaziz Ben Tifour __ 1, AS Troyes

(19) MF Michel Leblond __ 1, Stade de Reims

(13) FW Abderrahmane Mahjoub __ 2, OGC Nizza

(16) FW René Dereuddre __ 1, Tolosa FC

(17) FW Léon Glovacki __ 3, Stade de Reims

(18) FW Raymond Kopa __ 13, Stade de Reims

(20) FW Ernest Schultz __ 0, Olympique de Lyon

(21) FW André Strappe __ 23, Lille OSC

(22) FW Jean Vincent __ 2, Lille OSC

_ Germania Ovest (RFT)

_ - 22 giocatori

(1) GK Toni Turek __ 13, Fortuna Düsseldorf

(21) GK Heinz Kubsch __ 1, FK Pirmasens

(22) GK Heinz Kwiatkowski __ 0, Borussia Dortmund

(2) DF Fritz Laband __ 1, Hamburger SV

(3) DF Werner Kohlmeyer __ 12, 1.

(4) DF Hans Bauer __ 2, Bayern Monaco di Baviera

(5) DF Herbert Erhardt __ 1, SpVgg Fürth

(7) DF Josef Posipal __ 15, Hamburger SV

(10) DF Werner Liebrich __ 2, 1.

(6) MF Horst Eckel __ 8, 1.

(8) MF Karl Mai __ 3, SpVgg Fürth

(9) MF Paul Mebus __ 5, 1.

(11) MF Karl-Heinz Metzner __ 2, KSV Hessen Kassel

(19) MF Alfred Pfaff __ 1, Eintracht Francoforte

(12) FW Helmut Rahn __ 9, Rot-Weiss Essen

(13) FW Max Morlock __ 12, 1.

(14) FW Bernhard Klodt __ 6, FC Schalke 04

(15) FW Ottmar Walter __ 11, 1. FC Kaiserslautern

(16) FW Fritz Walter __ 38, 1. FC Kaiserslautern

(17) FW Richard Herrmann __ 7, FSV Francoforte

(18) FW Ulrich Biesinger __ 0, BC Augsburg

(20) FW Hans Schäfer __ 5, 1.

_ Ungheria (UNO)

_ - 22 giocatori

(1) GK Gyula Grosics __ 31, Budapesti Honvéd SE

(21) GK Sándor Gellér __ 5, Budapesti Vörös Lobogó

(22) GK Géza Gulyás __ 0, Budapesti Kinizsi

(2) DF Jenő Buzánszky __ 23, Dorogi Bányász

(3) DF Gyula Lóránt __ 24, Budapesti Honvéd SE

(4) DF Mihály Lantos __ 30, Budapesti Vörös Lobogó

(12) DF Béla Kárpáti __ 1, Győri Vasas SE

(13) DF Pál Várhidi __ 0, Budapesti Dózsa

(5) MF József Bozsik __ 48, Budapesti Honvéd SE

(14) MF Imre Kovács __ 8, Budapesti Vörös Lobogó

(15) MF Ferenc Szojka __ 0, Salgótarjáni BTC

(16) MF László Budai __ 21, Budapesti Honvéd SE

(6) FW József Zakariás __ 31, Budapesti Vörös Lobogó

(7) FW József Tóth __ 2, Csepeli Vasas

(8) FW Sándor Kocsis __ 36, Budapesti Honvéd SE

(9) FW Nándor Hidegkuti __ 36, Budapesti Vörös Lobogó

(10) FW Ferenc Puskás __ 55, Budapesti Honvéd SE

(11) FW Zoltán Czibor __ 26, Budapesti Honvéd SE

(17) FW Ferenc Males __ 0, Budapesti Honvéd SE

(18) FW Lajos Csordás __ 7, Budapesti Vasas SE

(19) FW Péter Palotás __ 16, Budapesti Vörös Lobogó

(20) FW Mihály Tóth __ 3, Budapesti Dózsa

_ Italia (ITA)

_ - 22 giocatori

(1) GK Giorgio Ghezzi __ 1, Internazionale

(12) GK Giovanni Viola __ 0, Juventus

(22) GK Leonardo Costagliola __ 3, Fiorentina

(2) DF Guido Vincenzi __ 1, Internazionale

(3) DF Giovanni Giacomazzi __ 1, Internazionale

(4) DF Maino Neri __ 6, Internazionale

(13) DF Ardico Magnini __ 4, Fiorentina

(14) DF Sergio Cervato __ 11, Fiorentina

(15) DF Giacomo Mari __ 7, Juventus

(5) MF Omero Tognon __ 11, Milano

(6) MF Fulvio Nesti __ 2, Internazionale

(16) MF Rino Ferrario __ 1, Juventus

(18) MF Gino Pivatelli __ 0, Bologna

(20) MF Guido Gratton __ 1, Fiorentina

(7) FW Ermes Muccinelli __ 9, Juventus

(8) FW Egisto Pandolfini __ 14, Roma

(9) FW Carlo Galli __ 2, Roma

(10) FW Gino Cappello __ 10, Bologna

(11) FW Benito Lorenzi __ 11, Internazionale

(17) FW Armando Segato __ 3, Fiorentina

(19) FW Giampiero Boniperti __ 22, Juventus

(21) FW Amleto Frignani __ 6, Milano

_ Corea (KOR)

_ - 20 giocatori

(1) GK Hong Deok-Young __ -, Joseon Textil FC

(12) GK Ham Heung-Chul ___, Ufficio del Maresciallo Provinciale

(2) DF Park Kyu-Chung ___, Quartermaster Corps

(3) DF Park Jae-Seung __ -, CIC

(6) DF Min Byung-Dae ___, CIC

(13) DF Lee Chong-Kap ___, CIC

(14) DF Han Chang-Wha ___, CIC

(4) MF Kang Chang-Gi __ -, Joseon Textile FC

(5) MF Lee Sang-Yi __ -, Joseon Textile FC

(11) MF Chung Nam-Sik __ -, Intelligence Corps

(15) MF Kim Ji-Sung __ -, CIC

(16) MF Chu Yung-Kwang ___, Forze navali

(7) FW Lee Soo-Nam ___, CIC

(8) FW Choi Chung-Min ___, CIC

(9) FW Woo Sang-Kwon ___, Ufficio del Maresciallo Provinciale

(10) FW Sung Nak-Woon __ -, Quartermaster Corps

(17) FW Park Il-Kap ___, CIC

(18) FW Choi Yung-Keun ___, Forze navali

(19) FW Li Ki-Joo __ -, Joseon Textil FC

(20) FW Chung Kook-Chin ___, Forze navali

_ Messico (MEX)

_ - 22 giocatori

(1) GK Antonio Carbajal __ 11, FC León

(12) GK Salvador Mota __ 0, Atlante F.C.

(2) DF Narciso López __ 3, CD Oro

(4) DF Saturnino Martínez __ 6, Necaxa

(5) DF Raúl Cárdenas __ 4, Puebla F.C.

(13) DF Sergio Bravo __ 6, FC León

(3) MF Jorge Romo __ 5, Mars Sports Club

(6) MF Rafael Avalos __ 3, Atlante F.C.

(14) MF Juan Gómez __ 0, Atlante

(16) MF Pedro Nájera __ 0, Club América

(21) MF Mario Ochoa __ 5, Mars Sports Club

(7) FW Alfredo Torres __ 3, Atlas

(8) FW José Naranjo __ 12, CD Gold

(9) FW José Luis Luis Lamadrid __ 5, Necaxa

(10) FW Tomás Balcázar __ 9, CD Guadalajara

(11) FW Raúl Arellano __ 0, CD Guadalajara

(15) FW Carlos Blanco __ 4, Necaxa

(17) FW Carlos Septién __ 11, CD Tampico

(18) FW Carlos Carus __ 0, Club Toluca

(19) FW Moises Jinich __ 1, Atlantis F.C.

(20) FW José Antonio Roca __ 7, CD Zacatepec

(22) FW Ranulfo Cortés __ 0, CD Gold

_____

_ Scozia (SCO)

_ - 22 giocatori

(1) GK Fred Martin __ 2, Aberdeen

(14) GK John Anderson __ 1, Leicester City

(2) DF Willie Cunningham __ 3, Preston North End

(3) DF Jock Aird __ 2, Burnley

(4) DF Bobby Evans __ 17, Celtico

(5) DF Tommy Docherty __ 5, Preston North End

(18) DF Alex Wilson __ 1, Portsmouth

(6) MF Jimmy Davidson __ 2, Partick Thistle

(7) MF Doug Cowie __ 6, Dundee

(17) MF David Mathers __ 1, Cardo Partick

(8) FW John Mackenzie __ 4, Partick Thistle

(9) FW George Hamilton __ 5, Aberdeen

(10) FW Allan Brown __ 11, Blackpool

(11) FW Neil Mochan __ 1, Celtico

(12) FW Willie Fernie __ 1, Celtico

(13) FW Willie Ormond __ 3, Hibernian

(15) FW Bobby Johnstone __ 11, Hibernian

(16) FW Jackie Henderson __ 4, Portsmouth

(19) FW Jimmy Binning __ 0, Regina del Sud

(20) FW Bobby Combe __ 3, Hibernian

(21) FW Ernie Copland __ 0, Raith Rovers

(22) FW Ian McMillan __ 3, Airdrieoniani

_____

_ Cecoslovacchia (TCH)

_ - 22 giocatori

(1) GK Theodor Reimann __ 4, Slovan Bratislava

(21) GK Imrich Stacho __ 6, Tankista Praha

(22) GK Viliam Schrojf __ 1, Křídla vlasti Olomouc

(2) DF František 'afránek __ 10, AUDA Praga

(4) DF Ladislav Novák __ 11, UDA Praga

(5) DF Jiří Trnka __ 20, ÚDA Praga

(12) DF Anton Krásnohorský __ 9, Iskra 'ilina

(3) MF Svatopluk Pluskal __ 3, UDA Praga

(6) MF Michal Benedikovič __ 7, Slovan Bratislava

(13) MF Jiří Hledík __ 3, Křídla vlasti Olomouc

(14) MF Jan Hertl __ 6, ÚDA Praga

(16) MF Zdeněk Procházka __ 1, Spartak Praha Sokolovo

(7) FW Ladislav Hlaváček __ 13, ÚDA Praga

(8) FW Otto Hemele __ 8, UDA Praga

(9) FW Anton Malatinský __ 10, Baník Handlová

(10) FW Emil Pažický __ 14, Slovan Bratislava

(11) FW Jiří Pešek __ 4, Spartak Praha Sokolovo

(15) FW Ladislav Kačáni __ 7, CH Bratislava

(17) FW Tadeá` Kraus __ 5, Křídla vlasti Olomouc

(18) FW Josef Majer __ 0, Baník Kladno

(19) FW Jaroslav Ko?nar __ 1, CH Bratislava

(20) FW Kazimír Gajdo' __ 0, Tatran Pre`ov

_ Turchia (TUR)

_ - 22 giocatori

(1) GK Turgay Şeren __ 11, Galatasaray S.K.

(12) GK Şükrü Ersoy __ 3, MKE Ankaragücü SK

(13) GK Bülent Gurbuz __ 0, Besiktas

(2) DF Rıdvan Bolatlı __ 2, MKE Ankaragücü SK

(3) DF Basri Dirimlili __ 3, Fenerbahçe SK

(4) DF Mustafa Ertan __ 4, MKE Ankaragücü SK

(14) DF Ali Beratlıgil __ 2, Galatasaray S.K.

(16) DF Nedim Günar __ 0, Fenerbahçe SK

(17) DF Naci Erdem __ 0, Fenerbahçe SK

(18) DF Kaçmaz Akgün __ 1, Fenerbahçe SK

(19) DF Esinduy Ozcan __ 0, Beşiktaş J.K.

(5) MF Çetin Zeybek __ 2, Kasımpaşa SK

(6) MF Rober Eryol __ 5, Galatasaray S.K.

(15) MF Gokcen Dinçer __ 0, Fenerbahçe SK

(7) FW Erol Keskin __ 1, Adalet SK Istanbul

(8) FW Suat Mamat __ 2, Galatasaray S.K.

(9) FW Feridun Buğeker __ 3, Fenerbahçe SK

(10) FW Burhan Sargun __ 5, Fenerbahçe SK

(11) FW Lefter Küçükandonyadis __ 3, Fenerbahçe SK

(20) FW Necmi Necmi Onarıcı __ 0, Adalet SK Istanbul

(21) FW Kadri Aytaç __ 0, Galatasaray S.K.

(22) FW Coşkun Taş __ 2, Beşiktaş J.K.

_ Uruguay (URU)

_ - 22 giocatori

(1) GK Roque Máspoli __ 35, Peñarol

(12) GK Julio Maceiras __ 1, Danubio

(2) DF José Santamaría __ 3, Nazionale

(3) DF William Martínez __ 11, Rampla Juniors

(4) DF Víctor Rodríguez Andrade __ 20, Peñarol

(13) DF Mirto Davoine __ 1, Peñarol

(14) DF Eusebio Tejera __ 31, Mediatore

(5) MF Obdulio Varela __ 43, Peñarol

(6) MF Roberto Leopardi __ 3, Nazionale

(15) MF Urbano Rivera __ 8, Danubio

(16) MF Néstor Carballo __ 10, Nazionale

(17) MF Luis Cruz __ 7, Nazionale

(7) FW Julio Abbadie __ 9, Peñarol

(8) FW Juan Hohberg __ 3, Peñarol

(9) FW Oscar Míguez __ 14, Peñarol

(10) FW Juan Alberto Schiaffino __ 14, Peñarol

(11) FW Carlos Borges __ 2, Peñarol

(18) FW Rafael Souto __ 4, Nazionale

(19) FW Javier Ambrois __ 7, Nazionale

(20) FW Omar Mendez __ 3, Nazionale

(21) FW Julio Perez __ 14, Nazionale

(22) FW Luis Castro __ 1, Difensore

_ Yuguslavia (YUG)

_ - 22 giocatori

(1) GK Vladimir Beara __ 25, Hajduk Split

(12) GK Branko Kralj __ 0, Dinamo Zagabria

(2) DF Branko Stanković __ 50, Crvena Zvezda Belgrado

(3) DF Tomislav Crnković __ 17, Dinamo Zagabria

(5) DF Ivan Horvat __ 43, Dinamo Zagabria

(6) DF Vukhadin Kozkov __ 22, Vojvodina Novi Sad

(13) DF Miljan Zeković __ 3, Crvena Zvezda Belgrado

(16) DF Sima Milovanov __ 4, Vojvodina Novi Sad

(17) DF Bruno Belin __ 3, Partizan Belgrado

(4) MF Zlatko Čajkovski __ 51, Partizan Belgrado

(10) MF Stjepan Bobek __ 53, Partizan Belgrado

(14) MF Lev Mantula __ 0, Dinamo Zagabria

(15) MF Ljubiša Spajić __ 6, Crvena Zvezda Belgrado

(19) MF Zlatko Papec __ 1, Hajduk Split

(7) FW Tihomir Ognjanov __ 22, Crvena Zvezda Belgrado

(8) FW Rajko Mitić __ 47, Crvena Zvezda Belgrado

(9) FW Bernard Vukas __ 35, Hajduk Split

(11) FW Branko Zebec __ 22, Partizan Belgrado

(18) FW Milo' Milutinović __ 8, Partizan Belgrado

(20) FW Dionizije Dvornić __ 3, Dinamo Zagabria

(21) FW Todor Veselinović __ 2, Vojvodina Novi Sad

(22) FW Aleksandar Petaković __ 0, Radnicki Belgrado

SVEZIA 1958

_ Coppa del Mondo 1958 _ in Svezia, 8 - 29 giugno

Gruppo 1 : Germania Ovest, Irlanda del Nord, Irlanda del Nord, Cecoslovacchia, Argentina

Gruppo 2 : Francia Jugoslavia Paraguay Scozia

Gruppo 3 : Svezia Galles Ungheria Messico

Gruppo 4 : Brasile Unione Sovietica Inghilterra Austria

Giorno 1 | 8 giugno

Secondo giorno | 11 giugno - 12 giugno

Giorno 3 | 15 giugno

Gruppo 1:

(7) 8 giugno Germania Ovest 3-1 Argentina allo stadio di Malmö, Malmö

(8) 8 giugno Irlanda del Nord 1-0 Cecoslovacchia @ Örjans Vall, Halmstad

(15) 11 giugno Argentina 3-1 Irlanda del Nord @ Örjans Vall, Halmstad

(14) 11 giugno Germania Ovest 2-2 Cecoslovacchia @ Olympiastadion, Helsingborg

(23) 15 giugno Germania Ovest 2-2 Irlanda del Nord @ Malmö Stadion, Malmö

(24) 15 giugno Cecoslovacchia 6-1 Argentina @ Olympiastadion, Helsingborg

Gruppo 1 Play-off

(35) 17 giugno Irlanda del Nord 2-1 a.e.t. (1-1) Cecoslovacchia nello Stadion di Malmö, Malmö

Gruppo 2:

(3) 8 giugno Francia 7-3 Paraguay @ Idrottsparken, Norrköping

(4) 8 giugno Yugoslavia 1-1 Scozia @ Arosvallen, Västerås

(11) 11 giugno Iugoslavia 3-2 Francia @ Arosvallen, Västerås

(10) 11 giugno Paraguay 3-2 Scozia @ Idrottsparken, Norrköping

(20) 15 giugno Francia 2-1 Scozia a Eyravallen, Örebro

(19) 15 giugno Paraguay 3-3 Yugoslavia @ Tunavallen, Eskilstuna

Gruppo 3:

(1) 8 giugno Svezia 3-0 Messico allo stadio Råsunda, Solna

(2) 8 giugno Ungheria 1-1 Galles @ Jernvallen, Sandviken

(9) 11 giugno Messico 1-1 Galles @ Stadio Råsunda, Solna

(16) 12 giugno Svezia 2-1 Ungheria allo stadio Råsunda, Solna

(17) 15 giugno Svezia 0-0 Galles @ Stadio Råsunda, Solna

(18) 15 giugno Ungheria 4-0 Messico @ Jernvallen, Sandviken

Gruppo 3 Play-off

(33) 17 giugno Galles 2-1 Ungheria allo stadio Råsunda, Solna

Gruppo 4:

(6) 8 giugno Brasile 3-0 Austria @ Rimnersvallen, Uddevalla

(5) 8 giugno Unione Sovietica 2-2 Inghilterra @ Ullevi, Göteborg

(12) 11 giugno Brasile 0-0 Inghilterra @ Ullevi, Göteborg

(13) 11 giugno Unione Sovietica 2-0 Austria @ Ryavallen, Borås

(22) 15 giugno Inghilterra 2-2 Austria @ Ryavallen, Borås

(21) 15 giugno Brasile 2-0 Unione Sovietica a Ullevi, Göteborg

Gruppo 4 Play-off

(34) 17 giugno Unione Sovietica 1-0 Inghilterra @ Ullevi, Göteborg

Quarti di finale

(26) 19 giugno Francia 4-0 Irlanda del Nord @ Idrottsparken, Norrköping

(25) 19 giugno Svezia 2-0 Unione Sovietica allo stadio Råsunda, Solna

(27) 19 giugno Brasile 1-0 Galles @ Ullevi, Göteborg

(28) 19 giugno Germania Ovest 1-0 Jugoslavia allo stadio di Malmö, Malmö

Semifinali

(29) 24 giugno Francia 2-5 Brasile allo stadio Råsunda, Solna

(30) 24 giugno Germania Ovest 1-3 Svezia @ Ullevi, Göteborg

Partita per il terzo posto

(31) 28 giugno Germania Ovest 3-6 Francia @ Ullevi, Göteborg

Finale

(32) 29 giugno Svezia 2-5 Brasile allo stadio Råsunda, Solna

SQUADRE PARTECIPANTI

_____

_ Argentina (ARG)

_ - 22 giocatori

(1) GK Amadeo Carrizo ___, River Plate

(12) GK Julio Musimessi __ -, Boca Juniors

(3) DF Federico Vairo __ -, River Plate

(4) DF Juan Francisco Lombardo __ -, Boca Juniors

(5) DF Néstor Rossi __ -, River Plate

(13) DF Alfredo Pérez ___, River Plate

(14) DF Federico Edwards __ -, Boca Juniors

(15) DF David Acevedo ___, Indipendente

(17) DF José Ramos Delgado __ -, Lanús

(2) MF Pedro Dellacha __ -, Corse

(6) MF José Varacka __ -, Indipendente

(16) MF Eliseo Mouriño __ -, Boca Juniors

(7) FW Omar Oreste Corbatta ___, Corse

(8) FW Eliseo Prado __ -, River Plate

(9) FW Norberto Menéndez ___, River Plate

(10) FW Alfredo Rojas __ -, Lanús

(11) FW Angel Labruna __ -, River Plate

(18) FW Norberto Boggio __ -, San Lorenzo de Almagro

(19) FW Ludovico Avio __ -, Vélez Sarsfield

(20) FW Ricardo Infante __ -, Estudiantes de La Plata

(21) FW José Sanfilippo __, San Lorenzo de Almagro

(22) FW Osvaldo Cruz ___, Indipendente

_____

_ Austria (AUT)

_ - 22 giocatori

(1) GK Rudolf Szanwald __ 2, Wiener SC

(12) GK Kurt Schmied __ 23, First Vienna CF

(22) GK Bruno Engelmeier __ 7, 1. Simmeringer SC

(2) DF Paul Halla __ 20, SK Rapid Wien

(3) DF Ernst Happel __ 47, SK Rapid Wien

(4) DF Franz Swoboda __ 13, Austria Vienna

(5) DF Gerhard Hanappi __ 67, SK Rapid Wien

(15) DF Walter Kollmann __ 14, Wacker Wien

(18) DF Leopold Barschandt __ 20, Wiener SC

(6) MF Karl Koller __ 38, First Vienna CF

(16) MF Karl Stotz __ 19, Austria Vienna

(17) MF Ernst Kozlicek __ 7, Wacker Wien

(21) MF Ignaz Puschnik __ 1, Kapfenberger SV

(7) FW Walter Horak __ 2, Wiener SC

(8) FW Paul Kozlicek __ 5, Wacker Wien

(9) FW Hans Buzek __ 10, First Vienna FC

(10) FW Alfred Körner __ -, SK Rapid Wien

(11) FW Helmut Senekowitsch __ 4, SK Sturm Graz

(13) FW Walter Schleger __ 17, Austria Vienna

(14) FW Josef Hamerl __ 2, Wiener SC

(19) FW Robert Dienst __ 26, SK Rapid Wien

(20) FW Herbert Ninaus __ 0, Grazer AK

_ Brasile (BRA)

_ - 22 giocatori

(1) GK Carlos José Castilho __ 20, Fluminense

(3) GK Gilmar __ 31, Corinzi

(2) DF Hilderaldo Bellini __ 8, Vasco da Gama

(4) DF Djalma Santos __ 47, portoghese

(12) DF Nílton Santos __ 46, Botafogo

(14) DF De Sordi __ 14, San Paolo

(15) DF Orlando __ 1, Vasco da Gama

(16) DF Mauro Ramos __ 10, San Paolo

(5) MF Dino Sani __ 5, São Paulo

(6) MF Didi __ 41, Botafogo

(8) MF Oreco __ 9, Corinzi

(9) MF Zózimo __ 26, Bangu

(13) MF Moacir __ 5, Flamengo

(19) MF Zito __ 3, Santos

(7) FW Mário Zagallo __ 3, Flamengo

(10) FW Pelé __ 5, Santos

(11) FW Garrincha __ 8, Botafogo

(17) FW Joel Antônio Martins __ 11, Flamengo

(18) FW Mazzola __ 5, Palmeiras

(20) FW Vavá __ 3, Vasco da Gama

(21) FW Dida __ 3, Flamengo

(22) FW Pepe __ 11, Santos

_ Inghilterra (GNL)

_ - 22 giocatori

(1) GK Colin McDonald __ 1, Burnley

(12) GK Eddie Hopkinson __ 6, Bolton Wanderers

(13) GK Alan Hodgkinson __ 4, Sheffield United

(2) DF Don Howe __ 7, West Bromwich Albion

(3) DF Tommy Banks __ 1, Bolton Wanderers

(14) DF Peter Sillett __ 3, Chelsea

(15) DF Ronnie Clayton __ 20, Blackburn Rovers

(16) DF Maurice Norman __ 0, Tottenham Hotspur
(4) MF Eddie Clamp __ 1, Wolverhampton Wanderers
(5) MF Billy Wright __ 92, Wolverhampton Wanderers
(6) MF Bill Slater __ 6, Wolverhampton Wanderers
(20) MF Bobby Charlton __ 3, Manchester United
(7) FW Bryan Douglas __ 7, Blackburn Rovers
(8) FW Bobby Robson __ 2, West Bromwich Albion
(9) FW Derek Kevan __ 7, West Bromwich Albion
(10) FW Johnny Haynes __ 20, Fulham
(11) FW Tom Finney __ 73, Preston North End
(17) FW Peter Brabrook __ 0, Chelsea
(18) FW Peter Broadbent __ 0, Wolverhampton Wanderers
(19) FW Bobby Smith __ 0, Tottenham Hotspur
(21) FW Alan A'Court __ 1, Liverpool
(22) FW Maurice Setters __ 0, West Bromwich Albion

_ Francia (FRA)
_ - 22 giocatori
(1) GK Claude Abbes __ 3, Saint-Étienne
(2) GK Dominique Colonna __ 3, Stade de Reims
(3) GK François Remetter __ 23, Girondins de Bordeaux
(4) DF Raymond Kaelbel __ 17, AS Monaco
(5) DF André Lerond __ 4, Olympique de Lyon
(6) DF Roger Marche __ 55, RC Parigi
(7) DF Robert Mouynet __ 0, Olympique de Lyon
(13) DF Armand Penverne __ 26, Stade de Reims
(8) MF Bernard Chiarelli __ 1, Valenciennes
(9) MF Kazimir Hnatow __ 0, Angers
(10) MF Robert Jonquet __ 46, Stade de Reims
(11) MF Maurice Lafont __ 0, Nimes
(12) MF Jean-Jacques Marcel __ 25, Marsiglia
(14) MF Raymond Bellot __ 0, AS Monaco
(18) MF Raymond Kopa __ 24, Real Madrid
(19) MF Célestin Oliver __ 5, UA Sedan-Torcia
(15) FW Stéphane Bruey __ 2, Angers
(16) FW Yvon Douis __ 3, Lille
(17) FW Just Fontaine __ 5, Stade de Reims
(20) FW Roger Piantoni __ 25, Stade de Reims
(21) FW Jean Vincent __ 22, Stade de Reims
(22) FW Maryan Wisnieski __ 9, Lens

_ Germania Ovest (RFT)
_ - 22 giocatori
(1) GK Fritz Herkenrath __ 15, Rot-Weiss Essen

(21) GK Günter Sawitzki __ 4, VfB Stoccarda

(22) GK Heinz Kwiatkowski __ 3, BV Borussia Dortmund

(2) DF Herbert Erhardt __ 17, SpVgg Fürth

(3) DF Erich Juskowiak __ 20, Fortuna Düsseldorf

(5) DF Heinz Wewers __ 11, Rot-Weiss Essen

(7) DF Georg Stollenwerk __ 8, 1.

(17) DF Karl-Heinz Schnellinger __ 1, SG Düren 99

(20) DF Hermann Nuber __ 0, Kickers Offenbach

(4) MF Horst Eckel __ 27, 1.

(6) MF Horst Szymaniak __ 9, Wuppertaler SV

(9) MF Fritz Walter __ 56, 1.

(18) MF Rudi Hoffmann __ 1, VfB Stoccarda

(19) MF Wolfgang Peters __ 1, BV Borussia Dortmund

(8) FW Helmut Rahn __ 22, Rot-Weiss Essen

(10) FW Aki Schmidt __ 7, BV Borussia Dortmund

(11) FW Hans Schäfer __ 27, 1.

(12) FW Uwe Seeler __ 4, Hamburger SV

(13) FW Bernhard Klodt __ 16, FC Schalke 04

(14) FW Hans Cieslarczyk __ 3, SV Sodingen

(15) FW Alfred Kelbassa __ 5, BV Borussia Dortmund

(16) FW Hans Sturm __ 1, 1.

_ Ungheria (UNO)

_ - 22 giocatori

(1) GK Gyula Grosics __ 52, Tatabányai Bányász SE

(22) GK István Ilku __ 4, Dorogi Bányász

(2) DF Sándor Mátrai __ 10, Ferencvárosi TC

(3) DF Ferenc Sipos __ 7, MTK FC

(4) DF László Sárosi __ 5, Vasas SC

(5) DF József Bozsik __ 88, Budapest Honvéd FC

(12) DF Béla Kárpáti __ 17, Vasas SC

(13) DF Oszkár Szigeti __ 1, Diósgyőri VTK

(6) MF Pál Berendi __ 15, Vasas SC

(7) MF László Budai __ 31, Budapest Honvéd FC

(15) MF Antal Kotász __ 15, Budapest Honvéd FC

(8) FW Lajos Tichy __ 19, Budapest Honvéd FC

(9) FW Nándor Hidegkuti __ 67, MTK FC

(10) FW Dezső Bundzsák __ 6, Vasas SC

(11) FW Károly Sándor __ 29, MTK FC

(14) FW Ferenc Szojka __ 23, Salgótarjáni BTC

(16) FW László Lachos __ 0, Tatabányai Bányász SE

(17) FW Mihály Vasas __ 1, Salgótarjáni BTC

(18) FW Tivadar Monostori __ 1, Dorogi Bányász

(19) FW Zoltán Friedmanszky __ 0, Ferencvárosi TC

(20) FW József Bencsics __ 1, Újpesti Dózsa
(21) FW Máté Fenyvesi __ 18, Ferencvárosi TC

_ Messico (MEX)
_ - 22 giocatori
(1) GK Antonio Carbajal __, León Club
(12) GK Manuel Camacho __ -, Club Toluca
(13) GK Jaime Gómez ___, CD Guadalajara
(2) DF Jesús del Muro ___, Atlante CF
(4) DF José Villegas __ -, CD Guadalajara
(5) DF Alfonso Portugal __ -, Necaxa
(16) DF José Antonio Roca __ -, CD Zacatepec
(17) DF Raúl Cárdenas __ -, CD Zacatepec
(19) DF Jaime Belmonte ___, CD Cuautla
(3) MF Jorge Romo __ -, Club Toluca
(6) MF Francisco Flores __ -, CD Guadalajara
(7) MF Alfredo Hernández __, Lions Club
(15) MF Guillermo Sepúlveda __ -, CD Guadalajara
(18) MF Jaime Salazar __ -, Necaxa
(8) FW Salvador Reyes __ -, CD Guadalajara
(9) FW Carlos Calderón de la Barca ___, Atlante F.C.
(10) FW Crescencio Gutiérrez ___, CD Guadalajara
(11) FW Enrique Sesma __ -, Club Toluca
(14) FW Miguel Gutiérrez ___, CF Atlas
(20) FW Carlos Blanco __ -, Club Toluca
(21) FW Ligorio López __ -, Club Irapuato
(22) FW Carlos González __, CF Atlas

_ Irlanda del Nord (NIR)
_ - 22 giocatori
(1) GK Harry Gregg __ -, Manchester United
(12) GK Norman Uprichard __ -, Portsmouth
(18) GK Roy Rea __ -, Glenavon
(2) DF Willie Cunningham ___, Leicester City
(3) DF Alf McMichael __ -, Newcastle United
(5) DF Dick Keith __ -, Newcastle United
(19) DF Len Graham __ -, Doncaster Rovers
(21) DF Tommy Hamill __ -, Linfield
(4) MF Danny Blanchflower __ -, Tottenham Hotspur
(6) MF Bertie Peacock __ -, Celtico
(20) MF Sammy Chapman __, Mansfield Town
(7) FW Billy Bingham __ -, Sunderland
(8) FW Wilbur Cush __ -, Leeds United
(9) FW Billy Simpson __ -, Rangers

(10) FW Jimmy McIlroy __ -, Burnley

(11) FW Peter McParland __ -, Aston Villa

(13) FW Tommy Casey __ -, Newcastle United

(14) FW Jackie Scott ___, Grimsby Town

(15) FW Sammy McCrory __ -, Southend United

(16) FW Derek Dougan __ -, Portsmouth

(17) FW Fay Coyle ___, Nottingham Forest

(22) FW Bobby Trainor __ -, Coleraine

_ Paraguay (PAR)

_ - 22 giocatori

(1) GK Ramón Mayeregger ___, Nazionale

(12) GK Samuel Aguilar ___, Libertà

(2) DF Edelmiro Arévalo ___, Olimpia

(4) DF Ignacio Achúcarro __, Olimpia

(6) DF Eligio Echagüe ___, Olimpia

(13) DF Luis Gini ___, Sole d'America

(14) DF Dario Segovia ___, Sole d'America

(17) DF Agustín Miranda __ -, Cerro Porteño

(3) MF Juan Vicente Lezcano __, Olimpia

(5) MF Salvador Villalba __ -, Libertà

(15) MF Luis Santos Silva __ -, Cerro Porteño

(7) FW Juan Bautista Agüero ___, Olympia

(8) FW José Parodi __ -, Olimpia

(9) FW Jorge Lino Romero __ -, Sole d'America

(10) FW Oscar Aguilera ___, Olimpia

(11) FW Florencio Giallo __ -, Nazionale

(16) FW Claudio Lezcano __ -, Olimpia

(18) FW Gilberto Penayo ___, Sole d'America

(19) FW Eliseo Insfrán __ -, Guaraní

(20) FW José Raúl Aveiro __, Sportivo Luqueño

(21) FW Cayetano Ré ___, Cerro Porteño

(22) FW Eligio Insfrán __ -, Guaraní

_ Scozia (SCO)

_ - 22 giocatori

(1) GK Tommy Younger __ 22, Liverpool

(12) GK Bill Brown __ 0, Dundee

(2) DF Tommy Docherty __ 22, Preston North End

(3) DF Alex Parker __ 14, Everton

(4) DF Eric Caldow __ 10, Rangers

(5) DF John Hewie __ 12, Charlton Athletic

(7) DF Ian McColl __ 14, Rangers

(13) DF Sammy Baird __ 6, Rangers

(14) DF Graham Leggat __ 5, Aberdeen

(6) MF Harry Haddock __ 6, Clyde

(9) MF Bobby Evans __ 34, Celtico

(10) MF Doug Cowie __ 18, Dundee

(11) MF Dave Mackay __ 1, Cuore di Midlothian

(17) MF Jackie Mudie __ 14, Blackpool

(19) MF Bobby Collins __ 19, Celtico

(21) MF Stewart Imlach __ 2, Nottingham Forest

(8) FW Eddie Turnbull __ 5, Hibernian

(15) FW Alex Scott __ 5, Rangers

(16) FW Jimmy Murray __ 3, Cuore di Midlothian

(18) FW John Coyle __ 0, Clyde

(20) FW Archie Robertson __ 4, Clyde

(22) FW Willie Fernie __ 11, Celtico

———————————————————

_ Svezia (SWE)

_ - 22 giocatori

(1) GK Kalle Svensson __ 67, Helsingborg

(12) GK Tore Svensson __ 1, Malmö

(16) GK Ingemar Haraldsson __ 0, Elfsborg

(2) DF Orvar Bergmark __ 37, Örebro

(3) DF Sven Axbom __ 16, Norrköping

(13) DF Prawitz Öberg __ 2, Malmö

(4) MF Nils Liedholm __ 18, AC Milano

(5) MF Åke Johansson __ 16, Norrköping

(6) MF Sigge Parling __ 11, Djurgården

(14) MF Bengt Gustavsson __ 42, Atalanta

(15) MF Reino Börjesson __ 3, Norrby

(17) MF Olle Håkansson __ 7, Norrköping

(7) FW Kurt Hamrin __ 20, Padova

(8) FW Gunnar Gren __ 49, Örgryte

(9) FW Agne Simonsson __ 3, Örgryte

(10) FW Arne Selmosson __ 1, Lazio

(11) FW Lennart Skoglund __ 4, Inter Milan

(18) FW Gösta Löfgren __ 38, Motala

(19) FW Henry Källgren __ 5, Norrköping

(20) FW Bror Mellberg __ 3, AIK

(21) FW Bengt Berndtsson __ 4, Göteborg

(22) FW Ove Olsson __ 1, Göteborg

———————————————————

_ Cecoslovacchia (TCH)

_ - 22 giocatori

(1) GK Imrich Stacho __ 13, FC Spartak Trnava

(19) GK Břetislav Dolejší __ 13, Dynamo Praha

(22) GK Viliam Schrojf __ 7, ÞK Slovan Bratislava

(2) DF Gustav Mráz __ 2, CH Bratislava

(4) DF Ladislav Novák __ 33, Dukla Praga

(6) DF Svatopluk Pluskal __ 19, Dukla Praga

(16) DF Ján Popluhár __ 0, ÞK Slovan Bratislava

(17) DF Tito Buberník __ 0, CH Bratislava

(21) DF František 'afránek __ 13, Dukla Praga

(3) MF Jiří Čadek __ 2, Dukla Praga

(5) MF Josef Masopust __ 18, Dukla Praga

(18) MF Adolf Schererer __ 0, CH Bratislava

(20) MF Anton Moravčík __ 19, ÞK Slovan Bratislava

(7) FW Kazimír Gajdo' __ 4, CH Bratislava

(8) FW Milano Dvořák __ 6, Dukla Praga

(9) FW Pavol Molnár __ 7, CH Bratislava

(10) FW Jaroslav Borovička __ 15, Dukla Praga

(11) FW Tadeá` Kraus __ 21, Spartak Praha Sokolovo

(12) FW Zdeněk Zikán __ 1, Dukla Pardubice

(13) FW Václav Hovorka __ 1, Dynamo Praha

(14) FW Jiří Feureisl __ 8, Slavia Karlovy Vary

(15) FW Jan Hertl __ 22, Spartak Praha Sokolovo

_____

_ Unione Sovietica (URS)

_ - 22 giocatori

(1) GK Lev Yashin __ 22, Dinamo Mosca

(12) GK Vladimir Maslachenko __ 0, Lokomotiv Mosca

(13) GK Vladimir Belyayev __ 2, Dinamo Mosca

(2) DF Vladimir Kesarev __ 2, Dinamo Mosca

(4) DF Boris Kuznetsov __ 15, Dinamo Mosca

(5) DF Yuri Voinov __ 9, Dynamo Kyiv

(14) DF Leonid Ostrovskiy __ 0, Torpedo Mosca

(15) DF Anatoli Maslyonkin __ 8, Spartak Moscow

(22) DF Vladimir Yerokhin __ 0, Dynamo Kyiv

(3) MF Konstantin Krizhevsky __ 9, Dinamo Mosca

(16) MF Viktor Tsarev __ 1, Dinamo Mosca

(6) FW Igor Netto __ 30, Spartak Mosca

(7) FW tedesco FW Apukhtin __ 2, CSKA Mosca

(8) FW Valentin Ivanov __ 15, Torpedo Mosca

(9) FW Nikita Simonyan __ 13, Spartak Moscow

(10) FW Sergei Salnikov __ 17, Spartak Moscow

(11) FW Anatoli Ilyin __ 22, Spartak Moscow

(17) FW Aleksandr Ivanov __ 0, Zenit Leningrado

(18) FW Valentin Bubukin __ 0, Lokomotiv Mosca

(19) FW Gennadi Gusarov __ 0, Torpedo Mosca

(20) FW Yuri Falin __ 1, Torpedo Mosca

(21) FW Genrich Fedosov __ 1, Dinamo Mosca

_ Galles (WAL)

_ - 22 giocatori

(1) GK Jack Kelsey __ -, Arsenal

(12) GK Ken Jones ___, Cardiff City

(13) GK Graham Vearncombe ___, Cardiff City

(2) DF Stuart Williams __ -, West Bromwich Albion

(3) DF Mel Hopkins __ -, Tottenham Hotspur

(4) DF Derrick Sullivan __ -, Cardiff City

(14) DF Trevor Edwards __ -, Charlton Athletic

(15) DF Colin Baker ___, Cardiff City

(5) MF Mel Charles __ -, Swansea Town

(6) MF Dave Bowen __ -, Arsenale

(16) MF Vic Crowe ___, Aston Villa

(20) MF John Elsworthy __ -, Ipswich Town

(21) MF Len Allchurch __ -, Swansea Town

(22) MF George Baker __ -, Plymouth Argyle

(7) FW Terry Medwin __ -, Tottenham Hotspur

(8) FW Ron Hewitt __ -, Cardiff City

(9) FW John Charles __ -, Juventus

(10) FW Ivor Allchurch __ -, Swansea Town

(11) FW Cliff Jones __ -, Tottenham Hotspur

(17) FW Ken Leek __ -, Leicester City

(18) FW Roy Vernon __ -, Blackburn Rovers

(19) FW Colin Webster __ -, Manchester United

_ Yuguslavia (YUG)

_ - 22 giocatori

(1) GK Vladimir Beara __ 53, Crvena zvezda

(15) GK Srboljub Krivokuća __ 4, Crvena zvezda

(21) GK Gordan Irović __ 0, Dinamo Zagabria

(3) DF Vasilije Šijaković __ 3, OFK Beograd

(5) DF Novak Tomić __ 0, Crvena zvezda

(6) DF Branko Zebec __ 48, FK Partizan Belgrado

(11) DF Vladimir Popović __ 1, Crvena zvezda

(14) DF Milorad Milutinović ___, FK Partizan

(20) DF Nikola Radović __ 3, Crvena zvezda

(2) MF Dragoslav Þekularac __ 5, Crvena zvezda

(4) MF Tomislav Crnković __ 38, Dinamo Zagabria

(8) MF Dobrosav Krstić __ 22, Vojvodina Novi Sad

(9) MF Vujadin Bo?kov __ 53, Vojvodina Novi Sad

(10) MF Ivan Þantek __ 5, Dinamo Zagabria

(17) MF Zdravko Rajkov __ 24, Vojvodina Novi Sad

(7) FW Milo' Milutinović __ 30, FK Partizan

(12) FW Aleksandar Petaković __ 11, Radnicki Belgrado

(13) FW Todor Veselinović __ 26, Vojvodina Novi Sad

(16) FW Ilijas Pašić __ 7, Zeljeznicar Sarajevo

(18) FW Luka Lipošinović __ 6, Dinamo Zagabria

(19) FW Radivoje Ognjanović __ 1, Radnicki Belgrado

(22) FW DRAZAN Jerković __ 0, Dinamo Zagabria

CILE 1962

_ Coppa del Mondo 1962 _ in Cile, 30 maggio - 17 giugno

Gruppo 1 : Unione Sovietica Jugoslavia Uruguay Colombia

Gruppo 2 : Germania Ovest Cile Italia Italia Svizzera

Gruppo 3 : Brasile Cecoslovacchia Messico Spagna

Gruppo 4 : Ungheria Inghilterra Argentina Bulgaria

Giorno 1 | 30 maggio - 31 maggio

Secondo giorno | 2 giugno - 3 giugno

Giorno 3 | 6 giugno - 7 giugno

Gruppo 1:

(1) 30 maggio Uruguay 2-1 Colombia a Estadio Carlos Dittborn, Arica

(5) 31 maggio Unione Sovietica 2-0 Jugoslavia allo stadio Carlos Dittborn, Arica

(9) 2 giugno Yugoslavia 3-1 Uruguay allo stadio Carlos Dittborn, Arica

(13) 3 giugno Unione Sovietica 4-4 Colombia allo stadio Carlos Dittborn, Arica

(17) 6 giugno Unione Sovietica 2-1 Uruguay allo stadio Carlos Dittborn, Arica

(21) 7 giugno Yugoslavia 5-0 Colombia allo stadio Carlos Dittborn, Arica

Gruppo 2:

(2) 30 maggio Cile 3-1 Svizzera all'Estadio Nacional di Santiago

(6) 31 maggio Germania Ovest 0-0 Italia presso l'Estadio Nacional, Santiago

(10) 2 giugno Cile 2-0 Italia allo Stadio Nazionale di Santiago

(14) 3 giugno Germania Ovest 2-1 Svizzera allo Stadio Nazionale di Santiago

(18) 6 giugno Germania Ovest 2-0 Cile presso l'Estadio Nacional, Santiago di Santiago

(22) 7 giugno Italia 3-0 Svizzera allo Stadio Nazionale di Santiago

Gruppo 3:

(3) 30 maggio Brasile 2-0 Messico allo stadio Sausalito, Viña del Mar

(7) 31 maggio Cecoslovacchia 1-0 Spagna allo stadio Sausalito, Vina del Mar

(11) 2 giugno Brasile 0-0 Cecoslovacchia allo stadio Sausalito, Vina del Mar

(15) 3 giugno Spagna 1-0 Messico allo stadio Sausalito, Viña del Mar

(19) 6 giugno Brasile 2-1 Spagna allo stadio Sausalito, Viña del Mar

(23) 7 giugno Messico 3-1 Cecoslovacchia allo stadio Sausalito, Viña del Mar

Gruppo 4:

(4) 30 maggio Argentina 1-0 Bulgaria allo stadio El Teniente, Rancagua

(8) 31 maggio Ungheria 2-1 Inghilterra allo stadio El Teniente, Rancagua

(12) 2 giugno Inghilterra 3-1 Argentina allo stadio El Teniente, Rancagua

(16) 3 giugno Ungheria 6-1 Bulgaria allo stadio El Teniente, Rancagua

(20) 6 giugno Ungheria 0-0 Argentina allo stadio El Teniente, Rancagua

(24) 7 giugno Inghilterra 0-0 Bulgaria allo stadio El Teniente, Rancagua

Quarti di finale

(25) 10 giugno Cile 2-1 Unione Sovietica allo stadio Carlos Dittborn, Arica

(26) 10 giugno Iugoslavia 1-0 Germania occidentale presso l'Estadio Nacional di Santiago

(27) 10 giugno Brasile 3-1 Inghilterra allo stadio Sausalito, Vina del Mar

(28) 10 giugno Cecoslovacchia 1-0 Ungheria allo stadio El Teniente, Rancagua

Semifinali

(29) 13 giugno Brasile 4-2 Cile presso l'Estadio Nacional, Santiago di Santiago

(30) 13 giugno Cecoslovacchia 3-1 Jugoslavia allo stadio Sausalito, Vina del Mar

La partita per il terzo posto

(31) 16 giugno Cile 1-0 Iugoslavia presso l'Estadio Nacional, Santiago di Santiago

Finale

(32) 17 giugno Brasile 3-1 Cecoslovacchia presso l'Estadio Nacional di Santiago

SQUADRE PARTECIPANTI

_ Argentina (ARG)

_ - 22 giocatori

(1) GK Antonio Roma ___, Boca Juniors

(12) GK Rogelio Domínguez ___, River Plate

(2) DF José Ramos Delgado ___, River Plate

(3) DF Silvio Marzolini __ -, Boca Juniors

(4) DF Alberto Sainz __ -, River Plate

(6) DF Raúl Páez __, San Lorenzo

(14) DF Alberto Mariotti __ -, San Lorenzo

(15) DF Rubén Navarro ___, Indipendente

(17) DF Rafael Albrecht __ -, Estudiantes de La Plata

(18) DF Vladislao Cap ___, River Plate

(5) MF Federico Sacchi __ -, Corse

(13) MF Oscar Rossi ___, San Lorenzo

(16) MF Antonio Rattín __ -, Boca Juniors

(21) MF Ramón Abeledo __ -, Indipendente

(7) FW Héctor Facundo ___, San Lorenzo

(8) FW Martin Pando __ -, River Plate

(9) FW Marcelo Pagani __ -, River Plate

(10) FW José Sanfilippo __, San Lorenzo

(11) FW Raúl Belén ___, Corse

(19) FW Rubén Sosa __ -, Racing

(20) FW Juan Carlos Oleniak __ -, Argentinos Juniors

(22) FW Alberto González __ -, Boca Juniors

_ Bulgaria (BUL)

_ - 22 giocatori

(1) GK Georgi Naydenov __ 34, CDNA Sofia

(18) GK Ivan Ivanov __ 0, Cherno More Varna

(20) GK Nikola Parshanov __ 2, Spartak Pleven

(2) DF Kiril Rakarov __ 50, CDNA Sofia

(3) DF Ivan Dimitrov __ 28, Lokomotiv Sofia

(5) DF Dimitar Kostov __ 2, Levski Sofia

(8) DF Dimitar Dimov __ 5, Spartak Plovdiv

(12) DF Dobromir Zhechev __ 3, Spartak Sofia

(4) MF Stoyan Kitov __ 5, Spartak Sofia

(6) MF Nikola Kovachev __ 34, CDNA Sofia

(7) MF Todor Diev __ 37, Spartak Plovdiv

(16) MF Aleksandar Kostov __ 1, Levski Sofia

(17) MF Panteley Dimitrov __ 0, CDNA Sofia

(9) FW Hristo Iliev __ 16, Levski Sofia

(10) FW Ivan Kolev __ 54, CDNA Sofia

(11) FW Dimitar Yakimov __ 18, CDNA Sofia

(13) FW Petar Velichkov __ 4, Lokomotiv Sofia

(14) FW Georgi Sokolov __ 6, Levski Sofia

(15) FW Georgi Asparuhov __ 1, Botev Plovdiv

(19) FW Dinko Dermendzhiev __ 1, Botev Plovdiv

(21) FW Panayot Panayotov __ 39, CDNA

(22) FW Georgi Dimitrov Nikolov ___, Cherno Más Varna

_____

_ Brasile (BRA)

_ - 22 giocatori

(1) GK Gilmar ___, Santos

(22) GK Castilho ___, Fluminense

(2) DF Djalma Santos __ -, Palmeiras

(3) DF Mauro ___, Santos

(5) DF Zózimo ___, Bangu

(6) DF Nílton Santos __ -, Botafogo

(12) DF Jair Marinho __ -, Fluminense

(13) DF Bellini ___, São Paulo

(14) DF Jurandir __ -, São Paulo

(15) DF Altair __ -, Fluminense

(4) MF Zito ___, Santos

(8) MF Didi __ -, Botafogo

(16) MF Zequinha __ -, Palmeiras

(17) MF Mengálvio __ -, Santos

(7) FW Garrincha __ -, Botafogo

(9) FW Coutinho __ -, Santos

(10) FW Pelé ___, Santos

(11) FW Pepe __ -, Santos

(18) FW Jair da Costa ___, portoghese

(19) FW Vavá ___, Palmeiras

(20) FW Giallo __ -, Botafogo

(21) FW Zagallo __ -, Botafogo

_____

_ Svizzera (SUI)

_ - 22 giocatori

(1) GK Karl Elsener __ -, Grasshopper Club Zürich

(21) GK Antonio Permunian ___, FC Lucerna

(22) GK Kurt Stettler ___, FC Basilea

(2) DF Ely Tacchella __ -, Losanna Sport

(5) DF Fritz Morf ___, FC Grenchen

(6) DF Peter Rösch __ -, Servette FC

(7) DF Heinz Schneiter ___, Young Boys Bern

(10) DF Fritz Kehl ___, FC Zurigo

(11) DF Eugen Meier __ -, Giovani Ragazzi di Berna

(3) MF André Grobéty __ -, Losanna Sport

(4) MF Willy Kernen __ -, FC La Chaux-de-Fonds

(13) MF Hans Weber __ -, FC Basilea

(14) MF Anton Allemann __ -, A.C. Mantova

(20) MF Roger Vonlanthen __, Losanna Sport

(8) FW Rolf Wüthrich __ -, Servette FC

(9) FW Roberto Frigerio __ -, FC La Chaux-de-Fonds

(12) FW Marcel Vonlanthen ___, Losanna Sport

(15) FW Charles Antenenen ___, FC La Chaux-de-Fonds

(16) FW Richard Dürr __ -, Losanna Sport

(17) FW Norbert Eschmann __, Stade Français Paris

(18) FW Philippe Pottier __ -, Stade Français Paris

(19) FW Gilbert Rey __ -, Losanna Sport

_ Cile (CHI)

_ - 22 giocatori

(1) GK Misael Escuti __ 31, Colo-Colo

(12) GK Adam Godoy __ 0, Santiago Giorno

(22) GK Manuel Astorga __ 5, Università del Cile

(2) DF Luis Eyzaguirre __ 19, Università del Cile

(3) DF Raúl Sánchez __ 21, Santiago Vagabundos

(4) DF Sergio Navarro __ 26, Università del Cile

(5) DF Carlos Contreras __ 6, Università del Cile

(13) DF Sergio Valdés __ 16, Università Cattolica

(14) DF Hugo Lepe _ __ 1, Santiago Giorno

(15) DF Manuel Rodríguez __ 2, Unione Spagnola

(16) DF Humberto Cruz _ __ 2, Santiago Giorno

(6) MF Eladio Rojas __ 11, Everton

(8) MF Jorge Toro __ 15, Colo-Colo

(17) MF Mario Ortiz __ 12, Colo-Colo

(7) FW Jaime Ramírez __ 39, Università del Cile

(9) FW Honorino Landa __ 4, Unione Spagnola

(10) FW Alberto Fouilloux __ 15, Università Cattolica

(11) FW Leonel Sánchez __ 45, Università del Cile

(18) FW Mario Moreno __ 24, Colo-Colo

(19) FW Braulio Musso __ 14, Università del Cile

(20) FW Carlos Campos __ 2, Università del Cile

(21) FW Armando Tobar __ 17, Università Cattolica

_ Colombia (COL)

_ - 22 giocatori

(1) GK Efraín Sánchez __ 27, Medellín indipendente

(2) GK Achito Vivas __ 0, Deportivo Pereira

(3) DF Francisco Zuluaga __ 9, Independent Santa Fe

(4) DF Aníbal Alzate __ 4, Deportes Tolima

(5) DF Jaime González __ 2, America de Cali

(6) DF Ignacio Calle __ 8, Atlético Nacional

(7) DF Carlos Aponte __ 1, Independent Santa Fe

(8) DF Héctor Echeverry __ 5, Medellín indipendente

(11) DF Óscar López __ 4, una volta Caldas

(9) MF Jaime Silva __ 12, Independent Santa Fe

(10) MF Rolando Serrano __ 5, America de Cali

(12) MF Hernando Tovar __ 0, Independent Santa Fe

(15) MF Marcos Coll __ 4, America de Cali

(13) FW Germán Aceros __ 6, Deportivo Cali

(14) FW Luis Paz __ 0, America de Cali

(16) FW Ignacio Pérez __ 4, Una volta Caldas

(17) FW Marine Klinger __ 3, Milionario

(18) FW Eusebio Escobar __ 2, Deportivo Pereira

(19) FW Delio Gamboa __ 9, Milionari

(20) FW Antonio Rada __ 2, Deportivo Pereira

(21) FW Héctor González __ 3, Independent Santa Fe

(22) FW Jairo Arias __ 4, Atlético Nacional

_____

_ Inghilterra (GNL)

_ - 22 giocatori

(1) GK Ron Springett __ 21, Sheffield mercoledì F.C.

(12) GK Alan Hodgkinson __ 5, Sheffield United F.C.

(2) DF Jimmy Armfield __ 25, Blackpool F.C.

(3) DF Ray Wilson __ 11, Huddersfield Town F.C.

(15) DF Maurice Norman __ 1, Tottenham Hotspur F.C.

(16) DF Bobby Moore __ 1, West Ham United F.C.

(21) DF Don Howe __ 23, West Bromwich Albion F.C.

(5) MF Peter Swan __ 19, Sheffield mercoledì F.C.

(6) MF Ron Flowers __ 32, Wolverhampton Wanderers F.C.

(7) MF John Connelly __ 8, Burnley F.C.

(14) MF Stan Anderson __ 2, Sunderland F.C.

(17) MF Bryan Douglas __ 29, Blackburn Rovers F.C.

(20) MF George Eastham __ 0, Arsenal F.C.

(22) MF Jimmy Adamson __ 0, Burnley F.C.

(4) FW Bobby Robson 20, West Bromwich Albion F.C.

(8) FW Jimmy Greaves __ 18, Tottenham Hotspur F.C.

(9) FW Gerry Hitchens __ 5, Internazionale Milano F.C.

(10) FW Johnny Haynes __ 52, Fulham F.C.

(11) FW Bobby Charlton __ 35, Manchester United F.C.

(13) FW Derek Kevan __ 14, West Bromwich Albion F.C.

(18) FW Roger Hunt __ 1, Liverpool F.C.

(19) FW Alan Peacock __ 0, Middlesbrough F.C.

_ Spagna (ESP)

_ - 22 giocatori

(1) GK José Araquistáin __ 5, Real Madrid

(2) GK Salvador Sadurní __ 0, CF Barcellona

(3) GK Carmelo __ 10, Atlético de Bilbao

(7) DF Luis María Echeberría __ 0, Atlético de Bilbao

(10) DF Sígfrid Gràcia __ 8, CF Barcellona

(11) DF Feliciano Rivilla __ 9, Atlético Madrid

(13) DF Pachín __ 4, Real Madrid

(16) DF Severino Reija __ 0, Real Zaragoza

(17) DF Rodri __ 0, CF Barcellona

(19) DF José Santamaría __ 14, Real Madrid

(20) DF Joan Segarra __ 24, CF Barcellona

(5) MF Luis del Sol __ 10, Real Madrid

(8) MF Jesús Garay __ 28, CF Barcellona

(22) MF Martí Vergés __ 10, CF Barcelona

(4) FW Enrique Collar __ 10, Atlético Madrid

(6) FW Alfredo Di Stéfano __ 31, Real Madrid

(9) FW Francisco Gento __ 26, Real Madrid

(12) FW Joaquín Peiró __ 7, Atlético Madrid

(14) FW Ferenc Puskás __ 1, Real Madrid

(15) FW Eulogio Martínez __ 7, CF Barcelona

(18) FW Adelardo __ 0, Atlético Madrid

(21) FW Luis Suárez __ 22, Internazionale Milano F.C.

_ Germania Ovest (RFT)

_ - 22 giocatori

(1) GK Hans Tilkowski __ 18, Westphalia Herne

(21) GK Günter Sawitzki __ 9, VfB Stoccarda

(22) GK Wolfgang Fahrian __ 1, TSG Ulm 1846

(2) DF Herbert Erhardt __ 45, Greuther Fürth

(3) DF Karl-Heinz Schnellinger __ 19, 1.

(4) DF Willi Schulz __ 8, FC Schalke 04

(5) DF Leo Wilden __ 6, 1.

(12) DF Hans Nowak __ 3, FC Schalke 04

(13) DF Jürgen Kurbjuhn __ 1, Hamburger SV

(14) DF Jürgen Werner __ 2, Hamburger SV

(6) MF Horst Szymaniak __ 33, Calcio Catania

(7) MF Willi Koslowski __ 1, FC Schalke 04

(10) MF Albert Brülls __ 18, Borussia Mönchengladbach

(15) MF Willi Giesemann __ 9, Bayern Monaco di Baviera

(16) MF Hans Sturm __ 2, 1.

(18) MF Günther Herrmann __ 7, Karlsruher SC

(8) FW Helmut Haller __ 16, BC Augsburg

(9) FW Uwe Seeler __ 30, Hamburger SV

(11) FW Hans Schäfer __ 35, 1.

(17) FW Engelbert Kraus __ 5, Kickers Offenbach

(19) FW Heinz Strehl __ 0, 1.

(20) FW Heinz Vollmar __ 12, 1.

_ Ungheria (UNO)

_ - 22 giocatori

(1) GK Gyula Grosics __ 81, Tatabányai Bányász

(21) GK Antal Szentmihályi __ 1, Vasas SC

(22) GK István Ilku __ 6, Dorogi AC

(2) DF Sándor Mátrai __ 41, Ferencvárosi TC

(3) DF Kálmán Mészöly __ 4, Vasas SC

(4) DF László Sárosi __ 25, Vasas SC

(5) DF Ernő Solymosi __ 16, Újpesti Dózsa SC

(12) DF Kálmán Sóvári __ 7, Újpesti Dózsa SC

(13) DF Kálmán Ihász __ 0, Vasas SC

(6) MF Ferenc Sipos __ 44, MTK

(10) MF Lajos Tichy __ 53, Budapest Honvéd FC

(14) MF István Nagy __ 1, MTK

(15) MF János Mencel __ 0, Salgótarjáni BTC

(7) FW Károly Sándor __ 58, MTK

(8) FW János Göröcs __ 32, Újpesti Dozsa SC

(9) FW Flórián Albert __ 23, Ferencvárosi TC

(11) FW Máté Fenyvesi __ 42, Ferencvárosi TC

(16) FW János Farkas __ 4, Vasas SC

(17) FW Gyula Rákosi __ 3, Ferencvárosi TC

(18) FW Tivadar Monostori __ 5, Dorogi AC

(19) FW Béla Kuharszki __ 5, Újpesti Dózsa SC

(20) FW László Bödör __ 1, MTK

_ Italia (ITA)

_ - 22 giocatori

(1) GK Lorenzo Buffon __ 13, Internazionale

(12) GK Carlo Mattrel __ 1, Palermo

(13) GK Enrico Albertosi __ 1, Fiorentina

(2) DF Giacomo Losi __ 9, Roma

(4) DF Sandro Salvadore __ 5, Milano

(5) DF Cesare Maldini __ 6, Milano

(16) DF Enzo Robotti __ 6, Fiorentina

(18) DF Mario David __ 2, Milano

(19) DF Francesco Janich __ 0, Bologna

(3) MF Luigi Radice __ 2, Milano

(6) MF Giovanni Trapattoni __ 7, Milano

(20) MF Paride Tumburus __ 0, Bologna

(21) MF Giorgio Ferrini __ 1, Torino

(7) FW Bruno Mora __ 9, Juventus

(8) FW Humberto Maschio __ 1, Atalanta

(9) FW José Altafini __ 4, Milano

(10) FW Omar Sívori __ 7, Juventus

(11) FW Giampaolo Menichelli __ 2, Roma

(14) FW Gianni Rivera __ 1, Milano

(15) FW Angelo Sormani __ 0, Mantova

(17) FW Ezio Pascutti __ 1, Bologna

(22) FW Giacomo Bulgarelli __ 0, Bologna

_ Messico (MEX)

_ - 22 giocatori

(1) GK Antonio Carbajal __, León Club

(12) GK Jaime Gómez ___, CD Guadalajara

(22) GK Antonio Mota ___, CD Oro

(2) DF Jesús del Muro ___, Atlante CF

(3) DF Guillermo Sepúlveda __ -, CD Guadalajara

(4) DF José Villegas __ -, CD Guadalajara

(5) DF Raúl Cárdenas __ -, CD Zacatepec

(13) DF Arturo Chaires __ -, CD Guadalajara

(15) DF Ignacio Jáuregui ___, Atlante CF

(6) MF Pedro Nájera ___, Club America

(8) MF Salvador Reyes __ -, CD Guadalajara

(14) MF Pedro Romero __ -, Club Toluca

(16) MF Salvador Farfán __ -, Atlante

(20) MF Mario Velarde __ -, Necaxa

(7) FW Alfredo del Águila __ -, Club Toluca

(9) FW Héctor Hernández ___, CD Guadalajara

(10) FW Guillermo Ortiz Camargo ___, Necaxa

(11) FW Isidoro Díaz __ -, CD Guadalajara

(17) FW Felipe Ruvalcaba ___, CD Gold

(18) FW Alfredo Hernández ___, CF Monterrey

(19) FW Antonio Jasso __ -, Club America

(21) FW Alberto Baeza __ -, Necaxa

_ Cecoslovacchia (TCH)

_ - 22 giocatori

(1) GK Viliam Schrojf __ 22, ÞK Slovan Bratislava

(13) GK Frantisek Schmucker __ 1, RH Brno

(22) GK Pavel Kouba __ 0, Dukla Praga

(2) DF Jan Lála __ 1, Dynamo Praha

(3) DF Ján Popluhár __ 27, ÞK Slovan Bratislava

(4) DF Ladislav Novák __ 59, Dukla Praga

(5) DF Svatopluk Pluskal __ 38, Dukla Praga

(12) DF Jiří Tichý __ 13, TJ Slovnaft Bratislava

(16) DF Titus Buberník __ 17, TJ Slovnaft Bratislava

(21) DF Jozef Bomba __ 6, Tatran Pre`ov

(6) MF Josef Masopust __ 44, Dukla Praga

(7) MF Jozef Þtibrányi __ 3, Spartak Trnava

(8) FW Adolf Schererer __ 18, TJ Slovnaft Bratislava

(9) FW Pavol Molnár __ 20, ÞK Slovan Bratislava

(10) FW Jozef Adamec __ 4, Dukla Praga

(11) FW Josef Jelínek __ 4, Dukla Praga

(14) FW Václav Mašek __ 7, Spartak Praha Sokolovo

(15) FW Vladimír Koi' __ 1, CKD Praha

(17) FW Tomas Pospíchal __ 10, Baník Ostrava

(18) FW Josef Kadraba __ 9, SONP Kladno

(19) FW Andrej Kvašňák __ 12, Spartak Praha Sokolovo

(20) FW Jaroslav Borovička __ 21, Dukla Praga

_ Unione Sovietica (URS)

_ - 22 giocatori

(1) GK Lev Yashin __ 42, Dinamo Mosca

(2) GK Vladimir Maslachenko __ 8, Lokomotiv Mosca

(3) GK Sergey Kotrikadze __ 0, Dinamo Tbilisi

(4) DF Eduard Dubinski __ 9, CSKA Mosca

(5) DF Givi Chokheli __ 16, Dinamo Tbilisi

(6) DF Leonid Ostrovskiy __ 3, Torpedo Mosca

(7) DF Anatoli Maslyonkin __ 29, Spartak Moscow

(12) DF Valery Voronin __ 14, Torpedo Moscow

(8) MF Albert Shesternyov __ 1, CSKA Mosca

(9) MF Nikolai Manoshin __ 8, Torpedo Mosca

(10) MF Igor Netto __ 48, Spartak Mosca

(11) MF Yozhef Sabo __ 0, Dynamo Kyiv

(18) MF Slava Metreveli __ 19, Torpedo Mosca

(21) MF Galimzyan Khusainov __ 3, Spartak Mosca

(22) MF Igor Chislenko __ 5, Dinamo Mosca

(13) FW Gennadi Gusarov __ 5, Torpedo Mosca

(14) FW Valentin Ivanov __ 39, Torpedo Mosca

(15) FW Viktor Kanevski __ 3, Dynamo Kyiv

(16) FW Aleksei Mamykin __ 7, CSKA Mosca

(17) FW Mikhail Meskhi __ 18, Dinamo Tbilisi

(19) FW Viktor Ponedelnik __ 15, SKA Rostov

(20) FW Viktor Serebryanikov __ 0, Dynamo Kyiv

_____

_ Uruguay (URU)

_ - 22 giocatori

(1) GK Roberto Sosa __ 11, Nazionale

(12) GK Luis Maidana __ 9, Peñarol

(2) DF Horacio Troche __ 16, Nazionale

(3) DF Emilio Álvarez __ 5, Nazionale

(4) DF Omar Mendez __ -, Nazionale

(14) DF William Martínez __ 44, Peñarol

(15) DF Rubén Soria __ 2, Hill

(17) DF Rubén González __ 10, Nazionale

(18) DF Eliseo Álvarez __ 0, Nazionale

(5) MF Néstor Gonçalves __ 25, Peñarol

(6) MF Pedro Cubilla __ 6, Rampla Juniors

(8) MF Julio César Cortés __ 1, Sud America

(10) MF Pedro Rocha __ 3, Peñarol

(16) MF Edgardo González __ 21, Peñarol

(19) MF Ronald Langón __ 5, Mediatore

(7) FW Domingo Pérez __ 9, Nazionale

(9) FW José Sasía __ 35, Peñarol

(11) FW Luis Cubilla __ 12, Peñarol

(20) FW Mario Ludovico Bergara __ 12, Nazionale

(21) FW Hector Silva __ 6, Danubio

(22) FW Angel Cabrera __ 3, Peñarol

(23) FW Guillermo Escalada __ 29, Nazionale

_____

_ Yugoslavia (YUG)

_ - 22 giocatori

(1) GK Milutin Šoškić __ 29, Partizan

(12) GK Srboljub Krivokuća __ 7, OFK Belgrado

(19) GK Mirko Stojanović __ 2, Dinamo Zagabria

(2) DF Vladimir Durković __ 33, Stella Rossa

(3) DF Fahrudin Jusufi __ 29, Partizan

(5) DF Vlatko Marković __ 7, Dinamo Zagabria

(6) DF Vladica Popović __ 3, Stella Rossa

(13) DF Slavko Svinjarević __ 1, Vojvodina

(14) DF Vasilije Šijaković __ 10, OFK Belgrado

(20) DF 'arko Nikolić __ 9, Vojvodina

(4) MF Petar Radaković __ 9, Rijeka

(8) MF Dragoslav Þekularac __ 29, Stella Rossa

(10) MF Milano Galić __ 28, Partizan

(15) MF "eljko Matu" __ 9, Dinamo Zagabria

(17) MF Vojislav Melić __ 0, Stella Rossa

(18) MF Vladica Kovačević __ 4, Partizan
(22) MF Aleksandar Ivo' __ 0, Sloboda
(7) FW Andrija Anković __ 7, Hajduk Split
(9) FW DRAZAN Jerković __ 9, Dinamo Zagabria
(11) FW Josip Skoblar __ 2, OFK Belgrado
(16) FW Muhamed Mujić __ 31, Vele
(21) FW Nikola Stipić __ 0, Stella Rossa

INGHILTERRA 1966
_ 1966 Coppa del Mondo _ in Inghilterra, 11 - 30 luglio
Gruppo 1 : Inghilterra Uruguay Messico Messico Francia
Gruppo 2 : Germania Ovest Argentina Argentina Spagna Svizzera
Gruppo 3 : Portogallo Ungheria Brasile Bulgaria
Gruppo 4 : Unione Sovietica Corea del Nord Italia Cile

Giorno 1 | 11 luglio - 13 luglio
    Secondo giorno | 15 luglio - 16 luglio
    Terzo giorno | 19 luglio - 20 luglio

Gruppo 1:
    (1) 11 luglio Inghilterra 0-0 Uruguay allo stadio di Wembley, Londra
    (5) 13 luglio Francia 1-1 Messico allo stadio di Wembley, Londra
    (9) 15 luglio Uruguay 2-1 Francia al White City Stadium, Londra
    (13) 16 luglio Inghilterra 2-0 Messico allo stadio di Wembley, Londra
    (17) 19 luglio Messico 0-0 Uruguay allo stadio di Wembley, Londra
    (21) 20 luglio Inghilterra 2-0 Francia allo stadio di Wembley, Londra

Gruppo 2:
    (2) 12 luglio Germania Ovest 5-0 Svizzera all'Hillsborough Stadium, Sheffield
    (6) 13 luglio Argentina 2-1 Spagna a Villa Park, Birmingham
    (10) 15 luglio Spagna 2-1 Svizzera all'Hillsborough Stadium, Sheffield
    (14) 16 luglio Argentina 0-0 Germania Ovest a Villa Park, Birmingham
    (18) 19 luglio Argentina 2-0 Svizzera all'Hillsborough Stadium, Sheffield
    (22) 20 luglio Germania Ovest 2-1 Spagna a Villa Park, Birmingham

Gruppo 3:
    (3) 12 luglio Brasile 2-0 Bulgaria @ Goodison Park, Liverpool
    (7) 13 luglio Portogallo 3-1 Ungheria @ Old Trafford, Manchester
    (11) 15 luglio Ungheria 3-1 Brasile a Goodison Park, Liverpool
    (15) 16 luglio Portogallo 3-0 Bulgaria @ Old Trafford, Manchester
    (19) 19 luglio Portogallo 3-1 Brasile a Goodison Park, Liverpool
    (23) 20 luglio Ungheria 3-1 Bulgaria @ Old Trafford, Manchester

Gruppo 4:
    (4) 12 luglio Unione Sovietica 3-0 Corea del Nord ad Ayresome Park, Middlesbrough
    (8) 13 luglio Italia 2-0 Cile @ Roker Park, Sunderland

(12) 15 luglio Cile 1-1 Corea del Nord ad Ayresome Park, Middlesbrough

(16) 16 luglio Unione Sovietica 1-0 Italia @ Roker Park, Sunderland

(20) 19 luglio Corea del Nord 1-0 Italia @ Ayresome Park, Middlesbrough

(24) 20 luglio Unione Sovietica 2-1 Cile @ Roker Park, Sunderland

Quarti di finale

(25) 23 luglio Inghilterra 1-0 Argentina allo stadio di Wembley, Londra

(26) 23 luglio Germania Ovest 4-0 Uruguay all'Hillsborough Stadium, Sheffield

(27) 23 luglio Unione Sovietica 2-1 Ungheria @ Roker Park, Sunderland

(28) 23 luglio Portogallo 5-3 Corea del Nord a Goodison Park, Liverpool

Semifinali

(29) 25 luglio Germania Ovest 2-1 Unione Sovietica a Goodison Park, Liverpool

(30) 26 luglio Inghilterra 2-1 Portogallo allo stadio di Wembley, Londra

La partita per il terzo posto

(31) 28 luglio Portogallo 2-1 Unione Sovietica allo stadio di Wembley, Londra

Finale

(32) 30 luglio Inghilterra 4-2 a.e.t. (2-2) Germania Ovest allo stadio di Wembley, Londra

SQUADRE PARTECIPANTI

_ Argentina (ARG)

_ - 22 giocatori

(1) GK Antonio Roma ___, Boca Juniors

(2) GK Rolando Irusta __, Lanús

(3) GK Hugo Gatti ___, River Plate

(4) DF Roberto Perfumo ___, Racing Club

(7) DF Silvio Marzolini __ -, Boca Juniors

(8) DF Roberto Ferreiro __ -, Indipendente

(13) DF Nelson López __ -, Banfield

(5) MF José Varacka __ -, San Lorenzo

(6) MF Oscar Calics __, San Lorenzo

(9) MF Carmelo Simeone __ -, Boca Juniors

(10) MF Antonio Rattín __ -, Boca Juniors

(11) MF José Omar Pastoriza ___, Indipendente

(12) MF Rafael Albrecht __ -, San Lorenzo

(15) MF Jorge Solari __ -, River Plate

(17) MF Juan Carlos Sarnari __ -, River Plate

(19) MF Luis Artime __ -, Indipendente

(14) FW Mario Chaldú __ -, San Lorenzo

(16) FW Alberto González __ -, Boca Juniors

(18) FW Alfredo Rojas __ -, Boca Juniors

(20) FW Ermindo Onega __ -, River Plate

(21) FW Oscar Plus ___, River Plate

(22) FW Aníbal Tarabini __ -, Indipendente

_ Bulgaria (BUL)

_ - 22 giocatori

(1) GK Georgi Naydenov __ 44, CSKA Sofia

(21) GK Simeon Simeonov __ 4, Slavia Sofia

(22) GK Ivan Deyanov __ 8, Lokomotiv Sofia

(2) DF Aleksandar Shalamanov __ 12, Slavia Sofia

(3) DF Ivan Vutsov __ 18, Levski Sofia

(4) DF Boris Gaganelov __ 20, CSKA Sofia

(5) DF Dimitar Penev __ 16, CSKA Sofia

(10) DF Dobromir Zhechev __ 13, Spartak Sofia

(15) DF Dimitar Largov __ 17, Slavia Sofia

(19) DF Vidin Apostolov __ 12, Botev Plovdiv

(7) MF Dinko Dermendzhiev __ 6, Botev Plovdiv

(8) MF Stoyan Kitov __ 18, Spartak Sofia

(12) MF Vasil Metodiev __ 17, Lokomotiv Sofia

(18) MF Evgeni Yanchovski __ 8, Beroe Stara Zagora

(20) MF Ivan Davidov __ 0, Slavia Sofia

(6) FW Petar Zhekov __ 4, Beroe Stara Zagora

(9) FW Georgi Asparuhov __ 26, Levski Sofia

(11) FW Ivan Kolev __ 67, CSKA Sofia

(13) FW Dimitar Yakimov __ 34, CSKA Sofia

(14) FW Nikola Kotkov __ 16, Lokomotiv Sofia

(16) FW Aleksandar Kostov __ 7, Levski Sofia

(17) FW Stefan Abadzhiev __ 25, Levski Sofia

_____

_ Brasile (BRA)

_ - 22 giocatori

(1) GK Gilmar ___, Santos

(12) GK Manga ___, Botafogo

(2) DF Djalma Santos __ -, Palmeiras

(3) DF Fidélis ___, Bangu

(4) DF Bellini ___, São Paulo

(5) DF Brito ___, Vasco da Gama

(6) DF Altair __ -, Fluminense

(7) DF Orlando __ -, Santos

(8) DF Paulo Henrique ___, Flamengo

(9) DF Rildo __ -, Botafogo

(11) MF Gérson __ -, Botafogo

(13) MF Denílson __ -, Fluminense

(14) MF Lima __ -, Santos

(15) MF Zito __ -, Santos

(17) MF Jairzinho __ -, Botafogo

(20) MF Tostão ___, Cruzeiro

(10) FW Pelé ___, Santos

(16) FW Garrincha ___, Corinzi

(18) FW Alcindo __ -, Grêmio

(19) FW Silva ___, Flamengo

(21) FW Paraná __ -, São Paulo

(22) FW Edu __ -, Santos

_____

_ Svizzera (SUI)

_ - 22 giocatori

(1) GK Karl Elsener __ 32, Losanna

(12) GK Léo Eichmann __ 1, La Chaux-de-Fonds

(22) GK Mario Prosperi __ 3, Lugano

(2) DF Willy Allemann __ 1, Grenchen

(3) DF Kurt Armbruster __ 3, Losanna

(5) DF René Brodmann __ 3, Zurigo

(14) DF Werner Leimgruber __ 9, Zurigo

(18) DF Heinz Schneiter __ 43, Giovani Ragazzi

(20) DF Ely Tacchella __ 26, Losanna

(4) MF Heinz Bäni __ 7, Zurigo

(6) MF Richard Dürr __ 17, Losanna

(7) MF Hansruedi Führer __ 6, Giovani Ragazzi

(8) MF Vittore Gottardi __ 0, Lugano

(9) MF André Grobéty __ 39, Losanna

(15) MF Karl Odermatt __ 6, Basilea

(19) MF Xavier Stierli __ 7, Zurigo

(21) MF Georges Vuilleumier __ 5, Losanna

(10) FW Robert Hosp __ 11, Losanna

(11) FW Köbi Kuhn __ 18, Zurigo

(13) FW Fritz Künzli __ 2, Zurigo

(16) FW René-Pierre Quentin __ 7, Sion

(17) FW Jean-Claude Schindelholz __ 10, Servette

_____

_ Cile (CHI)

_ - 22 giocatori

(9) GK Adam Godoy __ 14, Università Cattolica

(13) GK Juan Olivares __ 4, Santiago Vagabundos

(2) DF Hugo Berly __ 0, Audax Italiano

(5) DF Humberto Donoso __ 14, Università del Cile

(6) DF Luis Eyzaguirre __ 38, Università del Cile

(7) DF Elías Figueroa __ 7, Santiago Vagabundos

(20) DF Alberto Valentini __ 17, Colo-Colo

(21) DF Hugo Villanueva __ 15, Università del Cile

(3) MF Carlos Campos __ 10, Università del Cile

(4) MF Humberto Cruz __ 16, Colo-Colo

(10) MF Roberto Hodge __ 9, Università del Cile

(12) MF Rubén Marcos __ 17, Università del Cile

(14) MF Ignacio Prieto __ 15, Universidad Católica

(15) MF Jaime Ramírez __ 46, Università del Cile

(17) MF Leonel Sánchez __ 77, Università del Cile

(18) MF Armando Tobar __ 29, Universidad Católica

(1) FW Pedro Araya __ 20, Università del Cile

(8) FW Alberto Fouilloux __ 36, Università Cattolica

(11) FW Honorino Landa __ 23, Croce Verde Temuco

(16) FW Orlando Ramírez __ 11, Università del Cile

(19) FW Francisco Valdés __ 11, Colo-Colo

(22) FW Guillermo Yávar __ 11, Università del Cile

_____

_ Inghilterra (GNL)

_ - 22 giocatori

(1) GK Gordon Banks __ 27, Leicester City

(12) GK Ron Springett __ 33, Sheffield mercoledì
(13) GK Peter Bonetti __ 1, Chelsea
(2) DF George Cohen __ 24, Fulham
(3) DF Ray Wilson __ 45, Everton
(5) DF Jack Charlton __ 16, Leeds United
(6) DF Bobby Moore __ 41, West Ham United
(14) DF Jimmy Armfield __ 43, Blackpool
(15) DF Gerry Byrne __ 2, Liverpool
(17) DF Ron Flowers __ 49, Wolverhampton
(18) DF Norman Hunter __ 4, Leeds United
(4) MF Nobby Stiles __ 14, Manchester United
(7) MF Alan Ball __ 10, Blackpool
(9) MF Bobby Charlton __ 68, Manchester United
(16) MF Martin Peters __ 3, West Ham United
(20) MF Ian Callaghan __ 1, Liverpool
(22) MF George Eastham __ 19, Arsenale
(8) FW Jimmy Greaves __ 51, Tottenham Hotspur
(10) FW Geoff Hurst __ 4, West Ham United
(11) FW John Connelly __ 19, Manchester United
(19) FW Terry Paine __ 18, Southampton
(21) FW Roger Hunt __ 13, Liverpool

_____

_ Spagna (ESP)
_ - 22 giocatori
(1) GK José Ángel Iribar __ 9, Atletico Bilbao
(12) GK Antonio Betancort __ 2, Real Madrid
(13) GK Miguel Reina __ 0, Córdoba
(2) DF Manuel Sanchís __ 2, Real Madrid
(3) DF Eladio __ 1, Barcellona
(6) DF Jesús Glaría __ 7, Atlético Madrid
(14) DF Feliciano Rivilla __ 26, Atlético Madrid
(15) DF Severino Reija __ 11, Real Zaragoza
(16) DF Ferran Olivella __ 18, Barcellona
(4) MF Luis del Sol __ 14, Juventus
(5) MF Ignacio Zoco __ 19, Real Madrid
(7) MF José Ufarte __ 6, Atlético Madrid
(8) MF Amancio __ 9, Real Madrid
(17) MF Gallego __ 0, Barcellona
(18) MF Pirri __ 0, Real Madrid
(20) MF Joaquín Peiró __ 10, Internazionale Milano
(21) MF Adelardo __ 10, Atlético Madrid
(9) FW Marcelino __ 12, Real Saragozza
(10) FW Luis Suárez __ 29, Internazionale Milano
(11) FW Francisco Gento __ 36, Real Madrid

(19) FW Josep Maria Fusté __ 5, Barcellona
(22) FW Carlos Lapetra __ 12, Real Saragozza

_ Francia (FRA)
_ - 22 giocatori
(1) GK Marcel Aubour __ 11, Lione
(21) GK Georges Carnus __ 1, Stade Français
(22) GK Johnny Schuth __ 0, Strasburgo
(2) DF Marcel Artelesa __ 17, AS Monaco
(5) DF Bernard Bosquier __ 9, Sochaux
(6) DF Robert Budzynski __ 4, Nantes
(7) DF André Chorda __ 20, Bordeaux
(10) DF Héctor De Bourgoing __ 2, Bordeaux
(11) DF Gabriel De Michele __ 0, Nantes
(12) DF Jean Djorkaeff __ 7, Lione
(18) DF Jean-Claude Piumi __ 2, Valenciennes
(4) MF Joseph Bonnel __ 18, Valenciennes
(15) MF Yves Herbet __ 4, Berlina
(16) MF Robert Herbin __ 17, Saint-Etienne
(17) MF Lucien Muller __ 16, Barcellona
(20) MF Jacques Simon __ 5, Nantes
(3) FW Edmond Baraffe __ 3, Tolosa
(8) FW Nestor Combin __ 6, Varese
(9) FW Didier Couécou __ 0, Bordeaux
(13) FW Philippe Gondet ___ -,
(14) FW Gérard Hausser __ 9, Strasburgo
(19) FW Laurent Robuschi __ 4, Bordeaux

_ Germania Ovest (RFT)
_ - 22 giocatori
(1) GK Hans Tilkowski __ 32, Borussia Dortmund
(21) GK Günter Bernard __ 4, Werder Bremen
(22) GK Sepp Maier __ 1, Bayern Monaco di Baviera
(2) DF Horst-Dieter Höttges __ 13, Werder Bremen
(3) DF Karl-Heinz Schnellinger __ 31, Milano
(5) DF Willi Schulz __ 31, Amburgo
(6) DF Wolfgang Weber __ 12, Colonia
(14) DF Friedel Lutz __ 11, Eintracht Francoforte
(15) DF Bernd Patzke __ 2, 1860 Monaco di Baviera
(17) DF Wolfgang Paul __ 0, Borussia Dortmund
(18) DF Klaus-Dieter Sieloff __ 8, Stoccarda
(4) MF Franz Beckenbauer __ 8, Bayern Monaco di Baviera
(7) MF Albert Brülls __ 23, Brescia
(12) MF Wolfgang Overath __ 16, Colonia

(16) MF Max Lorenz __ 7, Werder Bremen

(8) FW Helmut Haller __ 22, Bologna

(9) FW Uwe Seeler __ 48, Amburgo

(10) FW Sigfried Held __ 4, Borussia Dortmund

(11) FW Lothar Emmerich __ 1, Borussia Dortmund

(13) FW Heinz Hornig __ 7, Colonia

(19) FW Werner Krämer __ 11, Meidericher

(20) FW Jürgen Grabowski __ 3, Eintracht Francoforte

_ Ungheria (UNO)

_ - 22 giocatori

(1) GK Antal Szentmihályi __ 20, Újpesti Dózsa

(21) GK József Gelei __ 7, Tatabányai Bányász

(22) GK István Géczi __ 2, Ferencváros

(2) DF Benő Káposzta __ 3, Újpesti Dózsa

(3) DF Sándor Mátrai __ 71, Ferencvárosi

(4) DF Kálmán Sóvári __ 16, Újpesti Dózsa

(5) DF Kálmán Mészöly __ 37, Vasas

(17) DF Gusztáv Szepesi __ 2, Tatabányai Bányász

(18) DF Kálmán Ihász __ 9, Vasas

(6) MF Ferenc Sipos __ 71, Budapest Honvéd

(8) MF Zoltán Varga __ 3, Ferencvárosi

(9) MF Flórián Albert __ 51, Ferencvárosi

(13) MF Imre Mathesz __ 5, Vasas

(14) MF István Nagy __ 19, MTK Ungheria

(7) FW Ferenc Bene __ 17, Újpesti Dózsa

(10) FW János Farkas __ 13, Vasas

(11) FW Gyula Rákosi __ 27, Ferencvárosi

(12) FW Máté Fenyvesi __ 76, Ferencvárosi

(15) FW Dezső Molnár __ 1, Vasas

(16) FW Lajos Tichy __ 71, Budapest Honvéd

(19) FW Lajos Puskás __ 2, Vasas

(20) FW Antal Nagy __ 3, Budapest Honvéd

_ Italia (ITA)

_ - 22 giocatori

(1) GK Enrico Albertosi __ 10, Fiorentina

(2) GK Roberto Anzolin __ 1, Juventus

(18) GK Pierluigi Pizzaballa __ 1, Atalanta

(5) DF Tarcisio Burgnich __ 12, Internazionale

(6) DF Giacinto Facchetti __ 21, Internazionale

(8) DF Aristide Guarneri __ 12, Internazionale

(9) DF Francesco Janich __ 5, Bologna

(11) DF Spartaco Landini __ 1, Internazionale

(21) DF Roberto Rosato __ 12, Torino

(22) DF Sandro Salvadore __ 27, Juventus

(3) MF Paolo Barison __ 7, Roma

(4) MF Giacomo Bulgarelli __ 24, Bologna

(7) MF Romano Fogli __ 11, Bologna

(12) MF Gianfranco Leoncini __ 1, Juventus

(13) MF Giovanni Lodetti __ 12, Milano

(17) MF Marine Perani __ 2, Bologna

(10) FW Antonio Juliano __ 1, Napoli

(14) FW Sandro Mazzola __ 19, Internazionale

(15) FW Luigi Meroni __ 5, Torino

(16) FW Ezio Pascutti __ 15, Bologna

(19) FW Gianni Rivera __ 23, Milano

(20) FW Francesco Rizzo __ 2, Cagliari

_ Corea del Nord (PRK)

_ - 22 giocatori

(1) GK Lee Chang-Myung __ -, Kigwancha

(9) GK Lee Keun-Hak __ -, Moranbong

(2) DF Pak Li-Sup __ -, Amrokgang

(3) DF Shin Yung-Kyoo __ -, Moranbong

(5) DF Lim Zoong-Sun __ -, Moranbong

(13) DF Oh Yoon-Kyung __ -, 8 agosto

(14) DF Ha Jung-Won __ -, 8 agosto

(19) DF Kim Yung-Kil __ -, Rodongja

(20) DF Ryoo Chang-Kil __ -, Kigwancha

(4) MF Kang Bong-Chil __ -, 8 febbraio

(6) MF Im Seung-Hwi __, 8 febbraio

(11) MF Han Bong-Zin __ -, 8 febbraio

(16) MF Li Dong-Woon __ -, Rodongja

(17) MF Kim Bong-Hwan __ -, Kigwancha

(18) MF Ke Seung-Woon __ -, Rodongja

(21) MF Un Se-Bok __ -, Amrokgang

(7) FW Pak Doo-Ik __ -, Moranbong

(8) FW Pak Seung-Zin __ -, Moranbong

(10) FW Kang Kang Ryong-Woon __ -, Rodongja

(12) FW Kim Seung-Il __ -, Moranbong

(15) FW Yang Seung-Kook __ -, Kigwancha

(22) FW Li Chi-An __ -, 8 febbraio

_ Messico (MEX)

_ - 22 giocatori

(1) GK Antonio Carbajal __ -, Leon

(12) GK Ignacio Calderón __, Guadalajara

(22) GK Javier Vargas ___, Atlas
(2) DF Arturo Chaires __ -, Guadalajara
(3) DF Gustavo Peña ___, Oro
(4) DF Jesús del Muro __, Veracruz
(14) DF Gabriel Núñez ___, Zacatepec
(5) MF Ignacio Jáuregui __ -, Monterrey
(6) MF Isidoro Díaz __ -, Guadalajara
(9) MF Ernesto Cisneros __ -, Atlante
(13) MF José José Luis González __ -, Necaxa
(15) MF Guillermo Hernández __, Atlante
(16) MF Luis Regueiro __, UNAM
(17) MF Magdaleno Mercado __ -, Atlante
(7) FW Felipe Ruvalcaba ___, Oro
(8) FW Aarón Padilla __ -, UNAM
(10) FW Javier Fragoso __ -, America
(11) FW Francisco Jara __ -, Universidad Nuevo León
(18) FW Elías Muñoz ___, Universidad Nuevo León
(19) FW Salvador Reyes __ -, Guadalajara
(20) FW Enrique Borja ___, UNAM
(21) FW Ramiro Navarro ___, Oro

_____

_ Portogallo (POR)
_ - 22 giocatori
(1) GK Americo ___, Porto
(2) GK Joaquim Carvalho ___, Sporting CP
(3) GK José Pereira __ -, Belenenses
(4) DF Vicente ___, Betlemme
(5) DF Germano __ -, Benfica
(17) DF João Morais __ -, Sporting CP
(20) DF Alexandre Baptista ___, Sporting CP
(21) DF José Carlos ___, CP sportivo
(22) DF Alberto Festa ___, Porto
(6) MF Fernando Peres __ -, Sporting CP
(9) MF Hilário __ -, Sporting CP
(10) MF Mário Coluna __ -, Benfica
(11) MF António Simões __ -, Benfica
(12) MF José Augusto __ -, Benfica
(14) MF Fernando Cruz __ -, Benfica
(16) MF Jaime Graça __ -, Vitória Setúbal
(19) MF Custódio Pinto __ -, Porto
(7) FW Ernesto Figueiredo __ -, Sporting CP
(8) FW João Lourenço __ -, Sporting CP
(13) FW Eusébio __ -, Benfica
(15) FW Manuel Duarte __ -, Leixões

(18) FW José Torres __ -, Benfica

_____

_ Unione Sovietica (URS)

_ - 22 giocatori

(1) GK Lev Yashin __ 63, Dinamo Mosca

(21) GK Anzor Kavazashvili __ 9, Torpedo Mosca

(22) GK Viktor Bannikov __ 7, Dinamo Kiev

(3) DF Leonid Ostrovskiy __ 7, Dynamo Kiev

(4) DF Vladimir Ponomaryov __ 16, CSKA Mosca

(6) DF Albert Shesternyov __ 28, CSKA Mosca

(9) DF Viktor Getmanov __ 5, Rostov

(10) DF Vasiliy Danilov __ 13, Zenit Leningrado

(13) DF Alexey Korneyev __ 4, Spartak Moscow

(5) MF Valentin Afonin __ 10, Rostov

(7) MF Murtaz Khurtsilava __ 5, Dinamo Tbilisi

(8) MF Yozhef Sabo __ 10, Dinamo Kiev

(11) MF Igor Chislenko __ 26, Dinamo Mosca

(12) MF Valery Voronin __ 46, Torpedo Mosca

(14) MF Georgi Sichinava __ 5, Dinamo Tbilisi

(2) FW Viktor Serebryanikov __ 7, Dinamo Kiev

(15) FW Galimzyan Khusainov __ 26, Spartak Moscow

(16) FW Slava Metreveli __ 42, Dinamo Tbilisi

(17) FW Valeriy Porkujan __ 0, Dynamo Kiev

(18) FW Anatoliy Banishevskiy __ 13, Neftyanik Baku

(19) FW Eduard Malofeyev __ 15, Dynamo Minsk

(20) FW Eduard Markarov __ 1, Neftyanik Baku

_____

_ Uruguay (URU)

_ - 22 giocatori

(1) GK Ladislao Mazurkiewicz __ 6, Peñarol

(12) GK Roberto Sosa __ 19, Nazionale

(22) GK Walter Taibo __ 31, Peñarol

(2) DF Horacio Troche __ 25, Cerro

(3) DF Jorge Manicera __ 15, Nazionale

(5) DF Néstor Gonçalves __ 37, Peñarol

(13) DF Nelson Díaz __ 8, Peñarol

(14) DF Emilio Álvarez __ 15, Nazionale

(15) DF Luis Ubiñas __ 4, Rampla Juniors

(16) DF Eliseo Álvarez __ 6, Rampla Juniors

(20) DF Luis Ramos __ 2, Nazionale

(4) MF Pablo Forlán __ 2, Peñarol

(6) MF Omar Caetano __ 12, Peñarol

(7) MF Julio César Cortés __ 12, Peñarol

(17) MF Héctor Salvá __ 8, Danubio

(19) MF Héctor Silva __ 18, Peñarol
(21) MF Víctor Espárrago __ 6, Nazionale
(8) FW José Urruzmendi __ 12, Nazionale
(9) FW José Sasía __ 43, Defensor Sporting
(10) FW Pedro Rocha __ 20, Peñarol
(11) FW Domingo Pérez __ 19, Nazionale
(18) FW Milton Viera __ 2, Nazionale

MESSICO 1970

_ Coppa del Mondo 1970 _ in Messico, 31 maggio - 21 giugno

Gruppo 1 : Unione Sovietica Messico Messico Belgio El Salvador

    Gruppo 2 : Italia Uruguay Svezia Israele

    Gruppo 3 : Brasile Inghilterra Romania Cecoslovacchia

    Gruppo 4 : Germania Ovest Perù Bulgaria Marocco

    Giorno 1 | 31 maggio - 3 giugno

    Giorno 2 | 6 giugno - 7 giugno

    Terzo giorno | 10 giugno - 11 giugno

Gruppo 1:

    (1) 31 maggio Messico 0-0 Unione Sovietica presso l'Estadio Azteca, Città del Messico

    (5) 3 giugno Belgio 3-0 El Salvador allo stadio Azteca, Città del Messico

    (9) 6 giugno Unione Sovietica 4-1 Belgio allo stadio Azteca, Città del Messico

    (13) 7 giugno Messico 4-0 El Salvador allo stadio Azteca, Città del Messico

    (17) 10 giugno Unione Sovietica 2-0 El Salvador allo stadio Azteca, Città del Messico

    (21) 11 giugno Messico 1-0 Belgio allo stadio Azteca, Città del Messico

Gruppo 2:

    (2) 2 giugno Uruguay 2-0 Israele a Estadio Cuauhtémoc, Puebla

    (6) 3 giugno Italia 1-0 Svezia allo stadio Luis Dosal, Toluca

    (10) 6 giugno Uruguay 0-0 Italia allo stadio Cuauhtémoc, Puebla

    (14) 7 giugno Svezia 1-1 Israele allo stadio Luis Dosal, Toluca

    (18) 10 giugno Uruguay 0-1 Svezia allo stadio Cuauhtémoc, Puebla

    (22) 11 giugno Israele 0-0 Italia allo stadio Luis Dosal, Toluca

Gruppo 3:

    (3) 2 giugno Romania 0-1 Inghilterra allo stadio Jalisco, Guadalajara

    (7) 3 giugno Cecoslovacchia 1-4 Brasile allo stadio Jalisco, Guadalajara

    (11) 6 giugno Romania 2-1 Cecoslovacchia allo stadio Jalisco, Guadalajara

    (15) 7 giugno Inghilterra 0-1 Brasile allo stadio Jalisco, Guadalajara

    (19) 10 giugno Romania 2-3 Brasile allo stadio Jalisco, Guadalajara

    (23) 11 giugno Inghilterra 1-0 Cecoslovacchia allo stadio Jalisco, Guadalajara

Gruppo 4:

    (4) 2 giugno Perù 3-2 Bulgaria al Nou Camp Stadium, Leon

    (8) 3 giugno Marocco 1-2 Germania Ovest al Nou Camp Stadium, Leon

    (12) 6 giugno Perù 3-0 Marocco allo stadio Nou Camp, Leon

    (16) 7 giugno Bulgaria 2-5 Germania Ovest al Nou Camp Stadium, Léon

(20) 10 giugno Perù 1-3 Germania Ovest allo stadio Nou Camp, León

(24) 11 giugno Bulgaria 1-1 Marocco allo stadio Nou Camp, Leon

Quarti di finale

(25) 14 giugno Unione Sovietica 0-1 a.e.t. (0-0) Uruguay allo stadio Azteca, Città del Messico

(26) 14 giugno Italia 4-1 Messico allo stadio Luis Dosal, Toluca

(27) 14 giugno Brasile 4-2 Perù allo stadio Jalisco, Guadalajara

(28) 14 giugno Germania Ovest 3-2 a.e.t. (2-2) Inghilterra al Nou Camp Stadium, Leon

Semifinali

(29) 17 giugno Uruguay 1-3 Brasile allo stadio Jalisco, Guadalajara

(30) 17 giugno Italia 4-3 a.e.t. (1-1) Germania Ovest allo stadio Azteca, Città del Messico

Partita per il terzo posto

(31) 20 giugno Uruguay 0-1 Germania Ovest presso l'Estadio Azteca, Città del Messico

Finale

(32) 21 giugno Brasile 4-1 Italia allo stadio Azteca, Città del Messico

GIOCATORI E SQUADRE PARTECIPANTI

_ Belgio (BEL)

_ - 22 giocatori

(1) GK Christian Piot __ 2, Standard Liegi

(12) GK Jean-Marie Trappeniers __ 15, Anderlecht

(22) GK Jacques Duquesne __ 0, Olympic Charleroi

(2) DF Georges Heylens __ 48, Anderlecht

(3) DF Jean Thissen __ 12, Standard Liegi

(4) DF Nicolas Dewalque __ 12, Standard Liegi

(5) DF Léon Jeck __ 10, Standard Liegi

(6) DF Jean Dockx __ 11, Anderlecht

(13) DF Jacques Beurlet __ 7, Standard Liegi

(7) MF Léon Semmeling __ 21, Standard Liegi

(8) MF Wilfried Van Moer __ 16, Standard Liegi

(14) MF Maurice Martens __ 0, Anderlecht

(15) MF Erwin Vandendaele __ 1, Club Brugge

(16) MF Odilon Polleunis __ 12, St Truiden

(17) MF Jan Verheyen __ 21, Beerschot

(20) MF Alfons Peeters __ 6, Anderlecht

(9) FW Johan Devrindt __ 16, Anderlecht

(10) FW Paul Van Himst __ 55, Anderlecht

(11) FW Wilfried Puis __ 41, Anderlecht

(18) FW Raoul Lambert __ 7, Club Brugge

(19) FW Pierre Carteus __ 0, Club Brugge

(21) FW Frans Janssens __ 0, Lierse

_ Bulgaria (BUL)

_ - 22 giocatori

(1) GK Simeon Simeonov __ 29, Slavia Sofia

(13) GK Stoyan Yordanov __ 4, CSKA SZ Sofia

(22) GK Georgi Kamenski __ 0, Levski-Spartak Sofia

(2) DF Aleksandar Shalamanov __ 32, Slavia Sofia

(3) DF Ivan Dimitrov __ 68, Akademik Sofia

(4) DF Stefan Aladzhov __ 9, Levski-Spartak Sofia

(6) DF Dimitar Penev __ 46, CSKA SZ Sofia

(12) DF Milko Gaydarski __ 12, Levski-Spartak Sofia

(14) DF Dobromir Zhechev __ 41, Levski-Spartak Sofia

(15) DF Boris Gaganelov __ 46, CSKA SZ Sofia

(17) DF Todor Kolev __ 9, Slavia Sofia

(5) MF Ivan Davidov __ 7, Slavia Sofia

(11) MF Dinko Dermendzhiev __ 35, Trakia Plovdiv

(16) MF Asparuh Nikodimov __ 12, CSKA SZ Sofia

(19) MF Georgi Asparuhov __ 47, Levski-Spartak Sofia

(20) MF Vasil Mitkov __ 7, Levski-Spartak Sofia

(7) FW Georgi Popov __ 16, Trakia Plovdiv

(8) FW Hristo Bonev __ 24, Lokomotiv Plovdiv

(9) FW Petar Zhekov __ 23, CSKA SZ Sofia

(10) FW Dimitar Yakimov __ 57, CSKA SZ Sofia

(18) FW Dimitar Marashliev __ 6, CSKA SZ Sofia

(21) FW Bozhidar Grigorov __ 0, Slavia Sofia

_ Brasile (BRA)

_ - 22 giocatori

(1) GK Felix __ 23, Fluminense

(12) GK Ado __ 2, Corinzi

(22) GK Leão __ 2, Palmeiras

(2) DF Brito __ 28, Flamengo

(4) DF Carlos Alberto __ 40, Santos

(6) DF Marco Antônio __ 7, Fluminense

(14) DF Baldocchi __ 1, Palmeiras

(15) DF Fontana __ 6, Cruzeiro

(16) DF Everaldo __ 8, grigio

(17) DF Joel __ 26, Santos

(21) DF Zé Maria __ 1, portoghese

(3) MF Piazza __ 16, Cruzeiro

(5) MF Clodoaldo __ 7, Santos

(7) MF Jairzinho __ 45, Botafogo

(8) MF Gérson __ 54, San Paolo

(11) MF Rivellino __ 21, Corinzi

(18) MF Paulo Cézar __ 14, Botafogo

(9) FW Tostão __ 36, Cruzeiro

(10) FW Pelé __ 81, Santos

(13) FW Roberto __ 9, Botafogo

(19) FW Edu __ 29, Santos

(20) FW Dario __ 3, Atlético Mineiro

_ Inghilterra (GNL)

_ - 22 giocatori

(1) GK Gordon Banks __ 59, Stoke City

(12) GK Peter Bonetti __ 6, Chelsea

(13) GK Alex Stepney __ 1, Manchester United

(2) DF Keith Newton __ 24, Everton

(3) DF Terry Cooper __ 8, Leeds United

(5) DF Brian Labone __ 23, Everton

(6) DF Bobby Moore __ 80, West Ham United

(14) DF Tommy Wright __ 9, Everton
(15) DF Nobby Stiles __ 28, Manchester United
(17) DF Jack Charlton __ 34, Leeds United
(18) DF Norman Hunter __ 13, Leeds United
(4) MF Alan Mullery __ 27, Tottenham Hotspur
(8) MF Alan Ball __ 41, Everton
(9) MF Bobby Charlton __ 102, Manchester United
(11) MF Martin Peters __ 38, Tottenham Hotspur
(16) MF Emlyn Hughes __ 6, Liverpool
(19) MF Colin Bell __ 11, Manchester City
(7) FW Francis Lee __ 14, Manchester City
(10) FW Geoff Hurst __ 38, West Ham United
(20) FW Peter Osgood __ 1, Chelsea
(21) FW Allan Clarke __ 0, Leeds United
(22) FW Jeff Astle __ 3, West Bromwich Albion

_____

_ Germania Ovest (RFT)
_ - 22 giocatori
(1) GK Sepp Maier __ 19, Bayern Monaco di Baviera
(21) GK Manfred Manglitz __ 4, FC Colonia
(22) GK Horst Wolter __ 12, Eintracht Braunschweig
(2) DF Horst-Dieter Höttges __ 49, Werder Bremen
(3) DF Karl-Heinz Schnellinger __ 41, AC Milan
(5) DF Willi Schulz __ 61, Amburgo
(7) DF Berti Vogts __ 24, Borussia M'gladbach
(11) DF Klaus Fichtel __ 13, Schalke 04
(15) DF Bernd Patzke __ 19, Hertha Berlin
(18) DF Klaus-Dieter Sieloff __ 9, Borussia M'gladbach
(4) MF Franz Beckenbauer __ 38, Bayern Monaco di Baviera
(6) MF Wolfgang Weber __ 37, FC Colonia
(12) MF Wolfgang Overath __ 49, FC Colonia
(16) MF Max Lorenz __ 19, Eintracht Braunschweig
(19) MF Peter Dietrich __ 1, Borussia M'gladbach
(8) FW Helmut Haller __ 32, Juventus
(9) FW Uwe Seeler __ 65, Amburgo
(10) FW Sigfried Held __ 27, Borussia Dortmund
(13) FW Gerd Müller __ 19, Bayern Monaco di Baviera
(14) FW Reinhard Libuda __ 15, Schalke 04
(17) FW Hannes Löhr __ 13, FC Colonia
(20) FW Jürgen Grabowski __ 7, Eintracht Francoforte

_____

_ Israele (SRI)
_ - 22 giocatori
(1) GK Yitzchak Vissoker __ 17, Hapoel Petah Tikva

(21) GK Yechiel Hameiri __ 1, Hapoel Haifa

(22) GK Yair Nossovsky __ 3, Hapoel Kfar Saba

(2) DF Shraga Bar __ 13, Maccabi Netanya

(3) DF Menachem Bello __ 25, Maccabi Tel Aviv

(5) DF Zvi Rosen __ 16, Maccabi Tel Aviv

(6) DF Shmuel Rosenthal __ 23, Hapoel Petah Tikva

(16) DF Yochananan Vollach __ 4, Hapoel Haifa

(20) DF David Karako __ 6, Maccabi Tel Aviv

(4) MF David Primo __ 18, Hapoel Tel Aviv

(7) MF Itzhak Shum __ 8, Hapoel Kfar Saba

(11) MF George Borba __ 10, Hapoel Tel Aviv

(12) MF Yisha'ayahu Schwager __ 6, Maccabi Haifa

(14) MF Dani Shmulevich-Rom __ 24, Maccabi Haifa

(18) MF Moshe Romano __ 6, Shimshon Tel Aviv

(19) MF Roni Shuruk __ 8, Hakoah Maccabi Ramat Gan

(8) FW Giora Spiegel __ 19, Maccabi Tel Aviv

(9) FW Yehoshua Feigenbaum __ 15, Hapoel Tel Aviv

(10) FW Mordechai Spiegler __ 36, Maccabi Netanya

(13) FW Yechezekel Chazom __ 4, Hapoel Tel Aviv

(15) FW Rachamim Talbi __ 25, Maccabi Tel Aviv

(17) FW Eli Ben Rimoz __ 2, Hapoel Jerusalem

_ Italia (ITA)

_ - 22 giocatori

(1) GK Enrico Albertosi __ 21, Cagliari

(12) GK Dino Zoff __ 10, Napoli

(17) GK Lido Vieri __ 4, Internazionale

(2) DF Tarcisio Burgnich __ 33, Internazionale

(3) DF Giacinto Facchetti __ 46, Internazionale

(4) DF Fabrizio Poletti __ 4, Torino

(5) DF Pierluigi Cera __ 2, Cagliari

(10) DF Mario Bertini __ 9, Internazionale

(18) DF Antonio Juliano __ 14, Napoli

(21) DF Giuseppe Furino __ 0, Juventus

(6) MF Ugo Ferrante __ 1, Fiorentina

(7) MF Comunardo Niccolai __ 1, Cagliari

(8) MF Roberto Rosato __ 18, Milano

(9) MF Giorgio Puia __ 7, Torino

(14) MF Gianni Rivera __ 38, Milano

(15) MF Sandro Mazzola __ 37, Internazionale

(16) MF Giancarlo De Sisti __ 12, Fiorentina

(11) FW Luigi Riva __ 16, Cagliari

(13) FW Angelo Domenghini __ 22, Cagliari

(19) FW Sergio Gori __ 0, Cagliari

(20) FW Roberto Boninsegna __ 1, Internazionale
(22) FW Pierino Prati __ 6, Milano

_ Marocco (MAR)
_ - 19 giocatori
(1) GK Allal Ben Kassou ___, FAR Rabat
(12) GK Mohammed Hazzaz ___, MAS Fes
(19) GK Abdelkader Ouaraghli __ -, WAC Casablanca
(2) DF Abdallah Lamrani __ -, FAR Rabat
(3) DF Boujemaa Benkhrif __, KAC Kenitra
(4) DF Moulay Khanousi ___, MAS Fes
(5) DF Kacem Slimani ___, RS Settat
(13) DF Jalili Fadili ___, FAR Rabat
(18) DF Abdelkader El Khiati ___, FAR Rabat
(6) MF Mohammed Mahroufi ___, DH Jadida
(7) MF Said Ghandi __ -, RCA Casablanca
(8) MF Driss Bamous __ -, FAR Rabat
(11) MF Maouhoub Ghazouani __ -, FAR Rabat
(15) MF Hamed Dahane __ -, Union Sidi Kacem
(16) MF Moustapha Choukri __ -, RCA Casablanca
(9) FW Ahmed Faras __ -, Chabab Mohammedia
(10) FW Mohammed El Filali __ -, Mouloudia Oujda
(14) FW Houmane Jarir ___, RCA Casablanca
(17) FW Ahmed Alaoui ___, RS Settat

_ Messico (MEX)
_ - 22 giocatori
(1) GK Ignacio Calderón __, Guadalajara
(12) GK Antonio Mota ___, Necaxa
(22) GK Francisco Castrejón __, UNAM
(2) DF Juan Manuel Alejandrez __, Croce Blu
(3) DF Gustavo Peña __ -, Croce Blu
(4) DF Francisco Montes ___, Veracruz
(5) DF Mario Pérez __ -, America
(6) DF Guillermo Hernández ___, America
(13) DF José Vantolrá ___, Toluca
(14) DF Javier Guzmán __ -, Croce Blu
(7) MF Marcos Rivas __ -, Atlante
(8) MF Antonio Munguía __, Croce Blu
(9) MF Enrique Borja __ -, America
(15) MF Héctor Pulido __ -, Croce Blu
(17) MF José José Luis González __, UNAM
(18) MF Mario Velarde __ -, UNAM
(20) MF Juan Ignacio Basaguren ___, Atlante

(10) FW Horacio López Salgado ___, America

(11) FW Aarón Padilla __ -, UNAM

(16) FW Isidoro Díaz __, León

(19) FW Javier Valdivia __ -, Guadalajara

(21) FW Javier Fragoso __ -, America

_ Perù (PER)

_ - 22 giocatori

(1) GK Luis Rubiños ___, Cristallo sportivo

(12) GK Rubén Correa ___, Università

(21) GK Jesus Goyzueta ___, Università

(2) DF Eloy Campos ___, Cristallo sportivo

(3) DF Orlando de la Torre ___, Sporting Cristal

(4) DF Héctor Chumpitaz ___, Università

(5) DF Nicolás Fuentes ___, Università

(14) DF José Fernández __ -, Cristallo sportivo

(16) DF Félix Salinas ___, Università

(19) DF Eladio Reyes __ -, Alianza Lima

(6) MF Ramón Mifflin __ -, Cristallo sportivo

(7) MF Roberto Challe ___, Università

(8) MF Julio Baylón __ -, Alianza Lima

(11) MF Alberto Gallardo __ -, Cristallo sportivo

(13) MF Pedro González __ -, Università

(15) MF Javier González __, Alianza Lima

(17) MF Luis Cruzado __ -, Università

(9) FW Pedro Pablo León ___, Alianza Lima

(10) FW Teófilo Cubillas __ -, Alianza Lima

(18) FW José del Castillo __ -, Cristallo sportivo

(20) FW Hugo Sotil ___, Sport comunale

(22) FW Oswaldo Ramírez ___, Sport Boys

_ Romania (ROU)

_ - 22 giocatori

(1) Necula GK Răducanu __ 9, Rapid Bucureşti

(21) GK Stere Adamache __ 2, Steagul Roşu Braşov

(22) GK Gheorghe Gornea __ 4, UTA Arad

(2) DF Lajos Sătmăreanu __ 20, Steaua Bucureşti

(3) DF Nicolae Lupescu __ 7, Rapid Bucureşti

(4) DF Mihai Mocanu __ 25, Petrolul Ploieşti

(12) DF Mihai Ivăncescu __ 0, Steagul Roşu Braşov

(13) DF Augustin Deleanu __ 11, Dinamo Bucureşti

(14) DF Vasile Gergely __ 35, Dinamo Bucureşti

(15) DF Ion Dumitru __ 3, Rapid Bucureşti

(20) DF Nicolae Pescaru __ 1, Steagul Roşu Braşov

(5) MF Cornel Dinu __ 16, Dinamo Bucureşti

(6) MF Dan Coe __ 39, Rapid Bucureşti

(7) MF Emerich Dembrovschi __ 11, Dinamo Bacău

(10) MF Radu Nunweiller __ 14, Dinamo Bucureşti

(16) MF Alexandru Neagu __ 4, Rapid Bucureşti

(17) MF Gheorghe Tătaru __ 0, Steaua Bucureşti

(8) FW Nicolae Dobrin __ 24, FC Argeş Piteşti

(9) FW Florea Dumitrache __ 13, Dinamo Bucureşti

(11) FW Mircea Lucescu __ 25, Dinamo Bucureşti

(18) FW Marin Tufan __ 2, Farul Constanţa

(19) FW Flavius Domide __ 6, UTA Arad

_____

_ Svezia (SWE)

_ - 22 giocatori

(1) GK Ronnie Hellström __ 12, Hammarby IF

(12) GK Sven-Gunnar Larsson __ 14, Örebro SK

(17) GK Ronney Pettersson __ 17, Djurgårdens IF

(2) DF Hans Selander __ 28, Helsingborgs IF

(3) DF Kurt Axelsson __ 21, Club Brugge

(4) DF Björn Nordqvist __ 42, IFK Norrköping

(5) DF Roland Grip __ 21, AIK

(14) DF Krister Kristensson __ 17, Malmö FF

(15) DF Leif Målberg __ 0, IF Elfsborg

(20) DF Jan Olsson __ 12, GAIS

(6) MF Tommy Svensson __ 23, Östers IF

(7) MF Bo Larsson __ 22, Malmö FF

(8) MF Leif Eriksson __ 40, Örebro SK

(9) MF Ove Kindvall __ 15, Feyenoord

(10) MF Ove Grahn __ 14, Grasshopper Club

(11) MF Örjan Persson __ 28, Örgryte IS

(13) MF Claes Cronqvist __ 2, Djurgårdens IF

(19) MF Göran Nicklasson __ 1, IFK Göteborg

(22) MF Sten Pålsson __ 6, GAIS

(16) FW Tomas Nordahl __ 8, Örebro SK

(18) FW Tom Turesson __ 18, Hammarby IF

(21) FW Inge Ejderstedt __ 15, Östers IF

_____

_ El Salvador (SSS)

_ - 22 giocatori

(1) GK Raúl Magaňa ___, CD FAS

(13) GK Tomas Pineda ___, Alleanza FC

(20) GK Gualberto Fernández ___, Atlante

(2) DF Roberto Rivas ___, FC Alliance

(3) DF Salvador Mariona __ -, FC Alliance

(4) DF Santiago Cortés __ -, Atlético Marte

(5) DF Saturnino Osorio __ -, Aquila

(14) DF Mauricio Manzano ___, CD FAS

(18) DF Guillermo Castro ___, Atlético Marte

(6) MF José Quintanilla __ -, Atlético Marte

(7) MF Mauricio Rodríguez __ -, Università

(8) MF Jorge Vásquez __, Università

(9) MF Juan Ramón Martínez __ -, Águila

(16) MF Genaro Sarmeno __ -, CD FAS

(19) MF Sergio Méndez __, Atlético Marte

(22) MF Alberto Villalta __ -, Atlético Marte

(10) FW Salvador Cabezas __ -, Adler San Nicolás

(11) FW Ernesto Aparicio __ -, Atlético Marte

(12) FW Mario Monge __ -, CD FAS

(15) FW David Cabrera __ -, CD FAS

(17) FW Jaime Portillo __ -, Alianza FC

(21) FW Elmer Acevedo ___, CD FAS

_____

_ Cecoslovacchia (TCH)

_ - 22 giocatori

(1) GK Ivo Viktor __ 19, VTJ Dukla Praha

(13) GK Anton FleÕár __ 1, Lokomotíva Košice

(22) GK Alexander Vencel __ 12, TJ Slovan CHZJD

(2) DF Karol Dobia' __ 9, Spartak TAZ Trnava

(3) DF Václav Migas __ 4, TJ Sparta ČKD Praga

(4) DF Vladimír Hagara __ 10, Spartak TAZ Trnava

(5) DF Alexander Horváth __ 24, TJ Slovan CHZJD

(12) DF Ján Pivarník __ 6, VSS Košice

(14) DF Vladimír Hrivnák __ 4, TJ Slovan CHZJD

(15) DF Ján Zlocha __ 3, TJ Slovan CHZJD

(7) MF Bohumil Veselý __ 13, TJ Sparta ČKD Praha

(9) MF Ladislav Kuna __ 22, Spartak TAZ Trnava

(16) MF Ivan Hrdlička __ 13, TJ Slovan CHZJD

(17) MF Jaroslav Pollák __ 5, VSS Košice

(18) MF Frantisek Veselý __ 16, Slavia Praga

(19) MF Josef Jurkanin __ 8, TJ Sparta ČKD Praga

(6) FW Andrej Kvašňák __ 49, RFC Malinois

(8) FW Ladislav Petrá' __ 1, TJ Internacionál Slovnaft

(10) FW Jozef Adamec __ 30, Spartak TAZ Trnava

(11) FW Karol Jokl __ 18, TJ Slovan CHZJD

(20) FW Milano Albrecht __ 2, Jednota Trenčín

(21) FW Ján Čapkovič __ 4, TJ Slovan CHZJD

_____

_ Unione Sovietica (URS)

_ - 22 giocatori

(1) GK Leonid Shmuts __ 0, CSKA Mosca

(2) GK Anzor Kavazashvili __ 25, Spartak Mosca

(13) GK Lev Yashin __ 74, Dinamo Mosca

(3) DF Valentin Afonin __ 38, SKA Rostov

(4) DF Revaz Dzodzuashvili __ 10, Dinamo Tblisi

(5) DF Vladimir Kaplichny __ 22, CSKA Mosca

(6) DF Evgeny Lovchev __ 10, Spartak Moscow

(7) DF Gennady Logofet __ 15, Spartak Moscow

(8) DF Murtaz Khurtsilava __ 39, Dinamo Tblisi

(9) DF Albert Shesternyov __ 74, CSKA Mosca

(10) MF Valery Zikov __ 1, Dinamo Mosca

(11) MF Kakhi Asatiani __ 10, Dinamo Tblisi

(12) MF Nikolay Kiselyov __ 8, Spartak Mosca

(14) MF Vladimir Muntyan __ 13, Dinamo Kiev

(15) MF Viktor Serebryanikov __ 19, Dinamo Kiev

(16) FW Anatoliy Byshovets __ 29, Dynamo Kiev

(17) FW Gennady Yevriuzhikin __ 13, Dinamo Mosca

(18) FW Slava Metreveli __ 48, Dinamo Tblisi

(19) FW Givi Nodia __ 10, Dinamo Tblisi

(20) FW Anatoliy Puzach __ 10, Dynamo Kiev

(21) FW Vitaly Khmelnitsky __ 13, Dynamo Kiev

(22) FW Valeriy Porkujan __ 8, Chornomorets Odessa

_ Uruguay (URU)

_ - 22 giocatori

(1) GK Ladislao Mazurkiewicz ___, Peñarol

(12) GK Héctor Santos __ -, Bella Vista

(22) GK Walter Corbo __ -, Peñarol

(2) DF Atilio Ancheta ___, Nazionale

(3) DF Roberto Matosas __ -, Peñarol

(4) DF Luis Ubiñas ___, Nazionale

(6) DF Juan Mujica __ -, Nazionale

(14) DF Francisco Cámera ___, Bella Vista

(16) DF Omar Caetano ___, Peñarol

(18) DF Alberto Gómez __ -, Liverpool

(19) DF Oscar Zubia ___, River Plate

(5) MF Julio Montero Castillo __ -, Nazionale

(7) MF Luis Cubilla __ -, Nazionale

(8) MF Pedro Rocha __ -, Peñarol

(9) MF Víctor Espárrago __ -, Nazionale

(10) MF Ildo Maneiro __ -, Nazionale

(13) MF Rodolfo Sandoval __ -, Peñarol

(11) FW Julio Morales __ -, Nazionale

(15) FW Dagoberto Fontes __ -, Difensore

(17) FW Rúben Bareño ___, Cerro

(20) FW Julio César Cortés ___, Peñarol

(21) FW Julio Losada __ -, Peñarol

GERMANIA 1974

_ Coppa del Mondo 1974 _ in Germania Ovest, 13 giugno - 7 luglio

Gruppo 1 : Germania Est Germania Ovest Germania Ovest Cile Australia
Gruppo 2 : Jugoslavia Brasile Brasile Scozia Zaire
Gruppo 3 : Paesi Bassi Svezia Bulgaria Uruguay
Gruppo 4 : Polonia Argentina Italia Haiti

Giorno 1 | 13 giugno - 15 giugno
Giorno 2 | 18 giugno - 19 giugno
Giorno 3 | 22 giugno - 23 giugno

Gruppo 1:
(1) 14 giugno Germania Ovest 1-0 Cile all'Olympiastadion, Berlino Ovest
(2) 14 giugno Germania Est 2-0 Australia @ Volksparkstadion, Amburgo
(9) 18 giugno Cile 1-1 Germania Est all'Olympiastadion, Berlino Ovest
(10) 18 giugno Australia 0-3 Germania Ovest @ Volksparkstadion, Amburgo
(17) 22 giugno Australia 0-0 Cile all'Olympiastadion, Berlino Ovest
(18) 22 giugno Germania Est 1-0 Germania Ovest @ Volksparkstadion, Amburgo

Gruppo 2:
(3) 13 giugno Brasile 0-0 Jugoslavia a Waldstadion, Francoforte
(4) 14 giugno Zaire 0-2 Scozia a Westfalenstadion, Dortmund
(11) 18 giugno Yugoslavia 9-0 Zaire @ Parkstadion, Gelsenkirchen
(12) 18 giugno Scozia 0-0 Brasile a Waldstadion, Francoforte
(19) 22 giugno Scozia 1-1 Yugoslavia @ Waldstadion, Francoforte
(20) 22 giugno Zaire 0-3 Brasile @ Parkstadion, Gelsenkirchen

Gruppo 3:
(5) 15 giugno Uruguay 0-2 Paesi Bassi @ Niedersachsenstadion, Hannover
(6) 15 giugno Svezia 0-0 Bulgaria @ Rheinstadion, Düsseldorf
(13) 19 giugno Paesi Bassi 0-0 Svezia @ Westfalenstadion, Dortmund
(14) 19 giugno Uruguay 1-1 Bulgaria @ Niedersachsenstadion, Hannover
(21) 23 giugno Paesi Bassi 4-1 Bulgaria a Westfalenstadion, Dortmund
(22) 23 giugno Svezia 3-0 Uruguay @ Rheinstadion, Düsseldorf

Gruppo 4:
(7) 15 giugno Italia 3-1 Haiti all'Olympiastadion, Monaco di Baviera

(8) 15 giugno Polonia 3-2 Argentina @ Neckarstadion, Stoccarda

(15) 19 giugno Haiti 0-7 Polonia @ Olympiastadion, Monaco di Baviera

(16) 19 giugno Argentina 1-1 Italia @ Neckarstadion, Stoccarda

(23) 23 giugno Argentina 4-1 Haiti all'Olympiastadion, Monaco di Baviera

(24) 23 giugno Polonia 2-1 Italia @ Neckarstadion, Stoccarda

_____ Secondo turno

Gruppo A | Paesi Bassi Brasile Est Germania Argentina

Gruppo B: Germania Ovest, Polonia, Svezia, Jugoslavia

Giorno 4 | 26 giugno

Giorno 5 | 30 giugno

Sesto giorno | 3 luglio

Gruppo A:

(25) 26 giugno Brasile 1-0 Germania Est @ Niedersachsenstadion, Hannover

(26) 26 giugno Paesi Bassi 4-0 Argentina @ Parkstadion, Gelsenkirchen

(29) 30 giugno Germania Est 0-2 Paesi Bassi @ Parkstadion, Gelsenkirchen

(30) 30 giugno Argentina 1-2 Brasile @ Niedersachsenstadion, Hannover

(33) 3 luglio Argentina 1-1 Germania Est @ Parkstadion, Gelsenkirchen

(34) 3 luglio Paesi Bassi 2-0 Brasile a Westfalenstadion, Dortmund

Gruppo B:

(27) 26 giugno Yugoslavia 0-2 Germania Ovest @ Rheinstadion, Düsseldorf

(28) 26 giugno Svezia 0-1 Polonia @ Neckarstadion, Stoccarda

(31) 30 giugno Germania Ovest 4-2 Svezia @ Rheinstadion, Düsseldorf

(32) 30 giugno Polonia 2-1 Jugoslavia @ Waldstadion, Francoforte

(35) 3 luglio Polonia 0-1 Germania Ovest a Waldstadion, Francoforte

(36) 3 luglio Svezia 2-1 Jugoslavia @ Rheinstadion, Düsseldorf

Partita per il terzo posto

(37) 6 luglio Brasile 0-1 Polonia @ Olympiastadion, Monaco di Baviera

Finale

(38) 7 luglio Paesi Bassi 1-2 Germania Ovest all'Olympiastadion, Monaco di Baviera

SQUADRE E GIOCATORI PARTECIPANTI

_ Argentina (ARG)

_ - 22 giocatori

(1) GK Daniel Carnevali __ -, Las Palmas

(12) GK Ubaldo Fillol ___, River Plate

(21) GK Miguel Ángel Santoro ___, Indipendente

(5) DF Angel Bargas ___, Nantes

(7) DF Jorge Carrascosa __ -, Uragano

(9) DF Rubén Glaria ___, San Lorenzo

(10) DF Ramón Heredia __ -, Atlético Madrid

(14) DF Roberto Perfumo __ -, Cruzeiro

(16) DF Francisco Sá ___, Indipendente

(20) DF Enrique Wolff ___, River Plate

(3) MF Carlos Babington __ -, Uragano

(6) MF Miguel Ángel Brindisi __ -, Uragano

(8) MF Enrique Chazarreta __, San Lorenzo

(11) MF René Houseman __ -, Uragano

(17) MF Carlos Squeo ___, Corse

(18) MF Roberto Telch __, San Lorenzo

(19) MF Néstor Togneri __, Studenti

(2) FW Rubén Ayala __ -, Atletico Madrid

(4) FW Agustín Balbuena ___, Indipendente

(13) FW Mario Kempes __ -, Rosario Central

(15) FW Aldo Poy __ -, Rosario Central

(22) FW Héctor Yazalde __ -, Sporting CP

_ Australia (AUS)

_ - 22 giocatori

(1) GK Jack Reilly __ 15, Melbourne Hakoah

(21) GK Jim Milisavljevic __ 0, Footscray JUST

(22) GK Allan Maher __ 0, Sutherland Shire

(2) DF Doug Utjesenovic __ 19, San Giorgio - Budapest

(3) DF Peter Wilson __ 34, Safeway United

(4) DF Manfred Schäfer __ 49, San Giorgio - Budapest

(5) DF Colin Curran __ 13, Western Suburbs SC (NSW)

(15) DF Harry Williams __ 3, San Giorgio - Budapest

(16) DF Ivo Rudic __ 0, Panellenico

(17) DF Dave Harding __ 1, Panellenico

(6) MF Ray Richards __ 31, Marconi Fairfield

(7) MF Jimmy Rooney __ 20, APIA Leichhardt

(8) MF Jimmy Mackay __ 30, Sydney Hakoah

(9) MF Johnny Warren __ 44, San Giorgio - Budapest

(13) MF Peter Ollerton __ 4, APIA Leichhardt

(14) MF Max Tolson __ 16, Safeway United

(18) MF Johnny Watkiss __ 23, Sydney Hakoah

(19) MF Ernie Campbell __ 8, Marconi Fairfield

(10) FW Gary Manuel __ 4, Panellenico

(11) FW Attila Abonyi __ 39, San Giorgio - Budapest

(12) FW Adrian Alston __ 34, Safeway United

(20) FW Branko Buljevic __ 19, Footscray JUST

_ Bulgaria (BUL)

_ - 22 giocatori

(1) GK Rumyancho Goranov __ 20, Lokomotiv Sofia

(21) GK Stefan Staykov __ 5, Levski-Spartak Sofia

(22) GK Simeon Simeonov __ 32, Slavia Sofia

(2) DF Ivan Zafirov __ 23, CSKA SZ Sofia

(3) DF Dobromir Zhechev __ 67, Levski-Spartak Sofia

(5) DF Bozhil Kolev __ 30, CSKA SZ Sofia

(6) DF Dimitar Penev __ 75, CSKA SZ Sofia

(12) DF Stefan Aladzhov __ 25, Levski-Spartak Sofia

(13) DF Mladen Vasilev __ 19, Akademik Sofia

(4) MF Stefan Velichkov __ 18, Etar Veliko Tarnovo

(10) MF Ivan Stoyanov __ 17, Levski-Spartak Sofia

(11) MF Georgi Denev __ 24, CSKA SZ Sofia

(17) MF Asparuh Nikodimov __ 17, CSKA SZ Sofia

(18) MF Tsonyo Vasilev __ 6, CSKA SZ Sofia

(19) MF Kiril Ivkov __ 20, Levski-Spartak Sofia

(7) FW Voyn Voynov __ 11, Levski-Spartak Sofia

(8) FW Hristo Bonev __ 60, DFS Lokomotiv Plovdiv

(9) FW Atanas Mihailov __ 31, Lokomotiv Sofia

(14) FW Kiril Milanov __ 9, Levski-Spartak Sofia

(15) FW Pavel Panov __ 8, Levski-Spartak Sofia

(16) FW Bozhidar Grigorov __ 3, Slavia Sofia

(20) FW Krasimir Borisov __ 7, Levski-Spartak Sofia

_ Brasile (BRA)

_ - 22 giocatori

(1) GK Leão __ 19, Palmeiras

(12) GK Renato __ 2, Flamengo

(22) GK Waldir Peres __ 0, São Paulo

(2) DF Luís Pereira __ 15, Palmeiras

(3) DF Marinho Peres __ 5, Santos

(6) DF Marinho Chagas __ 9, Botafogo

(14) DF Nelinho __ 2, Cruzeiro

(15) DF Alfredo __ 1, Palmeiras

(16) DF Marco Antônio __ 27, Fluminense

(4) MF Zé Maria __ 28, Corinzi

(5) MF Piazza __ 44, Cruzeiro

(7) MF Jairzinho __ 73, Botafogo

(10) MF Rivellino __ 55, Corinzi

(11) MF Paulo Cézar __ 42, Flamengo

(17) MF Carpegiani __ 5, Internazionale

(18) MF Ademir da Guia __ 8, Palmeiras

(21) MF Dirceu __ 4, Botafogo

(8) FW Leivinha __ 18, Palmeiras

(9) FW César __ 8, Palmeiras

(13) FW Valdomiro __ 9, Internazionale

(19) FW Mirandinha __ 3, São Paulo

(20) FW Edu __ 41, Santos

_ Cile (CHI)

_ - 22 giocatori

(1) GK Leopoldo Vallejos __ 13, Universidad Católica

(21) GK Juan Olivares __ 32, Unione Spagnola

(22) GK Adolfo Nef __ 26, Colo Colo

(2) DF Rolando Garcia __ 14, Colo Colo

(3) DF Alberto Quintano __ 33, Università del Cile

(4) DF Antonio Arias __ 25, Unione Spagnola

(5) DF Elías Figueroa __ 19, Internazionale

(6) DF Juan Rodríguez __ 24, Atlético Español

(12) DF Juan Machuca __ 18, Unione Spagnola

(13) DF Rafael González __ 10, Colo Colo

(15) DF Mario Galindo __ 6, Colo Colo

(8) MF Francisco Valdés __ 44, Colo Colo

(10) MF Carlos Reinoso __ 25, America

(14) MF Alfonso Lara __ 27, Colo Colo

(16) MF Guillermo Páez __ 11, Colo Colo

(18) MF Jorge Jorge Socías __ 2, Università del Cile

(19) MF Rogelio Farías __ 10, Unione Spagnola

(7) FW Carlos Caszely __ 20, Levante

(9) FW Sergio Ahumada __ 12, Colo Colo

(11) FW Leonardo Véliz __ 18, Colo Colo

(17) FW Guillermo Yávar __ 24, Università del Cile

(20) FW Osvaldo Castro __ 24, America

_ Germania Ovest (RFT)

_ - 22 giocatori

(1) GK Sepp Maier __ 50, Bayern Monaco di Baviera

(21) GK Norbert Nigbur __ 2, Schalke

(22) GK Wolfgang Kleff __ 6, Borussia M'gladbach

(2) DF Berti Vogts __ 24, Borussia M'gladbach

(3) DF Paul Breitner __ 19, Bayern Monaco di Baviera

(4) DF Hans-Georg Schwarzenbeck __ 23, Bayern Monaco di Baviera

(5) DF Franz Beckenbauer __ 78, Bayern Monaco di Baviera

(6) DF Horst-Dieter Höttges __ 65, Werder Bremen

(20) DF Helmut Kremers __ 5, Schalke

(7) MF Herbert Wimmer __ 23, Borussia M'gladbach

(8) MF Bernhard Cullmann __ 12, FC Colonia

(10) MF Günter Netzer __ 34, Real Madrid

(12) MF Wolfgang Overath __ 74, FC Colonia

(15) MF Heinz Flohe __ 14, FC Köln

(16) MF Rainer Bonhof __ 4, Borussia M'gladbach

(19) MF Jupp Kapellmann __ 3, Bayern Monaco di Baviera

(9) FW Jürgen Grabowski __ 38, Eintracht Francoforte

(11) FW Jupp Heynckes __ 28, Borussia M'gladbach

(13) FW Gerd Müller __ 55, Bayern Monaco di Baviera

(14) FW Uli Hoeneß __ 23, Bayern Monaco di Baviera

(17) FW Bernd Hölzenbein __ 4, Eintracht Francoforte

(18) FW Dieter Herzog __ 2, Fortuna Düsseldorf

_____

_ Germania Est (RDT)

_ - 22 giocatori

(1) GK Jürgen Croy __ 43, Sachsenring Zwickau

(21) GK Wolfgang Blochwitz __ 17, Carl Zeiss Jena

(22) GK Werner Friese __ 0, Lokomotiv Leipzig

(2) DF Lothar Kurbjuweit __ 30, Carl Zeiss Jena

(3) DF Bernd Bransch __ 52, Carl Zeiss Jena

(4) DF Konrad Weise __ 23, Carl Zeiss Jena

(5) DF Joachim Fritsche __ 7, Lokomotiv Leipzig

(12) DF Siegmar Wätzlich __ 9, Dinamo Dresda

(18) DF Gerd Kische __ 13, Hansa Rostock

(6) MF Rüdiger Schnuphase __ 4, Rot-Weiss Erfurt

(7) MF Jürgen Pommerenke __ 10, FC Magdeburg

(10) MF Hans-Jürgen Kreische __ 36, Dinamo Dresda

(13) MF Reinhard Lauck __ 14, Dinamo Berlino

(16) MF Harald Irmscher __ 29, Carl Zeiss Jena

(17) MF Erich Hamann __ 1, FC Vorwärts Frankfurt/Oder

(19) MF Wolfgang Seguin __ 13, FC Magdeburg

(8) FW Wolfram Löwe __ 33, Lokomotiv Leipzig

(9) FW Peter Ducke __ 57, Carl Zeiss Jena

(11) FW Joachim Streich __ 26, Hansa Rostock

(14) FW Jürgen Sparwasser __ 28, FC Magdeburg

(15) FW Eberhard Vogel __ 53, Carl Zeiss Jena
(20) FW Martin Hoffmann __ 3, FC Magdeburg

_ Haiti (HAI)
_ - 22 giocatori
(1) GK Henri Françillon __ -, Victory FC
(21) GK Wilner Piquant ___, Violette
(22) GK Gérard Joseph ___, Racing Club Haïtien
(2) DF Wilfried Louis ___, Don Bosco
(3) DF Arsène Auguste ___, Racing Club Haïtien
(4) DF Fritz André __ -, Violette
(5) DF Serge Ducosté ___, Aigle Noir AC
(6) DF Pierre Bayonne __ -, Violette
(13) DF Serge Racine __ -, Aigle Noir AC
(14) DF Wilner Nazaire __ -, Valenciennes
(19) DF Jean-Herbert Austin ___, Violette
(7) MF Philippe Vorbe __ -, Violette
(8) MF Jean-Claude Désir __ -, Aigle Noir AC
(9) MF Eddy Antoine __ -, Racing Club Haïtien
(10) MF Guy François __ -, Violette
(12) MF Ernst Jean-Joseph __ -, Violette
(17) MF Joseph-Marion Leandré __ -, Racing Club Haïtien
(11) FW Guy Saint-Vil __ -, Racing Club Haïtien
(15) FW Roger Saint-Vil ___, Archibald FC
(16) FW Fritz Leandré ___, Racing Club Haïtien
(18) FW Claude Barthélemy __ -, Racing Club Haïtien
(20) FW Emmanuel Sanon ___, Don Bosco

_ Italia (ITA)
_ - 22 giocatori
(1) GK Dino Zoff __ 32, Juventus
(12) GK Enrico Albertosi __ 34, Cagliari
(22) GK Luciano Castellini __ 0, Torino
(2) DF Luciano Spinosi __ 16, Juventus
(3) DF Giacinto Facchetti __ 73, Internazionale
(5) DF Francesco Morini __ 6, Juventus
(6) DF Tarcisio Burgnich __ 63, Internazionale
(13) DF Giuseppe Sabadini __ 4, Milano
(14) DF Mauro Bellugi __ 7, Internazionale
(15) DF Giuseppe Wilson __ 1, Lazio
(4) MF Romeo Benetti __ 15, Milano
(7) MF Sandro Mazzola __ 67, Internazionale
(8) MF Fabio Capello __ 16, Juventus
(10) MF Gianni Rivera __ 58, Milano

(16) MF Antonio Juliano __ 17, Napoli

(17) MF Luciano Re Cecconi __ 0, Lazio

(18) MF Franco Causio __ 10, Juventus

(9) FW Giorgio Chinaglia __ 9, Lazio

(11) FW Luigi Riva __ 40, Cagliari

(19) FW Pietro Anastasi __ 20, Juventus

(20) FW Roberto Boninsegna __ 18, Internazionale

(21) FW Paolo Pulici __ 3, Torino

_____

_ Paesi Bassi (NED)

_ - 22 giocatori

(8) GK Jan Jongbloed __ 2, F.C. Amsterdam

(18) GK Piet Schrijvers __ 5, F.C. Twente

(21) GK Eddy Treijtel __ 4, SC Feyenoord

(4) DF Kees van Ierssel __ 4, F.C. Twente

(5) DF Rinus Israël __ 44, SC Feyenoord

(6) DF Wim Jansen __ 25, SC Feyenoord

(12) DF Ruud Krol __ 20, Ajax Amsterdam

(17) DF Wim Rijsbergen __ 1, SC Feyenoord

(19) DF Pleun Strik __ 8, PSV Eindhoven

(20) DF Wim Suurbier __ 27, Ajax Amsterdam

(22) DF Harry Vos __ 0, SC Feyenoord

(1) MF Ruud Geels __ 3, Club Brugge

(2) MF Arie Haan __ 10, Ajax Amsterdam

(3) MF Willem van Hanegem __ 29, SC Feyenoord

(7) MF Theo de Jong __ 8, SC Feyenoord

(10) MF René van de Kerkhof __ 5, PSV Eindhoven

(11) MF Willy van de Kerkhof __ 1, PSV Eindhoven

(13) MF Johan Neeskens __ 17, Ajax Amsterdam

(14) MF Johan Cruyff __ 28, CF Barcellona

(9) FW Piet Keizer __ 33, Ajax Amsterdam

(15) FW Rob Rensenbrink __ 13, RSC Anderlechtois

(16) FW Johnny Rep __ 5, Ajax Amsterdam

_____

_ Polonia (POL)

_ - 22 giocatori

(1) GK Andrzej Fischer __ 1, Górnik Zabrze

(2) GK Jan Tomaszewski __ 14, ŁKS Łódź

(3) GK Zygmunt Kalinowski __ 4, Śląsk Wrocław

(4) DF Antoni Szymanowski __ 28, Wisła Krakow

(5) DF Zbigniew Gut __ 9, Odra Opole

(6) DF Jerzy Gorgoń __ 31, Górnik Zabrze

(8) DF Mirosław Bulzacki __ 16, ŁKS Łódź

(9) DF Władysław Żmuda __ 2, Gwardia Warszawa

(10) DF Adam Musiał __ 25, Wisła Krakow

(7) MF Henryk Wieczorek __ 3, Górnik Zabrze

(11) MF Lesław Ćmikiewicz __ 32, Legia Warszawa

(12) MF Kazimierz Deyna __ 49, Legia Warszawa

(13) MF Henryk Kasperczak __ 17, Stal Mielec

(14) MF Zygmunt Maszczyk __ 16, Ruch Chorzów

(15) FW Roman Jakóbczak __ 1, Lech Poznań

(16) FW Grzegorz Lato __ 13, Stal Mielec

(17) FW Andrzej Szarmach __ 6, Górnik Zabrze

(18) FW Robert Gadocha __ 49, Legia Warszawa

(19) FW Jan Domarski __ 13, Stal Mielec

(20) FW Zdzisław Kapka __ 2, Wisła Krakow

(21) FW Kazimierz Kmiecik __ 9, Wisła Krakow

(22) FW Marek Kusto __ 1, Wisła Krakow

_ Scozia (SCO)

_ - 22 giocatori

(1) GK David Harvey __ 7, Leeds United

(12) GK Thomson Allan __ 2, Dundee

(13) GK Jim Stewart __ 0, Kilmarnock

(2) DF Sandy Jardine __ 16, Rangers

(3) DF Danny McGrain __ 12, Celtico

(5) DF Jim Holton __ 11, Manchester United

(6) DF John Blackley __ 3, Hibernian

(14) DF Martin Buchan __ 13, Manchester United

(16) DF Willie Donachie __ 11, Manchester City

(21) DF Gordon McQueen __ 1, Leeds United

(22) DF Erich Schaedler __ 1, Hibernian

(4) MF Billy Bremner __ 48, Leeds United

(7) MF Jimmy Johnstone __ 21, Celtico

(10) MF David Hay __ 24, Celtico

(15) MF Peter Cormack __ 9, Liverpool

(17) MF Donald Ford __ 3, Cuori

(18) MF Tommy Hutchison __ 8, Coventry City

(8) FW Kenny Dalglish __ 19, Celtico

(9) FW Joe Jordan __ 11, Leeds United

(11) FW Peter Lorimer __ 14, Leeds United

(19) FW Denis Law __ 54, Manchester City

(20) FW Willie Morgan __ 19, Manchester United

_ Svezia (SWE)

_ - 22 giocatori

(1) GK Ronnie Hellström ___, Hammarby

(12) GK Sven-Gunnar Larsson ___, Örebro

(17) GK Göran Hagberg ___ -,

(2) DF Jan Olsson __, Åtvidaberg

(3) DF Kent Karlsson __, Åtvidaberg

(4) DF Björn Nordqvist __ -, PSV Eindhoven

(5) DF Björn Andersson ___ -,

(13) DF Roland Grip __, AIK

(18) DF Jörgen Augustsson __ -, Åtvidaberg

(6) MF Ove Grahn ___, Cavalletta

(7) MF Bo Larsson ___, Malmö

(8) MF Conny Torstensson __ -, Bayern Monaco di Baviera

(14) MF Staffan Tapper __ -, Malmö

(15) MF Benno Magnusson __ -, Kaiserslautern

(16) MF Inge Ejderstedt __ -,

(19) MF Claes Cronqvist __ -, Landskrona BoIS

(20) MF Sven Lindman __ -, Djurgården

(21) MF Örjan Persson __, Örgryte

(9) FW Ove Kindvall ___, IFK Norrköping

(10) FW Ralf Edström __ -, PSV Eindhoven

(11) FW Roland Sandberg ___, Kaiserslautern

(22) FW Thomas Ahlström ___, Elfsborg

_ Uruguay (URU)

_ - 22 giocatori

(1) GK Ladislao Mazurkiewicz ___, Atlético Mineiro

(12) GK Héctor Santos __ -, Alianza Lima

(22) GK Gustavo Fernández ___, Rentiers

(2) DF Baudilio Jáuregui ___, River Plate

(3) DF Juan Carlos Masnik __ -, Nazionale

(4) DF Pablo Forlán __ -, São Paulo

(5) DF Julio Montero Castillo __ -, Nazionale

(6) DF Ricardo Pavoni __ -, Indipendente

(13) DF Gustavo de Simone __ -, Defensor Sporting

(14) DF Luis Garisto __ -, Peñarol

(15) DF Mario González __ -, Peñarol

(7) MF Luis Cubilla __ -, Nazionale

(8) MF Víctor Espárrago __ -, Siviglia

(10) MF Pedro Rocha __ -, São Paulo

(16) MF Alberto Cardaccio __ -, Danubio

(17) MF Julio César Jiménez __, Peñarol

(18) MF Walter Mantegazza __ -, Nazionale

(9) FW Fernando Morena __ -, Peñarol

(11) FW Rubén Corbo __ -, Peñarol

(19) FW Denis Milar __ -, Liverpool

(20) FW Juan Silva __ -, Peñarol

(21) FW José Gómez __ -, Cerro

_ Yuguslavia (YUG)

_ - 22 giocatori

(1) GK Enver Marić ___, Velež Mostar (SFR)

(21) GK Ognjen Petrović ___, Stella Rossa di Belgrado (SFR)

(22) GK Rizah Mešković ___, Hajduk Split (SFR)

(2) DF Ivan Buljan __ -, Hajduk Split (SFR)

(3) DF Enver Hadžiabdić __ -, FK Željezničar (SFR)

(5) DF Josip Katalinski __ -, FK Željezničar (SFR)

(6) DF Vladislav Bogićević ___, Stella Rossa di Belgrado (SFR)

(14) DF Luka Peruzović __ -, Hajduk Split (SFR)

(15) DF Kiril Dojčinovski ___, Stella Rossa di Belgrado (SFR)

(4) MF Drazen Mužinić __ -, Hajduk Split (SFR)

(8) MF Branko Oblak __ -, Hajduk Split (SFR)

(10) MF Jovan Aćimović ___, Stella Rossa di Belgrado (SFR)

(12) MF Jurica Jerković __ -, Hajduk Split (SFR)

(13) MF Miroslav Pavlović ___, Stella Rossa Belgrado (SFR)

(16) MF Franjo Vladić __ -, Velež Mostar (SFR)

(7) FW Ilija Petković __ -, Troyes

(9) FW Ivica Ivica Đurjak __ -, Hajduk Split (SFR)

(11) FW Dragan Džajić ___, Stella Rossa di Belgrado (SFR)

(17) FW Danilo Popivoda __ -, Olimpija Ljubljana (SFR)

(18) FW Stanislav Karasi ___, Stella Rossa di Belgrado (SFR)

(19) FW Dušan Bajević __ -, Velež Mostar (SFR)

(20) FW Vladimir Petrović ___, Stella Rossa di Belgrado (SFR)

_ Zaire (ZAI)

_ - 22 giocatori

(1) GK Kazadi Mwamba __ -, TP Mazembe

(12) GK Tubilandu Ndimbi ___, AS Vita Club

(22) GK Kalambay Otepa __ -, TP Mazembe

(2) DF Mwepu Ilunga __ -, TP Mazembe

(3) DF Mwanza Mukombo __ -, TP Mazembe

(4) DF Bwanga Tshimen __ -, TP Mazembe

(5) DF Lobilo Boba ___, AS Vita Club

(11) DF Kabasu Babo ___, AS Bilima

(16) DF Mwape Mialo ___, Nyiki Lubumbashi

(6) MF Kilasu Massamba __ -, AS Bilima

(7) MF Tshinabu Wa Munda __ -, TP Mazembe

(8) MF Mana Mamuwene __ -, CS Imana

(9) MF Kembo Uba Kembo __ -, AS Vita Club

(10) MF Kidumu Mantantu __ -, CS Imana

(13) MF Ndaye Mulamba __ -, AS Vita Club

(15) MF Kibonge Mafu __ -, AS Vita Club

(17) MF Kafula Ngoie __ -, TP Mazembe

(14) FW Mayanga Maku __, AS Vita Club

(18) FW Mavuba Mafuila __ -, AS Vita Club

(19) FW Mbungu Ekofa ___, CS Imana

(20) FW Jean Kalala N'Tumba ___, AS Vita Club

(21) FW Kakoko Etepé ___, CS Imana

ARGENTINA 1978

_ Coppa del Mondo 1978 _ in Argentina, 1 - 25 giugno

Gruppo 1 : Italia Argentina Francia Francia Ungheria

Gruppo 2 : Polonia Germania Ovest Tunisia Messico

Gruppo 3 : Austria Brasile Spagna Spagna Svezia

Gruppo 4 : Perù Paesi Bassi Scozia Scozia Iran

Giorno 1 | 1 giugno - 3 giugno

Giorno 2 | 6 giugno - 7 giugno

Terzo giorno | 10 giugno - 11 giugno

Gruppo 1:

(2) 2 giugno Argentina 2-1 Ungheria a Estadio Monumental, Buenos Aires

(3) 2 giugno Italia 2-1 Francia allo stadio Jose Maria Minella, Mar del Plata

(9) 6 giugno Argentina 2-1 Francia all'Estadio Monumental, Buenos Aires

(10) 6 giugno Italia 3-1 Ungheria allo stadio Jose Maria Minella, Mar del Plata

(17) 10 giugno Argentina 0-1 Italia all'Estadio Monumental, Buenos Aires

(18) 10 giugno Francia 3-1 Ungheria allo stadio Jose Maria Minella, Mar del Plata

Gruppo 2:

(1) 1 giugno Germania Ovest 0-0 Polonia a Estadio Monumental, Buenos Aires

(4) 2 giugno Tunisia 3-1 Messico presso l'Estadio Gigante de Arroyito, Rosario

(11) 6 giugno Polonia 1-0 Tunisia presso l'Estadio Gigante de Arroyito, Rosario

(12) 6 giugno Germania Ovest 6-0 Messico a Chateau Carreras Stadium, Cordoba

(19) 10 giugno Polonia 3-1 Messico presso l'Estadio Gigante de Arroyito, Rosario

(20) 10 giugno Germania Ovest 0-0 Tunisia allo Stadio Olimpico di Chateau Carreras, Cordoba

Gruppo 3:

(5) 3 giugno Austria 2-1 Spagna allo stadio José Amalfitani, Buenos Aires

(6) 3 giugno Brasile 1-1 Svezia allo stadio Jose Maria Minella, Mar del Plata

(13) 7 giugno Austria 1-0 Svezia allo stadio José Amalfitani, Buenos Aires

(14) 7 giugno Brasile 0-0 Spagna allo stadio Jose Maria Minella, Mar del Plata

(21) 11 giugno Spagna 1-0 Svezia allo stadio Jose Amalfitani, Buenos Aires

(22) 11 giugno Brasile 1-0 Austria allo stadio José Maria Minella, Mar del Plata

Gruppo 4:

(7) 3 giugno Perù 3-1 Scozia allo stadio di Chateau Carreras, Cordoba

(8) 3 giugno Paesi Bassi 3-0 Iran allo stadio della città di Mendoza, Mendoza

(15) 7 giugno Scozia 1-1 Iran allo stadio di Chateau Carreras, Cordoba

(16) 7 giugno Paesi Bassi 0-0 Perù presso l'Estadio Ciudad de Mendoza, Mendoza

(23) 11 giugno Perù 4-1 Iran allo stadio di Chateau Carreras, Cordoba

(24) 11 giugno Scozia 3-2 Paesi Bassi presso lo stadio della città di Mendoza, Mendoza

_____ Secondo turno

Gruppo A : Paesi Bassi Italia Germania Ovest Austria

Gruppo B : Argentina Brasile Brasile Polonia Perù

Quarto giorno, 14 giugno.

   Giorno 5 | 18 giugno

   Giorno 6 | 21 giugno

Gruppo A:

(25) 14 giugno Italia 0-0 Germania Ovest all'Estadio Monumental, Buenos Aires

(27) 14 giugno Austria 1-5 Paesi Bassi presso lo stadio Chateau Carreras, Cordoba

(29) 18 giugno Italia 1-0 Austria presso l'Estadio Monumental, Buenos Aires

(31) 18 giugno Paesi Bassi 2-2 Germania Ovest presso lo stadio Chateau Carreras, Cordoba

(33) 21 giugno Italia 1-2 Paesi Bassi presso Estadio Monumental, Buenos Aires

(35) 21 giugno Austria 3-2 Germania Ovest allo stadio Chateau Carreras, Cordoba

Gruppo B:

(26) 14 giugno Argentina 2-0 Polonia presso l'Estadio Gigante de Arroyito, Rosario

(28) 14 giugno Perù 0-3 Brasile presso l'Estadio Ciudad de Mendoza, Mendoza

(30) 18 giugno Argentina 0-0 Brasile nello stadio gigante di Arroyito, Rosario

(32) 18 giugno Perù 0-1 Polonia allo stadio cittadino di Mendoza, Mendoza

(34) 21 giugno Argentina 6-0 Perù presso l'Estadio Gigante de Arroyito, Rosario

(36) 21 giugno Polonia 1-3 Brasile al Mendoza City Stadium, Mendoza

La partita per il terzo posto

(37) 24 giugno Brasile 2-1 Italia all'Estadio Monumental, Buenos Aires

Finale

(38) 25 giugno Paesi Bassi 1-3 a.e.t. (1-1) Argentina allo Stadio Monumental, Buenos Aires

GIOCATORI E SQUADRE PARTECIPANTI

_ Argentina (ARG)

_ - 22 giocatori

(3) GK Hector Baley __ -, Uragano

(5) GK Ubaldo Fillol ___, River Plate

(13) GK Ricardo La Volpe __ -, San Lorenzo

(7) DF Luis Galván ___, Workshop a Córdoba

(11) DF Daniel Killer __ -, Racing Club

(15) DF Jorge Olguín __, San Lorenzo

(18) DF Rubén Pagnanini __ -, Indipendente

(19) DF Daniel Passarella __ -, River Plate

(20) DF Alberto Tarantini __ -, Boca Juniors

(1) MF Norberto Alonso __ -, River Plate

(2) MF Osvaldo Ardiles __ -, Uragano

(4) MF Daniel Bertoni __ -, Indipendente

(6) MF Américo Gallego ___, i vecchi ragazzi di Newell

(8) MF Rubén Galván __ -, Indipendente

(9) MF René Houseman __ -, Uragano

(12) MF Omar Larrosa __ -, Indipendente

(16) MF Oscar Ortiz ___, River Plate

(17) MF Miguel Oviedo __ -, Talleres de Córdoba

(21) MF José Daniel Valencia __ -, Talleres de Córdoba

(22) MF Ricardo Villa ___, Racing Club

(10) FW Mario Kempes __ -, Valencia

(14) FW Leopoldo Luque ___, River Plate

_ Austria (AUT)

_ - 22 giocatori

(1) GK Friedrich Koncilia __ 37, SSW Innsbruck

(21) GK Erwin Fuchsbichler __ 2, VÖEST Linz

(22) GK Hubert Baumgartner __ 1, Austria Vienna

(2) DF Robert Sara __ 37, Austria Vienna

(3) DF Erich Obermayer __ 10, Austria Vienna

(4) DF Gerhard Breitenberger __ 11, VÖEST Linz

(5) DF Bruno Pezzey __ 25, SSW Innsbruck

(14) DF Heinrich Strasser __ 20, Admira/Wacker

(15) DF Heribert Weber __ 7, SK Sturm Graz

(16) DF Peter Persidis __ 7, Rapid Wien

(6) MF Roland Hattenberger __ 23, VfB Stoccarda

(7) MF Josef Hickersberger __ 33, Fortuna Düsseldorf

(8) MF Herbert Prohaska __ 27, Austria Vienna

(11) MF Kurt Jara __ 29, MSV Duisburg

(12) MF Eduard Krieger __ 20, Club Brugge

(13) MF Günther Happich __ 4, Wiener Sportclub

(20) MF Ernst Baumeister __ 1, Austria Vienna

(9) FW Hans Krankl __ 34, Rapid Wien

(10) FW Wilhelm Kreuz __ 35, Feyenoord

(17) FW Franz Oberacher __ 3, SSW Innsbruck

(18) FW Walter Schachner __ 6, DSV Alpine Donawitz

(19) FW Hans Pirkner __ 18, Austria Vienna

_ Brasile (BRA)

_ - 22 giocatori

(1) GK Leão __ 50, Palmeiras

(12) GK Carlos __ 0, Ponte Preta

(22) GK Valdir Peres __ 5, São Paulo

(2) DF Toninho __ 4, Flamengo

(3) DF Oscar __ 4, Ponte Preta

(4) DF Amaral __ 22, Corinzi

(6) DF Edinho __ 12, Fluminense

(13) DF Nelinho __ 13, Cruzeiro

(14) DF Abel __ 1, Vasco da Gama

(15) DF Polozzi __ 0, Ponte Preta

(16) DF Rodrigues Neto __ 7, Botafogo

(5) MF Toninho Cherry __ 16, Atlético Mineiro

(8) MF Zico __ 21, Flamengo

(11) MF Dirceu __ 14, Vasco da Gama

(17) MF Batista __ 4, Internazionale

(21) MF Chicão __ 5, São Paulo

(7) FW Zé Sérgio __ 2, São Paulo

(9) FW Reinaldo __ 12, Atlético Mineiro

(10) FW Rivelino __ 88, Fluminense

(18) FW Gil __ 22, Botafogo

(19) FW Jorge Mendonça __ 0, Palmeiras

(20) FW Roberto Dinamite __ 20, Vasco da Gama

_ Spagna (ESP)

_ - 22 giocatori

(1) GK Luis Arconada __ -, Real Sociedad

(13) GK Miguel Ángel ___, Real Madrid

(22) GK Urruti ___, RCD Inglese

(2) DF Antonio de la Cruz ___, FC Barcellona

(5) DF Migueli ___, FC Barcellona

(6) DF Antonio Biosca __ -, Real Betis

(16) DF Antonio Olmo ___, FC Barcellona

(17) DF Marcelino ___, Atletico Madrid

(18) DF Pirri ___, Real Madrid

(3) MF Francisco Francisco Javier Uría __ -, Sporting de Gijón

(4) MF Juan Manuel Asensi __ -, FC Barcelona

(11) MF Julio Cardeñosa __ -, Betis reale

(12) MF Antonio Guzmán __ -, Rayo Vallecano

(14) MF Eugenio Leal ___, Atlético Madrid

(21) MF Isidoro San José __ -, Real Madrid

(7) FW Dani ___, Atletico Bilbao

(8) FW Juanito ___, Real Madrid

(9) FW Quini ___, Sporting de Gijón

(10) FW Santillana __ -, Real Madrid

(15) FW Anacardo ___, RCD Spagnolo

(19) FW Carles Rexach ___, FC Barcelona

(20) FW Rubén Cano ___, Atletico Madrid

_____

_ Francia (FRA)

_ - 22 giocatori

(1) GK Dominique Baratelli __ 18, Nizza

(21) GK Jean-Paul Bertrand-Demanes __ 9, Nantes

(22) GK Dominique Dropsy __ 0, Strasburgo

(2) DF Patrick Battiston __ 5, Metz

(3) DF Maxime Bossis __ 11, Nantes

(4) DF Gérard Janvion __ 15, Saint-Étienne

(5) DF François Bracci __ 15, Marsiglia

(6) DF Christian Lopez __ 12, Saint-Étienne

(7) DF Patrice Rio __ 15, Nantes

(8) DF Marius Trésor __ 36, Marsiglia

(9) MF Dominique Bathenay __ 12, Saint-Étienne

(10) MF Jean-Marc Guillou __ 18, Nizza

(11) MF Henri Michel __ 52, Nantes

(12) MF Claude Papi __ 2, Bastia

(13) MF Jean Petit __ 3, AS Monaco

(15) MF Michel Platini __ 15, Nancy

(18) MF Dominique Rocheteau __ 10, Saint-Étienne

(19) MF Didier Six __ 15, Lens

(14) FW Marc Berdoll __ 10, Marsiglia

(16) FW Christian Dalger __ 5, AS Monaco

(17) FW Bernard Lacombe __ 14, Lione

(20) FW Olivier Rouyer __ 9, Nancy

_____

_ Germania Ovest (RFT)

_ - 22 giocatori

(1) GK Sepp Maier __ -, Bayern Monaco di Baviera

(21) GK Rudolf Kargus ___, Hamburger SV

(22) GK Dieter Burdenski __ -, Werder Bremen

(2) DF Berti Vogts __ -, Borussia Mönchengladbach

(3) DF Bernard Dietz __ -, MSV Duisburg

(5) DF Manfred Kaltz ___, Hamburger SV

(12) DF Hans-Georg Schwarzenbeck __ -, Bayern Monaco di Baviera

(13) DF Harald Konopka __ -, FC Colonia

(4) MF Rolf Rolf Rüssmann __ -, Schalke 04

(6) MF Rainer Bonhof __ -, Borussia Mönchengladbach

(10) MF Heinz Flohe ___, FC Köln

(15) Birra MF Erich __ -, Hertha Berlin

(16) MF Bernhard Cullmann __ -, FC Colonia

(18) MF Gerd Zewe __ -, Fortuna Düsseldorf

(20) MF Hansi Müller __ -, VfB Stoccarda

(7) FW Rüdiger Abramczik __ -, Schalke 04

(8) FW Herbert Zimmermann ___, FC Colonia

(9) FW Klaus Fischer __ -, Schalke 04

(11) FW Karl-Heinz Rummenigge __ -, Bayern Monaco di Baviera

(14) FW Dieter Müller __ -, FC Köln

(17) FW Bernd Hölzenbein __ -, Eintracht Frankfurt

(19) FW Ronald Worm __, MSV Duisburg

_____

_ Ungheria (UNO)

_ - 22 giocatori

(1) GK Sándor Gujdár __ 19, Budapest Honvéd FC

(21) GK Ferenc Mészáros __ 13, Vasas SC

(22) GK László Kovács __ 12, Videoton FCF

(2) DF Péter Török __ 29, Vasas SC

(3) DF István Kocsis __ 6, Budapest Honvéd FC

(6) DF Zoltán Kereki __ 24, Haladás VSE

(12) DF Győző Martos __ 11, Ferencvárosi TC

(14) DF László Bálint __ 54, Ferencvárosi TC

(15) DF Tibor Rab __ 11, Ferencvárosi TC

(4) MF József Tóth __ 25, Újpesti Dózsa FC

(5) MF Sándor Zombori __ 16, Vasas SC

(10) MF Sándor Pintér __ 32, Budapest Honvéd FC

(13) MF Károly Csapó __ 5, Tatabányai BSK

(16) MF István Halász __ 3, Tatabányai BSK

(18) MF László Nagy __ 21, Újpesti Dózsa FC

(20) MF Ferenc Fülöp __ 0, MTK FC

(7) FW László Fazekas __ 71, Újpesti Dózsa FC

(8) FW Tibor Nyilasi __ 26, Ferencvárosi TC

(9) FW András Törőcsik __ 11, Újpesti Dózsa FC

(11) FW Béla Várady __ 28, Vasas SC

(17) FW László Pusztai __ 22, Ferencvárosi TC
(19) FW András Tóth __ 14, Újpesti Dózsa FC

_ Iran (IRN)
_ - 22 giocatori
(1) GK Nasser Hejazi __, Shahbaz
(12) GK Bahram Mavaddat __ -, Sepahan
(22) GK Rasoul Korbekandi __ -, Zob Ahan
(5) DF Javad Allahverdi __ -, Persepolis
(11) DF Ali Reza Ghesghayan __ -, Bargh Shiraz
(14) DF Hassan Nazari ___, Taj
(15) DF Andranik Eskandarian __ -, Taj
(20) DF Nasrollah Abdollahi __ -, Shahbaz
(21) DF Hossein Kazerani ___, Pas
(2) MF Iraj Danaeifard __ -, Taj
(6) MF Hassan Nayebagha __ -, Homa
(7) MF Ali Parvin __ -, Persepolis
(8) MF Ebrahim Ghasempour __ -, Shahbaz
(9) MF Mohammad Sadeghi __ -, Pas
(19) MF Ali Shojaei __ -, Sepahan
(3) FW Behtash Fariba __ -, Pas
(4) FW Majid Bishkar __ -, Shahbaz
(10) FW Hassan Roshan __ -, Taj
(13) FW Hamid Majd Teymouri __ -, Shahbaz
(16) FW Nasser Nouraei __ -, Homa
(17) FW Ghafour Jahani ___, Malavan
(18) FW Hossein Faraki __ -, Pas

_ Italia (ITA)
_ - 22 giocatori
(1) GK Dino Zoff ___, Juventus
(12) GK Paolo Conti ___, Roma
(22) GK Ivano Bordon ___, Internazionale
(2) DF Mauro Bellugi ___, Bologna
(3) DF Antonio Cabrini __ -, Juventus
(4) DF Antonello Cuccureddu ___, Juventus
(5) DF Claudio Gentile ___, Juventus
(6) DF Aldo Maldera __, Milano
(7) DF Lionello Manfredonia __ -, Lazio
(8) DF Gaetano Scirea __ -, Juventus
(9) MF Giancarlo Antognoni __, Fiorentina
(10) MF Romeo Benetti __ -, Juventus
(11) MF Eraldo Pecci ___, Torino
(13) MF Patrizio Sala ___, Torino

(14) MF Marco Tardelli __ -, Juventus

(15) MF Renato Zaccarelli __ -, Torino

(16) MF Franco Causio __, Juventus

(17) MF Claudio Sala ___, Torino

(18) FW Roberto Bettega __ -, Juventus

(19) FW Francesco Graziani __ -, Torino

(20) FW Paolo Pulici ___, Torino

(21) FW Paolo Rossi ___, Vicenza

_ Messico (MEX)

_ - 22 giocatori

(1) GK José Pilar Reyes __ -, UANL Tigri

(22) GK Pedro Soto ___, Club America

(2) DF Manuel Nájera ___, Leoni Neri

(3) DF Alfredo Tena __, Club America

(4) DF Eduardo Ramos __ -, CD Guadalajara

(5) DF Arturo Vázquez Ayala __, Club UNAM

(12) DF Jesús Martínez ___, Club America

(13) DF Rigoberto Cisneros ___, CD Toluca

(14) DF Carlos Gómez ___, CSD León

(15) DF Ignacio Flores Ocaranza ___, Croce Blu

(6) MF Guillermo Mendizábal __ -, Croce Blu

(7) MF Antonio de la Torre __ -, Club America

(10) MF Cristóbal Ortega __, Club América

(16) MF Javier Cárdenas __ -, CD Toluca

(17) MF Leonardo Cuéllar __ -, Club UNAM

(18) MF Gerardo Lugo __ -, Atlante F.C.

(8) FW Enrique López Zarza ___, Club UNAM

(9) FW Victor Rangel __ -, CD Guadalajara

(11) FW Hugo Sánchez ___, Club UNAM

(19) FW Hugo René Rodríguez __ -, Santos Laguna

(20) FW Mario Medina __ -, CD Toluca

(21) FW Raul Isiordia __ -, Atletica leggera spagnola

_ Paesi Bassi (NED)

_ - 22 giocatori

(1) GK Piet Schrijvers __ 16, Ajax

(8) GK Jan Jongbloed __ 19, Roda JC

(19) GK Pim Doesburg __ 2, Sparta Rotterdam

(2) DF Jan Poortvliet __ 1, PSV Eindhoven

(4) DF Adrie van Kraay __ 13, PSV Eindhoven

(5) DF Ruud Krol __ 52, Ajax

(7) DF Piet Wildschut __ 1, Twente

(15) DF Hugo Hovenkamp __ 7, AZ

(17) DF Wim Rijsbergen __ 25, Feyenoord

(20) DF Wim Suurbier __ 56, Schalke 04

(22) DF Ernie Brandts __ 1, PSV Eindhoven

(3) MF Dick Schoenaker __ 0, Ajax

(6) MF Wim Jansen __ 50, Feyenoord

(9) MF Arie Haan __ 24, Anderlecht

(10) MF René van de Kerkhof __ 20, PSV Eindhoven

(11) MF Willy van de Kerkhof __ 18, PSV Eindhoven

(13) MF Johan Neeskens __ 38, Barcellona

(14) MF Johan Boskamp __ 1, Molenbeek

(12) FW Rob Rensenbrink __ 34, Anderlecht

(16) FW Johnny Rep __ 23, SEC Bastia

(18) FW Dick Nanninga __ 1, Roda JC

(21) FW Harry Lubse __ 1, PSV Eindhoven

_ Perù (PER)

_ - 22 giocatori

(1) GK Ottorino Sartor __ -, Colegio Nacional de Iquitos

(13) GK Juan Cáceres ___, Alianza Lima

(21) GK Ramón Quiroga ___, Cristallo sportivo

(2) DF Jaime Duarte __ -, Alianza Lima

(3) DF Rodolfo Manzo __ -, Sport comunale

(4) DF Héctor Chumpitaz ___, Cristallo sportivo

(5) DF Rubén Toribio Díaz __ -, Cristallo sportivo

(14) DF José Navarro __ -, Cristallo sportivo

(22) DF Roberto Rojas __ -, Alianza Lima

(6) MF José Velásquez __ -, Alianza Lima

(8) MF César Cueto Cueto ___, Alianza Lima

(9) MF Percy Rojas __ -, Cristallo sportivo

(10) MF Teófilo Cubillas __ -, Alianza Lima

(15) MF Germán Leguía __ -, Sport comunale

(16) MF Raúl Gorriti __ -, Cristallo sportivo

(17) MF Alfredo Quesada __ -, Cristallo sportivo

(18) MF Ernesto Labarthe __ -, Sport Boys

(7) FW Juan Muñante __ -, Club UNAM

(11) FW Juan Carlos Oblitas ___, Cristal sportivo

(12) FW Roberto Mosquera __ -, Cristallo sportivo

(19) FW Guillermo La Rosa __ -, Alianza Lima

(20) FW Hugo Sotil ___, Alianza Lima

_ Polonia (POL)

_ - 22 giocatori

(1) GK Jan Tomaszewski __ -, ŁKS Łódź

(21) GK Zygmunt Kukla ___, Stal Mielec

(22) GK Zdzisław Kostrzewa __, Zagłębie Sosnowiec

(3) DF Henryk Maculewicz __, Wisła Krakow

(4) DF Antoni Szymanowski __, Wisła Krakow

(6) DF Jerzy Gorgoń __, Górnik Zabrze

(9) DF Władysław Żmuda __ -, Śląsk Wrocław

(10) DF Wojciech Rudy __, Zagłębie Sosnowiec

(13) DF Janusz Kupcewicz __ -, Arka Gdynia

(14) DF Mirosław Justek __, Lech Poznań

(20) DF Roman Wójcicki __ -, Odra Opole

(5) MF Adam Nawałka __ -, Wisła Krakow

(8) MF Henryk Kasperczak __ -, Stal Mielec

(11) MF Bohdan Masztaler __ -, ŁKS Łódź

(12) MF Kazimierz Deyna __ -, Legia Warszawa

(15) MF Marek Kusto __ -, Legia Warszawa

(18) MF Zbigniew Boniek __ -, Widzew Łódź

(2) FW Włodzimierz Mazur __, Zagłębie Sosnowiec

(7) FW Andrzej Iwan __, Wisła Krakow

(16) FW Grzegorz Lato ___, Stal Mielec

(17) FW Andrzej Szarmach __ -, Stal Mielec

(19) FW Włodzimierz Lubański __, KSC Lokeren

_ Scozia (SCO)

_ - 22 giocatori

(1) GK Alan Rough __ -, cardo mariano

(12) GK Jim Blyth __ -, Coventry City

(20) GK Bobby Clark __ -, Aberdeen

(2) DF Sandy Jardine __ -, Rangers

(3) DF Willie Donachie __ -, Manchester City

(4) DF Martin Buchan __ -, Manchester United

(5) DF Gordon McQueen ___, Manchester United

(13) DF Stuart Kennedy __ -, Aberdeen

(14) DF Tom Forsyth __ -, Rangers

(22) DF Kenny Burns __ -, Nottingham Forest

(6) MF Bruce Rioch __ -, Derby County

(7) MF Don Masson __ -, Derby County

(10) MF Asa Hartford __ -, Manchester City

(11) MF Willie Johnston __ -, West Bromwich

(15) MF Archie Gemmill __ -, Nottingham Forest

(18) MF Graeme Souness __ -, Liverpool

(8) FW Kenny Dalglish __ -, Liverpool

(9) FW Joe Jordan __ -, Manchester United

(16) FW Lou Macari __ -, Manchester United

(17) FW Derek Johnstone __ -, Rangers

(19) FW John Robertson __ -, Nottingham Forest

(21) FW Joe Harper __ -, Aberdeen

_ Svezia (SWE)

_ - 22 giocatori

(1) GK Ronnie Hellström ___, 1. FC Kaiserslautern

(12) GK Göran Hagberg ___, Östers IF

(17) GK Jan Möller __, Malmö FF

(2) DF Hasse Borg __ -, Eintracht Braunschweig

(3) DF Roy Andersson __, Malmö FF

(5) DF Ingemar Erlandsson __, Malmö FF

(13) DF Magnus Andersson ___, Malmö FF

(19) DF Kent Karlsson ___, IFK Eskilstuna

(20) DF Roland Andersson ___, Malmö FF

(4) MF Björn Nordqvist __ -, IFK Göteborg

(6) MF Staffan Tapper __ -, Malmö FF

(7) MF Anders Linderoth __ -, Olympique de Marseille

(9) MF Lennart Larsson ___, FC Schalke 04

(14) MF Ronald Åhman __, Örebro SK

(18) MF Olle Nordin __ -, IFK Göteborg

(8) FW Bo Larsson ___, Malmö FF

(10) FW Thomas Sjöberg ___, Malmö FF

(11) FW Benny Wendt __ -, 1. FC Kaiserslautern

(15) FW Torbjörn Nilsson __ -, IFK Göteborg

(16) FW Conny Torstensson ___, FC Zurigo

(21) FW Sanny Åslund __ -, AIK Fotboll

(22) FW Ralf Edström ___, IFK Göteborg

_ Tunisia (TUN)

_ - 22 giocatori

(1) GK Sadok Sassi __ -, Club Africain

(21) GK Lamine Ben Aziza ___, Étoile Sportive du Sahel

(22) GK Mokhtar Naili ___, Club Africain

(2) DF Mokhtar Dhouib __ -, CS Sfaxien

(3) DF Ali Kaabi __ -, TOC Tunisia

(5) DF Mohsen Labidi ___, Stade Tunisi

(17) DF Ridha El Louze ___, Sfax Railways Sports

(18) DF Kamel Chebli ___, Club Africain

(20) DF Jebali Love ___, AS Marsa

(4) MF Khaled Gasmi __ -, Club Bizerta

(6) MF Néjib Ghommidh ___, Club Africain

(8) MF Mohamed Ben Rehaiem __ -, CS Sfaxien

(10) MF Tarak Dhiab __ -, Espérance

(12) MF Khemais Labidi __ -, JS Kairouan

(7) FW Témime Lahzami __ -, Al-Ittihad

(9) FW Mohamed Akid ___, CS Sfaxien

(11) FW Abderraouf Ben Aziza ___, Étoile Sportive du Sahel

(13) FW Néjib Liman __ -, Stade Tunisi

(14) FW Slah Karoui __ -, Étoile Sportive du Sahel

(15) FW Mohamed Ben Mouza __ -, Club Africain

(16) FW Ohman Chehaibi __ -, JS Kairouan

(19) FW Mokhtar Hasni __, La Louviére

SPAGNA 1982

_ Coppa del Mondo 1982 _ in Spagna 13 giugno - 11 luglio

Gruppo 1 : Polonia Italia Italia Camerun Perù

Gruppo 2 : Germania Ovest Austria Algeria Cile

Gruppo 3 : Belgio Argentina Ungheria El Salvador

Gruppo 4 : Inghilterra Francia Francia Cecoslovacchia Kuwait

Gruppo 5 : Irlanda del Nord Spagna Jugoslavia Honduras

Gruppo 6 : Brasile Unione Sovietica Scozia Nuova Zelanda

Giorno 1 | 13 giugno - 17 giugno

Secondo giorno | 18 giugno - 21 giugno

Terzo giorno | 22 giugno - 25 giugno

Gruppo 1:

(2) 14 giugno Italia 0-0 Polonia @ Balaídos, Vigo

(4) 15 giugno Perù 0-0 Camerun allo stadio Riazor, A Coruña

(13) 18 giugno Italia 1-1 Perù @ Balaídos, Vigo

(16) 19 giugno Polonia 0-0 Camerun allo stadio Riazor, A Coruña

(25) 22 giugno Polonia 5-1 Perù allo stadio Riazor, A Coruña

(28) 23 giugno Italia 1-1 Camerun @ Balaídos, Vigo

Gruppo 2:

(7) 16 giugno Germania Ovest 1-2 Algeria @ El Molinón, Gijón

(10) 17 giugno Cile 0-1 Austria presso Estadio Carlos Tartiere, Oviedo

(19) 20 giugno Germania Ovest 4-1 Cile @ El Molinón, Gijón

(22) 21 giugno Algeria 0-2 Austria presso Estadio Carlos Tartiere, Oviedo

(31) 24 giugno Algeria 3-2 Cile presso Estadio Carlos Tartiere, Oviedo

(34) 25 giugno Germania Ovest 1-0 Austria @ El Molinón, Gijón

Gruppo 3:

(1) 13 giugno Argentina 0-1 Belgio al Camp Nou, Barcellona

(5) 15 giugno Ungheria 10-1 El Salvador @ Nuevo Estadio, Elche

(14) 18 giugno Argentina 4-1 Ungheria allo stadio Jose Rico Perez, Alicante

(17) 19 giugno Belgio 1-0 El Salvador @ Nuevo Estadio, Elche

(26) 22 giugno Belgio 1-1 Ungheria @ Nuovo Stadio, Elche

(29) 23 giugno Argentina 2-0 El Salvador allo stadio Jose Rico Perez, Alicante

Gruppo 4:

    (8) 16 giugno Inghilterra 3-1 Francia allo stadio San Mamés, Bilbao

    (11) 17 giugno Cecoslovacchia 1-1 Kuwait allo stadio Jose Zorrilla, Valladolid

    (20) 20 giugno Inghilterra 2-0 Cecoslovacchia allo stadio di San Mamés, Bilbao

    (23) 21 giugno Francia 4-1 Kuwait allo stadio José Zorrilla, Valladolid

    (32) 24 giugno Francia 1-1 Cecoslovacchia a Estadio José Zorrilla, Valladolid

    (35) 25 giugno Inghilterra 1-0 Kuwait allo stadio di San Mamés, Bilbao

Gruppo 5:

    (9) 16 giugno Spagna 1-1 Honduras allo stadio Luis Casanova, Valencia

    (12) 17 giugno Yugoslavia 0-0 Irlanda del Nord @ La Romareda, Saragozza

    (21) 20 giugno Spagna 2-1 Jugoslavia allo stadio Luis Casanova, Valencia

    (24) 21 giugno Honduras 1-1 Irlanda del Nord @ La Romareda, Saragozza

    (33) 24 giugno Honduras 0-1 Jugoslavia @ La Romareda, Saragozza

    (36) 25 giugno Spagna 0-1 Irlanda del Nord allo stadio Luis Casanova, Valencia

Gruppo 6:

    (3) 14 giugno Brasile 2-1 Unione Sovietica allo stadio Ramon Sanchez Pizjuan, Siviglia

    (6) 15 giugno Scozia 5-2 Nuova Zelanda allo stadio La Rosaleda, Malaga

    (15) 18 giugno Brasile 4-1 Scozia allo stadio Benito Villamarin, Siviglia

    (18) 19 giugno Unione Sovietica 3-0 Nuova Zelanda allo stadio La Rosaleda, Malaga

    (27) 22 giugno Unione Sovietica 2-2 Scozia allo stadio La Rosaleda, Malaga

    (30) 23 giugno Brasile 4-0 Nuova Zelanda allo stadio Benito Villamarin, Siviglia

_____ Secondo turno

    Gruppo A : Polonia Unione Sovietica Belgio

    Gruppo B | Germania Ovest Inghilterra Spagna

    Gruppo C : Italia Brasile Argentina

    Gruppo D | Francia Austria Irlanda del Nord

Quarto giorno - 28 giugno - 29 giugno

    Giorno 5 | 1 luglio - 2 luglio

    Giorno 6 | 4 luglio - 5 luglio

Gruppo A:

    (38) 28 giugno Polonia 3-0 Belgio al Camp Nou, Barcellona

    (42) 1 luglio Belgio 0-1 Unione Sovietica a Camp Nou, Barcellona

    (46) 4 luglio Unione Sovietica 0-0 Polonia a Camp Nou, Barcellona

Gruppo B:

(40) 29 giugno Germania Ovest 0-0 Inghilterra allo stadio Santiago Bernabeu di Madrid

(44) 2 luglio Germania Ovest 2-1 Spagna allo stadio Santiago Bernabéu, Madrid

(48) 5 luglio Spagna 0-0 Inghilterra allo stadio Santiago Bernabeu di Madrid

Gruppo C:

(39) 29 giugno Italia 2-1 Argentina allo stadio Sarrià, Barcellona

(43) 2 luglio Argentina 1-3 Brasile allo stadio Sarrià, Barcellona

(47) 5 luglio Italia 3-2 Brasile allo stadio Sarrià, Barcellona

Gruppo D:

(37) 28 giugno Austria 0-1 Francia allo stadio Vicente Calderon, Madrid

(41) 1 luglio Austria 2-2 Irlanda del Nord allo stadio Vicente Calderón, Madrid

(45) 4 luglio Irlanda del Nord 1-4 Francia allo stadio Vicente Calderon, Madrid

Semifinali

(49) 8 luglio Polonia 0-2 Italia a Camp Nou, Barcellona

(50) 8 luglio Germania Ovest 5-4 piume. 3-3 a.e.t. (1-1) Francia allo stadio Ramón Sánchez Pizjuán, Siviglia

La partita per il terzo posto

(51) 10 luglio Polonia 3-2 Francia allo stadio Jose Rico Perez, Alicante

Finale

(52) 11 luglio Italia 3-1 Germania Ovest allo stadio Santiago Bernabeu

GIOCATORI E SQUADRE PARTECIPANTI

_ Argentina (ARG)

_ - 22 giocatori

(2) GK Héctor Baley ___, Workshop a Córdoba

(7) GK Ubaldo Fillol ___, River Plate

(16) GK Nery Pumpido __ -, Veléz Sársfield

(8) DF Luis Galván ___, Workshop a Córdoba

(13) DF Julio Olarticoechea ___, River Plate

(14) DF Jorge Olguín ___, Indipendente

(15) DF Daniel Passarella __ -, River Plate

(18) DF Alberto Tarantini __ -, River Plate

(19) DF Enzo Trossero ___, Indipendente

(22) DF José Van Tuyne __ -, Corse

(1) MF Osvaldo Ardiles __ -, Tottenham Hotspur

(3) MF Juan Barbas __ -, Corse

(4) MF Daniel Bertoni __, Fiorentina

(5) MF Gabriel Calderón __ -, Indipendente

(9) MF Américo Gallego ___, River Plate

(10) MF Diego Maradona __ -, Boca Juniors

(12) MF Patricio Hernández __, Studenti

(21) MF José Daniel Valencia __ -, Talleres de Córdoba

(6) FW Ramón Díaz __ -, River Plate

(11) FW Mario Kempes __ -, River Plate

(17) FW Santiago Santamaría __ -, Newell's Old Boys

(20) FW Jorge Valdano __ -, Real Saragozza

_ Austria (AUT)

_ - 22 giocatori

(1) GK Friedrich Koncilia __ 60, Austria Vienna

(21) GK Herbert Feurer __ 7, Rapid Wien

(22) GK Klaus Lindenberger __ 1, Linzer ASK

(2) DF Bernd Krauss __ 5, Rapid Wien

(3) DF Erich Obermayer __ 35, Austria Vienna

(4) DF Josef Degeorgi __ 3, Admira/Wacker

(5) DF Bruno Pezzey __ 53, Eintracht Francoforte

(14) DF Ernst Baumeister __ 11, Austria Vienna

(16) DF Gerald Messlender __ 0, Admira/Wacker

(17) DF Johann Pregesbauer __ 4, Rapid Wien

(19) DF Heribert Weber __ 27, Rapid Wien

(6) MF Roland Hattenberger __ 47, SSW Innsbruck

(8) MF Herbert Prohaska __ 57, Inter

(10) MF Reinhold Hintermaier __ 10, Norimberga

(12) MF Anton Pichler __ 5, Sturm Graz

(15) MF Johann Dihanich __ 8, Austria Vienna

(7) FW Walter Schachner __ 33, Cesena

(9) FW Hans Krankl __ 61, Rapid Wien

(11) FW Kurt Jara __ 55, Grasshopper-Club

(13) FW Max Hagmayr __ 6, VÖEST Linz

(18) FW Gernot Jurtin __ 5, Sturm Graz

(20) FW Kurt Welzl __ 19, Valencia

_ Belgio (BEL)

_ - 22 giocatori

(1) GK Jean-Marie Pfaff ___, Beveren

(12) GK Theo Custers ___, Italiano

(22) GK Jacky Munaron __, Anderlecht

(2) DF Eric Gerets __ -, Standard Liegi

(3) DF Luc Millecamps __ -, K.S.V. Waregem

(4) DF Walter Meeuws __ -, Standard Liegi

(5) DF Michel Renquin __ -, Anderlecht

(14) DF Marc Baecke __ -, Beveren

(15) DF Maurits De Schrijver __, K.S.C. Lokeren

(16) DF Gerard Plessers __ -, Standard Liegi

(6) MF Franky Vercauteren __ -, Anderlecht

(7) MF Jos Daerden __ -, Standard Liegi

(8) MF Wilfried Van Moer __ -, Beveren

(10) MF Ludo Coeck __ -, Anderlecht

(11) MF Jan Ceulemans __ -, Club Brugge

(17) MF René Verheyen __ -, K.S.C. Lokeren

(18) MF Raymond Mommens __, K.S.C. Lokeren

(20) MF Guy Vandersmissen __ -, Standard Liegi

(9) FW Erwin Vandenbergh ___, Lierse

(13) FW François Van Der Elst ___, West Ham United

(19) FW Marc Millecamps __ -, K.S.V. Waregem

(21) FW Alexandre Czerniatynski __ -, Anversa

_ Brasile (BRA)

_ - 22 giocatori

(1) GK Valdir Peres __ 23, São Paulo

(12) GK Paulo Sérgio __ 3, Botafogo

(22) GK Carlos __ 6, Ponte Preta

(2) DF Leandro __ 6, Flamengo

(3) DF Oscar __ 36, São Paulo

(4) DF Luizinho __ 24, Atlético Mineiro

(6) DF Junior __ 35, Flamengo

(13) DF Edevaldo __ 17, Internazionale

(14) DF Juninho __ 4, Ponte Preta

(16) DF Edinho __ 34, Fluminense

(17) DF Pedrinho __ 8, Vasco da Gama

(5) MF Toninho Cherry __ 49, Atlético Mineiro

(8) MF Socrate __ 33, Corinzi

(10) MF Zico __ 56, Flamengo

(15) MF Falcão __ 17, Roma

(18) MF Batista __ 32, grigio

(19) MF Renato __ 13, San Paolo

(21) MF Dirceu __ 23, Atlético Madrid

(7) FW Paulo Isidoro __ 28, Grêmio

(9) FW Serginho __ 15, São Paulo

(11) FW Éder __ 24, Atlético Mineiro

(20) FW Roberto Dinamite __ 32, Vasco da Gama

_ Cile (CHI)

_ - 22 giocatori

(1) GK Oscar Wirth __ 5, Copperloa

(12) GK Marco Cornez __ 0, palestinese

(22) GK Mario Osbén __ 26, Colo-Colo

(2) DF Lizardo Garrido __ 15, Colo-Colo

(3) DF René Valenzuela __ 23, Università Cattolica

(4) DF Vladimir Bigorra __ 17, Università del Cile

(5) DF Elias Figueroa __ 44, Fort Lauderdale Strikers

(17) DF Oscar Rojas __ 1, Colo-Colo

(18) DF Mario Galindo __ 28, Colo-Colo

(19) DF Enzo Escobar __ 26, Cobreloa

(6) MF Rodolfo Dubó __ 27, palestinese

(7) MF Eduardo Bonvallet __ 21, Università Cattolica

(8) MF Carlos Rivas __ 24, Colo-Colo

(10) MF Mario Soto __ 34, Cobreloa

(11) MF Gustavo Moscoso __ 18, Universidad Católica

(14) MF Raúl Ormeño __ 1, Colo-Colo

(16) MF Manuel Rojas __ 27, Universidad Católica

(20) MF Miguel Ángel Neira __ 23, Università Cattolica

(9) FW Juan Carlos Letelier __ 5, Cobreloa

(13) FW Carlos Caszely __ 42, Colo-Colo

(15) FW Patricio Yáñez __ 23, San Luis

(21) FW Miguel Ángel Gamboa __ 14, Università del Cile

_ Camerun (CMR)

_ - 22 giocatori

(1) GK Thomas N'Kono ___, Canonico Yaoundé

(12) GK Joseph-Antoine Bell ___, Africa Sports

(22) GK Simon Tchobang ___ -,

(2) DF Michel Kaham __ -, Stade Quimperois

(3) DF Edmond Enoka __ -,

(4) DF René N'Djeya ___, Union Douala

(5) DF Elie Onana __ -,

(15) DF François N'Doumbé ___, Union Douala

(16) DF Ibrahim Aoudou ___, Cannes

(6) MF Emmanuel Kundé __, Canon Yaoundé

(7) MF Ephrem M'Bom ___, Canon Yaoundé

(8) MF Grégoire M'Bida ___, Canon Yaoundé

(11) MF Charles Toubé __ -, Tonnerre Yaoundé

(14) MF Théophile Abega __, Canonico Yaoundé

(17) MF Joseph Kamga __ -, Union Douala

(19) MF Joseph Enanga ___, Union Douala

(9) FW Roger Milla __ -, Bastia

(10) FW Jean-Pierre Tokoto __ -, Jacksonville Tea Men (USA)

(13) FW Paul Bahoken __ -, Cannes

(18) FW Jacques N'Guea ___, Canonico Yaoundé

(20) FW Oscar Eyobo __ -,

(21) FW Ernest Ebongué __ -, Tonnerre Yaoundé

_ Algeria (ALG)

_ - 22 giocatori

(1) GK Mehdi Cerbah __, RS Kouba

(21) GK Mourad Amara __ -, JE Tizi-Ouzou

(22) GK Yacine Bentalaa ___, MA Hussein Dey

(2) DF Mahmoud Guendouz ___, MA Hussein Dey

(3) DF Mustafa Kouici __, MA Hussein Dey

(4) DF Nourredine Kourichi __ -, Girondins Bordeaux

(5) DF Chaabane Merzekane ___, MA Hussein Dey

(12) DF Salah Larbes ___, JE Tizi-Ouzou

(16) DF Faouzi Mansouri ___, Montpellier SC

(17) DF Abdelkader Horr ___, DNC Alger

(6) MF Ali Bencheikh __ -, MP Alger

(8) MF Ali Fergani __ -, JE Tizi-Ouzou

(10) MF Lakhdar Belloumi __ -, GCR Mascara

(13) MF Hocine Yahi __ -, CM Belcourt

(14) MF Djamel Zidane __ -, KV Kortrijk

(15) MF Mustapha Dahleb __ -, Parigi St-Germain

(18) MF Karim Maroc __ -, Tours FC

(19) MF Djamel Tlemçani __ -, Stade de Reims

(7) FW Salah Assad __, RS Kouba

(9) FW Tedj Bensaoula ___, MP Oran

(11) FW Rabah Madjer __, MA Hussein Dey
(20) FW Abdelmajid Bourebbou ___, Stade Lavallois

_____

_ Inghilterra (GNL)
_ - 22 giocatori
(1) GK Ray Clemence __ 59, Tottenham Hotspur
(13) GK Joe Corrigan __ 9, Manchester City
(22) GK Peter Shilton __ 37, Nottingham Forest
(2) DF Viv Anderson __ 10, Nottingham Forest
(4) DF Terry Butcher __ 4, Ipswich Town
(6) DF Steve Foster __ 2, Brighton e Hove Albion
(12) DF Mick Mills __ 37, Ipswich Town
(14) DF Phil Neal __ 37, Liverpool
(17) DF Kenny Sansom __ 23, Arsenal
(18) DF Phil Thompson __ 35, Liverpool
(3) MF Trevor Brooking __ 46, West Ham United
(5) MF Steve Coppell __ 36, Manchester United
(9) MF Glenn Hoddle __ 11, Tottenham Hotspur
(10) MF Terry McDermott __ 25, Liverpool
(15) MF Graham Rix __ 8, Arsenal
(16) MF Bryan Robson __ 19, Manchester United
(19) MF Ray Wilkins __ 47, Manchester United
(7) FW Kevin Keegan __ 62, Southampton
(8) FW Trevor Francis __ 27, Manchester City
(11) FW Paul Mariner __ 21, Ipswich Town
(20) FW Peter Withe __ 6, Aston Villa
(21) FW Tony Woodcock __ 22, FC Colonia

_____

_ Spagna (ESP)
_ - 22 giocatori
(1) GK Luis Arconada __ -, Real Sociedad
(21) GK Urruti ___, FC Barcellona
(22) GK Miguel Ángel ___, Real Madrid
(2) DF José Antonio Camacho __ -, Real Madrid
(3) DF Rafael Gordillo __ -, Betis reale
(5) DF Miguel Tendillo __ -, Valencia
(6) DF José Ramón Alexanko __ -, FC Barcellona
(12) DF Santiago Urquiaga ___, Atletico Bilbao
(13) DF Manuel Jiménez __ -, Sporting de Gijón
(14) DF Antonio Maceda __ -, Sporting de Gijón
(4) MF Miguel Ángel Alonso __ -, Real Sociedad
(8) MF Joaquín __ -, Sporting de Gijón
(10) MF Jesús María Zamora __ -, Real Sociedad
(15) MF Enrique Saura __, Valencia CF

(16) MF José Vicente Sánchez __, FC Barcelona

(17) MF Ricardo Gallego ___, Real Madrid

(7) FW Juanito ___, Real Madrid

(9) FW Jesús María Satrústegui __, Real Sociedad

(11) FW Roberto López Ufarte __ -, Real Sociedad

(18) FW Pedro Uralde __ -, Real Sociedad

(19) FW Santillana __ -, Real Madrid

(20) FW Quini ___, FC Barcelona

_____

_ Francia (FRA)

_ - 22 giocatori

(1) GK Dominique Baratelli __ 21, Parigi St-Germain

(21) GK Jean Castaneda __ 7, St-Etienne

(22) GK Jean-Luc Ettori __ 2, AS Monaco

(2) DF Manuel Amoros __ 4, AS Monaco

(3) DF Patrick Battiston __ 19, St-Etienne

(4) DF Maxime Bossis __ 37, Nantes

(5) DF Gérard Janvion __ 32, St-Etienne

(6) DF Christian Lopez __ 35, St-Etienne

(7) DF Philippe Mahut __ 4, Metz

(8) DF Marius Trésor __ 53, Girondins Bordeaux

(9) MF Bernard Genghini __ 8, Sochaux

(10) MF Michel Platini __ 35, St-Etienne

(11) MF René Girard __ 2, Girondins Bordeaux

(12) MF Alain Giresse __ 14, Girondins Bordeaux

(13) MF Jean-François Larios __ 15, St-Etienne

(14) MF Jean Tigana __ 13, Girondins Bordeaux

(15) MF Bruno Bellone __ 6, AS Monaco

(18) MF Dominique Rocheteau __ 24, Parigi St-Germain

(19) MF Didier Six __ 36, VfB Stoccarda

(16) FW Alain Couriol __ 7, AS Monaco

(17) FW Bernard Lacombe __ 29, Girondins Bordeaux

(20) FW Gérard Soler __ 7, Girondins Bordeaux

_____

_ Germania Ovest (RFT)

_ - 22 giocatori

(1) GK Harald Schumacher __ -, FC Colonia

(21) GK Bernd Franke __ -, Eintracht Braunschweig

(22) GK Eike Immel ___, Borussia Dortmund

(4) DF Karlheinz Förster __ -, Stoccarda

(5) DF Bernd Förster __ -, Stoccarda

(12) DF Wilfried Hannes __ -, Borussia Mönchengladbach

(19) DF Holger Hieronymus ___, Amburgo

(20) DF Manfred Kaltz ___, Amburgo

(2) MF Hans-Peter Briegel __ -, Kaiserslautern

(3) MF Paul Breitner __ -, Bayern Monaco di Baviera

(6) MF Wolfgang Dremmler __ -, Bayern Monaco di Baviera

(7) MF Pierre Littbarski __ -, FC Colonia

(10) MF Hansi Müller __ -, Stoccarda

(14) MF Felix Magath __ -, Amburgo

(15) MF Uli Stielike __ -, Real Madrid

(17) MF Stephan Engels __ -, FC Colonia

(18) MF Lothar Matthäus __ -, Borussia Mönchengladbach

(8) FW Klaus Fischer __ -, FC Colonia

(9) FW Horst Hrubesch ___ , Amburgo

(11) FW Karl-Heinz Rummenigge __ -, Bayern Monaco di Baviera

(13) FW Uwe Reinders __ -, Werder Bremen

(16) FW Thomas Allofs __ -, Fortuna Düsseldorf

_____

_ Honduras (HON)

_ - 22 giocatori

(1) GK Solomon Nazar ___ , Università (HON)

(21) GK Julio César Arzú ___ , Real España (HON)

(22) GK Jimmy Steward __ -, Real España (HON)

(2) DF Efraín Gutiérrez ___ , Università (HON)

(3) DF Jaime Villegas __ -, Real España (HON)

(4) DF Fernando Bulnes __ -, Olimpia (HON)

(5) DF Anthony Costly __ -, Real España (HON)

(12) DF Domenica Droumond __ -, Platense (HON)

(17) DF José Cruz ___ , Motagua (HON)

(6) MF Ramón Maradiaga __ -, Motagua (HON)

(8) MF Francisco Javier Toledo __ -, Maratona (HON)

(11) MF David Buezo __ -, Motagua (HON)

(13) MF Prudencio Norales __ -, Olympia (HON)

(14) MF Juan Cruz ___ , Università (HON)

(15) MF Héctor Zelaya __ -, Motagua (HON)

(18) MF Carlos Carlos Caballero __ -, Real España (HON)

(20) MF Gilberto Yearwood __ -, Valladolid (ESP)

(7) FW Antonio Laing __ -, Platense (HON)

(9) FW Porfirio Betancourt ___ , RC Strasburgo (FRA)

(10) FW Roberto Figueroa __ -, Vita (HON)

(16) FW Roberto Bailey __ -, Maratona (HON)

(19) FW Celso Güity __ -, Maratona (HON)

_____

_ Ungheria (UNO)

_ - 22 giocatori

(1) GK Ferenc Mészáros __ 25, Sporting Clube de Portugal

(21) GK Béla Katzirz __ 15, Pécsi MFC

(22) GK Imre Kiss __ 0, Tatabányai Bányász

(2) DF Győző Martos __ 27, Waterschei SV Thor

(3) DF László Bálint __ 74, Tolosa FC

(6) DF Imre Garaba __ 17, Budapest Honvéd

(13) DF Tibor Rab __ 19, Ferencvárosi TC

(14) DF Sándor Sallai __ 8, Debreceni VSC

(18) DF Attila Kerekes __ 10, Békéscsabai Előre FC

(19) DF József Varga __ 9, Budapest Honvéd

(20) DF József Csuhay __ 0, Videoton FC Fehérvár

(4) MF József Tóth __ 47, Újpesti Dózsa

(5) MF Sándor Müller __ 15, Hercules Alicante

(12) MF Lázár Szentes __ 1, Rába ETO Győr

(16) MF Ferenc Csongrádi __ 13, Videoton FC Fehérvár

(17) MF Károly Csapó __ 17, Tatabányai Bányász

(7) FW László Fazekas __ 87, Royal Antwerp FC

(8) FW Tibor Nyilasi __ 49, Ferencvárosi TC

(9) FW András Törőcsik __ 33, Újpesti Dózsa

(10) FW László Kiss __ 24, Vasas SC

(11) FW Gábor Pölöskei __ 6, Ferencvárosi TC

(15) FW Béla Bodonyi __ 13, Budapest Honvéd

_ Italia (ITA)

_ - 22 giocatori

(1) GK Dino Zoff ___, Juventus

(12) GK Ivano Bordon ___, Internazionale

(22) GK Giovanni Galli ___, Fiorentina

(2) DF Franco Baresi __, Milano

(3) DF Giuseppe Bergomi ___, Internazionale

(4) DF Antonio Cabrini __ -, Juventus

(5) DF Fulvio Collovati __, Milano

(6) DF Claudio Gentile ___, Juventus

(7) DF Gaetano Scirea __ -, Juventus

(8) DF Pietro Vierchowod __, Fiorentina

(9) MF Giancarlo Antognoni __, Fiorentina

(10) MF Giuseppe Dossena __ -, Torino

(11) MF Giampiero Marini __, Internazionale

(13) MF Gabriele Oriali __, Internazionale

(14) MF Marco Tardelli __ -, Juventus

(15) MF Franco Causio __ -, Udinese

(16) MF Bruno Conti ___, Roma

(17) FW Daniele Massaro __, Fiorentina

(18) FW Alessandro Altobelli __ -, Internazionale

(19) FW Francesco Graziani __ -, Fiorentina

(20) FW Paolo Rossi ___, Juventus

(21) FW Franco Selvaggi __, Cagliari

_ Kuwait (KUW)

_ - 22 giocatori

(1) GK Ahmed Al-Tarabulsi ___, Kuwait SC

(21) GK Adam Marjam ___, Kazma SC

(22) GK Jasem Bahman ___, Al-Qadsia SC

(2) DF Naeem Saad ___, Al Tadamun SC

(3) DF Mahboub Mahboub Juma'a ___, Al-Salmiya SC

(4) DF Jamal Al-Qabendi ___, Kazma SC

(5) DF Waleed Al-Jasem ___, Kuwait SC

(13) DF Mubarak Marzouq ___, Al Tadamun SC

(14) DF Abdullah Mayouf ___, Kazma SC

(15) DF Sami Al-Hashashash __ -, Al-Arabi SC

(17) DF Hamoud Al-Shemmari __ -, Kazma SC

(6) MF Saad Al-Houti __ -, Kuwait SC

(8) MF Abdullah Al-Buloushi __ -, Al-Arabi SC

(11) MF Nassir Al-Ghanim ___, Kazma SC

(12) MF Yussef Al-Suwayed __ -, Kazma SC

(18) MF Mohammed Karam __ -, Al-Arabi SC

(7) FW Fathi Kameel ___, Al Tadamun SC

(9) FW Jasem Yaqoub ___, Al-Qadsia SC

(10) FW Abdulaziz Al-Anberi __ -, Kuwait SC

(16) FW Faisal Al-Dakhil ___, Al-Qadsia SC

(19) FW Muayad Al-Haddad __ -, Khaitan SC

(20) FW Abdulaziz Al-Buloushi ___, Al-Qadsia SC

_ Irlanda del Nord (NIR)

_ - 22 giocatori

(1) GK Pat Jennings __ -, Arsenal

(17) GK Jim Platt __ -, Middlesbrough

(22) GK George Dunlop __ -, Linfield

(2) DF Jimmy Nicholl ___, Toronto Blizzard

(3) DF Mal Donaghy __ -, Città di Luton

(5) DF Chris Nicholl __ -, Southampton

(6) DF John O'Neill __ -, Leicester City

(12) DF John McClelland __ -, Rangers

(13) DF Sammy Nelson __ -, Brighton

(4) MF David McCreery __ -, Tulsa Roughnecks (USA)

(7) MF Noel Brotherston __ -, Blackburn Rovers

(8) MF Martin O'Neill __ -, Norwich City

(10) MF Sammy McIlroy __ -, Stoke City

(14) MF Tommy Cassidy ___, Burnley

(15) MF Tommy Finney ___, Cambridge United

(16) MF Norman Whiteside __ -, Manchester United
(18) MF Johnny Jameson __ -, Glentoran
(20) MF Jim Cleary __ -, Glentoran
(9) FW Gerry Armstrong __ -, Watford
(11) FW Billy Hamilton __ -, Burnley
(19) FW Felix Healy __ -, Coleraine
(21) FW Bobby Campbell __ -, Bradford City

_____

_ Nuova Zelanda (NZL)
_ - 22 giocatori
(1) GK Richard Wilson __ -, Preston Macedonia
(21) GK Barry Pickering __ -, Miramar Rangers
(22) GK Frank van Hattum ___, Manurewa AFC
(2) DF Glenn Dods __ -, Adelaide City
(3) DF Ricki Herbert ___, Monte Wellington
(5) DF Dave Bright __ -, Manurewa AFC
(6) DF Bobby Almond __ -, Cardo di Invercargill
(14) DF Adrian Elrick __ -, Hanimex United
(15) DF John Hill __ -, Gisborne City
(16) DF Glen Adam ___, Monte Wellington
(4) MF Brian Turner __ -, Gisborne City
(8) MF Duncan Cole __ -, Hanimex United
(10) MF Steve Sumner __ -, West Adelaide Hellas
(11) MF Sam Malcolmson __ -, baie della costa orientale AFC
(12) MF Keith MacKay __ -, Gisborne City
(13) MF Kenny Cresswell __ -, Gisborne City
(17) MF Allan Boath __ -, West Adelaide Hellas
(18) MF Peter Simonsen __ -, Manurewa AFC
(19) MF Billy McClure __ -, Mount Wellington
(7) FW Wynton Rufer __ -, Miramar Rangers
(9) FW Steve Wooddin __ -, South Melbourne FC
(20) FW Grant Turner __ -, Gisborne City

_____

_ Perù (PER)
_ - 22 giocatori
(1) GK Eusebio Acasuzo ___, Università
(12) GK José González __, Alianza Lima
(21) GK Ramón Quiroga ___, Cristallo sportivo
(2) DF Jaime Duarte __ -, Alianza Lima
(3) DF Salvador Salguero __ -, Alianza Lima
(4) DF Hugo Gastulo ___, Università
(15) DF Rubén Toribio Díaz __ -, Cristallo sportivo
(16) DF Jorge Olaechea __ -, Alianza Lima
(17) DF Franco Navarro __ -, Sport Comunali

(5) MF Germán Leguía __ , Università

(6) MF José Velásquez __ -, Independiente Medellín

(8) MF César Cueto Cueto ___ , Atlético Nacional

(9) MF Julio César Uribe __ -, Cristallo sportivo

(13) MF Oscar Arizaga __ -, Atlético Chalaco

(14) MF Miguel Gutiérrez ___ , Cristal sportivo

(18) MF Eduardo Malásquez __ -, Sport comunale

(22) MF Luis Reyna __ -, Cristallo sportivo

(7) FW Geronimo Barbadillo __ -, UANL Tigri

(10) FW Teofilo Cubillas __ -, Fort Lauderdale Strikers (USA)

(11) FW Juan Carlos Oblitas ___ , Seraing

(19) FW Guillermo La Rosa __ -, Atlético Nacional

(20) FW Percy Rojas __ -, Seraing

_ Polonia (POL)

_ - 22 giocatori

(1) GK Józef Młynarczyk __ -, Widzew Łódź

(21) GK Jacek Kazimierski __ -, Legia Warszawa

(22) GK Piotr Mowlik __, Lech Poznań

(2) DF Marek Dziuba ___ , ŁKS Łódź

(4) DF Tadeusz Dolny __ -, Górnik Zabrze

(6) DF Piotr Skrobowski __ -, Wisła Krakow

(7) DF Jan Jałocha __, Wisła Krakow

(10) DF Stefan Majewski __ -, Legia Warszawa

(12) DF Roman Wójcicki __ -, Śląsk Wrocław

(3) MF Janusz Kupcewicz __ -, Arka Gdynia

(5) MF Paweł Janas __ -, Legia Warszawa

(8) MF Waldemar Matysik __ -, Górnik Zabrze

(9) MF Władysław Żmuda __ -, Widzew Łódź

(11) MF Włodzimierz Smolarek ___ , Widzew Łódź

(13) MF Andrzej Buncol __ -, Legia Warszawa

(14) MF Andrzej Pałasz __, Górnik Zabrze

(15) MF Włodzimierz Ciołek __, Stal Mielec

(18) MF Marek Kusto __ -, Legia Warszawa

(19) MF Andrzej Iwan __, Wisła Krakow

(16) FW Grzegorz Lato ___ , Lokeren

(17) FW Andrzej Szarmach __, Auxerre

(20) FW Zbigniew Boniek __ -, Widzew Łódź

_ Scozia (SCO)

_ - 22 giocatori

(1) GK Alan Rough __ 48, cardo mariano

(12) GK George Wood __ 4, Arsenal

(22) GK Jim Leighton __ 0, Aberdeen

(2) DF Danny McGrain __ 60, Celtico

(3) DF Frank Gray __ 22, Leeds United

(5) DF Alan Hansen __ 14, Liverpool

(6) DF Willie Miller __ 17, Aberdeen

(13) DF Alex McLeish __ 15, Aberdeen

(14) DF David Narey __ 13, Dundee United

(17) DF Allan Evans __ 3, Aston Villa

(21) DF George Burley __ 11, Ipswich Town

(4) MF Graeme Souness __ 25, Liverpool

(7) MF Gordon Strachan __ 11, Aberdeen

(10) MF John Wark __ 15, Ipswich Town

(16) MF Asa Hartford __ 49, Manchester City

(20) MF Davie Provan __ 10, Celtico

(8) FW Kenny Dalglish __ 86, Liverpool

(9) FW Alan Brasile __ 7, Ipswich Town

(11) FW John Robertson __ 21, Nottingham Forest

(15) FW Joe Jordan __ 51, A.C. Milano

(18) FW Steve Archibald __ 14, Tottenham Hotspur

(19) FW Paul Sturrock __ 7, Dundee United

_ El Salvador (SSS)

_ - 20 giocatori

(1) GK Luis Guevara Mora ___, Comune di Platense

(19) GK Eduardo Hernández __, Santiagueño

(20) GK José Luis Munguía __, FAS

(2) DF Mario Castillo __ -, Santiagueño

(3) DF José Francisco Jovel ___, Aquila

(4) DF Carlos Recinos __ -, FAS

(5) DF Ramón Fagoaga __ -, Atlético Marte

(12) DF Francisco Osorto ___, Santiagueño

(15) DF Jaime Rodríguez __, Bayer Uerdingen

(18) DF Miguel Ángel Díaz __ -, Atlético Marte

(6) MF Joaquín Ventura __, Santiagueño

(7) MF Silvio Aquino __ -, Alleanza

(8) MF José Luis Rugamas __ -, Atlético Marte

(10) MF ___, Palencia

(16) MF Mauricio Alfaro __ -, Comune di Platense

(9) FW Ever Hernández __ -, Santiagueño

(11) FW Mágico González __ -, Cadice

(13) FW José María Rivas __, Alleanza

(14) FW Luis Ramirez ___, Atletico Marte

(17) FW Guillermo Ragazzone __ -, Atletico Mars

_ Cecoslovacchia (TCH)

_ - 22 giocatori

(1) GK Stanislav Seman ___, Lokomotiva Košice

(21) GK Zdeněk Hruška ___, Bohemians Praha

(22) GK Karel Stromšík ___, Dukla Praga

(2) DF Frantisek Jakubec ___, Bohemians Praha

(3) DF Jan Fiala __ -, Dukla Praga

(4) DF Ladislav Jurkemik ___, Inter Bratislava

(5) DF Jozef Barmo' ___, Inter Bratislava

(6) DF Rostislav Vojáček __, Baník Ostrava

(14) DF Libor Radimec ___, Baník Ostrava

(15) DF Jozef Kukučka __ -, Plastika Nitra

(7) MF Ján Kozák __ -, Dukla Praga

(8) MF Antonín Panenka __ -, Rapid Wien

(12) MF Přemysl Bičovský __ -, Bohemians Praha

(13) MF Jan Berger __ -, AC Sparta Praga

(16) MF Pavel Chaloupka __ -, Bohemians Praha

(17) MF František 'tambachr __, Dukla Praga

(9) FW Ladislav Vízek __ -, Dukla Praga

(10) FW Thomas Kříž __ -, Dukla Praga

(11) FW Zdeněk Nehoda __ -, Dukla Praga

(18) FW Petr Janečka __ -, Zbrojovka Brno

(19) FW Marián Masný __ -, Slovan Bratislava

(20) FW Vlastimil Petržela __ -, SK Slavia Praha

_____

_ Unione Sovietica (URS)

_ - 22 giocatori

(1) GK Rinat Dasayev __ 21, Spartak Mosca

(21) GK Viktor Chanov __ 1, Dynamo Kyiv

(22) GK Viacheslav Chanov __ 0, Torpedo Mosca

(2) DF Tengiz Sulakvelidze __ 16, Dinamo Tbilisi

(3) DF Aleksandr Chivadze __ 15, Dinamo Tbilisi

(4) DF Vagiz Khidiyatullin __ 26, CSKA Mosca

(5) DF Sergei Baltacha __ 11, Dynamo Kyiv

(6) DF Anatoliy Demyanenko __ 8, Dynamo Kyiv

(14) DF Sergei Borovsky __ 5, Dinamo Minsk

(18) DF Yuri Susloparov __ 6, Torpedo Mosca

(20) DF Oleg Romantsev __ 9, Spartak Moscow

(8) MF Volodymyr Bessonov __ 32, Dynamo Kyiv

(9) MF Yuri Gavrilov __ 28, Spartak Mosca

(10) MF Khoren Oganesian __ 17, Ararat Yerevan

(12) MF Andriy Bal __ 4, Dynamo Kyiv

(13) MF Vitaly Daraselia __ 18, Dinamo Tbilisi

(17) MF Leonid Buryak __ 43, Dynamo Kyiv

(19) MF Vadym Yevtushenko __ 2, Dynamo Kyiv

(7) FW Ramaz Shengelia __ 16, Dinamo Tbilisi

(11) FW Oleg Blokhin __ 78, Dynamo Kyiv

(15) FW Sergey Andreyev __ 18, SKA Rostov

(16) FW Sergey Rodionov __ 2, Spartak Moscow

_____

_ Yuguslavia (YUG)

_ - 22 giocatori

(1) GK Dragan Pantelić ___, Girondins Bordeaux

(12) GK Ivan Pudar __ -, Hajduk Split (SFR)

(22) GK Ratko Svilar ___, Anversa

(2) DF Ive Jerolimov ___, Rijeka (SFR)

(4) DF Velimir Zajec ___, Dinamo Zagabria (SFR)

(5) DF Nenad Stojković ___, Partizan Belgrado (SFR)

(6) DF Zlatko Krmpotić ___, Stella Rossa di Belgrado (SFR)

(9) DF Zoran Vujović ___, Hajduk Split (SFR)

(14) DF Nikola Jovanović __ -, Buducnost Titograd (SFR)

(15) DF Milo' Hrstić ___, NK Rijeka (SFR)

(3) MF Ivan Gudelj __ -, Hajduk Split (SFR)

(8) MF Edhem Þljivo __ -, Nizza

(10) MF Zvonko Živković ___, Partizan Belgrado (SFR)

(13) MF Safet Sušić __ -, FK Sarajevo (SFR)

(17) MF Jurica Jerković __ -, FC Zurigo

(7) FW Vladimir Petrović ___, Stella Rossa di Belgrado (SFR)

(11) FW Zlatko Vujović __ -, Hajduk Split (SFR)

(16) FW Milo' Šestić ___, Stella Rossa Belgrado (SFR)

(18) FW Stjepan Deverić __ -, Dinamo Zagabria (SFR)

(19) FW Vahid Halilhodžić ___, FC Nantes

(20) FW Ivica Þurjak Þurjak __ -, PSG

(21) FW Predrag Pašić ___, FK Sarajevo (SFR)

MESSICO 1986

_ Coppa del Mondo 1986 _ in Messico, 31 maggio-29 giugno

Gruppo A : Argentina Italia Bulgaria Corea del Sud

Gruppo B : Messico Paraguay Belgio Belgio Iraq

Gruppo C - Unione Sovietica Francia Ungheria Canada

Gruppo D : Brasile Spagna Spagna Irlanda del Nord Algeria

Gruppo E : Danimarca Germania Ovest Germania Ovest Uruguay Scozia

Gruppo F : Marocco Inghilterra Polonia Portogallo

Giorno 1 | 31 maggio - 4 giugno

Giorno 2 | 5 giugno - 8 giugno

Giorno 3 | 9 giugno - 13 giugno

Gruppo A:

(1) 31 maggio Bulgaria 1-1 Italia presso l'Estadio Azteca, Città del Messico

(4) 2 giugno Argentina 3-1 Corea del Sud presso l'Estadio Olimpico Universitario di Città del Messico

(13) 5 giugno Italia 1-1 Argentina allo stadio Cuauhtémoc, Puebla

(14) 5 giugno Corea del Sud 1-1 Bulgaria presso l'Estadio Olímpico Universitario, Città del Messico

(27) 10 giugno Corea del Sud 2-3 Italia allo stadio Cuauhtémoc, Puebla

(28) 10 giugno Argentina 2-0 Bulgaria presso l'Estadio Olímpico Universitario di Città del Messico

Gruppo B:

(7) 3 giugno Belgio 1-2 Messico presso l'Estadio Azteca, Città del Messico

(10) 4 giugno Paraguay 1-0 Iraq allo stadio Nemesio Diez, Toluca

(19) 7 giugno Messico 1-1 Paraguay allo stadio Azteca, Città del Messico

(22) 8 giugno Iraq 1-2 Belgio allo stadio Nemesio Diez, Toluca

(29) 11 giugno Iraq 0-1 Messico allo stadio Azteca, Città del Messico

(30) 11 giugno Paraguay 2-2 Belgio allo stadio Nemesio Diez, Toluca

Gruppo C:

(2) 1 giugno Canada 0-1 Francia al Nou Camp Stadium, Leon

(5) 2 giugno Unione Sovietica 6-0 Ungheria allo stadio Sergio Leon Chavez, Irapuato

(15) 5 giugno Francia 1-1 Unione Sovietica al Nou Camp Stadium, Leon

(16) 6 giugno Ungheria 2-0 Canada allo stadio Sergio Leon Chavez, Irapuato

(25) 9 giugno Ungheria 0-3 Francia al Nou Camp Stadium, Leon

(26) 9 giugno Unione Sovietica 2-0 Canada allo stadio Sergio Leon Chavez, Irapuato

Gruppo D:

(3) 1 giugno Spagna 0-1 Brasile allo stadio Jalisco, Guadalajara

(8) 3 giugno Algeria 1-1 Irlanda del Nord a Estadio Tres de Marzo, Guadalajara

(17) 6 giugno Brasile 1-0 Algeria allo stadio Jalisco, Guadalajara

(20) 7 giugno Irlanda del Nord 1-2 Spagna a Estadio Tres de Marzo, Guadalajara

(33) 12 giugno Irlanda del Nord 0-3 Brasile allo stadio Jalisco, Guadalajara

(34) 12 giugno Algeria 0-3 Spagna allo stadio tecnologico di Monterrey

Gruppo E:

(11) 4 giugno Uruguay 1-1 Germania Ovest a Estadio La Corregidora, Querétaro

(12) 4 giugno Scozia 0-1 Danimarca allo stadio Neza 86, Nezahualcóyotl

(23) 8 giugno Germania Ovest 2-1 Scozia allo stadio La Corregidora, Querétaro

(24) 8 giugno Danimarca 6-1 Uruguay allo stadio Neza 86, Nezahualcóyotl

(35) 13 giugno Danimarca 2-0 Germania Ovest allo stadio La Corregidora, Querétaro

(36) 13 giugno Scozia 0-0 Uruguay a Estadio Neza 86, Nezahualcóyotl

Gruppo F:

(6) 2 giugno Marocco 0-0 Polonia presso l'Estadio Universitario di Monterrey

(9) 3 giugno Portogallo 1-0 Inghilterra allo stadio Tecnológico, Monterrey

(18) 6 giugno Inghilterra 0-0 Marocco allo stadio tecnologico di Monterrey

(21) 7 giugno Polonia 1-0 Portogallo presso lo Stadio Universitario di Monterrey

(31) 11 giugno Portogallo 1-3 Marocco a Estadio Tres de Marzo, Guadalajara

(32) 11 giugno Inghilterra 3-0 Polonia allo stadio Tecnológico de Monterrey

_ Coppa del Mondo 1986 _ in Messico, 31 maggio-29 giugno

Il Giro dei 16

(37) 15 giugno Messico 2-0 Bulgaria presso l'Estadio Azteca di Città del Messico

(38) 15 giugno Unione Sovietica 3-4 a.e.t. (2-2) Belgio al Nou Camp Stadium, Léon

(39) 16 giugno Argentina 1-0 Uruguay a Estadio Cuauhtémoc, Puebla

(40) 16 giugno Brasile 4-0 Polonia allo stadio Jalisco, Guadalajara

(41) 17 giugno Italia 0-2 Francia all'Estadio Olimpico Universitario di Città del Messico

(42) 17 giugno Marocco 0-1 Germania Ovest allo stadio dell'Università di Monterrey

(43) 18 giugno Inghilterra 3-0 Paraguay presso l'Estadio Azteca, Città del Messico

(44) 18 giugno Danimarca 1-5 Spagna allo stadio La Corregidora, Querétaro

Quarti di finale

(45) 21 giugno Brasile 3-4pen 1-1aet (1-1) Francia allo stadio Jalisco, Guadalajara

(46) 21 giugno Germania Ovest 4-1pen 0-0 aet (0-0) Messico @ Estadio Universitario, Monterrey

(47) 22 giugno Spagna 4-5pen 1-1 aet (1-1) Belgio allo stadio Cuauhtémoc, Puebla

(48) 22 giugno Argentina 2-1 Inghilterra allo stadio Azteca, Città del Messico

Semifinali

(49) 25 giugno Argentina 2-0 Belgio allo stadio Azteca, Città del Messico

(50) 25 giugno Francia 0-2 Germania Ovest allo stadio Jalisco, Guadalajara

La partita per il terzo posto

(51) 28 giugno Francia 4-2aet (2-2) Belgio allo stadio di Cuauhtémoc, Puebla

Finale

(52) 29 giugno Argentina 3-2 Germania Ovest presso l'Estadio Azteca, Città del Messico

SQUADRE E GIOCATORI PARTECIPANTI

_ Argentina (ARG)

_ - 22 giocatori

(15) GK Luis Islas ___, La Plata Studenti

(18) GK Nery Pumpido ___, River Plate

(22) GK Héctor Zelada ___, America

(5) DF José Luis Brown __ -, Boca Juniors

(6) DF Daniel Passarella __ -, Fiorentina

(8) DF Néstor Clausen ___, Indipendente

(9) DF José Luis Cuciuffo Luis __ -, Vélez Sársfield

(13) DF Oscar Garré __ -, Ferro Carril Oeste

(16) DF Julio Olarticoechea __ -, Boca Juniors

(19) DF Oscar Ruggeri __ -, River Plate

(2) MF Sergio Batista __, Argentinos Juniors

(3) MF Ricardo Bochini __ -, Indipendente

(4) MF Claudio Borghi __, Argentinos Juniors

(7) MF Jorge Burruchaga __ -, Nantes

(10) MF Diego Maradona __, Napoli

(12) MF Héctor Enrique ___, River Plate

(14) MF Ricardo Giusti ___, Indipendente

(20) MF Carlos Tapia ___, Boca Juniors

(21) MF Marcelo Trobbiani __ -, Elche

(1) FW Sergio Almirón __ -, Newell's Old Boys

(11) FW Jorge Valdano __ -, Real Madrid

(17) FW Pedro Pasculli __ -, Lecce

_ Belgio (BEL)

_ - 22 giocatori

(1) GK Jean-Marie Pfaff ___, Bayern Monaco di Baviera

(12) GK Jacky Munaron __, Anderlecht

(20) GK Gilbert Bodart ___, Standard Liegi

(2) DF Eric Gerets __ -, PSV

(3) DF Franky Van Der Elst __ -, Club Brugge

(4) DF Michel de Wolf ___, Gent

(5) DF Michel Renquin __ -, Standard Liegi

(13) DF Georges Grün __ -, Anderlecht

(14) DF Lei Clijsters __ -, Waterschei Thor

(15) DF Leo Van Der Elst __ -, Club Brugge

(19) DF Hugo Broos ___, Club Brugge

(6) MF Franky Vercauteren __ -, Anderlecht

(7) MF René Vandereycken __ -, Anderlecht

(8) MF Enzo Scifo ___, Anderlecht

(10) MF Philippe Desmet __ -, Waregem

(11) MF Jan Ceulemans __ -, Club Brugge

(17) MF Raymond Mommens __, Lokeren

(21) MF Stéphane Demol __ -, Anderlecht

(22) MF Patrick Vervoort __ -, Beerschot

(9) FW Erwin Vandenbergh ___, Anderlecht

(16) FW Nico Claesen __ -, Standard Liegi

(18) FW Daniel Veyt __ -, Waregem

_ Bulgaria (BUL)

_ - 22 giocatori

(1) GK Borislav Mikhailov __ 21, Vitosha Sofia

(22) GK Iliya Valov __ 10, Vratsa

(3) DF Nikolay Arabov __ 36, Sliven

(4) DF Petar Petrov __ 28, Vitosha Sofia

(5) DF Georgi Dimitrov __ 57, Sredec Sofia

(13) DF Aleksandar Markov __ 13, Spartak Pleven

(21) DF Iliya Dyakov __ 3, Dobrudzha Tolbuchin

(2) MF Nasko Sirakov __ 17, Vitosha Sofia

(6) MF Andrey Zhelyazkov __ 46, Strasburgo

(8) MF Ayan Sadakov __ 35, Lokomotiv Plovdiv

(10) MF Zhivko Gospodinov __ 24, Spartak Varna

(11) MF Plamen Getov __ 16, Spartak Pleven

(12) MF Radoslav Zdravkov __ 61, Sredec Sofia

(15) MF Georgi Yordanov __ 4, Vitosha Sofia

(17) MF Hristo Kolev __ 6, Lokomotiv Plovdiv

(19) MF Atanas Pashev __ 11, Trakia Plovdiv

(7) FW Bozhidar Iskrenov __ 25, Vitosha Sofia

(9) FW Stoycho Mladenov __ 48, Sredec Sofia

(14) FW Plamen Markov __ 33, Metz

(16) FW Vasil Dragolov __ 2, Beroe Stara Zagora

(18) FW Boycho Velichkov __ 24, Lokomotiv Sofia

(20) FW Kostadin Kostadinov __ 37, Trakia Plovdiv

_ Brasile (BRA)

_ - 22 giocatori

(1) GK Charles ___, Corinzi

(12) GK Paulo Vitor __ -, Fluminense

(22) GK Leão ___, Palmeiras

(2) DF Édson ___, Corinzi

(3) DF Oscar ___, São Paulo

(4) DF Edinho ___, Udinese

(6) DF Junior ___, Torino

(13) DF Josimar __ -, Botafogo

(14) DF Júlio César __ -, Guaraní

(16) DF Mauro Galvão ___, Internazionale

(17) DF Branco ___, Fluminense

(5) MF Falcão __ -, São Paulo

(15) MF Alemão __ -, Botafogo

(18) MF Socrate __ -, Flamengo

(19) MF Elzo ___, Atlético Mineiro

(20) MF Silas __ -, São Paulo

(21) MF Valdo __ -, Grêmio

(7) FW Müller __ -, São Paulo

(8) FW Casagrande __ -, Corinzi

(9) FW Careca __ -, São Paulo

(10) FW Zico ___, Flamengo

(11) FW Edivaldo __ -, Atlético Mineiro

_____

_ Canada (CAN)

_ - 23 giocatori

(1) GK Tino Lettieri ___, Minnesota Strikers (USA)

(21) GK Sven Habermann __ -,

(22) GK Paul Dolan __ -, Edmonton Brickmen

(2) DF Bob Lenarduzzi __ -, Tacoma Stars (USA)

(3) DF Bruce Wilson __ -,

(5) DF Terry Moore __ -, Glentoran

(6) Ian Bridge DF ___, La Chaux-de-Fonds

(12) DF Randy Samuel __ -,

(20) DF Colin Miller __ -, Rangers

(4) MF Randy Ragan __ -,

(8) MF Gerry Gray __ -, Chicago Sting (USA)

(11) MF Mike Sweeney __ -, Cleveland Force (USA)

(13) MF George Pakos __ -,

(15) MF Paul James ___, CF Monterrey (MEX)

(16) MF Greg Ion ___ -,

(17) MF David Norman __ -, Tacoma Stars (USA)

(18) MF Jamie Lowery __ -,

(19) MF Pasquale De Luca __, Cleveland Force (USA)

(7) FW Carl Valentine __ -, Cleveland Force (USA)

(9) FW Branko Segota __, San Diego Sockers (USA)

(10) FW Igor Vrablic __ -, Seraing

(14) FW Dale Mitchell ___, Tacoma Stars (USA)

(23) ___, Vancouver Whitecaps FC

_____

_ Danimarca (DEN)

_ - 22 giocatori

(1) GK Troels Rasmussen __ 15, Aarhus GF

(16) GK Ole Qvist __ 38, KB

(22) GK Lars Høgh __ 3, Odense

(2) DF John Sivebæk __ 36, Manchester United

(3) DF Søren Busk __ 46, MVV Maastricht

(4) DF Morten Olsen __ 79, Anderlecht

(5) DF Ivan Nielsen __ 31, Feyenoord

(12) DF Jens Jørn Bertelsen __ 58, Aarau

(17) DF Kent Nielsen __ 4, Brønshøj

(21) DF Henrik Andersen __ 6, Anderlecht

(6) MF Søren Lerby __ 51, Bayern Monaco di Baviera

(7) MF Jan Mølby __ 20, Liverpool

(8) MF Jesper Olsen __ 26, Manchester United

(11) MF Michael Laudrup __ 30, Juventus

(13) MF Per Frimann __ 10, Anderlecht

(15) MF Frank Arnesen __ 45, PSV

(18) MF Flemming Christensen __ 10, Lyngby

(20) MF Jan Bartram __ 3, Aarhus

(9) FW Klaus Berggreen __ 32, Pisa

(10) FW Preben Elkjær Larsen __ 56, Verona

(14) FW Allan Simonsen __ 53, Vejle

(19) FW John Eriksen __ 5, Feyenoord

_ Algeria (ALG)

_ - 22 giocatori

(1) GK Nacerdine Drid ___, MP Orano

(21) GK Larbi El Hadi ___, WO Boufarik

(22) GK Mourad Amara __ -, JE Tizi-Ouzou

(2) DF Mahmoud Guendouz __ -, JS El Biar

(3) DF Fathi Chebal __ -, FC Rouen

(4) DF Nourredine Kourichi ___, Lille OSC

(5) DF Abdellah Medjadi Liegione __, AS Monaco

(15) DF Abdelhamid Sadmi __, JE Tizi-Ouzou

(16) DF Faouzi Mansouri __ -, Montpellier

(19) DF Mohammed Chaib ___, RS Kouba

(20) DF Fodil Megharia ___, ASO Chlef

(6) MF Mohammed Kaci Said __, RS Kouba

(8) MF Karim Maroc __ -, Montpellier SC

(10) MF Lakhdar Belloumi __ -, GCR Mascara

(14) MF Djamel Zidane __ -, Waterschei Thor

(18) MF Halim Benmabrouk __ -, Racing Paris

(7) FW Salah Assad __ -, FC Mulhouse

(9) FW Djamel Menad __ -, JE Tizi-Ouzou

(11) FW Rabah Madjer __ -, FC Porto

(12) FW Tedj Bensaoula __ -, Le Havre AC
(13) FW Rachid Harkouk ___, Notts County
(17) FW Fawzi Benkhalidi __ -, WO Boufarik

_ Inghilterra (GNL)
_ - 22 giocatori
(1) GK Peter Shilton __ -, Southampton
(13) GK Chris Woods __ -, Norwich City
(22) GK Gary Bailey __ -, Manchester United
(2) DF Gary Stevens __ -, Everton
(3) DF Kenny Sansom ___, Arsenal
(5) DF Alvin Martin ___, West Ham United
(6) DF Terry Butcher __ -, Ipswich Town
(12) DF Viv Anderson __ -, Arsenal
(14) DF Terry Fenwick __ -, Queens Park Rangers
(15) DF Gary A. Stevens __ -, Tottenham Hotspur
(4) MF Glenn Hoddle __ -, Tottenham Hotspur
(7) MF Bryan Robson __ -, Manchester United
(8) MF Ray Wilkins __, Milano
(11) MF Chris Waddle __ -, Tottenham Hotspur
(16) MF Peter Reid __ -, Everton
(17) MF Trevor Steven __ -, Everton
(18) MF Steve Hodge __ -, Aston Villa
(19) MF John Barnes __ -, Watford
(9) FW Mark Hateley __, Milano
(10) FW Gary Lineker __ -, Everton
(20) FW Peter Beardsley __ -, Newcastle United
(21) FW Kerry Dixon __ -, Chelsea

_ Spagna (ESP)
_ - 22 giocatori
(1) GK Andoni Zubizarreta __ -, Atletico Bilbao
(13) GK Urruti ___, Barcellona
(22) GK Juan Carlos Ablanedo __ -, Sporting Gijón
(2) DF Tomás ___, Atletico Madrid
(3) DF José Antonio Camacho __ -, Real Madrid
(4) DF Antonio Maceda __ -, Real Madrid
(5) DF Víctor ___, Barcellona
(8) DF Andoni Goikoetxea __ -, Atletico Bilbao
(15) DF Chendo ___, Real Madrid
(6) MF Rafael Gordillo __ -, Real Madrid
(7) MF Juan Antonio Señor __ -, Real Saragozza
(11) MF Julio Alberto ___, Barcellona
(14) MF Ricardo Gallego ___, Real Madrid

(17) MF Francisco __ -, Siviglia

(18) MF Ramón Calderé __ -, Barcellona

(21) MF Míchel __ -, Real Madrid

(9) FW Emilio Butragueño ___, Real Madrid

(10) FW Francisco José Carrasco __ -, Barcellona

(12) FW Quique Setién __ -, Atlético Madrid

(16) FW Hippolyte Corner ___, Real Betis

(19) FW Julio Salinas __ -, Atletico Bilbao

(20) FW Eloy __ -, Sporting Gijón

_ Francia (FRA)

_ - 22 giocatori

(1) GK Joël Bats __ 23, Paris Saint-Germain

(21) GK Philippe Bergeroo __ 3, Tolosa

(22) GK Albert Rust __ 0, Sochaux

(2) DF Manuel Amoros __ 32, AS Monaco

(3) DF William Ayache __ 9, Nantes

(4) DF Patrick Battiston __ 42, Bordeaux

(5) DF Michel Bibard __ 5, Paris Saint-Germain

(6) DF Maxime Bossis __ 69, Racing Paris

(7) DF Yvon Le Roux __ 18, Nantes

(8) DF Thierry Tusseau __ 18, Bordeaux

(9) MF Luis Fernández __ 28, Paris Saint-Germain

(10) MF Michel Platini __ 63, Juventus

(11) MF Jean-Marc Ferreri __ 14, Auxerre

(12) MF Alain Giresse __ 41, Bordeaux

(13) MF Bernard Genghini __ 25, AS Monaco

(14) MF Jean Tigana __ 40, Bordeaux

(15) MF Philippe Vercruysse __ 2, Lens

(16) FW Bruno Bellone __ 24, AS Monaco

(17) FW Jean-Pierre Papin __ 1, Club Brugge

(18) FW Dominique Rocheteau __ 45, Paris Saint-Germain

(19) FW Yannick Stopyra __ 16, Tolosa

(20) FW Daniel Xuereb __ 3, Lens

_ Germania Ovest (RFT)

_ - 22 giocatori

(1) GK Harald Schumacher __ -, Colonia

(12) GK Uli Stein __ -, Amburgo

(22) GK Eike Immel ___, Borussia Dortmund

(2) DF Hans-Peter Briegel ___, Verona

(3) DF Andreas Brehme __ -, Kaiserslautern

(4) DF Karlheinz Förster __ -, Stoccarda

(5) DF Matthias Herget __, Bayer Uedingen

(6) DF Norbert Eder __ -, Bayern Monaco di Baviera

(14) DF Thomas Berthold __ -, Eintracht Francoforte

(15) DF Klaus Augenthaler __ -, Bayern Monaco di Baviera

(17) DF Ditmar Jakobs __ -, Amburgo

(7) MF Pierre Littbarski __ -, Köln

(8) MF Lothar Matthäus __ -, Bayern Monaco di Baviera

(10) MF Felix Magath __ -, Amburgo

(13) MF Karl Allgöwer __ -, Stoccarda

(16) MF Olaf Thon __ -, Schalke 04

(18) MF Uwe Rahn __ -, Borussia Mönchengladbach

(21) MF Wolfgang Rolff ___, Amburgo

(9) FW Rudi Völler __ -, Werder Bremen

(11) FW Karl-Heinz Rummenigge __, Internazionale

(19) FW Klaus Allofs __ -, Köln

(20) FW Dieter Hoeneß ___, Bayern Monaco di Baviera

_ Ungheria (UNO)

_ - 22 giocatori

(1) GK Péter Disztl __ 12, Videoton

(18) GK József Szendrei __ 1, Újpesti Dózsa

(22) GK József Andrusch __ 5, Budapest Honvéd

(2) DF Sándor Sallai __ 30, Videoton

(3) DF Antal Róth __ 18, Pécsi Munkás

(4) DF József Varga __ 29, Denizlispor

(5) DF József Kardos __ 25, Újpesti Dózsa

(6) DF Imre Garaba __ 51, Budapest Honvéd

(12) DF József Csuhay __ 9, Videoton

(13) DF László Disztl __ 4, Videoton

(14) DF Zoltán Péter __ 19, Zalaegerszegi TE

(16) DF József Nagy __ 1, Szombathelyi Haladás

(8) MF Antal Nagy __ 23, Budapest Hovnéd

(9) MF László Dajka __ 17, Budapest Honvéd

(10) MF Lajos Détári __ 15, Budapest Honvéd

(15) MF Péter Hannich __ 21, Rába ETO Győr

(17) MF Győző Burcsa __ 11, Auxerre

(21) MF Gyula Hajszán __ 20, Rába ETO Győr

(7) FW József Kiprich __ 12, Tatabányai Bányász

(11) FW Márton Esterházy __ 20, AEK Atene

(19) FW György Bognár __ 5, MTK Ungheria

(20) FW Kálmán Kovács __ 6, Budapest-Honvéd

_ Iraq (IRQ)

_ - 22 giocatori

(1) GK Raad Hammoudi Salman ___, Al-Shurta

(20) GK Abdul-Fatah Nasif Jassim __, Al-Jaish

(21) GK Ahmad Jassim Mohammed __, Al-Rasheed

(2) DF Maad Ibrahim Majid ___, Al-Rasheed

(3) DF Khalil Mohammed Allawi ___, Al-Rasheed

(4) DF Nadhim Shaker Salim ___, Al-Tayaran

(5) DF Samir Shaker Mahmoud __ -, Al-Rasheed

(15) DF Natiq Hashim Abidoun ___, Al-Tajaran

(22) DF Ghanim Oraibi Jassim ___, Al-Shababab

(6) MF Ali Hussein Shihab __ -, Talaba

(7) MF Haris Mohammed Hassan __ -, Al-Rasheed

(12) MF Jamal Ali Hamza __ -, Talaba

(13) MF Karim Mohammed Allawi __, Al-Rasheed

(14) MF Basil Basil Gorgis Hanna __ -, Al-Shababab

(16) MF Shaker Mahmoud Hamza __ -, Al-Shababab

(17) MF Anad Abid Tweresh __ -, Al-Rasheed

(18) MF Ismail Mohammed Sharif __ -, Al-Shababab

(19) MF Basim Qasim Hamdan __ -, Al-Shurta

(8) FW Ahmad Radhi Amaiesh __ -, Al-Rasheed

(9) FW Karim Saddam Minshid __, Al-Jaish

(10) FW Hussein Saeed Mohammed __, Talaba

(11) FW Abdul-Rahim Hamed Aufi ___, Al-Jaish

_____

_ Italia (ITA)

_ - 22 giocatori

(1) GK Giovanni Galli ___, Milano

(12) GK Franco Tancredi __, Roma

(22) GK Walter Zenga ___, Internazionale

(2) DF Giuseppe Bergomi ___, Internazionale

(3) DF Antonio Cabrini __ -, Juventus

(4) DF Fulvio Collovati ___, Internazionale

(5) DF Sebastiano Nela ___, Roma

(6) DF Gaetano Scirea __ -, Juventus

(7) DF Roberto Tricella __ -, Verona

(8) DF Pietro Vierchowod __ -, Sampdoria

(9) MF Carlo Ancelotti __, Roma

(10) MF Salvatore Bagni ___, Napoli

(11) MF Giuseppe Baresi ___, Internazionale

(13) MF Fernando De Napoli __, Avellino

(14) MF Antonio Di Gennaro __ -, Verona

(15) MF Marco Tardelli __, Internazionale

(16) MF Bruno Conti ___, Roma

(17) FW Gianluca Vialli __ -, Sampdoria

(18) FW Alessandro Altobelli __ -, Internazionale

(19) FW Giuseppe Galderisi __, Milano

(20) FW Paolo Rossi ___, Milano
(21) FW Aldo Serena __ -, Juventus

_____

_ Corea del Sud (KOR)
_ - 22 giocatori
(1) GK Cho Byung-Deouk ___, Hallelujah FC
(21) GK Oh Yun-Kyo ___, Yukong Elephants
(2) DF Park Kyung-Hoon ___, Atomi POSCO
(3) DF Chung Jong-Soo __ -, Yukong Elephants
(5) DF Chung Yong-Hwan __, Daewoo Royals
(8) DF Cho Young-Jeung __ -, Lucky-Goldstar Hwangso
(12) DF Kim Pyung-Seok __ -, Hyundai Horangi
(14) DF Cho Min-Kook __ -, Lucky-Goldstar Hwangso
(15) DF Yoo Byung-Ok ___, Università di Hanyang
(20) DF Kim Yong-Se __ -, Yukong Elephants
(4) MF Cho Kwang-Rae __, Daewoo Royals
(10) MF Park Chang-Sun __ -, Daewoo Royals
(13) MF Noh Soo-Jin __ -, Yukong Elephants
(16) MF Kim Joo-Sung __ -, Università di Chosun
(17) MF Huh Jung-Moo __, Hyundai Horangi
(18) MF Kim Sam-Soo __ -, Hyundai Horangi
(22) MF Kang Kang Deuk-Soo __ -, Lucky-Goldstar Hwangso
(6) FW Lee Tae-Ho __ -, Daewoo Royals
(7) FW Kim Jong-Boo __, Università della Corea
(9) FW Choi Soon-Ho ___, Atomi POSCO
(11) FW Cha Bum-Kun ___, Bayer Leverkusen
(19) FW Byun Byung-Joo __, Daewoo Royals

_____

_ Marocco (MAR)
_ - 23 giocatori
(1) GK Badou Zaki __ -, Wydad Casablanca
(12) GK Salahdine Hmied __ -, FAR Rabat
(22) GK Abdelfettah Mouddani ___, Kenitra
(2) DF Labid Khalifa ___, Kenitra
(3) DF Abdelmajid Lamriss __ -, FAR Rabat
(4) DF Mustafa El Biyaz ___, KAC Marrakesh
(5) DF Noureddine Bouyahyaoui __ -, Kenitra
(14) DF Lahcen Ouadani __ -, FAR Rabat
(20) DF Abdellah Bidane ___, CODM Meknes
(23) Dinaro DF Abderrazak __ -, FK Austria Wien
(6) MF Abdelmajid Dolmy __ -, Raja Casablanca
(7) MF Mustafa El Haddaoui __ -, Losanna
(8) MF Aziz Bouderbala __ -, Sion
(10) MF Mohammed Timoumi __ -, FAR Rabat

(15) MF Mouncif El Haddaoui __ -, AS Vendita

(18) MF Mohammed Sahil __ -, KAC Marrakech

(19) MF Fadel Jilal __ -, Wydad Casablanca

(21) MF Abdelaziz Souleimani __ -, Maghreb Fez

(9) FW Abdelkrim Merry "Krimau" ___, Le Havre

(11) FW Mustafa Merry __ -, Valenciennes

(13) FW Abdelfettah Rhiati __ -, Maghreb Fez

(16) FW Azzedine Amanallah __ -, Besançon

(17) FW Abderrazak Khairi ___, FAR Rabat

_ Messico (MEX)

_ - 22 giocatori

(1) GK Pablo Larios ___, Croce Blu

(12) GK Ignacio Rodríguez ___, Atlante

(20) GK Olaf Heredia ___, Tigri

(2) DF Mario Trejo ___, Club America

(3) DF Fernando Quirarte __ -, Guadalajara

(4) DF Armando Manzo __ -, Club America

(14) DF Félix Cruz ___, Pumas de la UNAM

(17) DF Raúl Servín ___, Pumas de la UNAM

(18) DF Rafael Amador __, Pumas de la UNAM

(6) MF Carlos de los Cobos ___, Club America

(7) MF Miguel Spagna ___, UNAM Pumas

(8) MF Alejandro Domínguez __, Club America

(10) MF Tomás Boy ___, Tigri

(13) MF Javier Aguirre __ -, Club America

(16) MF Carlos Muñoz __ -, Tigri

(5) FW Francisco Javier Cruz __ -, Monterrey

(9) FW Hugo Sánchez ___, Real Madrid

(11) FW Carlos Hermosillo __ -, Club America

(15) FW Luis Flores __ -, UNAM Pumas

(19) FW Javier Hernández __, Tecos

(21) FW Cristóbal Ortega ___, Club América

(22) FW Manuel Negrete __, UNAM Pumas

_ Irlanda del Nord (NIR)

_ - 22 giocatori

(1) GK Pat Jennings __ -, Tottenham Hotspur

(12) GK Jim Platt ___, Coleraine

(13) GK Philip Hughes __ -, Seppellire

(2) DF Jimmy Nicholl ___, West Bromwich Albion

(3) DF Mal Donaghy __ -, Città di Luton

(4) DF John O'Neill __ -, Leicester City

(5) DF Alan McDonald __ -, Queens Park Rangers

(18) DF John McClelland __ -, Watford
(20) DF Bernard McNally __ -, Shrewsbury Town
(6) MF David McCreery __ -, Newcastle United
(7) MF Steve Penney __ -, Brighton
(8) MF Sammy McIlroy __ -, Manchester City
(10) MF Norman Whiteside __ -, Manchester United
(15) MF Nigel Worthington __ -, Sheffield mercoledì
(16) MF Paul Ramsey __ -, Leicester City
(21) MF David Campbell __, Nottingham Forest
(9) FW Jimmy Quinn __ -, Blackburn Rovers
(11) FW Ian Stewart __ -, Newcastle United
(14) FW Gerry Armstrong __ -, Chesterfield
(17) FW Colin Clarke __ -, Bournemouth
(19) FW Billy Hamilton __, Oxford United
(22) FW Mark Caughey __ -, Linfield

_ Polonia (POL)
_ - 22 giocatori
(1) GK Józef Młynarczyk __, Porto
(12) GK Jacek Kazimierski __ -, Legia Warszawa
(19) GK Józef Wandzik __ -, Górnik Zabrze
(2) DF Kazimierz Przybyś ___, Widzew Łódź
(3) DF Władysław Żmuda __, Cremonese
(4) DF Marek Ostrowski __ -, Pogoń Szczecin
(5) DF Roman Wójcicki __ -, Widzew Łódź
(10) DF Stefan Majewski __ -, Kaiserslautern
(14) DF Dariusz Kubicki __ -, Legia Warszawa
(18) DF Krzysztof Pawlak __ -, Lech Poznań
(6) MF Waldemar Matysik __ -, Górnik Zabrze
(7) MF Ryszard Tarasiewicz __ -, Śląsk Wrocław
(9) MF Jan Karaś ___, Legia Warszawa
(13) MF Ryszard Komornicki __ -, Górnik Zabrze
(15) MF Andrzej Buncol __ -, Legia Warszawa
(20) MF Zbigniew Boniek __, Roma
(21) MF Dariusz Dziekanowski __ -, Legia Warszawa
(8) FW Jan Urban __ -, Górnik Zabrze
(11) FW Włodzimierz Smolarek ___, Widzew Łódź
(16) FW Andrzej Pałasz __, Górnik Zabrze
(17) FW Andrzej Zgutczyński __, Górnik Zabrze
(22) FW Jan Furtok __ -, GKS Katowice

_ Portogallo (POR)
_ - 22 giocatori
(1) GK Manuel Bento ___, Benfica

(12) GK Jorge Martins __ -, Betlemme

(22) GK Vítor Damas __ -, Sporting CP

(2) DF João Pinto ___, Porto

(4) DF José Ribeiro __ -, Boavista

(5) DF Álvaro __ -, Benfica

(8) DF Frederico __ -, Boavista

(13) DF António Morato ___, Sporting CP

(16) DF José António __ -, Belenenses

(20) DF Augusto Inácio __, Porto

(3) MF António Sousa __ -, Sporting CP

(6) MF Carlos Manuel __ -, Benfica

(7) MF Jaime Pacheco __ -, Sporting CP

(11) MF Fernando Óscar Bandeirinha __ -, Accademico di Coimbra

(14) MF Jaime Magalhães ___, Porto

(18) MF Luís Sobrinho __ -, Belenenses

(21) MF António André __, Porto

(9) FW Fernando Gomes __ -, Porto

(10) FW Paulo Futre ___, Porto

(15) FW António Oliveira __ -, Benfica

(17) FW Diamantino __ -, Benfica

(19) FW Rui Águas __ -, Benfica

_ Paraguay (PAR)

_ - 22 giocatori

(1) GK Roberto Fernández __ -, Deportivo Cali

(12) GK Jorge Battaglia __ -, Sole d'America

(22) GK Julián Coronel ___, Guaraní

(2) DF Juan Torales ___, Libertà

(3) DF César Zabala __ -, Cerro Porteño

(4) DF Vladimiro Schettina __ -, Guarani

(5) DF Rogelio Delgado __, Olimpia

(13) DF Virginio Cáceres __ -, Guaraní

(14) DF Luis Caballero __ -, Guarani

(6) MF Jorge Amado Nunes __ -, Deportivo Cali

(8) MF Julio César Romero __ -, Fluminense

(10) MF Adolfino Cañete __ -, Croce Blu

(15) MF Eufemio Cabral __ -, Guarani

(16) MF Jorge Guasch __ -, Olimpia

(19) MF Rolando Chilavert __ -, Guarani

(7) FW Buenaventura Ferreira __ -, Deportivo Cali

(9) FW Roberto Cabañas __ -, America de Cali

(11) FW Alfredo Mendoza __ -, Medellín indipendente

(17) FW Francisco Alcaraz __ -, Nazionale

(18) FW Evaristo Isasi ___, Olympia

(20) FW Ramon Hicks __ -, Libertà
(21) FW Faustino Alonso __ -, Sole d'America

_ Scozia (SCO)
_ - 22 giocatori
(1) GK Jim Leighton __ 26, Aberdeen
(12) GK Andy Goram __ 3, Oldham Athletic
(22) GK Alan Rough __ 53, Hibernian
(2) DF Richard Gough __ 23, Dundee United
(3) DF Maurice Malpas __ 10, Dundee United
(5) DF Alex McLeish __ 43, Aberdeen
(6) DF Willie Miller __ 48, Aberdeen
(13) DF Steve Nicol __ 8, Liverpool
(14) DF David Narey __ 28, Dundee United
(15) DF Arthur Albiston __ 13, Manchester United
(4) MF Graeme Souness __ 52, Sampdoria
(7) MF Gordon Strachan __ 34, Manchester United
(8) MF Roy Aitken __ 20, Celtico
(10) MF Jim Bett __ 17, Aberdeen
(11) MF Paul McStay __ 14, Celtico
(16) MF Frank McAvennie __ 2, West Ham United
(21) MF Davie Cooper __ 14, Rangers
(9) FW Eamonn Bannon __ 9, Dundee United
(17) FW Steve Archibald __ 26, Barcellona
(18) FW Graeme Sharp __ 6, Everton
(19) FW Charlie Nicholas __ 15, Arsenal
(20) FW Paul Sturrock __ 17, Dundee United

_ Unione Sovietica (URS)
_ - 22 giocatori
(1) GK Rinat Dasayev __ 58, Spartak Moscow
(16) GK Viktor Chanov __ 1, Dynamo Kyiv
(22) GK Serhiy Krakovskiy __ 0, Dniporo Dnipropetrovsk
(2) DF Volodymyr Bezsonov __ 53, Dynamo Kyiv
(3) DF Aleksandr Chivadze __ 42, Dinamo Tbilisi
(4) DF Gennady Morozov __ 9, Spartak Moscow
(5) DF Anatoliy Demyanenko __ 46, Dynamo Kyiv
(6) DF Aleksandr Bubnov __ 32, Spartak Moscow
(10) DF Oleh Kuznetsov __ 5, Dynamo Kyiv
(15) DF Nikolay Larionov __ 15, Zenit Leningrado
(21) DF Vasiliy Rats __ 2, Dynamo Kyiv
(7) MF Ivan Yaremchuk __ 2, Dynamo Kyiv
(8) MF Pavel Yakovenko __ 1, Dynamo Kyiv
(9) MF Aleksandr Zavarov __ 7, Dynamo Kyiv

(12) MF Andriy Bal __ 17, Dynamo Kyiv

(13) MF Gennadiy Litovchenko __ 18, Dnipro Dnipropetrovsk

(17) MF Vadym Yevtushenko __ 7, Dynamo Kyiv

(20) MF Sergei Aleinikov __ 23, Dinamo Minsk

(11) FW Oleh Blokhin __ 104, Dynamo Kyiv

(14) FW Sergey Rodionov __ 17, Spartak Moscow

(18) FW Oleh Protasov __ 19, Dnipro Dnipropetrovsk

(19) FW Ihor Belanov __ 4, Dynamo Kyiv

_ Uruguay (URU)

_ - 22 giocatori

(1) GK Rodolfo Rodríguez __ -, Santos

(12) GK Fernando Alvez __ -, Peñarol

(22) GK Celso Otero ___, Montevideo Vagabundos

(2) DF Nelson Gutiérrez ___, River Plate

(3) DF Eduardo Mario Acevedo __ -, Defensor Sporting

(4) DF Victor Diogo ___, Palmeiras

(6) DF José Batista __ -, Sport spagnolo

(13) DF César Vega __ -, Danubio

(14) DF Dario Pereyra __ -, São Paulo

(15) DF Eliseo Rivero __ -, Peñarol

(5) MF Miguel Bossio __ -, Peñarol

(8) MF Jorge Barrios Jorge __ -, Olympiakos

(10) MF Enzo Francescoli __ -, River Plate

(11) MF Sergio Santín __, Atlético Nacional

(16) MF Mario Saralegui __ -, Peñarol

(17) MF José Zalazar __ -, Peñarol

(18) MF Rubén Paz __ -, Internazionale

(7) FW Antonio Alzamendi ___, River Plate

(9) FW Jorge da Silva ___, Atletico Madrid

(19) FW Venancio Ramos __ -, Lens

(20) FW Carlos Aguilera ___, Nazionale

(21) FW Wilmar Cabrera ___, Valencia

ITALIA 1990

_ Coppa del Mondo 1990 _ in Italia, 8 giugno - 8 luglio 1990

Gruppo A : Italia Cecoslovacchia Austria Stati Uniti

Gruppo B: Camerun, Romania, Argentina, Unione Sovietica

Gruppo C: Brasile, Costa Rica, Scozia, Svezia

Gruppo D : Germania Ovest Jugoslavia Colombia Emirati Arabi Uniti

Gruppo E : Spagna Belgio Uruguay Corea del Sud

Gruppo F: Inghilterra, Irlanda, Paesi Bassi, Egitto

__ Il 13 giugno si giocherà il 2 e 3 giugno la partita del 2 e 3.

Giorno 1 | 8 giugno - 13 giugno

Secondo giorno | 14 giugno - 17 giugno

Terzo giorno | 18 giugno - 21 giugno

Gruppo A:

(3) 9 giugno Italia 1-0 Austria allo Stadio Olimpico di Roma

(5) 10 giugno Stati Uniti 1-5 Cecoslovacchia @ Stadio Comunale, Firenze

(15) 14 giugno Italia 1-0 Stati Uniti allo Stadio Olimpico, Roma

(17) 15 giugno Austria 0-1 Cecoslovacchia allo Stadio Comunale di Firenze

(29) 19 giugno Italia 2-0 Cecoslovacchia allo Stadio Olimpico di Roma

(30) 19 giugno Austria 2-1 Stati Uniti presso lo Stadio Comunale di Firenze

Gruppo B:

(1) 8 giugno Argentina 0-1 Camerun @ San Siro, Milano

(2) 9 giugno Unione Sovietica 0-2 Romania @ Stadio San Nicola, Bari

(13) 13 giugno Argentina 2-0 Unione Sovietica allo stadio San Paolo di Napoli

(16) 14 giugno Camerun 2-1 Romania allo stadio San Nicola di Bari

(25) 18 giugno Argentina 1-1 Romania allo Stadio San Paolo di Napoli

(26) 18 giugno Camerun 0-4 Unione Sovietica allo stadio San Nicola di Bari

Gruppo C:

(6) 10 giugno Brasile 2-1 Svezia allo Stadio Delle Alpi di Torino

(8) 11 giugno Costa Rica 1-0 Scozia allo stadio Luigi Ferraris, Genova

(19) 16 giugno Brasile 1-0 Costa Rica allo Stadio Delle Alpi di Torino

(20) 16 giugno Svezia 1-2 Scozia @ Stadio Luigi Ferraris, Genova

(31) 20 giugno Brasile 1-0 Scozia allo Stadio Delle Alpi, Torino

(32) 20 giugno Svezia 1-2 Costa Rica @ Stadio Luigi Ferraris, Genova

Gruppo D:

(4) 9 giugno Emirati Arabi Uniti 0-2 Colombia @ Stadio Renato Dall'Ara, Bologna

(7) 10 giugno Germania Ovest 4-1 Jugoslavia @ San Siro, Milano

(14) 14 giugno Yugoslavia 1-0 Colombia presso lo Stadio Renato Dall'Ara, Bologna

(18) 15 giugno Germania Ovest 5-1 Emirati Arabi Uniti @ San Siro, Milano

(27) 19 giugno Germania Ovest 1-1 Colombia @ San Siro, Milano

(28) 19 giugno Yugoslavia 4-1 Emirati Arabi Uniti allo stadio Renato Dall'Ara di Bologna

Gruppo E:

(10) 12 giugno Belgio 2-0 Corea del Sud allo Stadio Marc'Antonio Bentegodi di Verona

(12) 13 giugno Uruguay 0-0 Spagna allo Stadio Friuli, Udine

(23) 17 giugno Belgio 3-1 Uruguay allo Stadio Marc'Antonio Bentegodi, Verona

(24) 17 giugno Corea del Sud 1-3 Spagna allo Stadio Friuli, Udine

(33) 21 giugno Belgio 1-2 Spagna allo Stadio Marc'Antonio Bentegodi, Verona

(34) 21 giugno Corea del Sud 0-1 Uruguay allo Stadio Friuli, Udine

Gruppo F:

(9) 11 giugno Inghilterra 1-1 Irlanda allo Stadio Sant'Elia di Cagliari

(11) 12 giugno Olanda 1-1 Egitto allo stadio La Favorita di Palermo

(21) 16 giugno Inghilterra 0-0 Paesi Bassi allo Stadio Sant'Elia, Cagliari

(22) 17 giugno Irlanda 0-0 Egitto allo stadio La Favorita di Palermo

(35) 21 giugno Inghilterra 1-0 Egitto allo Stadio Sant'Elia, Cagliari

(36) 21 giugno Irlanda 1-1 Paesi Bassi allo stadio La Favorita, Palermo

_ Coppa del Mondo 1990 _ in Italia, 8 giugno - 8 luglio 1990

Il Giro dei 16

(37) 23 giugno Camerun 2-1 a.e.t. (0-0) Colombia @ Stadio San Paolo, Napoli

(38) 23 giugno Cecoslovacchia 4-1 Costa Rica allo stadio San Nicola di Bari

(39) 24 giugno Brasile 0-1 Argentina allo Stadio Delle Alpi di Torino

(40) 24 giugno Germania Ovest 2-1 Paesi Bassi @ San Siro, Milano

(41) 25 giugno Irlanda 5-4pen 0-0 a.e.t. (0-0) Romania @ Stadio Luigi Ferraris, Genova

(42) 25 giugno Italia 2-0 Uruguay allo Stadio Olimpico di Roma

(43) 26 giugno Spagna 1-2 a.e.t. (1-1) Jugoslavia allo stadio Marc'Antonio Bentegodi di Verona

(44) 26 giugno Inghilterra 1-0 a.e.t. (0-0) Belgio allo Stadio Renato Dall'Ara, Bologna

Quarti di finale

(45) 30 giugno Yugoslavia 2-3pen 0-0 a.e.t. (0-0) Argentina @ Stadio Artemio Franchi, Firenze

(46) 30 giugno Italia 1-0 Irlanda allo Stadio Olimpico, Roma

(47) 1 luglio Germania Ovest 1-0 Cecoslovacchia @ San Siro, Milano

(48) 1 luglio Inghilterra 3-2 a.e.t. (2-2) Camerun @ Stadio San Paolo, Napoli

Semifinali

(49) 3 luglio Italia 3-4pen 1-1 a.e.t. (1-1) Argentina allo Stadio San Paolo di Napoli

_ Schillaci 17'; Caniggia 67'.

per le penalità)

(50) 4 luglio Germania Ovest 4-3pen 1-1 a.e.t. (1-1) Inghilterra allo Stadio delle Alpi, Torino

_ Brehme 60'; Lineker 80'.

La partita per il terzo posto

(51) 7 luglio Italia 2-1 Inghilterra allo stadio San Nicola di Bari

_ Baggio 71' Schillaci 86' (penna); Platt 81

Finale

(52) 8 luglio Germania Ovest 1-0 Argentina allo Stadio Olimpico di Roma

_ Brehme 85' (penna.)

SQUADRE E GIOCATORI PARTECIPANTI

_ Emirati Arabi Uniti (Emirati Arabi Uniti)

_ - 22 giocatori

(1) GK Abdullah Musa __, Al-Ahli

(17) GK Muhsin Musabah __, Sharjah

(22) GK Abdulqadir Hassan ___, Al Shab

(2) DF Khalil Ghanim ___, Al Khaleej Club

(4) DF Mubarak Ghanim ___, Al Khaleej Club

(6) DF Abdulrahman Mohamed __ -, Al-Nasr

(15) DF Ibrahim Meer __ -, Sharjah

(16) DF Mohamed Salim __, Al-Ahli

(19) DF Eissa Meer __ -, Sharjah

(20) DF Yousuf Hussain __ -, Sharjah

(21) DF Abdulrahman Al-Haddad __, Sharjah

(3) MF Ali Thani Jumaa __ -, Sharjah

(5) MF Abdualla Sultan Abdualla __ -, Al Khaleej Club

(8) MF Khalid Ismaïl __ -, Al-Nasr

(12) MF Hussain Ghuloum __ -, Sharjah

(13) MF Hassan Mohamed __ -, Al-Wasl

(14) MF Nasir Khamees __ -, Al-Wasl

(18) MF Fahad Abdulrahman __ -, Al-Wasl

(7) FW Fahad Khamees __ -, Al-Wasl

(9) FW Abdulaziz Mohamed __, Sharjah

(10) FW Adnan Al Talyani ___, Al Shaab

(11) FW Zuhair Bakhit ___, Al-Wasl

_ Argentina (ARG)

_ - 22 giocatori

(1) GK Nery Pumpido __ -, Betis reale

(12) GK Sergio Goycochea __, Milionari

(22) GK Fabián Cancelarich ___, Ferro Carril Oeste

(5) DF Edgardo Bauza __ -, Veracruz

(11) DF Néstor Fabbri ___, Racing

(13) DF Néstor Lorenzo __ -, Bari

(15) DF Pedro Monzón ___, Indipendente

(16) DF Julio Olarticoechea ___, Corse

(17) DF Roberto Néstor Sensini __ -, Udinese

(18) DF José Serrizuela __ -, River Plate

(19) DF Oscar Ruggeri __ -, Real Madrid

(20) DF Juan Simón __ -, Boca Juniors

(2) MF Sergio Batista __ -, River Plate

(4) MF José Basualdo __ -, VfB Stoccarda

(6) MF Gabriel Calderón __ -, Paris Saint-Germain

(7) MF Jorge Burruchaga __ -, Nantes

(10) MF Diego Maradona __, Napoli

(14) MF Ricardo Giusti ___, Indipendente

(21) MF Pedro Troglio __ -, Lazio

(3) FW Abel Balbo __ -, Udinese

(8) FW Claudio Caniggia __ -, Atalanta

(9) FW Gustavo Dezotti __ -, Cremonese

_ Argentina (ARG) Sostituzioni

_ - 1 giocatore

(1) GK Angel Comizzo ___, River Plate

_ Austria (AUT)

_ - 22 giocatori

(1) GK Klaus Lindenberger ___, Swarovski Tyrol

(21) GK Michael Konsel ___, Rapid Vienna

(22) GK Otto Konrad __ -, Sturm Graz

(2) DF Ernst Aigner __, Austria Vienna

(3) DF Robert Pecl ___, Rapid Vienna

(5) DF Peter Schöttel ___, Rapid Vienna

(8) DF Peter Artner __ -, Admira Wacker

(16) DF Andreas Reisinger __ -, Rapid Vienna

(18) DF Michael Streiter __ -, Swarovski Tyrol

(4) MF Anton Pfeffer __, Austria Vienna

(6) MF Manfred Zsak __, Austria Vienna

(7) MF Kurt Russ Kurt Russ ___, First Vienna CF

(10) MF Manfred Linzmaier __, Swarovski Tyrol

(11) MF Alfred Hörtnagl __, Swarovski Tirolo

(12) MF Michael Baur __ -, Swarovski Tyrol

(13) MF Andreas Ogris __, Austria Vienna

(17) MF Heimo Pfeifenberger __ -, Rapid Vienna

(20) MF Andreas Herzog __, Rapid Vienna

(9) FW Toni Polster __ -, Siviglia

(14) FW Gerhard Rodax __ -, Admira Wacker

(15) FW Christian Keglevits __ -, Rapid Vienna

(19) FW Gerald Glatzmayer ___, First Vienna CF

_ Belgio (BEL)

_ - 22 giocatori

(1) GK Michel Preud'homme __, Mechelen

(12) GK Gilbert Bodart ___, Standard Liegi

(20) GK Filip De Wilde __ -, Anderlecht

(2) DF Eric Gerets __ -, PSV

(3) DF Philippe Albert ___, Mechelen

(4) DF Lei Clijsters __ -, Mechelen

(6) DF Marc Emmers __ -, Mechelen

(7) DF Stéphane Demol ___, Porto

(13) DF Georges Grün __ -, Anderlecht

(16) DF Michel De Wolf ___, Kortrijk

(17) DF Pascal Plovie __ -, Club Brugge

(5) MF Bruno Versavel __ -, Mechelen

(8) MF Franky Van Der Elst __ -, Club Brugge

(10) MF Enzo Scifo ___, Auxerre

(15) MF Jean-François De Sart __ -, FC Liegi

(18) MF Lorenzo Staelens __ -, Club Brugge

(21) MF Marc Wilmots __ -, Mechelen

(22) MF Patrick Vervoort __ -, Anderlecht

(9) FW Marc Degryse __ -, Anderlecht

(11) FW Jan Ceulemans __ -, Club Brugge

(14) FW Nico Claesen ___, Royal Antwerp

(19) FW Marc Van Der Linden __ -, Anderlecht

_ Brasile (BRA)

_ - 22 giocatori

(1) GK Taffarel __ -, Internazionale

(12) GK Acácio ___, Vasco da Gama

(22) GK Zé Carlos ___, Flamengo

(2) DF Jorginho __, Bayer Leverkusen

(3) DF Ricardo Gomes __ -, Benfica

(6) DF Branco ___, Porto

(13) DF Carlos Mozer __ -, Marsiglia

(14) DF Aldair __ -, Benfica

(19) DF Ricardo Rocha __ -, São Paulo

(21) DF Mauro Galvão __ -, Botafogo

(4) MF Dunga ___, Fiorentina

(5) MF Alemão ___, Napoli

(7) MF Bismarck __ -, Vasco da Gama

(8) MF Valdo __ -, Benfica

(10) MF Silas __ -, centrale spagnola

(18) MF Mazinho ___, Vasco da Gama

(9) FW Careca ___, Napoli

(11) FW Romário __ -, PSV

(15) FW Müller __ -, Torino

(16) FW Bebeto __ -, Vasco da Gama

(17) FW Renato Gaúcho __ -, Flamengo

(20) FW Tita ___, Vasco da Gama

_ Camerun (CMR)

_ - 22 giocatori

(1) GK Joseph-Antoine Bell ___, Bordeaux

(16) GK Thomas N'Kono ___, Inglese

(22) GK Jacques Songo'o ___, Tolone

(2) DF André Kana-Biyik __ -, Metz

(3) DF Jules Onana ___, Canonico Yaoundé

(4) DF Benjamin Massing __ -, Créteil

(5) DF Bertin Ebwellé __ -, Tonnerre Yaoundé

(12) DF Alphonse Yombi ___, Canon Yaoundé

(14) DF Stephen Tataw __ -, Tonnerre Yaoundé

(17) DF Victor N'Dip ___, Canon Yaoundé

(6) MF Emmanuel Kundé __ -, Prévoyance Yaoundé

(8) MF Emile M'Bouh ___, Le Havre

(13) MF Jean-Claude Pagal __ -, La Roche Vendée

(15) MF Thomas Libiih __ -, Tonnerre Yaoundé

(19) MF Roger Feutmba __ -, Union Douala

(20) MF Cyrille Makanaky __ -, Tolone

(21) MF Emmanuel Maboang __, Canonico Yaoundé

(7) FW François Omam-Biyik __ -, Stade Lavallois

(9) FW Roger Milla __ -, JS Saint-Pierroise

(10) FW Louis-Paul M'Fédé ___, Canon Yaoundé

(11) FW Eugène Ekéké __, Valenciennes

(18) FW Bonaventure Djonkep ___, Union Douala

_ Colombia (COL)

_ - 22 giocatori

(1) GK René Higuita __ -, Atletico Nazionale

(12) GK Eduardo Niño ___, Santa Fe Independent

(2) DF Andrés Escobar ___, Giovani Ragazzi

(3) DF Gildardo Gómez ___, Atlético Nacional

(4) DF Luis Fernando Herrera __ -, Atlético Nacional

(6) DF José Ricardo Pérez ___, Atlético Nacional

(13) DF Carlos Hoyos __ -, Atletico Junior

(15) DF Luis Carlos Perea __ -, Atlético Nacional

(17) DF Geovanis Cassiani ___, Milionari

(18) DF Wilmer Cabrera __ -, America de Cali

(21) DF Alexis Mendoza ___, Atletico Junior

(8) MF Gabriel Gómez __, Independiente Medellín

(10) MF Carlos Valderrama __ -, Montpellier

(11) MF Bernardo Redín __ -, Deportivo Cali

(14) MF Leonel Álvarez Álvarez __ -, Atlético Nacional

(19) MF Freddy Rincón __ -, America de Cali

(20) MF Luis Fajardo __ -, Atlético Nacional

(5) FW León Villa ___, Atlético Nacional

(7) FW Carlos Estrada __ -, Milionario

(9) FW Miguel Guerrero __ -, America de Cali

(16) FW Arnoldo Iguarán __ -, Milionari

(22) FW Rubén Darío Hernández __, Milionari

———————————————————

_ Costa Rica (CRC)

_ - 22 giocatori

(1) GK Luis Gabelo Conejo ___, AD Ramonense

(21) GK Hermidio Barrantes ___, Comune di Puntarenas

(22) GK Miguel Segura __ -, Deportivo Saprissa

(2) DF Vladimir Quesada __ -, Deportivo Saprissa

(3) DF Róger Flores __ -, Deportivo Saprissa

(4) DF Rónald González Brenes __ -, Deportivo Saprissa

(5) DF Marvin Obando __, CS Herediano

(13) DF Miguel Davis __ -, Alajuelense

(15) DF Rónald Marín ___, CS Herediano

(18) DF Geovanny Jara ___, CS Herediano

(20) DF Mauricio Montero __, Alajuelense

(6) MF José Carlos Chaves __ -, LD Alajuelense

(8) MF Germán Germán Chavarría __ -, CS Herediano

(10) MF Oscar Ramírez __ -, Alajuelense

(12) MF Róger Gómez __ -, CS Cartaginés

(14) MF Juan Cayasso __ -, Deportivo Saprissa

(16) MF José Jaikel __ -, Deportivo Saprissa

(19) MF Héctor Marchena __, CS Cartaginese

(7) FW Hernán Medford __ -, Deportivo Saprissa

(9) FW Alexandre Guimarães __ -, Deportivo Saprissa

(11) FW Claudio Jara __ -, CS Herediano

(17) FW Roy Myers __ -, AS Limonense

———————————————————

_ Egitto (EGY)

_ - 22 giocatori

(1) GK Ahmed Shobair __ -, Al-Ahly

(21) GK Ayman Taher __ -, Zamalek

(22) GK Thabet El-Batal ___, Al-Ahly

(2) DF Ibrahim Hassan __ -, Al-Ahly

(3) DF Rabie Yassin __ -, Al-Ahly

(4) DF Hany Ramzy __ -, Al-Ahly

(5) DF Hesham Yakan __ -, Zamalek

(6) DF Ashraf Kasem ___, Zamalek

(13) DF Ahmed Ramzy __ -, Zamalek

(8) MF Magdi Abdelghani __, Beira-Mar

(10) MF Gamal Abdelhamid __ -, Zamalek

(12) MF Taher Abouzaid __ -, Al-Ahly

(14) MF Alaa Maihoub __ -, Al-Ahly

(15) MF Saber Eid __ -, Ghazl El-Mehalla

(16) MF Magdy Tolba __ -, PAOK

(18) MF Osama Oraby __ -, Al-Ahly

(20) MF Ahmed El-Kass __ -, El-Olympi Alexandria

(7) FW Ismail Youssef __ -, Zamalek

(9) FW Hossam Hassan ___, Al-Ahly

(11) FW Tarek Soliman __ -, Al-Masry

(17) FW Ayman Shawky __ -, Al-Ahly

(19) FW Adel Abdelrahman __ -, Al-Ahly

_ Inghilterra (GNL)

_ - 23 giocatori

(1) GK Peter Shilton __ 118, Derby County

- GK David Seaman __ 2, Queens Park Rangers

(13) GK Chris Woods __ 16, Rangers

- GK Dave Beasant __ 2, Chelsea

(2) DF Gary Stevens __ 39, Rangers

(3) DF Stuart Pearce __ 24, Nottingham Forest

(5) DF Des Walker __ 18, Nottingham Forest

(6) DF Terry Butcher __ 72, Rangers

(12) DF Paul Parker __ 5, Queens Park Rangers

(14) DF Mark Wright __ 24, Derby County

(15) DF Tony Dorigo __ 3, Chelsea

(4) MF Neil Webb __ 24, Manchester United

(7) MF Bryan Robson __ 85, Manchester United

(8) MF Chris Waddle __ 52, Marsiglia

(11) MF John Barnes __ 53, Liverpool

(16) MF Steve McMahon __ 12, Liverpool

(17) MF David Platt __ 5, Aston Villa

(18) MF Steve Hodge __ 22, Nottingham Forest

(19) MF Paul Gascoigne __ 11, Tottenham Hotspur

(20) MF Trevor Steven __ 26, Rangers

(9) FW Peter Beardsley __ 40, Liverpool

(10) FW Gary Lineker __ 51, Tottenham Hotspur

(21) FW Steve Bull __ 7, Wolverhampton Wanderers

_ Spagna (ESP)

_ - 22 giocatori

(1) GK Andoni Zubizarreta __ 49, Barcellona

(13) GK Juan Carlos Ablanedo __ 2, Sporting Gijón

(22) GK José Manuel Ochotorena __ 1, Valencia

(2) DF Chendo __ 17, Real Madrid

(3) DF Manuel Jiménez __ 13, Siviglia

(4) DF Genar Andrinúa __ 24, Athletic Club

(5) DF Manuel Sanchís __ 30, Real Madrid

(8) DF Quique __ 11, Valencia

(12) DF Rafael Alkorta __ 1, Athletic Club

(14) DF Alberto Górriz __ 8, Real Sociedad

(17) DF Fernando Hierro __ 2, Real Madrid

(6) MF Rafael Martín Vázquez __ 22, Real Madrid

(10) MF Fernando __ 2, Valencia

(11) MF Francisco Villarroya __ 7, Real Zaragoza

(15) MF Roberto __ 22, Barcellona

(16) MF José Mari Bakero __ 11, Barcellona

(18) MF Rafael Paz __ 3, Siviglia

(21) MF Míchel __ 44, Real Madrid

(7) FW Miguel Pardeza __ 4, Real Zaragoza

(9) FW Emilio Butragueño __ 49, Real Madrid

(19) FW Julio Salinas __ 26, Barcellona

(20) FW Manolo __ 13, Atlético Madrid

_ Germania Ovest (RFT)

_ - 22 giocatori

(1) GK Bodo Illgner __ 15, 1.

(12) GK Raimond Aumann __ 3, Bayern Monaco di Baviera

(22) GK Andreas Köpke __ 1, 1.

(2) DF Stefan Reuter __ 16, Bayern Monaco di Baviera

(3) DF Andreas Brehme __ 51, Internazionale

(4) DF Jürgen Kohler __ 27, Bayern Monaco di Baviera

(5) DF Klaus Augenthaler __ 20, Bayern Monaco di Baviera

(6) DF Guido Buchwald __ 32, VfB Stoccarda

(14) DF Thomas Berthold __ 35, Roma

(16) DF Paul Steiner __ 1, 1.

(19) DF Hans Pflügler __ 10, Bayern Monaco di Baviera

(7) MF Pierre Littbarski __ 67, 1.

(8) MF Thomas Häßler __ 12, 1.

(10) MF Lothar Matthäus __ 74, Internazionale

(15) MF Uwe Bein __ 6, Eintracht Francoforte

(17) MF Andreas Möller __ 10, Borussia Dortmund

(20) MF Olaf Thon __ 33, Bayern Monaco di Baviera

(21) MF Günter Hermann __ 2, Werder Bremen

(9) FW Rudi Völler __ 63, Roma

(11) FW Frank Mill __ 17, Borussia Dortmund

(13) FW Karl-Heinz Riedle __ 6, Werder Bremen

(18) FW Jürgen Klinsmann __ 18, Internazionale

_ Irlanda (IRL)

_ - 22 giocatori

(1) GK Packie Bonner __ 38, Celtico

(22) GK Gerry Peyton __ 28, Bournemouth

(2) DF Chris Morris __ 21, Celtico

(3) DF Steve Staunton __ 13, Liverpool

(4) DF Mick McCarthy __ 42, Millwall

(5) DF Kevin Moran __ 55, Blackburn Rovers

(7) DF Paul McGrath __ 36, Aston Villa

(12) DF David O'Leary __ 51, Arsenal

(14) DF Chris Hughton __ 50, Tottenham Hotspur

(20) DF John Byrne __ 19, Le Havre

(6) MF Ronnie Whelan __ 38, Liverpool

(8) MF Ray Houghton __ 29, Liverpool

(11) MF Kevin Sheedy __ 28, Everton

(13) MF Andy Townsend __ 12, Norwich City

(16) MF John Sheridan __ 8, Sheffield mercoledì

(21) MF Alan McLoughlin __ 1, Swindon Town

(9) FW John Aldridge __ 30, Royal Society

(10) FW Tony Cascarino __ 21, Aston Villa

(15) FW Bernie Slaven __ 4, Middlesbrough

(17) FW Niall Quinn __ 15, Manchester City

(18) FW Frank Stapleton __ 71, Blackburn Rovers

(19) FW David Kelly __ 6, Leicester City

_ Italia (ITA)

_ - 22 giocatori

(1) GK Walter Zenga __ 35, Internazionale

(12) GK Stefano Tacconi __ 5, Juventus

(22) GK Gianluca Pagliuca __ 0, Sampdoria

(2) DF Franco Baresi __ 39, Milano

(3) DF Giuseppe Bergomi __ 65, Internazionale

(4) DF Luigi De Agostini __ 24, Juventus

(5) DF Ciro Ferrara __ 16, Napoli

(6) DF Riccardo Ferri __ 29, Internazionale

(7) DF Paolo Maldini __ 19, Milano

(8) DF Pietro Vierchowod __ 29, Sampdoria

(9) MF Carlo Ancelotti __ 22, Milano

(10) MF Nicola Berti __ 11, Internazionale

(11) MF Fernando De Napoli __ 38, Napoli

(13) MF Giuseppe Giannini __ 34, Roma

(14) MF Giancarlo Marocchi __ 7, Juventus

(17) MF Roberto Donadoni __ 29, Milano

(15) FW Roberto Baggio __ 8, Fiorentina
(16) FW Andrea Carnevale __ 8, Napoli
(18) FW Roberto Mancini __ 20, Sampdoria
(19) FW Salvatore Schillaci __ 1, Juventus
(20) FW Aldo Serena __ 18, Internazionale
(21) FW Gianluca Vialli __ 42, Sampdoria

_ Corea del Sud (KOR)
_ - 22 giocatori
(1) GK Kim Poong-Joo __, Daewoo Royals
(19) GK Jeong Jeong Gi-Dong ___, Atomi POSCO
(21) GK Choi In-Young __ -, Hyundai Horangi
(2) DF Park Kyung-Hoon ___, Atomi POSCO
(3) DF Choi Kang-Hee __ -, Hyundai Horangi
(5) DF Chung Yong-Hwan __, Daewoo Royals
(7) DF Noh Soo-Jin __, Yukong Elephants
(13) DF Chung Jong-Soo __ -, Hyundai Horangi
(15) DF Cho Min-Kook __ -, Lucky-Goldstar Hwangso
(17) DF Gu Sang-Bum __ -, Lucky-Goldstar Hwangso
(20) DF Hong Myung-Bo __, Università della Corea
(4) MF Yoon Deuk-Yeo __ -, Hyundai Horangi
(6) MF Lee Tae-Ho ___, Daewoo Royals
(10) MF Lee Sang-Yoon __ -, Ilhwa Chunma
(12) MF Lee Heung-Sil __ -, Atomi POSCO
(14) MF Choi Soon-Ho __ -, Lucky-Goldstar Hwangso
(16) MF Kim Joo-Sung __, Daewoo Royals
(22) MF Lee Young-jin __ -, Lucky-Goldstar Hwangso
(8) FW Chung Hae-Won __, Daewoo Royals
(9) FW Hwangbo Kwan __ -, Yukong Elephants
(11) FW Byun Byung-Joo __, Hyundai Horangi
(18) FW Hwang Sun-Hong __ -, Università di Konkuk

_ Paesi Bassi (NED)
_ - 22 giocatori
(1) GK Hans van Breukelen __ 52, PSV
(16) GK Joop Hiele __ 6, Feyenoord
(22) GK Stanley Menzo __ 1, Ajax
(2) DF Berry van Aerle __ 22, PSV
(4) DF Ronald Koeman __ 43, Barcellona
(5) DF Adri van Tiggelen __ 40, Anderlecht
(13) DF Graeme Rutjes __ 7, Mechelen
(18) DF Henk Fräser __ 2, Roda JC
(21) DF Danny Blind __ 5, Ajax
(3) MF Frank Rijkaard __ 42, Milano

(6) MF Jan Wouters __ 30, Ajax

(7) MF Erwin Koeman __ 23, Mechelen

(8) MF Gerald Vanenburg __ 36, PSV

(10) MF Ruud Gullit __ 44, Milano

(11) MF Richard Witschge __ 4, Ajax

(14) MF John van 't Schip __ 22, Ajax

(15) MF Bryan Roy __ 2, Ajax

(20) MF Aron Winter __ 11, Ajax

(9) FW Marco van Basten __ 35, Milano

(12) FW Wim Kieft __ 27, PSV

(17) FW Hans Gillhaus __ 2, Aberdeen

(19) FW John van Loen __ 6, Roda JC

_____

_ Romania (ROU)

_ - 22 giocatori

(1) GK Silviu Lung __ 65, Steaua Bucureşti

(12) GK Bogdan Stelea __ 3, Dinamo Bucureşti

(22) GK Gheorghe Liliac __ 2, Petrolul Ploieşti

(2) DF Mircea Rednic __ 74, Dinamo Bucureşti

(3) DF Michael Klein __ 78, Dinamo Bucureşti

(4) DF Ioan Andone __ 49, Dinamo Bucureşti

(5) DF Iosif Rotariu __ 11, Steaua Bucureşti

(6) DF Gheorghe Popescu __ 18, Universitatea Craiova

(13) DF Adrian Popescu __ 1, Universitatea Craiova

(19) DF Emil Săndoi __ 8, Universitatea Craiova

(8) MF Ioan Sabău __ 21, Dinamo Bucureşti

(10) MF Gheorghe Hagi __ 59, Steaua Bucureşti

(11) MF Dănuţ Lupu __ 7, Dinamo Bucureşti

(15) MF Dorin Mateuţ __ 45, Dinamo Bucureşti

(16) MF Daniel Timofte __ 4, Dinamo Bucureşti

(20) MF Zsolt Muzsnay __ 6, Steaua Bucureşti

(21) MF Ioan Lupescu __ 4, Dinamo Bucureşti

(7) FW Marius Lăcătuş __ 38, Steaua Bucureşti

(9) FW Rodion Cămătaru __ 74, Charleroi

(14) FW Florin Răducioiu __ 3, Dinamo Bucureşti

(17) FW Ilie Dumitrescu __ 9, Steaua Bucureşti

(18) FW Gavril Balint __ 24, Steaua Bucureşti

_____

_ Scozia (SCO)

_ - 22 giocatori

(1) GK Jim Leighton __ 55, Manchester United

(12) GK Andy Goram __ 9, Hibernian

(22) GK Bryan Gunn __ 1, Norwich City

(2) DF Alex McLeish __ 69, Aberdeen

(3) DF Roy Aitken __ 53, Newcastle United

(4) DF Richard Gough __ 49, Rangers

(6) DF Maurice Malpas __ 34, Dundee United

(11) DF Gary Gillespie __ 11, Liverpool

(15) DF Craig Levein __ 5, Cuore di Midlothian

(17) DF Stewart McKimmie __ 4, Aberdeen

(19) DF David McPherson __ 4, Cuore di Midlothian

(5) MF Paul McStay __ 46, Celtico

(8) MF Jim Bett __ 24, Aberdeen

(10) MF Murdo MacLeod __ 14, Borussia Dortmund

(16) MF Stuart McCall __ 5, Everton

(18) MF John Collins __ 4, Hibernian

(20) MF Gary McAllister __ 3, Leicester City

(21) MF Robert Fleck __ 1, Norwich City

(7) FW Mo Johnston __ 33, Rangers

(9) FW Ally McCoist __ 23, Rangers

(13) FW Gordon Durie _ 6, Chelsea

(14) FW Alan McInally __ 7, Bayern Monaco di Baviera

_ Svezia (SWE)

_ - 22 giocatori

(1) GK Sven Andersson __, Örgryte

(12) GK Lars Eriksson __, Norrköping

(22) GK Thomas Ravelli __ -, IFK Göteborg

(2) DF Jan Eriksson __, AIK

(3) DF Glenn Hysén ___, Liverpool

(4) DF Peter Larsson ___, Ajax

(5) DF Roger Ljung __ -, Giovani Ragazzi

(6) DF Roland Nilsson ___, Sheffield mercoledì

(7) DF Niklas Nyhlén __ -, Malmö

(8) DF Stefan Schwarz __, Malmö

(9) MF Leif Engqvist __ -, Malmö

(10) MF Klas Ingesson __ -, IFK Göteborg

(11) MF Ulrik Jansson __ -,

(13) MF Anders Limpar __, Cremonese

(14) MF Joakim Nilsson ___, Malmö

(15) MF Glenn Strömberg __ -, Atalanta

(16) MF Jonas Thern __ -, Benfica

(19) MF Mats Gren __ -, Cavalletta

(17) FW Tomas Brolin __ -, Norrköping

(18) FW Johnny Ekström ___, Cannes

(20) FW Mats Magnusson __ -, Benfica

(21) FW Stefan Pettersson ___, Ajax

_ Cecoslovacchia (TCH)

_ - 22 giocatori

(1) GK Jan Stejskal __ -, Sparta Praga

(21) GK Luděk Miklo?ko __, West Ham United

(22) GK Peter Palúch __ -, Plastika Nitra

(2) DF Július Bielik __ -, Sparta Praga

(3) DF Miroslav Kadlec ___, TJ Vítkovice

(5) DF Ján Kocian __ -, FC St. Pauli

(6) DF Frantisek Straka __ -, Borussia Mönchengladbach

(14) DF Vladimír Weiss __, Inter Bratislava

(15) DF Vladimír Kinier __ -, Slovan Bratislava

(4) MF Ivan Ha?ek __, Sparta Praga

(7) MF Michal Bílek __ -, Sparta Praga

(8) MF Jozef Chovanec __ -, PSV

(9) MF Luboš Kubík __, Fiorentina

(11) MF Ľubomír Moravčík __ -, Plastika Nitra

(12) MF Peter Fieber __ -, Dunajská Streda

(13) MF Jiří Němec __ -, Dukla Praga

(16) MF Viliam Hýravý __ -, Baník Ostrava

(20) MF Václav Němeček __ -, Sparta Praga

(10) FW Thomas Skuhravý __ -, Sparta Praga

(17) FW Ivo Knoflíček __ -, FC St. Pauli

(18) FW Milan Luhový ___, Sporting Gijón

(19) FW Stanislav Griga __ -, Feyenoord

_ Unione Sovietica (URS)

_ - 22 giocatori

(1) GK Rinat Dasayev __ 90, Siviglia

(16) GK Viktor Chanov __ 21, Dynamo Kyiv

(22) GK Alexander Uvarov __ 1, Dinamo Mosca

(2) DF Volodymyr Bezsonov __ 77, Dynamo Kyiv

(3) DF Vagiz Khidiyatullin __ 55, Tolosa

(4) DF Oleh Kuznetsov __ 49, Dynamo Kyiv

(5) DF Anatoliy Demyanenko __ 79, Dynamo Kyiv

(13) DF Akhrik Tsveiba __ 3, Dynamo Kyiv

(17) DF Andrei Zygmantovich __ 34, Dynamo Minsk

(19) DF Sergei Fokin __ 3, CSKA Mosca

(20) DF Sergei Gorlukovich __ 15, Borussia Dortmund

(6) MF Vasyl Rats __ 46, Dynamo Kyiv

(7) MF Sergei Aleinikov __ 61, Juventus

(8) MF Gennadiy Lytovchenko __ 54, Dynamo Kyiv

(9) MF Oleksandr Zavarov __ 38, Juventus

(15) MF Ivan Yaremchuk __ 16, Dynamo Kyiv

(18) MF Igor Shalimov __ 0, Spartak Mosca

(21) MF Valeri Broshin __ 2, CSKA Mosca
(10) FW Oleh Protasov __ 60, Dynamo Kyiv
(11) FW Igor Dobrovolski __ 13, Dinamo Mosca
(12) FW Aleksandr Borodyuk __ 5, Schalke 04
(14) FW Volodymyr Lyutyi __ 2, Schalke 04

_____

_ Stati Uniti (USA)
_ - 22 giocatori
(1) GK Tony Meola ___, U.S. Soccer Federation (USA)
(18) GK Kasey Keller ___, Portland Timbers (USA)
(22) GK David Vanole __, Los Angeles Heat (USA)
(2) DF Steve Trittschuh ___, Tampa Bay Rowdies (USA)
(3) DF John Doyle __ -, S.F. Bay Blackhawks (USA)
(4) DF Jimmy Banks __, Milwaukee Wave (USA)
(5) DF Mike Windischmann __ -, Albany Capitals (USA)
(15) DF Desmond Armstrong ___, Baltimora Blast (USA)
(17) DF Marcelo Balboa __ -, San Diego Sockers (USA)
(6) MF John Harkes __ -, Albany Capitals (USA)
(7) MF Tab Ramos __ -, Figueres
(8) MF Brian Bliss __, Albany Capitals (USA)
(12) MF Paul Krumpe __ -, Real Santa Barbara (USA)
(13) MF Eric Eichmann __ -, Fort Lauderdale Strikers (USA)
(14) MF John Stollmeyer __ -, Washington Stars (USA)
(19) MF Chris Henderson __ -, UCLA Bruins (USA)
(20) MF Paul Caligiuri __ -, SV Meppen (GER)
(21) MF Neil Covone __ -, Wake Forest Demon Deacons (USA)
(9) FW Christopher Sullivan __ -, Győri (HUN)
(10) FW Peter Vermes __ -, Volendam (NED)
(11) FW Eric Wynalda __ -, S.F. Bay Blackhawks (USA)
(16) FW Bruce Murray __, Washington Stars (USA)

_____

_ Uruguay (URU)
_ - 22 giocatori
(1) GK Fernando Álvez __ -, Peñarol
(12) GK Eduardo Pereira ___, Indipendente
(22) GK Javier Zeoli __ -, Danubio
(2) DF Nelson Gutiérrez ___, Verona
(3) DF Hugo de León ___, River Plate
(4) DF José Oscar Herrera ___, Figueres
(6) DF Alfonso Domínguez ___, Peñarol
(13) DF Daniel Revelez __ -, Nazionale
(14) DF José Pintos Saldanha ___, Nazionale
(5) MF José Perdomo ___, Genova
(8) MF Santiago Santiago Ostolaza __ -, Croce Blu

(9) MF Enzo Francescoli __ -, Marsiglia

(10) MF Rubén Paz ___, Genova

(15) MF Gabriel Correa __ -, Peñarol

(16) MF Pablo Bengoechea __ -, Siviglia

(20) MF Rubén Pereira __ -, Danubio

(21) MF William Castro __ -, Nazionale

(7) FW Antonio Alzamendi __ -, Logroñés

(11) FW Rubén Sosa __ -, Lazio

(17) FW Sergio Martínez __ -, Defensor Sporting

(18) FW Carlos Aguilera ___, Genova

(19) FW Daniel Fonseca __ -, Nazionale

_____

_ Yuguslavia (YUG)

_ - 22 giocatori

(1) GK Tomislav Ivković __ 26, Sporting CP

(12) GK Fahrudin Omerović __ 0, FK Partizan (SFR)

(22) GK Dragoje Leković __ 3, Budućnost Titograd (SFR)

(2) DF Vujadin Stanojković __ 16, FK Partizan (SFR)

(3) DF Predrag Spasić __ 18, FK Partizan (SFR)

(4) DF Zoran Vulić __ 15, Mallorca

(5) DF Faruk Hadžibegić __ 45, Sochaux

(6) DF Davor Jozić __ 17, Cesena

(17) DF Robert Jarni __ 1, Hajduk Split (SFR)

(18) DF Mirsad Baljić __ 28, Sion

(21) DF Andrej Panadić __ 3, Dinamo Zagabria (SFR)

(7) MF Dragoljub Brnović __ 20, Metz

(8) MF Safet Sušić __ 47, Paris Saint-Germain

(10) MF Dragan Stojković __ 33, Stella Rossa di Belgrado (SFR)

(13) MF Srečko Katanec __ 26, Sampdoria

(15) MF Robert Prosinečki __ 7, Stella Rossa di Belgrado (SFR)

(16) MF Refik Šabanadžović __ 4, Stella Rossa di Belgrado (SFR)

(9) FW Darko Pančev __ 14, Stella Rossa di Belgrado (SFR)

(11) FW Zlatko Vujović __ 63, Paris Saint-Germain

(14) FW Alen Bokšić __ 0, Hajduk Split (SFR)

(19) FW Dejan Savićević __ 13, Stella Rossa di Belgrado (SFR)

(20) FW Davor Þuker __ 0, Dinamo Zagabria (SFR)

STATI UNITI 1994
_ Coppa del Mondo 1994 _ negli USA, 17 giugno - 17 luglio 1994

Gruppo A | Romania Svizzera Svizzera Stati Uniti Colombia
Gruppo B: Brasile, Svezia, Russia, Camerun
Gruppo C : Germania Spagna Spagna Corea del Sud Bolivia
Gruppo D | Nigeria Bulgaria Argentina Grecia
Gruppo E | Messico Irlanda Italia Italia Norvegia
Gruppo F | Paesi Bassi Arabia Saudita Belgio Marocco

__ Il 26 giugno si giocherà la seconda e la terza partita.
Giorno 1 | 17 giugno - 21 giugno
Secondo giorno | 22 giugno - 26 giugno
Terzo giorno | 27 giugno - 30 giugno

Gruppo A:
(3) 18 giugno Stati Uniti 1-1 Svizzera @ Pontiac Silverdome, Pontiac
(5) 18 giugno Colombia 1-3 Romania @ Rose Bowl, Pasadena
(14) 22 giugno Romania 1-4 Svizzera @ Pontiac Silverdome, Pontiac
(15) 22 giugno Stati Uniti 2-1 Colombia @ Rose Bowl, Pasadena
(25) 26 giugno Stati Uniti 0-1 Romania @ Rose Bowl, Pasadena
(26) 26 giugno Svizzera 0-2 Colombia allo Stadio di Stanford, Stanford

Gruppo B:
(8) 19 giugno Camerun 2-2 Svezia @ Rose Bowl, Pasadena
(9) 20 giugno Brasile 2-0 Russia allo Stanford Stadium, Stanford
(19) 24 giugno Brasile 3-0 Camerun allo Stanford Stadium di Stanford, Stanford
(20) 24 giugno Svezia 3-1 Russia @ Pontiac Silverdome, Pontiac
(31) 28 giugno Russia 6-1 Camerun allo Stanford Stadium, Stanford
(32) 28 giugno Brasile 1-1 Svezia @ Pontiac Silverdome, Pontiac
Gruppo C:
(1) 17 giugno Germania 1-0 Bolivia @ Soldier Field, Chicago
(2) 17 giugno Spagna 2-2 Corea del Sud al Cotton Bowl, Dallas
(12) 21 giugno Germania 1-1 Spagna al Soldier Field, Chicago
(17) 23 giugno Corea del Sud 0-0 Bolivia allo stadio Foxboro, Foxborough
(27) 27 giugno Bolivia 1-3 Spagna @ Soldier Field, Chicago
(28) 27 giugno Germania 3-2 Corea del Sud @ Cotton Bowl, Dallas
Gruppo D:
(11) 21 giugno Argentina 4-0 Grecia allo stadio Foxboro, Foxborough

(13) 21 giugno Nigeria 3-0 Bulgaria @ Cotton Bowl, Dallas

(23) 25 giugno Argentina 2-1 Nigeria allo stadio Foxboro, Foxborough

(24) 26 giugno Grecia 0-4 Bulgaria @ Soldier Field, Chicago

(35) 30 giugno Grecia 0-2 Nigeria presso lo stadio Foxboro, Foxborough

(36) 30 giugno Argentina 0-2 Bulgaria @ Cotton Bowl, Dallas

Gruppo E:

(4) 18 giugno Italia 0-1 Irlanda al Giants Stadium, East Rutherford

(7) 19 giugno Norvegia 1-0 Messico allo stadio RFK, Washington

(16) 23 giugno Italia 1-0 Norvegia al Giants Stadium, East Rutherford

(18) 24 giugno Messico 2-1 Irlanda @ Citrus Bowl, Orlando

(29) 28 giugno Irlanda 0-0 Norvegia al Giants Stadium, East Rutherford

(30) 28 giugno Italia 1-1 Messico allo stadio RFK, Washington

Gruppo F:

(6) 19 giugno Belgio 1-0 Marocco @ Citrus Bowl, Orlando

(10) 20 giugno Paesi Bassi 2-1 Arabia Saudita allo stadio RFK, Washington

(21) 25 giugno Belgio 1-0 Paesi Bassi @ Citrus Bowl, Orlando

(22) 25 giugno Arabia Saudita 2-1 Marocco al Giants Stadium, East Rutherford

(33) 29 giugno Marocco 1-2 Paesi Bassi @ Citrus Bowl, Orlando

(34) 29 giugno Belgio 0-1 Arabia Saudita allo stadio RFK, Washington

_ Coppa del Mondo 1994 _ negli USA, 17 giugno - 17 luglio 1994

Il Giro dei 16

(37) 2 luglio Germania 3-2 Belgio @ Soldier Field, Chicago

(38) 2 luglio Spagna 3-0 Svizzera allo stadio RFK, Washington

(39) 3 luglio Arabia Saudita 1-3 Svezia @ Cotton Bowl, Dallas

(40) 3 luglio Romania 3-2 Argentina al Rose Bowl, Pasadena

(41) 4 luglio Paesi Bassi 2-0 Irlanda @ Citrus Bowl, Orlando

(42) 4 luglio Brasile 1-0 Stati Uniti allo Stanford Stadium, Stanford

(43) 5 luglio Nigeria 1-2 a.e.t. (1-1) Italia @ Foxboro Stadium, Foxborough

(44) 5 luglio Messico 1-3 penna. 1-1 a.e.t. (1-1) Bulgaria al Giants Stadium, East Rutherford

Quarti di finale

(45) 9 luglio Italia 2-1 Spagna allo stadio Foxboro, Foxborough

(46) 9 luglio Paesi Bassi 2-3 Brasile @ Cotton Bowl, Dallas

(47) 10 luglio Bulgaria 2-1 Germania al Giants Stadium, East Rutherford

(48) 10 luglio Romania 4-5 piume 2-2 a.e.t. (1-1) Svezia @ Stanford Stadium, Stanford

Semifinali

(49) 13 luglio Bulgaria 1-2 Italia al Giants Stadium, East Rutherford

(50) 13 luglio Svezia 0-1 Brasile al Rose Bowl, Pasadena

La partita per il terzo posto

(51) 16 luglio Svezia 4-0 Bulgaria @ Rose Bowl, Pasadena

Finale

(52) 17 luglio Brasile 3-2 penna. 0-0 a.e.t. (0-0) Italia @ Rose Bowl, Pasadena

SQUADRE E GIOCATORI PARTECIPANTI

_ Argentina (ARG)

_ - 22 giocatori

(1) GK Sergio Goycochea ___, River Plate

(12) GK Luis Islas ___, Indipendente

(22) GK Norberto Scoponi __ -, Newell's Old Boys

(2) DF Sergio Vázquez __, Università Cattolica

(3) DF José Chamot __ -, Foggia

(4) DF Roberto Néstor Sensini __, Parma

(6) DF Oscar Ruggeri __ -, San Lorenzo

(13) DF Fernando Cáceres __ -, Real Zaragoza

(15) DF Jorge Borelli __ -, Corse

(16) DF Hernán Díaz ___, River Plate

(5) MF Fernando Redondo __ -, Tenerife

(8) MF José Basualdo __ -, Vélez Sársfield

(10) MF Diego Maradona __ -, i vecchi ragazzi di Newell

(14) MF Diego Simeone __ -, Siviglia

(17) MF Ariel Ortega __ -, River Plate

(18) MF Hugo Perez __ -, Indipendente

(20) MF Leonardo Rodriguez __ -, Borussia Dortmund

(21) MF Alejandro Mancuso __ -, Boca Juniors

(7) FW Claudio Caniggia __ -, Roma

(9) FW Gabriel Batistuta ___, Fiorentina

(11) FW Ramón Medina Bello __, Yokohama Marinos

(19) FW Abel Balbo __ -, Roma

_ Belgio (BEL)

_ - 22 giocatori

(1) GK Michel Preud'homme ___, KV Mechelen

(12) GK Filip De Wilde __ -, Anderlecht

(20) GK Dany Verlinden ___, Club Brugge

(2) DF Dirk Medved __ -, Club Brugge

(3) DF Vital Borkelmans __ -, Club Brugge

(4) DF Philippe Albert ___, Anderlecht

(5) DF Rudi Smidts __ -, Royal Antwerp

(6) DF Lorenzo Staelens __ -, Club Brugge

(13) DF Georges Grün __, Parma

(14) DF Michel De Wolf ___, Anderlecht

(19) DF Eric Van Meir __ -, Charleroi

(22) DF Pascal Renier __ -, Club Brugge

(7) MF Franky Van Der Elst __ -, Club Brugge

(10) MF Enzo Scifo ___, AS Monaco

(15) MF Marc Emmers __ -, Anderlecht

(16) MF Danny Boffin __ -, Anderlecht

(18) MF Marc Wilmots __ -, Standard Liegi

(21) MF Stéphane Van Der Heyden __ -, Club Brugge

(8) FW Luc Nilis __ -, Anderlecht

(9) FW Marc Degryse __ -, Anderlecht

(11) FW Alexandre Czerniatynski __ -, KV Mechelen

(17) FW Josip Weber __ -, Cercle Brugge

_____

_ Bulgaria (BUL)

_ - 22 giocatori

(1) GK Borislav Mikhailov __ 66, Mulhouse

(12) GK Plamen Nikolov __ 5, Levski Sofia

(2) DF Emil Kremenliev __ 7, Olympiacos

(3) DF Trifon Ivanov __ 39, Neuchâtel

(4) DF Tsanko Tsvetanov __ 16, Waldhof Mannheim

(5) DF Petar Houbchev __ 15, Hamburger SV

(15) DF Nikolay Iliev __ 48, Rennes

(16) DF Ilian Kiriakov __ 35, Mérida

(6) MF Zlatko Yankov __ 31, Beşiktaş

(9) MF Yordan Letchkov __ 14, Hamburger SV

(11) MF Daniel Borimirov __ 9, Monaco 1860

(14) MF Boncho Genchev __ 4, Ipswich Town

(19) MF Georgi Georgiev __ 10, Mulhouse

(20) MF Krassimir Balakov __ 33, Sporting CP

(7) FW Emil Kostadinov __ 32, Porto

(8) FW Hristo Stoichkov __ 41, Barcellona

(10) FW Nasko Sirakov __ 55, Saragozza

(13) FW Ivaylo Yordanov __ 10, Sporting CP

(17) FW Petar Mihtarski __ 5, Pirin Blagoevgrad

(18) FW Petar Aleksandrov __ 26, Aarau

(21) FW Velko Yotov __ 6, Spagna

(22) FW Ivaylo Andonov __ 5, CSKA Sofia

_____

_ Bolivia (BOL)

_ - 22 giocatori

(1) GK Carlos Trucco __ 44, Bolivar

(12) GK Dario Rojas ___, Oil East

(19) GK Marcelo Torrico ___, più forte

(2) DF Juan Manuel Peña __ -, Santa Fe

(3) DF Marco Sandy __ -, Bolivar

(4) DF Miguel Rimba __ -, Bolívar

(5) DF Gustavo Quinteros ___, Il più forte

(13) DF Modesto Soruco ___, Una volta Caldas

(16) DF Luis Cristaldo __ -, Bolivar

(17) DF Óscar Sánchez ___, Il più forte

(6) MF Carlos Borja __ -, Bolivar

(7) MF Mario Pinedo ___, Oil East

(8) MF José Milton Melgar __ -, Il più forte

(10) MF Marco Etcheverry __ -, Colo Colo

(14) MF Mauricio Ramos __ -, Distruttori

(15) MF Vladimir Soria __ -, Bolívar

(20) MF Ramiro Castillo __ -, Platense

(21) MF Erwin Sánchez __, Boavista

(22) MF Julio César Baldivieso __ -, Bolívar

(9) FW Álvaro Peña __ -, Sport Temuco

(11) FW Jaime Moreno ___, Blooming

(18) FW Luis Ramallo __ -, Oil East

_ Brasile (BRA)

_ - 22 giocatori

(1) GK Taffarel __ -, Reggiana

(12) GK Zetti ___, São Paulo

(22) GK Gilmar ___, Flamengo

(2) DF Jorginho __ -, Bayern Monaco di Baviera

(3) DF Ricardo Rocha __ -, Vasco da Gama

(4) DF Ronaldão __ -, Shimizu S-Pulse

(6) DF Branco ___, Fluminense

(13) DF Aldair ___, Roma

(14) DF Cafu ___, São Paulo

(15) DF Márcio Santos __ -, Bordeaux

(5) MF Mauro Silva __ -, Deportivo La Coruña

(8) MF Dunga __ -, VfB Stoccarda

(9) MF Zinho ___, Palmeiras

(10) MF Raí ___, Paris Saint-Germain

(16) MF Leonardo ___, San Paolo

(17) MF Mazinho ___, Palmeiras

(7) FW Bebeto __ -, Deportivo La Coruña

(11) FW Romário __ -, Barcellona

(18) FW Paulo Sérgio __, Bayer Leverkusen

(19) FW Müller __ -, São Paulo

(20) FW Ronaldo __ -, Cruzeiro

(21) FW Viola ___, Corinzi

_ Svizzera (SUI)

_ - 22 giocatori

(1) GK Marco Pascolo __ 18, Servette

(12) GK Stephan Lehmann __ 6, Sion
(22) GK Martin Brunner __ 33, Cavalletta
(2) DF Marc Hottiger __ 41, Sion
(3) DF Yvan Quentin __ 14, Sion
(5) DF Alain Geiger __ 94, Sion
(8) DF Christophe Ohrel __ 28, Servette
(13) DF André Egli __ 79, Servette
(18) DF Martin Rueda __ 5, Lucerna
(19) DF Jürg Studer __ 5, Zurigo
(4) MF Dominique Herr __ 39, Sion
(7) MF Alain Sutter __ 46, 1.
(10) MF Ciriaco Sforza __ 23, 1.
(16) MF Thomas Bickel __ 41, Cavalletta
(17) MF Sébastien Fournier __ 4, Sion
(20) MF Patrick Sylvestre __ 9, Losanna
(21) MF Thomas Wyss __ 5, Aarau
(6) FW Georges Bregy __ 50, Young Boys
(9) FW Adrian Knup __ 34, VfB Stoccarda
(11) FW Stéphane Chapuisat __ 36, Borussia Dortmund
(14) FW Nestor Subiat __ 7, Lugano
(15) FW Marco Grassi __ 9, Servette

_____

_ Camerun (CMR)
_ - 22 giocatori
(1) GK Joseph-Antoine Bell ___, Saint-Étienne
(21) GK Thomas N'Kono ___, EC L'Hospitalet
(22) GK Jacques Songo'o ___, Metz
(2) DF André Kana-Biyik __ -, Le Havre
(3) DF Rigobert Song __ -, Tonnerre Yaounde
(4) DF Samuel Ekeme __, Canon Yaounde
(5) DF Victor N'Dip ___, Olympic Mvolyé
(13) DF Raymond Kalla __, Canon Yaounde
(14) DF Stephen Tataw ___, Olympic Mvolyé
(15) DF Hans Agbo __ -, Mvolyé Olympic
(6) MF Thomas Libiih __ -, Ohud
(8) MF Emile M'Bouh __ -, Nadi Qatar
(11) MF Emmanuel Maboang __ -, Rio Ave
(12) MF Paul Loga __ -, Prevoyance Yaounde
(17) MF Marc-Vivien Foé __, Canon Yaounde
(18) MF Jean-Pierre Fiala ___, Canon Yaounde
(7) FW François Omam-Biyik __, Lens
(9) FW Roger Milla __ -, Tonnerre Yaounde
(10) FW Louis-Paul M'Fédé ___, Canon Yaounde
(16) FW Alphonse Tchami __ -, Odense

(19) FW David Embé ___, Betlemme

(20) FW Georges Mouyémé ___, Troyes

_____

_ Colombia (COL)

_ - 22 giocatori

(1) GK Óscar Córdoba ___, America de Cali

(12) GK Farid Mondragon ___, Argentinos Juniors

(22) GK José María Pazo ___, Atletico Junior

(2) DF Andrés Escobar ___, Atlético Nacional

(3) DF Alexis Mendoza ___, Atletico Junior

(4) DF Luis Fernando Herrera __ -, Atlético Nacional

(13) DF Néstor Ortiz ___, Una volta Caldas

(15) DF Luis Carlos Perea __ -, Atletico Junior

(18) DF Óscar Cortés __ -, Milionari

(20) DF Wilson Perez __ -, America de Cali

(5) MF Hernán Gaviria __ -, Atlético Nacional

(6) MF Gabriel Gómez __ -, Atlético Nacional

(8) MF John Harold Lozano __ -, America de Cali

(10) MF Carlos Valderrama __ -, Atletico Junior

(14) MF Leonel Álvarez Álvarez __ -, America de Cali

(17) MF Mauricio Serna __ -, Atletico Nazionale

(19) MF Freddy Rincón __ -, Palmeiras

(7) FW Antony de Ávila __ -, America de Cali

(9) FW Iván Valenciano __ -, Atlético Junior

(11) FW Adolfo Valencia __ -, Bayern Monaco di Baviera

(16) FW Víctor Aristizábal __ -, Atlético Nacional

(21) FW Faustino Asprilla __, Parma

_____

_ Germania (GER)

_ - 22 giocatori

(1) GK Bodo Illgner __ -, 1.

(12) GK Andreas Köpke __ -, 1. FC Nürnberg

(22) GK Oliver Kahn ___, Karlsruher SC

(3) DF Andreas Brehme __ -, 1. FC Kaiserslautern

(4) DF Jürgen Kohler ___, Juventus

(5) DF Thomas Helmer __ -, Bayern München

(6) DF Guido Buchwald __ -, VfB Stoccarda

(14) DF Thomas Berthold __ -, VfB Stoccarda

(2) MF Thomas Strunz __ -, VfB Stoccarda

(7) MF Andreas Möller __ -, Juventus

(8) MF Thomas Häßler __, Roma

(10) MF Lothar Matthäus __ -, Bayern München

(15) MF Maurizio Gaudino __, Eintracht Francoforte

(16) MF Matthias Sammer __ -, Borussia Dortmund

(17) MF Martin Wagner __ -, 1. FC Kaiserslautern

(20) MF Stefan Effenberg __, Fiorentina

(21) MF Mario Basler __ -, Werder Bremen

(9) FW Karl-Heinz Riedle __ -, Borussia Dortmund

(11) FW Stefan Kuntz __ -, 1. FC Kaiserslautern

(13) FW Rudi Völler __ -, Marsiglia

(18) FW Jürgen Klinsmann __, AS Monaco

(19) FW Ulf Kirsten __, Bayer Leverkusen

_ Spagna (ESP)

_ - 22 giocatori

(1) GK Andoni Zubizarreta __ 87, Barcellona

(13) GK Santiago Cañizares __ 4, Celta Vigo

(22) GK Julen Lopetegui __ 1, Logroño

(2) DF Albert Ferrer __ 16, Barcellona

(3) DF Jorge Otero __ 5, Celta Vigo

(4) DF Francisco José Camarasa __ 9, Valencia

(5) DF Abelardo __ 9, Sporting Gijón

(12) DF Sergi __ 2, Barcellona

(17) DF Voro __ 4, Deportivo La Coruña

(18) DF Rafael Alkorta __ 19, Real Madrid

(20) DF Miguel Ángel Nadal __ 11, Barcellona

(6) MF Fernando Hierro __ 23, Real Madrid

(7) MF Ion Andoni Goikoetxea __ 22, Barcellona

(8) MF Julen Guerrero __ 9, Atletico Bilbao

(9) MF Josep Guardiola __ 11, Barcellona

(10) MF José Mari Bakero __ 25, Barcellona

(11) MF Txiki Begiristain __ 21, Barcellona

(15) MF José Luis Luis Caminero __ 4, Atlético Madrid

(21) MF Luis Enrique __ 5, Real Madrid

(14) FW Juanele __ 4, Sporting Gijón

(16) FW Felipe Miñambres __ 4, Tenerife

(19) FW Julio Salinas __ 43, Barcellona

_ Grecia (GRE)

_ - 22 giocatori

(1) GK Antonis Minou ___, Apollon Smyrnis

(15) GK Christos Karkamanis ___, Aris Thessaloniki

(20) GK Elias Atmatsidis ___, AEK

(2) DF Stratos Apostolakis __ -, Panathinaikos

(3) DF Thanasis Kolitsidakis __ -, Panathinaikos

(4) DF Stelios Manolas __ -, AEK

(5) DF Ioannis Kalitzakis __ -, Panathinaikos

(13) DF Vaios Karagiannis __ -, AEK

(18) DF Kiriakos Karataidis ___, Olympiacos

(22) DF Alexis Alexiou __ -, PAOK

(6) MF Giotis Tsalouchidis __ -, Olympiacos

(8) MF Nikos Nioplias __ -, Panathinaikos

(10) Tassi di Mitropoulos MF __ -, AEK

(11) MF Nikos Tsiantakis __ -, Olympiacos

(12) MF Spiros Marangos __ -, Panathinaikos

(17) MF Minas Hantzidis __ -, Olympiacos

(19) MF Savvas Kofidis __ -, Aris Thessaloniki

(7) FW Dimitris Saravakos __ -, Panathinaikos

(9) FW Nikos Machlas ___, OFI

(14) FW Vasilis Dimitriadis __ -, AEK

(16) FW Alexis Alexoudis __ -, OFI

(21) FW Alekos Alexandris __ -, Olympiacos

_ Irlanda (IRL)

_ - 22 giocatori

(1) GK Packie Bonner __ 73, Celtico

(22) GK Alan Kelly __ 3, Sheffield United

(2) DF Denis Irwin __ 26, Manchester United

(3) DF Terry Phelan __ 22, Manchester City

(4) DF Kevin Moran __ 69, Blackburn Rovers

(5) DF Paul McGrath __ 65, Aston Villa

(11) DF Steve Staunton __ 47, Aston Villa

(12) DF Gary Kelly __ 5, Leeds United

(13) DF Alan Kernaghan __ 11, Manchester City

(14) DF Phil Babb __ 5, Coventry City

(6) MF Roy Keane __ 22, Manchester United

(7) MF Andy Townsend __ 45, Aston Villa

(8) MF Ray Houghton __ 58, Aston Villa

(10) MF John Sheridan __ 19, Sheffield mercoledì

(17) MF Eddie McGoldrick __ 12, Arsenal

(18) MF Ronnie Whelan __ 50, Liverpool

(19) MF Alan McLoughlin __ 17, Portsmouth

(21) MF Jason McAteer __ 5, Bolton Wanderers

(9) FW John Aldridge __ 57, Tranmere Rovers

(15) FW Tommy Coyne __ 14, Motherwell

(16) FW Tony Cascarino __ 50, Chelsea

(20) FW David Kelly __ 16, Wolverhampton

_ Italia (ITA)

_ - 22 giocatori

(1) GK Gianluca Pagliuca __ -, Sampdoria

(12) GK Luca Marchegiani __ -, Lazio

(22) GK Luca Bucci __, Parma

(2) DF Luigi Apolloni __, Parma

(3) DF Antonio Benarrivo __, Parma

(4) DF Alessandro Costacurta __, Milano

(5) DF Paolo Maldini __, Milano

(6) DF Franco Baresi __, Milano

(7) DF Lorenzo Minotti __ -, Parma

(8) DF Roberto Mussi ___, Torino

(9) DF Mauro Tassotti __, Milano

(11) MF Demetrio Albertini __, Milano

(13) MF Dino Baggio __ -, Juventus

(14) MF Nicola Berti __, Internazionale

(15) MF Antonio Conte __, Juventus

(16) MF Roberto Donadoni __, Milano

(17) MF Alberigo Evani __ -, Sampdoria

(10) FW Roberto Baggio __ -, Juventus

(18) FW Pierluigi Casiraghi ___, Lazio

(19) FW Daniele Massaro __, Milano

(20) FW Giuseppe Signori ___, Lazio

(21) FW Gianfranco Zola __, Parma

_ Corea del Sud (KOR)

_ - 22 giocatori

(1) GK Choi In-Young __ -, Hyundai Horangi

(21) GK Park Chul-Woo ___, LG Cheetahs

(22) GK Lee Woon-Jae ___, Università Kyung Hee

(2) DF Chung Jong-Son __ -, Hyundai Horangi

(3) DF Lee Jong-Hwa __, Ilhwa Chunma

(4) DF Kim Pan-Keun ___, LG Cheetahs

(5) DF Park Jung-bae __, Daewoo Royals

(7) DF Shin Hong-Gi __ -, Hyundai Horangi

(12) DF Choi Young-Il __, Hyundai Horangi

(13) DF An Ik-Soo ___, Ilhwa Chunma

(17) DF Gu Sang-Bum __, Daewoo Royals

(20) DF Hong Myung-Bo ___, Atomi POSCO

(6) MF Lee Young-jin __ -, LG Cheetahs

(8) MF Noh Jung-Yoon __ -, Sanfrecce Hiroshima

(9) MF Kim Joo-Sung __ -, VfL Bochum

(10) MF Ko Ko Jeong-Woon __ -, Ilhwa Chunma

(14) MF Choi Dae-Shik __ -, LG Cheetahs

(15) MF Cho Jin-Ho ___, Atomi POSCO

(16) MF Ha Seok-Ju __, Daewoo Royals

(19) MF Choi Moon-Sik __ -, Atomi POSCO

(11) FW Seo Jung-Won __ -, Sangmu FC

(18) FW Hwang Sun-Hong ___, Atomi POSCO

_ Marocco (MAR)

_ - 22 giocatori

(1) GK Khalil Azmi ___, Raja Casablanca

(12) GK Said Dghay ___, Olympique Casablanca

(22) GK Zakaria Alaoui ___, KAC Marrakesh

(2) DF Nacer Abdellah __ -, Waregem

(3) DF Abdelkrim El Hadrioui __ -, FAR Rabat

(4) DF Tahar El Khalej ___, KAC Marrakesh

(5) DF Smahi Triki ___, Châteauroux

(6) DF Noureddine Naybet __ -, Nantes

(11) DF Rachid Daoudi __ -, WAC Casablanca

(13) DF Ahmed Bahja __, KAC Marrakesh

(14) DF Ahmed Masbahi __ -, KAC Marrakesh

(18) DF Rachid Neqrouz __ -, Mouloudia Oujda

(7) MF Mustapha Hadji __ -, Nancy

(8) MF Rachid Azzouzi __ -, MSV Duisburg

(10) MF Mustafa El Haddaoui __, Angers

(15) MF El Arbi Hababi __ -, Olympique Khouribga

(20) MF Hassan Kachloul __ -, Nîmes

(21) MF Mohammed Samadi __ -, FAR Rabat

(9) FW Mohammed Chaouch __ -, Nizza

(16) FW Hassan Nader __ -, Farense

(17) FW Abdeslam Laghrissi __ -, Raja Casablanca

(19) FW Abdelmajid Bouyboud __ -, WAC Casablanca

_ Messico (MEX)

_ - 22 giocatori

(1) GK Jorge Campos __ 54, UNAM Pumas

(12) GK Félix Fernández ___, Atlante

(22) GK Adrián Chávez __ -, Club América

(2) DF Claudio Suárez __ 41, Pumas de la UNAM

(3) DF Juan de Dios Ramírez Perales __ 42, UNAM Pumas

(4) DF Ignacio Ambríz ___, Necaxa

(5) DF Ramón Ramírez __ -, Santos

(18) DF José Luis Salgado __, Tecos

(21) DF Raúl Gutiérrez ___, Atlante

(6) MF Marcelino Bernal __ -, Toluca

(8) MF Alberto García Aspe __ -, Necaxa

(13) MF Juan Carlos Chávez __, Atlante

(14) MF Joaquín del Olmo ___, Veracruz

(15) MF Missael Espinoza __ -, Guadalajara

(16) MF Luis Antonio Valdéz __, León

(17) MF Benjamín Galindo __, Guadalajara
(20) MF Jorge Rodriguez __ -, Toluca
(7) FW Carlos Hermosillo __ -, Croce Blu
(9) FW Hugo Sánchez ___, Vallecano Lightning
(10) FW Luis García __, Atletico Madrid
(11) FW Luis Roberto Alves __, Club America
(19) FW Luis Miguel Salvador __ -, Atlante

_____

_ Nigeria (NGA)
_ - 22 giocatori
(1) GK Peter Rufai __ -, Go Ahead Ahead Eagles
(16) GK Alloysius Agu ___, FC Liegi
(22) GK Wilfred Agbonavbare __ -, Vallecano Lightning
(2) DF Augustine Eguavoen __, Kortrijk
(3) DF Benedict Iroha __ -, Vitesse
(4) DF Stephen Keshi __ -, Molenbeek
(5) DF Uche Okechukwu __ -, Fenerbahçe
(6) DF Chidi Nwanu __ -, Anderlecht
(13) DF Emeka Ezeugo ___, Budapest Honvéd
(19) DF Michael Emenalo __ -, Eintracht Trier
(20) DF Uche Okafor __ -, Hannover 96
(7) MF Finidi George __ -, Ajax
(8) MF Thompson Oliha ___, Africa Sports
(10) MF Jay-Jay Okocha __ -, Eintracht Francoforte
(11) MF Emmanuel Amuneke __ -, Zamalek
(15) MF domenica Oliseh __ -, FC Liegi
(21) MF Mutiu Adepoju __ -, Racing Santander
(9) FW Rashidi Yekini __ -, Vitória de Setúbal
(12) FW Samson Siasia __ -, Nantes
(14) FW Daniel Amokachi __ -, Club Brugge
(17) FW Victor Ikpeba ___, AS Monaco
(18) FW Efan Ekoku __ -, Norwich City

_____

_ Paesi Bassi (NED)
_ - 22 giocatori
(1) GK Ed de Goeij __ 14, Feyenoord
(13) GK Edwin van der Sar __ 0, Ajax
(22) GK Theo Snelders __ 1, Aberdeen
(2) DF Frank de Boer __ 25, Ajax
(4) DF Ronald Koeman __ 73, Barcellona
(14) DF Ulrich van Gobbel __ 6, Feyenoord
(15) DF Danny Blind __ 24, Ajax
(16) DF Arthur Numan __ 4, PSV
(18) DF Stan Valckx __ 7, Sporting CP

(21) DF John de Wolf __ 6, Feyenoord

(3) MF Frank Rijkaard __ 69, Ajax

(5) MF Rob Witschge __ 22, Feyenoord

(6) MF Jan Wouters __ 66, PSV

(7) MF Marc Overmars __ 13, Ajax

(8) MF Wim Jonk __ 15, Internazionale

(9) MF Ronald de Boer __ 9, Ajax

(11) MF Bryan Roy __ 21, Foggia

(17) MF Gaston Taument __ 6, Feyenoord

(20) MF Aron Winter __ 38, Lazio

(10) FW Dennis Bergkamp __ 31, Internazionale

(12) FW John Bosman __ 27, Anderlecht

(19) FW Peter van Vossen __ 10, Ajax

_____

_ Norvegia (NOR)

_ - 22 giocatori

(1) GK Erik Thorstvedt __ 84, Tottenham Hotspur

(12) GK Frode Grodås __ 12, Lillestrøm

(13) GK Ola By Rise __ 25, Rosenborg

(2) DF Gunnar Halle __ 44, Oldham Athletic

(3) DF Erland Johnsen __ 20, Chelsea

(4) DF Rune Bratseth __ 57, Werder Bremen

(5) DF Stig Inge Bjørnebye __ 34, Liverpool

(14) DF Roger Nilsen __ 20, Sheffield United

(17) DF Dan Eggen __ 2, Brøndby

(18) DF Alf-Inge Håland __ 3, Nottingham Forest

(20) DF Henning Berg __ 16, Blackburn Rovers

(7) MF Erik Mykland __ 25, Home

(8) MF Øyvind Leonhardsen __ 29, Rosenborg

(10) MF Kjetil Rekdal __ 32, Lierse

(11) MF Mini Jakobsen __ 44, Giovani Ragazzi

(15) MF Karl Petter Løken __ 32, Rosenborg

(19) MF Roar Strand __ 1, Rosenborg

(22) MF Lars Bohinen __ 29, Nottingham Forest

(6) FW Jostein Flo __ 23, Sheffield United

(9) FW Jan Åge Fjørtoft __ 50, Swindon Town

(16) FW Gøran Sørloth __ 54, Bursaspor

(21) FW Sigurd Rushfeldt __ 1, Tromsø

_____

_ Romania (ROU)

_ - 22 giocatori

(1) GK Florin Prunea __ -, Dinamo Bucarest

(12) GK Bogdan Stelea __ -, Rapid Bucureşti

(22) GK Ştefan Preda ___, Petrolul Ploieşti

(2) DF Dan Petrescu ___, Genova

(3) DF Daniel Prodan __ -, Steaua Bucarest

(4) DF Miodrag Belodedici __ -, Valencia

(6) DF Gheorghe Popescu __ -, PSV

(13) DF Tibor Selymes __ -, Cercle Brugge

(14) DF Gheorghe Mihali __ -, Dinamo Bucureşti

(19) DF Corneliu Papură ___, Universitatea Craiova

(5) MF Ioan Lupescu __, Bayer Leverkusen

(7) MF Dorinel Munteanu __ -, Cercle Brugge

(8) MF Iulian Chiriţă __ -, Rapid Bucureşti

(10) MF Gheorghe Hagi __ -, Brescia

(15) MF Basarab Panduru __ -, Steaua Bucureşti

(18) MF Constantin Gâlcă Gâlcă __ -, Steaua Bucureşti

(20) MF Ovidiu Stîngă Stîngă __ -, Universitatea Craiova

(9) FW Florin Răducioiu __, Milano

(11) FW Ilie Dumitrescu __ -, Steaua Bucureşti

(16) FW Ion Vlădoiu __ -, Rapid Bucureşti

(17) FW Viorel Moldovo __ -, Dinamo Bucureşti

(21) FW Marian Ivan __ -, Braşov

———————————————————————

_ Russia (RUS)

_ - 22 giocatori

(1) GK Stanislav Cherchesov __ 19, Dinamo Dresda

(16) GK Dmitri Kharine __ 22, Chelsea

(2) DF Dmitri Kuznetsov __ 26, Spagna

(3) DF Sergei Gorlukovich __ 32, Bayer Uerdingen

(4) DF Dmitri Galiamin __ 18, Spagna

(5) DF Yuri Nikiforov __ 8, Spartak Mosca

(6) DF Vladislav Ternavski __ 2, Spartak Moscow

(12) DF Omari Tetradze __ 9, Dinamo Mosca

(18) DF Viktor Onopko __ 21, Spartak Mosca

(21) DF Dmitri Khlestov __ 12, Spartak Mosca

(7) MF Andrei Piatnitski __ 9, Spartak Mosca

(8) MF Dmitri Popov __ 11, Racing Santander

(10) MF Valeri Karpin __ 10, Spartak Moscow

(17) MF Ilia Tsymbalar __ 2, Spartak Moscow

(19) MF Aleksandr Mostovoi __ 20, Caen

(20) MF Igor Lediakhov __ 15, Spartak Mosca

(9) FW Oleg Salenko __ 5, Logroño

(11) FW Vladimir Beschastnykh __ 6, Spartak Moscow

(13) FW Aleksandr Borodyuk __ 13, Friburgo

(14) FW Igor Korneev __ 13, Inglese

(15) FW Dmitri Radchenko __ 14, Racing Santander

(22) FW Sergei Yuran __ 26, Benfica

_ Arabia Saudita (KSA)

_ - 22 giocatori

(1) GK Mohamed Al-Deayea __ -, Al-Ta'ee

(21) GK Hussein Al-Sadiq ___, Al-Qadisiya

(22) GK Ibrahim Al-Helwah __, Al-Riyadh

(2) DF Abdullah Al-Dosari __ -, Al-Ittihad

(3) DF Mohammed Al-Khilaiwi __ -, Al-Ittihad

(4) DF Abdullah Zubromawi __ -, Al-Ahli

(5) DF Ahmad Jamil Madani ___, Al-Ittihad

(13) DF Mohamed Al-Jawad __, Al-Ahli

(15) DF Saleh Al-Dawod __ -, Al-Shababab

(17) DF Yassir Yassir Al-Taifi ___, Al-Riyadh

(18) DF Awad Awad Al-Anazi __ -, Al-Shababab

(6) MF Fuad Amin __ -, Al-Shabab

(8) MF Fahad Al-Bishi __ -, Al-Nasser

(14) MF Khalid Al-Muwallid __ -, Al-Ahli

(16) MF Talal Jebreen __, Al-Riyadh

(19) MF Hamzah Saleh __ -, Al-Ahli

(7) FW Fahad Al-Ghesheyan __ -, Al-Hilal

(9) FW Majed Abdullah __ -, Al-Nasser

(10) FW Saeed Al-Owairan __ -, Al-Shababab

(11) FW Fahad Al-Mehallel __, Al-Shabab

(12) FW Sami Al-Jaber __ -, Al-Hilal

(20) FW Hamzah Idris __ -, Ohud

_ Svezia (SWE)

_ - 22 giocatori

(1) GK Thomas Ravelli __ 110,

(12) GK Lars Eriksson __ 14,

(22) GK Magnus Hedman __ 0,

(2) DF Roland Nilsson __ 62,

(3) DF Patrik Andersson __ 23, Borussia Mönchengladbach

(4) DF Joachim Björklund __ 22,

(5) DF Roger Ljung __ 46,

(13) DF Mikael Nilsson __ 12,

(14) DF Pontus Kåmark __ 12,

(15) DF Teddy Lucic __ 0,

(20) DF Magnus Erlingmark __ 24,

(6) MF Stefan Schwarz __ 29,

(8) MF Klas Ingesson __ 42,

(9) MF Jonas Thern __ 47,

(16) MF Anders Limpar __ 51,

(17) MF Stefan Rehn __ 38,

(18) MF Håkan Suave __ 12,
(21) MF Jesper Blomqvist __ 8,
(7) FW Henrik Larsson __ 7,
(10) FW Martin Dahlin __ 29, Borussia Mönchengladbach
(11) FW Tomas Brolin __ 31,
(19) FW Kennet Andersson __ 24,

_____

_ Stati Uniti (USA)
_ - 22 giocatori
(1) GK Tony Meola ___, Buffalo Blizzard
(12) GK Juergen Sommer ___, Luton Town
(18) GK Brad Friedel __ -, Newcastle United
(2) DF Mike Lapper __ -, VfL Wolfsburg
(3) DF Mike Burns __ -, Viborg
(4) DF Cle Kooiman ___, Croce Blu
(5) DF Thomas Dooley __, Bayer Leverkusen
(17) DF Marcelo Balboa ___, León
(20) DF Paul Caligiuri __ -, SC Friburgo
(21) DF Fernando Clavijo __ -, Tempesta di San Luis
(22) DF Alexi Lalas __, Padova
(6) MF John Harkes __ -, Derby County
(7) MF Hugo Perez __, San Diego Sockers
(9) MF Tab Ramos __ -, Betis reale
(13) MF Cobi Jones ___, Coventry City
(16) MF Mike Sorber __, UNAM Pumas
(19) MF Claudio Reyna __, Virginia Cavaliers
(8) FW Earnie Stewart __ -, Willem II
(10) FW Roy Wegerle __ -, Coventry City
(11) FW Eric Wynalda __ -, 1.
(14) FW Frank Klopas ___, AEK Atene FC
(15) FW Joe-Max Moore __ -, 1.

FRANCIA 1998

_ Coppa del Mondo 1998 _ in Francia, 10 giugno - 12 luglio

Gruppo A : Brasile Norvegia Marocco Marocco Scozia

Gruppo B : Italia Cile Austria Camerun

Gruppo C : Francia Danimarca Sudafrica Arabia Saudita

Gruppo D | Nigeria Paraguay Spagna Bulgaria

Gruppo E : Paesi Bassi Messico Belgio Belgio Corea del Sud

Gruppo F : Germania Jugoslavia Iran Stati Uniti

Gruppo G : Romania Inghilterra Colombia Colombia Tunisia

Gruppo H : Argentina Croazia Giamaica Giappone

Giorno 1 | 10 giugno - 15 giugno

Secondo giorno | 16 giugno - 22 giugno

Terzo giorno | 23 giugno - 26 giugno

Gruppo A:

1) 10 giugno Brasile 2-1 Scozia allo Stade de France, Saint-Denis

(2) 10 giugno Marocco 2-2 Norvegia presso lo Stade de la Mosson, Montpellier

(17) 16 giugno Scozia 1-1 Norvegia @ Parc Lescure, Bordeaux

(18) 16 giugno Brasile 3-0 Marocco allo Stade de la Beaujoire, Nantes

(34) 23 giugno Scozia 0-3 Marocco @ Stade Geoffroy-Guichard, Saint-Étienne

(35) 23 giugno Brasile 1-2 Norvegia presso lo Stade Vélodrome, Marsiglia

Gruppo B:

(3) 11 giugno Camerun 1-1 Austria allo Stade de Toulouse, Tolosa

(4) 11 giugno Italia 2-2 Cile @ Parc Lescure, Bordeaux

(19) 17 giugno Cile 1-1 Austria @ Stade Geoffroy-Guichard, Saint-Étienne

(20) 17 giugno Italia 3-0 Camerun allo Stade de la Mosson, Montpellier

(33) 23 giugno Italia 2-1 Austria presso lo Stade de France, Saint-Denis

(36) 23 giugno Cile 1-1 Camerun allo Stade de la Beaujoire, Nantes

Gruppo C:

(5) 12 giugno Arabia Saudita 0-1 Danimarca allo Stade Felix Bollaert, Lens

(6) 12 giugno Francia 3-0 Sudafrica allo Stade Vélodrome, Marsiglia

(21) 18 giugno Francia 4-0 Arabia Saudita allo Stade de France, Saint-Denis

(22) 18 giugno Sudafrica 1-1 Danimarca allo Stade de Toulouse, Tolosa

(38) 24 giugno Francia 2-1 Danimarca presso lo Stade Gerland, Lione

(40) 24 giugno Sudafrica 2-2 Arabia Saudita @ Parc Lescure, Bordeaux

Gruppo D:

(7) 12 giugno Paraguay 0-0 Bulgaria allo Stade de la Mosson, Montpellier

(10) 13 giugno Spagna 2-3 Nigeria allo Stade de la Beaujoire, Nantes

(23) 19 giugno Nigeria 1-0 Bulgaria nel Parc des Princes, Parigi

(24) 19 giugno Spagna 0-0 Paraguay @ Stade Geoffroy-Guichard, Saint-Étienne

(37) 24 giugno Spagna 6-1 Bulgaria presso lo Stade Félix Bollaert, Lens

(39) 24 giugno Nigeria 1-3 Paraguay allo Stade de Toulouse, Tolosa

Gruppo E:

(8) 13 giugno Paesi Bassi 0-0 Belgio allo Stade de France, Saint-Denis

(9) 13 giugno Corea del Sud 1-3 Messico presso lo Stade Gerland, Lione

(25) 20 giugno Paesi Bassi 5-0 Corea del Sud presso lo Stade Vélodrome, Marsiglia

(26) 20 giugno Belgio 2-2 Messico @ Parc Lescure, Bordeaux

(41) 25 giugno Belgio 1-1 Corea del Sud nel Parc des Princes, Parigi

(42) 25 giugno Paesi Bassi 2-2 Messico @ Stade Geoffroy-Guichard, Saint-Étienne

Gruppo F:

(12) 14 giugno Yugoslavia 1-0 Iran @ Stade Geoffroy-Guichard, Saint-Étienne

(14) 15 giugno Germania 2-0 Stati Uniti nel Parc des Princes, Parigi

(29) 21 giugno Germania 2-2 Jugoslavia presso lo Stade Felix Bollaert, Lens

(30) 21 giugno Stati Uniti 1-2 giugno Iran allo Stade Gerland, Lione

(43) 25 giugno Germania 2-0 Iran allo Stade de la Mosson, Montpellier

(44) 25 giugno Stati Uniti 0-1 Jugoslavia allo Stade de la Beaujoire, Nantes

Gruppo G:

(15) 15 giugno Romania 1-0 Colombia allo Stade Gerland, Lione

(16) 15 giugno Inghilterra 2-0 Tunisia allo Stade Vélodrome, Marsiglia

(31) 22 giugno Colombia 1-0 Tunisia allo Stade de la Mosson, Montpellier

(32) 22 giugno Romania 2-1 Inghilterra allo Stade de Toulouse, Tolosa

(45) 26 giugno Romania 1-1 Tunisia allo Stade de France, Saint-Denis

(46) 26 giugno Colombia 0-2 Inghilterra presso Stade Felix Bollaert, Lens

Gruppo H:

(11) 14 giugno Giamaica 1-3 Croazia @ Stade Félix Bollaert, Lens

(13) 14 giugno Argentina 1-0 Giappone allo Stade de Toulouse, Tolosa

(27) 20 giugno Giappone 0-1 Croazia allo Stade de la Beaujoire, Nantes

(28) 21 giugno Argentina 5-0 Giamaica a Parc des Princes, Parigi

(47) 26 giugno Giappone 1-2 Giamaica allo Stade Gerland, Lione

(48) 26 giugno Argentina 1-0 Croazia @ Parc Lescure, Bordeaux

_ Coppa del Mondo 1998 _ in Francia, 10 giugno - 12 luglio

Il Giro dei 16

(49) 27 giugno Brasile 4-1 Cile a Parc des Princes, Parigi

(50) 27 giugno Italia 1-0 Norvegia presso lo Stade Vélodrome, Marsiglia

(51) 28 giugno Nigeria 1-4 Danimarca presso lo Stade de France, Saint-Denis

(52) 28 giugno Francia 1-0 a.e.t. (0-0) Paraguay @ Stade Félix Bollaert, Lens

(53) 29 giugno Germania 2-1 Messico allo Stade de la Mosson, Montpellier

(54) 29 giugno Paesi Bassi 2-1 Jugoslavia allo Stade de Toulouse, Tolosa

(55) 30 giugno Argentina 4-3pen 2-2aet (2-2) Inghilterra @ Stade Geoffroy-Guichard, Saint-Étienne

(56) 30 giugno Romania 0-1 Croazia @ Parc Lescure, Bordeaux

Quarti di finale

(57) 3 luglio Italia 3-4pen 0-0 aet (0-0) Francia @ Stade de France, Saint-Denis

(58) 3 luglio Brasile 3-2 Danimarca allo Stade de la Beaujoire, Nantes

(59) 4 luglio Germania 0-3 Croazia allo Stade Gerland, Lione

(60) 4 luglio Paesi Bassi 2-1 Argentina allo Stade Vélodrome, Marsiglia

Semifinali

(61) 7 luglio Brasile 4-2pen 1-1aet (1-1) Paesi Bassi @ Stade Vélodrome, Marsiglia

(62) 8 luglio Francia 2-1 Croazia allo Stade de France, Saint-Denis

La partita per il terzo posto

(63) 11 luglio Paesi Bassi 1-2 Croazia nel Parc des Princes, Parigi

Finale

(64) 12 luglio Brasile 0-3 Francia allo Stade de France, Saint-Denis

SQUADRE E GIOCATORI PARTECIPANTI

_ Argentina (ARG)

_ - 22 giocatori

(1) GK Carlos Roa ___, Mallorca

(12) GK Germán Burgos __ -, River Plate

(17) GK Pablo Cavallero __ -, Vélez Sársfield

(2) DF Roberto Ayala ___, Napoli

(3) DF José Chamot __ -, Lazio

(4) DF Mauricio Pineda __ -, Udinese

(6) DF Roberto Néstor Sensini __, Parma

(13) DF Pablo Paz __ -, Tenerife

(14) DF Nelson Vivas __, Lugano

(22) DF Javier Zanetti __, Internazionale

(5) MF Matías Almeyda __, Lazio

(8) MF Diego Simeone __, Internazionale

(10) MF Ariel Ortega __ -, Valencia

(11) MF Juan Sebastián Verón __ -, Sampdoria

(15) MF Leonardo Astrada __ -, River Plate

(16) MF Sergio Berti ___, River Plate

(20) MF Marcelo Gallardo __ -, River Plate

(7) FW Claudio López __ -, Valencia

(9) FW Gabriel Batistuta ___, Fiorentina

(18) FW Abel Balbo ___, Roma

(19) FW Hernán Crespo __, Parma

(21) FW Marcelo Delgado __ -, Racing

_ Austria (AUT)

_ - 22 giocatori

(1) GK Michael Konsel ___, Roma

(16) GK Franz Wohlfahrt ___, VfB Stoccarda

(21) GK Wolfgang Knaller __ -, Austria Vienna

(3) DF Peter Schöttel ___, Rapid Wien

(4) DF Anton Pfeffer __ -, Austria Vienna

(5) DF Wolfgang Feiersinger __ -, Borussia Dortmund

(6) DF Walter Kogler ___, Cannes

(12) DF Martin Hiden __ -, Leeds United

(2) MF Markus Schopp __ -, Sturm Graz

(8) MF Heimo Pfeifenberger __ -, Werder Bremen

(10) MF Andreas Herzog __ -, Werder Bremen

(11) MF Martin Amerhauser __, Austria Salisburgo

(13) MF Harald Cerny __ -, 1860 Monaco di Baviera

(15) MF Arnold Wetl __ -, Rapid Wien

(17) MF Roman Mählich __ -, Sturm Graz

(18) MF Peter Stöger __ -, LASK Linz

(20) MF Andreas Heraf ___, Rapid Wien

(22) MF Dietmar Kühbauer __ -, Royal Society

(7) FW Mario Haas __ -, Sturm Graz

(9) FW Ivica Vastić __ -, Sturm Graz

(14) FW Hannes Reinmayr __ -, Sturm Graz

(19) FW Toni Polster __ -, 1.

_ Belgio (BEL)

_ - 22 giocatori

(1) GK Filip De Wilde __ -, Anderlecht

(12) GK Philippe Vande Walle __ -, Eendracht Aalst

(13) GK Dany Verlinden ___, Club Brugge

(2) DF Bertrand Crasson ___, Napoli

(3) DF Lorenzo Staelens __ -, Club Brugge

(4) DF Gordan Vidović ___, Mouscron

(5) DF Vital Borkelmans __ -, Club Brugge

(16) DF Glen De Boeck __ -, Anderlecht

(17) DF Mike Verstraeten __ -, Germinal Ekeren

(19) DF Eric Van Meir __ -, Lierse

(22) DF Eric Deflandre __ -, Club Brugge

(6) MF Franky Van Der Elst __ -, Club Brugge

(7) MF Marc Wilmots __ -, Schalke 04

(11) MF Nico Van Kerckhoven __ -, Lierse

(14) MF Enzo Scifo ___, Anderlecht

(15) MF Philippe Clement __ -, Racing Genk

(21) MF Danny Boffin __ -, Metz

(8) FW Luis Oliveira __, Fiorentina

(9) FW Mbo Mpenza __ -, Standard Liegi

(10) FW Luc Nilis __ -, PSV

(18) FW Gert Verheyen ___, Club Brugge

(20) FW Émile Mpenza __ -, Standard Liegi

_ Bulgaria (BUL)

_ - 22 giocatori

(1) GK Zdravko Zdravkov __ 16, Istanbulspor

(12) GK Borislav Mikhailov __ 96, Slavia Sofia

(2) DF Radostin Kishishev __ 22, Litex Lovech

(3) DF Trifon Ivanov __ 72, CSKA Sofia

(4) DF Ivaylo Petkov __ 10, Litex Lovech

(13) DF Gosho Ginchev __ 15, Antalyaspor

(15) DF Adalbert Zafirov __ 6, Arminia Bielefeld

(21) DF Rosen Kirilov __ 3, Litex Lovech

(5) MF Ivaylo Yordanov __ 38, Sporting CP

(6) MF Zlatko Yankov __ 67, Beşiktaş

(10) MF Krassimir Balakov __ 66, VfB Stoccarda

(11) MF Ilian Iliev __ 15, Bursaspor

(14) MF Marian Hristov __ 9, 1.

(16) MF Anatoli Nankov __ 15, Lokomotiv Sofia

(17) MF Stoycho Stoilov __ 1, Litex Lovech

(18) MF Daniel Borimirov __ 36, 1860 Monaco di Baviera

(22) MF Milen Petkov __ 5, CSKA Sofia

(7) FW Emil Kostadinov __ 67, CSKA Sofia

(8) FW Hristo Stoichkov __ 70, CSKA Sofia

(9) FW Lyuboslav Penev __ 58, Compostela

(19) FW Georgi Bachev __ 4, Slavia Sofia

(20) FW Georgi Ivanov __ 4, Levski Sofia

_ Brasile (BRA)

_ - 22 giocatori

(1) GK Taffarel __ -, Atletico Mineiro

(12) GK Carlos Germano ___, Vasco da Gama

(22) GK Dida ___, Cruzeiro

(2) DF Cafu ___, Roma

(3) DF Aldair ___, Roma

(4) DF Junior Baiano __ -, Flamengo

(6) DF Roberto Carlos ___, Real Madrid

(13) DF Zé Carlos ___, São Paulo

(14) DF Gonçalves __ -, Botafogo

(15) DF André Cruz __, Milano

(5) MF César Sampaio __ -, Yokohama Flügels

(7) MF Giovanni ___, Barcellona

(8) MF Dunga ___, Iwata Rejoicing

(10) MF Rivaldo __ -, Barcellona

(11) MF Emerson __ -, Bayer Leverkusen

(16) MF Zé Roberto ___, Flamengo

(17) MF Doriva __ -, Porto

(18) MF Leonardo ___, Milano

(19) MF Denílson __ -, São Paulo

(9) FW Ronaldo ___, Internazionale

(20) FW Bebeto __ -, Botafogo

(21) FW Edmundo __ -, Fiorentina

_ Cile (CHI)

_ - 22 giocatori

(1) GK Nelson Tapia __ 34, Università Cattolica

(12) GK Marcelo Ramírez __ 19, Colo-Colo

(22) GK Carlos Tejas __ 0, Coquimbo Unido

(2) DF Cristián Castañeda __ 24, Università del Cile

(3) DF Ronald Fuentes __ 41, Università del Cile

(4) DF Francisco Rojas __ 12, Colo-Colo

(5) DF Javier Margas __ 52, Università Cattolica

(6) DF Pedro Reyes __ 24, Colo-Colo

(14) DF Miguel Ramírez __ 38, Università Cattolica

(15) DF Moisés Villarroel __ 10, Santiago Vagabundos

(16) DF Mauricio Aros __ 4, Università del Cile

(7) MF Nelson Parraguez __ 37, Universidad Católica

(8) MF Clarence Acuña __ 28, Università del Cile

(10) MF José Luis Sierra Luis __ 31, Colo-Colo

(17) MF Marcelo Vega __ 29, MetroStars (USA)

(18) MF Luis Musrri __ 27, Università del Cile

(19) MF Fernando Cornejo __ 27, Cobreloa

(20) MF Fabián Estay __ 48, Toluca

(9) FW Iván Zamorano __ 42, Internazionale

(11) FW Marcelo Salas __ 39, River Plate

(13) FW Manuel Neira __ 5, Colo-Colo

(21) FW Rodrigo Barrera __ 22, Università del Cile

_____

_ Camerun (CMR)

_ - 22 giocatori

(1) GK Jacques Songo'o ___, Deportivo La Coruña

(16) GK Bassey William Andem __, Boavista

(22) GK Alioum Boukar ___, Samsunspor

(3) DF Pierre Wome __ -, Lucchese

(4) DF Rigobert Song __ -, Metz

(5) DF Raymond Kalla __ -, Panahaiki

(6) DF Pierre Njanka __ -, Olympic Mvolyé

(12) DF Lauren Etame Mayer __ -, Levante

(13) DF Patrice Abanda __ -, Tonnerre Yaoundé

(17) DF Michel Pensée __ -, Cheonan Ilhwa Chunma

(2) MF Joseph Elanga __ -, Tonnerre Yaoundé

(8) MF Didier Angibeaud __ -, Nizza

(14) MF Augustine Simo __, Saint-Étienne

(15) MF Joseph N'Do ___, Cottonsport Garoua

(19) MF Marcel Mahouvé __ -, Montpellier

(20) MF Salomon Olembé __ -, Nantes

(7) FW François Omam-Biyik __ -, Sampdoria

(9) FW Alphonse Tchami ___, Hertha BSC

(10) FW Patrick M'Boma __ -, Gamba Osaka

(11) FW Samuel Eto'o ___, Leganes

(18) FW Samuel Ipoua ___, Rapid Wien

(21) FW Joseph-Désiré Job ___, Lione

_ Colombia (COL)

_ - 22 giocatori

(1) GK Óscar Córdoba ___, Boca Juniors

(12) GK Miguel Calero __ -, Atletico Nacional

(22) GK Farid Mondragon ___, Indipendente

(2) DF Iván Córdoba ___, San Lorenzo

(3) DF Ever Palacios __ -, Deportivo Cali

(4) DF José Santa ___, Atlético Nacional

(5) DF Jorge Bermúdez __ -, Boca Juniors

(13) DF Wilmer Cabrera __ -, Milionari

(16) DF Luis Antonio Moreno ___, Sport Tolima

(6) MF Mauricio Serna __ -, Boca Juniors

(8) MF John Harold Lozano __ -, Real Valladolid

(10) MF Carlos Valderrama __ -, Miami Fusion (USA)

(14) MF Jorge Bolaño ___, Atletico Junior

(17) MF Andrés Estrada __ -, Deportivo Cali

(18) MF John Wilmar Pérez __ -, Deportivo Cali

(19) MF Freddy Corner __ -, Corinzi

(7) FW Antony de Ávila ___, Barcellona

(9) FW Adolfo Valencia ___, Medellin indipendente

(11) FW Faustino Asprilla __, Parma

(15) FW Víctor Aristizábal __, São Paulo

(20) FW Hamilton Ricard __ -, Middlesbrough

(21) FW Léider Preciado __ -, Santa Fe

_ Germania (GER)

_ - 22 giocatori

(1) GK Andreas Köpke __ 54, Marsiglia

(12) GK Oliver Kahn __ 10, Bayern Monaco di Baviera

(22) GK Jens Lehmann __ 2, Schalke 04

(2) DF Christian Wörns __ 17, Bayer Leverkusen

(3) DF Jörg Heinrich __ 15, Borussia Dortmund

(4) DF Jürgen Kohler __ 101, Borussia Dortmund

(5) DF Thomas Helmer __ 66, Bayern Monaco di Baviera

(6) DF Olaf Thon __ 48, Schalke 04

(8) DF Lothar Matthäus __ 125, Bayern Monaco di Baviera

(14) DF Markus Babbel __ 30, Bayern Monaco di Baviera

(17) DF Christian Ziege __ 37, Milano

(19) DF Stefan Reuter __ 68, Borussia Dortmund

(21) DF Michael Tarnat __ 12, Bayern Monaco di Baviera

(7) MF Andreas Möller __ 79, Borussia Dortmund

(10) MF Thomas Häßler __ 93, Karlsruher SC

(13) MF Jens Jeremies __ 5, 1860 Monaco di Baviera

(15) MF Steffen Freund __ 21, Borussia Dortmund

(16) MF Dietmar Hamann __ 7, Bayern Monaco di Baviera

(9) FW Ulf Kirsten __ 32, Bayer Leverkusen

(11) FW Olaf Marschall __ 7, 1. FC Kaiserslautern

(18) FW Jürgen Klinsmann __ 103, Tottenham Hotspur

(20) FW Oliver Bierhoff __ 26, Udinese

_ Danimarca (DEN)

_ - 22 giocatori

(1) GK Peter Schmeichel __ 100, Manchester United

(16) GK Mogens Krogh __ 8, Brøndby

(22) GK Peter Kjær __ 0, Silkeborg

(2) DF Michael Schjønberg __ 28, 1.

(3) DF Marc Rieper __ 53, Celtico

(4) DF Jes Høgh __ 37, Fenerbahçe

(5) DF Jan Heintze __ 39, Bayer Leverkusen

(6) DF Thomas Helveg __ 30, Udinese

(12) DF Søren Colding __ 4, Brøndby

(13) DF Jacob Laursen __ 22, Derby County

(20) DF René Henriksen __ 2, Akademisk

(7) MF Allan Nielsen __ 18, Tottenham Hotspur

(8) MF Per Frandsen __ 12, Bolton Wanderers

(10) MF Michael Laudrup __ 99, Ajax

(14) MF Morten Wieghorst __ 11, Celtico

(15) MF Stig Tøfting __ 4, MSV Duisburg

(17) MF Bjarne Goldbæk __ 11, Copenaghen

(21) MF Martin Jørgensen __ 4, Udinese

(9) FW Miklos Molnar __ 9, Siviglia

(11) FW Brian Laudrup __ 77, Rangers

(18) FW Peter Møller __ 11, PSV

(19) FW Ebbe Sand __ 2, Brøndby

_ Inghilterra (GNL)

_ - 22 giocatori

(1) GK David Seaman __ 40, Arsenal

(13) GK Nigel Martyn __ 7, Leeds United

(22) GK Tim Flowers __ 11, Blackburn Rovers

(2) DF Sol Campbell __ 16, Tottenham Hotspur

(3) DF Graeme Le Saux __ 25, Chelsea

(5) DF Tony Adams __ 51, Arsenal

(6) DF Gareth Southgate __ 25, Aston Villa

(12) DF Gary Neville __ 27, Manchester United

(18) DF Martin Keown __ 18, Arsenal

(21) DF Rio Ferdinand __ 3, West Ham United

(4) MF Paul Ince __ 39, Liverpool

(7) MF David Beckham __ 15, Manchester United

(8) MF David Batty __ 31, Newcastle United

(11) MF Steve McManaman __ 21, Liverpool

(14) MF Darren Anderton __ 18, Tottenham Hotspur

(15) MF Paul Merson __ 18, Middlesbrough

(16) MF Paul Scholes __ 7, Manchester United

(17) MF Rob Lee __ 17, Newcastle United

(9) FW Alan Shearer __ 39, Newcastle United

(10) FW Teddy Sheringham __ 33, Manchester United

(19) FW Les Ferdinand __ 17, Tottenham Hotspur

(20) FW Michael Owen __ 5, Liverpool

_ Spagna (ESP)

_ - 22 giocatori

(1) GK Andoni Zubizarreta __ 123, Valencia

(13) GK Santiago Cañizares __ 10, Real Madrid

(22) GK José Molina __ 1, Atlético Madrid

(2) DF Albert Ferrer __ 34, Barcellona

(3) DF Agustín Aranzábal __ 6, Real Sociedad

(4) DF Rafael Alkorta __ 48, Athletic Bilbao

(5) DF Abelardo __ 40, Barcellona

(6) DF Fernando Hierro __ 55, Real Madrid

(12) DF Sergi __ 33, Barcellona

(14) DF Iván Campo __ 2, Mallorca

(15) DF Carlos Aguilera __ 4, Atlético Madrid

(20) DF Miguel Ángel Nadal __ 43, Barcellona

(8) MF Julen Guerrero __ 31, Atletico Bilbao

(16) MF Albert Celades __ 1, Barcellona

(17) MF Joseba Etxeberria __ 4, Atletico Bilbao

(18) MF Guillermo Amor __ 33, Barcellona

(21) MF Luis Enrique __ 35, Barcellona

(7) FW Fernando Morientes __ 2, Real Madrid

(9) FW Juan Antonio Pizzi __ 21, Barcellona

(10) FW Raúl __ 13, Real Madrid

(11) FW Alfonso __ 26, Betis reale

(19) FW Kiko __ 21, Atlético Madrid

_ Francia (FRA)

_ - 22 giocatori

(1) GK Bernard Lama __ 37, Parigi Saint Germain

(16) GK Fabien Barthez __ 12, AS Monaco

(22) GK Lionel Charbonnier __ 1, Auxerre

(2) DF Vincent Candela __ 10, Roma

(3) DF Bixente Lizarazu __ 32, Bayern Monaco di Baviera

(5) DF Laurent Blanc __ 68, Marsiglia

(8) DF Marcel Desailly __ 41, Milano

(15) DF Lilian Thuram __ 32, Parma

(18) DF Frank Leboeuf __ 13, Chelsea

(4) MF Patrick Vieira __ 7, Arsenal

(7) MF Didier Deschamps __ 69, Juventus

(10) MF Zinedine Zidane __ 33, Juventus

(11) MF Robert Pirès __ 13, Metz

(13) MF Bernard Diomède __ 6, Auxerre

(14) MF Alain Boghossian __ 6, Sampdoria

(17) MF Emmanuel Petit __ 17, Arsenal

(19) MF Christian Karembeu __ 31, Real Madrid

(6) FW Youri Djorkaeff __ 37, Internazionale

(9) FW Stéphane Guivarc'h __ 6, Auxerre

(12) FW Thierry Henry __ 3, AS Monaco

(20) FW David Trezeguet __ 4, AS Monaco

(21) FW Christophe Dugarry __ 23, Marsiglia

_ Croazia (CRO)

_ - 22 giocatori

(1) GK Dražen Ladić __ 41, Croazia Zagabria

(12) GK Marijan Mrmić __ 12, Beşiktaş

(22) GK Vladimir Vasilj __ 1, Hrvatski Dragovoljac

(3) DF Anthony Šerić __ 3, Hajduk Split

(4) DF Igor Þtimac __ 29, Derby County

(5) DF Goran Jurić __ 11, Croazia Zagabria

(6) DF Slaven Bilić __ 36, Everton

(15) DF Igor Tudor __ 5, Hajduk Split

(17) DF Robert Jarni __ 38, Betis reale

(20) DF Dario Šimić __ 17, Croazia Zagabria

(7) MF Aljoša Asanović __ 39, Napoli

(8) MF Robert Prosinečki __ 29, Croazia Zagabria

(10) MF Zvonimir Boban __ 35, Milano

(11) MF Silvio Marić __ 7, Croazia Zagabria

(13) MF Mario Stanić __ 16, Parma

(14) MF Zvonimir Soldo __ 26, VfB Stoccarda

(18) MF Zoran Mamić __ 6, VfL Bochum

(21) MF Krunoslav Jurčić __ 9, Croazia Zagabria

(2) FW Petar Krpan __ 1, Osijek

(9) FW Davor Þuker __ 36, Real Madrid

(16) FW Ardian Kozniku __ 7, Bastia

(19) FW Goran Vlavić __ 28, Valencia

_ Iran (IRN)

_ - 22 giocatori

(1) GK Ahmad Reza Abedzadeh __ 66, Persepoli

(12) GK Nima Nakisa __ 6, Persepoli

(22) GK Parviz Broumand __ 0, Esteghlal

(3) DF Naeim Saadavi __ 8, Persepoli

(4) DF Mohammad Khakpour __ 37, Bahman

(5) DF Afshin Peyrovani __ 37, Persepolis

(14) DF Nader Mohammadkhani __ 16, poliacrilato

(15) DF Ali Akbar Ostad-Asadi __ 29, Zob Ahan

(16) DF Reza Shahroudi __ 34, Persepoli

(17) DF Javad Zarincheh __ 55, Esteghlal

(20) DF Mehdi Pashazadeh __ 4, Esteghlal

(2) MF Mehdi Mahdavikia __ 24, Persepoli

(6) MF Karim Bagheri __ 44, Arminia Bielefeld

(7) MF Alireza Mansourian __ 33, Esteghlal

(8) MF Sirous Dinmohammadi __ 16, Shahrdari Tabriz

(9) MF Hamid Estili __ 44, Bahman

(18) MF Sattar Hamedani __ 3, Bahman

(21) MF Mehrdad Minavand __ 23, Persepolis

(10) FW Ali Daei __ 50, Arminia Bielefeld

(11) FW Khodadadad Azizi __ 27, 1.

(13) FW Ali Latifi __ 0, Bahman

(19) FW Behnam Seraj __ 0, Sanat Naft

_ Italia (ITA)

_ - 22 giocatori

(1) Tenda da sole GK Francesco __ 6, Fiorentina

(12) GK Gianluca Pagliuca __ 34, Internazionale

(22) GK Gianluigi Buffon __ 2, Parma

(2) DF Giuseppe Bergomi __ 78, Internazionale

(3) DF Paolo Maldini __ 88, Milano

(4) DF Fabio Cannavaro __ 14, Parma

(5) DF Alessandro Costacurta __ 54, Milano

(6) DF Alessandro Nesta __ 12, Lazio

(7) DF Gianluca Pessotto __ 4, Juventus

(8) DF Moreno Torricelli __ 6, Juventus

(9) MF Demetrio Albertini __ 57, Milano

(11) MF Dino Baggio __ 46, Parma

(13) MF Sandro Cois __ 1, Fiorentina

(14) MF Luigi Di Biagio __ 13, Roma

(15) MF Angelo Di Livio __ 21, Juventus

(16) MF Roberto Di Matteo __ 32, Chelsea

(17) MF Francesco Moriero __ 3, Internazionale

(10) FW Alessandro Del Piero __ 19, Juventus

(18) FW Roberto Baggio __ 48, Bologna

(19) FW Filippo Inzaghi __ 4, Juventus

(20) FW Enrico Chiesa __ 6, Parma

(21) FW Christian Vieri __ 8, Atlético Madrid

_ Giamaica (JAM)

_ - 22 giocatori

(1) GK Warren Barrett __ 128, Violet Kickers

(13) GK Aaron Lawrence __ 17, Reno

(14) GK Donovan Ricketts __ 0, Wadadadadah

(2) DF Stephen Malcolm __ 62, Seba United

(3) DF Chris Dawes __ -, Galaxy

(4) DF Linval Dixon __ 104, Pericolo

(5) DF Ian Goodison __ 55, Giardini Olimpici

(12) DF Dean Sewell __ 4, primavera costante

(15) DF Ricardo Gardner __ 34, vista sul porto

(19) DF Frank Sinclair __ 5, Chelsea

(21) DF Durrant Brown __ 125, Wadadah

(6) MF Fitzroy Simpson __ 23, Portsmouth

(7) MF Peter Cargill __ 76, vista sul porto

(11) MF Theodore Whitmore __ 76, Seba United

(16) MF Robbie Earle __ 8, Wimbledon

(20) MF Darryl Powell __ 2, Derby County

(8) FW Marcus Gayle __ 5, Wimbledon

(9) FW Andy Williams __ 25, Columbus Crew (USA)

(10) FW Walter Boyd __ 57, Arnett Gardens

(17) FW Onandi Lowe __ 30, vista sul porto

(18) FW Deon Burton __ 18, Derby County

(22) FW Paul Hall __ 23, Portsmouth

_ Giappone (JPN)

_ - 22 giocatori

(1) GK Nobuyuki Kojima __ 5, Bellmare Hiratsuka

(20) GK Yoshikatsu Kawaguchi __ 27, Yokohama Marinos

(21) GK Seigo Narazaki __ 2, Yokohama Marinos

(2) DF Akira Narahashi __ 29, Kashima Antlers

(3) DF Naoki Soma __ 50, Kashima Antlers

(4) DF Masami Ihara __ 116, Yokohama Marine

(5) DF Norio Omura __ 31, Yokohama Marine

(16) DF Toshihide Saito __ 14, Shimizu S-Pulse

(17) DF Yutaka Akita __ 27, Kashima Antlers

(19) DF Eisuke Nakanishi __ 7, JEF United Ichihara

(6) MF Motohiro Yamaguchi __ 56, Yokohama Marinos

(7) MF Teruyoshi Ito __ 2, Shimizu S-Pulse

(8) MF Hidetoshi Nakata __ 21, Bellmare Hiratsuka

(10) MF Hiroshi Nanami __ 44, Jubilo Iwata

(11) MF Shinji Ono __ 2, Urawa Red Diamonds

(13) MF Toshihiro Hattori __ 6, Jubilo Iwata

(15) MF Hiroaki Morishima __ 36, ciliegio di Osaka

(22) MF Takashi Hirano __ 10, Nagoya Grampus Otto

(9) FW Masashi Nakayama __ 27, Jubilo Iwata

(12) FW Wagner Lopes __ 10, Bellmare Hiratsuka

(14) FW Masayuki Okano __ 25, Urawa Red Diamonds

(18) FW Shoji Jo __ 24, Yokohama Marinos

_____

_ Corea del Sud (KOR)

_ - 22 giocatori

(1) GK Kim Byung-Ji __ 34, Ulsan Hyundai Horangi

(22) GK Seo Dong-Myung __ 21, Sangmu

(3) DF Lee Lim-Saeng __ 17, Bucheon SK

(4) DF Choi Young-Il __ 54, Busan Daewoo Royals

(5) DF Lee Min-Sung __ 29, Busan Daewoo Royals

(6) DF Yoo Sang-Chul __ 57, Ulsan Hyundai Horangi

(12) DF Lee Sang-Hun __ 13, Anyang LG Cheetahs

(13) DF Kim Tae-Young __ 35, Jeonnam's Dragons

(16) DF Jang Jang Hyung-Seok __ 7, Ulsan Hyundai Horangi

(19) DF Jang Dae-Il __ 14, Cheonan Ilhwa Chunma

(20) DF Hong Myung-Bo __ 94, Bellmare Hiratsuka

(2) MF Choi Sung-Yong __ 27, Sangmu

(7) MF Kim Do-Keun __ 13, Draghi di Jeonnam

(8) MF Noh Jung-Yoon __ 36, CNA Breda

(14) MF Ko Ko Jong-Soo __ 22, Suwon Samsung Bluewings

(15) MF Lee Sang-Yoon __ 28, Cheonan Ilhwa Chunma

(17) MF Ha Seok-Ju __ 80, ciliegio di Osaka

(9) FW Kim Do-Hoon __ 37, Vissel Kobe

(10) FW Choi Yong-Soo __ 33, Sangmu

(11) FW Seo Jung-Won __ 73, Strasburgo

(18) FW Hwang Sun-Hong __ 80, Pohang Steelers

(21) FW Lee Dong-Gook __ 0, Pohang Steelers

_____

_ Marocco (MAR)

_ - 22 giocatori

(1) GK Abelkader El Brazi __ 37, FAR Rabat

(12) GK Driss Benzekri __ 6, RS Settat

(22) GK Mustapha Chadili __ 0, Raja Casablanca

(2) DF Abdelilah Saber __ 25, Sporting CP

(3) DF Abdelkrim El Hadrioui __ 59, Benfica

(4) DF Youssef Rossi __ 20, Rennes

(5) DF Smahi Triki __ 16, Losanna

(6) DF Noureddine Naybet __ 91, Deportivo La Coruña

(13) DF Rachid Neqrouz __ 13, Bari

(15) DF Lahcen Abrami __ 41, Wydad Casablanca

(19) DF Jamal Sellami __ 0, Raja Casablanca

(20) DF Tahar El Khalej __ 54, Benfica

(7) MF Mustapha Hadji __ 42, Deportivo La Coruña

(8) MF Saïd Chiba __ 23, Compostela

(11) MF Ali El Khattabi __ 6, Heerenveen

(16) MF Rachid Azzouzi __ 35, Greuther Fürth

(17) MF Gharib Amzine __ 2, Mulhouse

(18) MF Youssef Chippo __ 20, Porto

(9) FW Abdeljalil Hadda __ 11, Club Africain

(10) FW Abderrahim Ouakili __ 8, 1860 Monaco di Baviera

(14) FW Salaheddine Bassir __ 26, Deportivo La Coruña

(21) FW Rachid Rokki __ 2, SCCM Mohammédia

_____

_ Messico (MEX)

_ - 22 giocatori

(1) GK Jorge Campos __ 106, Chicago Fire (USA)

(12) GK Oswaldo Sánchez __ 9, America

(22) GK Óscar Pérez __ 8, Croce Blu

(2) DF Claudio Suárez __ 121, Guadalajara

(3) DF Joel Sánchez __ 20, Guadalajara

(5) DF Duilio Davino __ 48, America

(16) DF Isaac Terrazas __ 7, America

(18) DF Salvador Carmona __ 16, Toluca

(4) MF Germán Villa __ 36, America

(6) MF Marcelino Bernal __ 72, Monterrey

(7) MF Ramón Ramírez __ 92, Guadalajara

(8) MF Alberto García Aspe __ 82, America

(13) MF Pável Pardo __ 43, Atlante

(14) MF Raúl Lara __ 24, America

(19) MF Braulio Luna __ 15, UNAM Pumas

(20) MF Jaime Ordiales __ 21, Toluca

(21) MF Jesús Arellano __ 7, Guadalajara

(9) FW Ricardo Pelaez __ 41, America

(10) FW Luis García __ 89, Atlante

(11) FW Cuauhtémoc Blanco __ 42, Necaxa

(15) FW Luis Hernández __ 46, Necaxa

(17) FW Francisco Palencia __ 27, Croce Blu

_ Nigeria (NGA)

_ - 22 giocatori

(1) GK Peter Rufai __ 45, Deportivo La Coruña

(12) GK William Okpara __ 5, Orlando Pirates

(22) GK Abiodun Baruwa __ 3, Sion

(2) DF Mobi Oparaku __ 3, Kapellen

(3) DF Celestine Babayaro __ 6, Chelsea

(5) DF Uche Okechukwu __ 41, Fenerbahçe

(6) DF Taribo Ovest __ 8, Internazionale

(16) DF Uche Okafor __ 33, Kansas City Wizards (USA)

(17) DF Augustine Eguavoen __ 52, Torpedo Moscow

(19) DF Benedetto Iroha __ 33, Elche

(21) DF Godwin Okpara __ 6, Strasburgo

(7) MF Finidi George __ 36, Real Betis

(8) MF Mutiu Adepoju __ 35, Royal Society

(10) MF Jay-Jay Okocha __ 26, Fenerbahçe

(11) MF Garba Lawal __ 3, Roda JC

(13) MF Tijjani Babangida __ 4, Ajax

(15) MF domenica Oliseh __ 22, Ajax

(18) MF Wilson Oruma __ 4, Lens

(4) FW Nwankwo Kanu __ 7, Internazionale

(9) FW Rashidi Yekini __ 63, Zurigo

(14) FW Daniel Amokachi __ 43, Beşiktaş

(20) FW Victor Ikpeba __ 15, AS Monaco

_ Paesi Bassi (NED)

_ - 22 giocatori

(1) GK Edwin van der Sar __ 25, Ajax

(18) GK Ed de Goeij __ 31, Chelsea

(22) GK Ruud Hesp __ 0, Barcellona

(2) DF Michael Reiziger __ 26, Barcellona

(3) DF Jaap Stam __ 14, PSV

(4) DF Frank de Boer __ 55, Ajax

(5) DF Arthur Numan __ 29, PSV

(13) DF André Ooijer __ 0, PSV

(15) DF Winston Bogarde __ 14, Barcellona

(6) MF Wim Jonk __ 42, PSV

(7) MF Ronald de Boer __ 41, Ajax

(10) MF Clarence Seedorf __ 31, Real Madrid

(11) MF Phillip Cocu __ 20, PSV

(12) MF Boudewijn Zenden __ 6, PSV

(14) MF Marc Overmars __ 40, Arsenale

(16) MF Edgar Davids __ 12, Juventus

(19) MF Giovanni van Bronckhorst __ 8, Feyenoord

(20) MF Aron Winter __ 72, Internazionale

(8) FW Dennis Bergkamp __ 57, Arsenal

(9) FW Patrick Kluivert __ 19, Milano

(17) FW Pierre van Hooijdonk __ 12, Nottingham Forest

(21) FW Jimmy Floyd Hasselbaink __ 3, Leeds United

_ Norvegia (NOR)

_ - 22 giocatori

(1) GK Frode Grodås __ 39, Tottenham Hotspur

(12) GK Thomas Myhre __ 1, Everton

(13) GK Espen Baardsen __ 1, Tottenham Hotspur

(2) DF Gunnar Halle __ 60, Leeds United

(3) DF Ronny Johnsen __ 33, Manchester United

(4) DF Henning Berg __ 52, Manchester United

(5) DF Stig Inge Bjørnebye __ 62, Liverpool

(14) DF Vegard Heggem __ 1, Rosenborg

(15) DF Dan Eggen __ 13, Celta Vigo

(19) DF Erik Hoftun __ 1, Rosenborg

(6) MF Ståle Solbakken __ 34, AaB

(7) MF Erik Mykland __ 54, Panathinaikos

(8) MF Øyvind Leonhardsen __ 55, Liverpool

(10) MF Kjetil Rekdal __ 66, Hertha BSC

(11) MF Mini Jakobsen __ 64, Rosenborg

(16) MF Jostein Flo __ 44, Strømsgodset

(17) MF Håvard Flo __ 9, Werder Bremen

(21) MF Vidar Riseth __ 4, LASK Linz

(22) MF Roar Strand __ 5, Rosenborg

(9) FW Tore André Flo __ 25, Chelsea

(18) FW Egil Østenstad __ 13, Southampton

(20) FW Ole Gunnar Solskjær __ 13, Manchester United

_ Paraguay (PAR)

_ - 22 giocatori

(1) GK José Luis Chilavert __ 40, Vélez Sársfield

(12) GK Danilo Aceval __ 3, Unión de Santa Fe

(22) GK Rubén Ruiz Díaz __ 12, Monterrey

(2) DF Francisco Arce __ 28, Palmeiras

(3) DF Catalino Rivarola __ 49, Grêmio

(4) DF Carlos Gamarra __ 48, Corinzi

(5) DF Celso Ayala __ 42, River Plate

(6) DF Edgar Aguilera __ 1, Cerro Corá

(11) DF Pedro Sarabia __ 20, River Plate

(14) DF Ricardo Rojas __ 6, Studenti

(20) DF Denis Caniza __ 8, Olympia

(7) MF Julio César Yegros __ 6, Croce Blu

(10) MF Roberto Acuña __ 40, Real Saragozza

(13) MF Carlos Paredes __ 3, Olimpia

(16) MF Julio Cesar Enciso __ 4, Internazionale

(19) MF Carlos Morales __ 0, Gimnasia de Jujuy

(21) MF Jorge Jorge Luis Campos __ 10, Pechino Guo'an

(8) FW Aristides Rojas __ 5, Unione di Santa Fe

(9) FW José Cardozo __ 12, Toluca

(15) FW Miguel Ángel Benítez __ 32, Espanyol

(17) FW Hugo Brizuela __ 11, Argentinos Juniors

(18) FW César Ramírez __ 3, Sporting CP

_____

_ Romania (ROU)

_ - 22 giocatori

(1) GK Dumitru Stângaciu __ 5, Kocaelispor

(12) GK Bogdan Stelea __ 46, Salamanca

(22) GK Florin Prunea __ 35, Universitatea Craiova

(2) DF Dan Petrescu __ 68, Chelsea

(3) DF Cristian Dulca __ 5, Rapid Bucureşti

(4) DF Anton Doboş __ 21, AEK Atene

(6) DF Gheorghe Popescu __ 78, Galatasaray

(13) DF Liviu Ciobotariu __ 4, Naţional Bucureşti

(20) DF Tibor Selymes __ 44, Anderlecht

(5) MF Constantin Gâlcă __ 32, Spagna

(8) MF Dorinel Munteanu __ 63, 1.

(10) MF Gheorghe Hagi __ 111, Galatasaray

(14) MF Radu Niculescu __ 11, Naţional Bucureşti

(15) MF Lucian Marinescu __ 4, Rapid Bucureşti

(16) MF Gabriel Popescu __ 12, Salamanca

(18) MF Iulian Filipescu __ 15, Galatasaray

(19) MF Ovidiu Stîngă __ 19, PSV

(7) FW Marius Lăcătuş __ 81, Steaua Bucureşti

(9) FW Viorel Moldava __ 24, Coventry City

(11) FW Adrian Ilie __ 20, Valencia

(17) FW Ilie Dumitrescu __ 62, Atlante

(21) FW Gheorghe Craioveanu __ 18, Royal Society

_____

_ Arabia Saudita (KSA)

_ - 22 giocatori

(1) GK Mohamed Al-Deayea __ 94, Al-Ta'ee

(21) GK Hussein Al-Sadiq __ 64, Al-Qadisiya

(22) GK Tisir Al-Antaif __ 0, Al-Ittifaq

(2) DF Mohammed Al-Jahani __ 64, Al-Ahli

(3) DF Mohammed Al-Khilaiwi __ 86, Al-Ittihad

(5) DF Ahmad Jamil Madani __ 94, Al-Ittihad

(13) DF Hussein Sulaimani __ 40, Al-Ahli

(17) DF Ahmed Dokhi __ 12, Al-Hilal

(19) DF Abdulaziz Al-Janoubi __ 3, Al-Nasr

(4) MF Abdullah Zubromawi __ 83, Al-Ahli

(6) MF Fuad Amin __ 95, Al-Shababab

(12) MF Ibrahim Al-Harbi __ 47, Al-Nasr

(14) MF Khalid Al-Muwallid __ 91, Al-Ahli

(15) MF Yousuf Al-Thunayan __ 86, Al-Hilal

(16) MF Khamis Al-Owairan __ 48, Al-Hilal

(18) MF Nawaf Al-Temyat __ 0, Al-Hilal

(20) MF Hamzah Saleh __ 38, Al-Ahli

(7) FW Ibrahim Al-Shahrani __ 19, Al-Ahli

(8) FW Obeid Al-Dosari __ 61, Al-Wehda

(9) FW Sami Al-Jaber __ 85, Al-Hilal

(10) FW Saeed Al-Owairan __ 55, Al-Shababab

(11) FW Fahad Al-Mehallel __ 85, Al-Shababab

_ Scozia (SCO)

_ - 22 giocatori

(1) GK Jim Leighton __ 86, Aberdeen

(12) GK Neil Sullivan __ 3, Wimbledon

(21) GK Jonathan Gould __ 0, Celtico

(3) DF Tom Boyd __ 55, Celtico

(4) DF Colin Calderwood __ 28, Tottenham Hotspur

(5) DF Colin Hendry __ 32, Blackburn Rovers

(6) DF Tosh McKinlay __ 19, Celtico

(16) DF David Weir __ 5, Cuori

(18) DF Matt Elliott __ 3, Leicester City

(19) DF Derek Whyte __ 11, Aberdeen

(22) DF Christian Dailly __ 10, Derby County

(2) MF Jackie McNamara __ 6, Celtico

(8) MF Craig Burley __ 25, Celtico

(10) MF Darren Jackson __ 24, Celtico

(11) MF John Collins __ 49, AS Monaco

(14) MF Paul Lambert __ 12, Celtico

(15) MF Scot Gemmill __ 13, Nottingham Forest

(17) MF Billy McKinlay __ 25, Blackburn Rovers

(7) FW Kevin Gallacher __ 36, Blackburn Rovers

(9) FW Gordon Durie __ 40, Rangers

(13) FW Simon Donnelly __ 8, Celtico

(20) FW Scott Booth __ 16, Utrecht

_ Tunisia (TUN)

_ - 22 giocatori

(1) GK Chokri El Ouaer __ 51, Espérance

(16) GK Radhouane Salhi __ 5, Étoile Sahel

(22) GK Ali Boumnijel __ 12, Bastia

(3) DF Sami Trabelsi __ 45, CS Sfaxien

(4) DF Mounir Boukadida __ 30, Étoile Sahel

(5) DF Hatem Trabelsi __ 2, CS Sfaxien

(6) DF Ferid Chouchane __ 26, Étoile Sahel

(7) DF Tarek Thabet __ 43, Espérance

(20) DF Sabri Jaballah __ 20, Club Africain

(21) DF Khaled Badra __ 26, Espérance

(8) MF Zoubeir Baya __ 44, SC Friburgo

(10) MF Kaies Ghodhbane __ 46, Étoile Sahel

(13) MF Riadh Bouazizi __ 24, Étoile Sahel

(14) MF Sirajeddine Chihi __ 47, Espérance

(15) MF Skander Souayah __ 31, CS Sfaxien

(17) MF José Clayton __ 4, Étoile Sahel

(19) MF Faysal Ben Ahmed __ 2, Espérance

(2) FW Imed Ben Younes __ 9, Étoile Sahel

(9) FW Riadh Jelassi __ 13, Étoile Sahel

(11) FW Adel Sellimi __ 57, Real Jaén

(12) FW Mourad Melki __ 2, Olympique Béja

(18) FW Mehdi Ben Slimane __ 32, SC Friburgo

_ Stati Uniti (USA)

_ - 22 giocatori

(1) GK Brad Friedel __ 56, Liverpool

(16) GK Juergen Sommer __ 8, Columbus Crew (USA)

(18) GK Kasey Keller __ 33, Leicester City

(2) DF Frankie Hejduk __ 11, Tampa Bay Mutiny (USA)

(3) DF Eddie Pope __ 23, D.C. United (USA)

(4) DF Mike Burns __ 73, New England Revolution (USA)

(5) DF Thomas Dooley __ 77, Columbus Crew (USA)

(6) DF David Regis __ 2, Karlsruher SC

(12) DF Jeff Agoos __ 87, D.C. United (USA)

(17) DF Marcelo Balboa __ 126, Colorado Rapids (USA)

(22) DF Alexi Lalas __ 98, MetroStars (USA)

(8) MF Earnie Stewart __ 47, CNA Breda

(10) MF Tab Ramos __ 80, MetroStars (USA)

(13) MF Cobi Jones __ 107, Galassia di Los Angeles (USA)

(14) MF Predrag Radosavljević __ 24, Kansas City Wizards (USA)

(15) MF Ciad Deering __ 10, VfL Wolfsburg

(19) MF Brian Maisonneuve __ 7, Columbus Crew (USA)

(21) MF Claudio Reyna __ 59, VfL Wolfsburg

(7) FW Roy Wegerle __ 39, Tampa Bay Mutiny (USA)

(9) FW Joe-Max Moore __ 68, New England Revolution (USA)

(11) FW Eric Wynalda __ 100, San Jose Clash (USA)

(20) FW Brian McBride __ 21, Columbus Crew (USA)

_____

_ Yuguslavia (YUG)

_ - 22 giocatori

(1) GK Ivica Kralj __ 15, Partizan

(12) GK Dragoje Leković __ 13, Sporting Gijón

(2) DF Zoran Mirković __ 28, Atalanta

(3) DF Goran Đorović __ 26, Celta Vigo

(5) DF Miroslav Đukić __ 23, Valencia

(6) DF Branko Brnović __ 22, Espanyol

(11) DF Siniša Mihajlović __ 30, Sampdoria

(13) DF Slobodan Komljenović __ 8, MSV Duisburg

(14) DF Niša Saveljić __ 20, Bordeaux

(4) MF Esclavo Jokanović __ 33, Tenerife

(7) MF Vladimir Jugović __ 24, Lazio

(10) MF Dragan Stojković __ 64, Nagoya Grampus Otto

(15) MF Ljubinko Drulović __ 16, Porto

(16) MF 'eljko Petrović __ 12, Urawa Red Diamonds

(18) MF Dejan Govedarica __ 20, Lecce

(19) MF Miroslav Stević __ 5, 1860 Monaco di Baviera

(20) MF Dejan Stanković __ 3, Crvena Zvezda

(8) FW Dejan Savićević __ 49, Milano

(9) FW Predrag Mijatović __ 28, Real Madrid

(17) FW Savo Milošević __ 28, Aston Villa

(21) FW Perica Ognjenović __ 5, Crvena Zvezda

(22) FW Darko Kovačević __ 19, Royal Society

_____

_ Sudafrica (RSA)

_ - 23 giocatori

(1) GK Hans Vonk __ 0, Heerenveen

(16) GK Brian Baloyi __ 8, Kaizer Chiefs

(22) GK Paul Evans __ 0, Supersport United

(23) GK Simon Gopane __ 1, Bloemfontein Celtic

(2) DF Themba Mnguni __ 3, Mamelodi Sundowns

(3) DF David Nyathi __ 35, San Gallo

(4) DF Willem Jackson __ 12, Orlando Pirates

(5) DF Mark Fish __ 37, Bolton Wanderers

(19) DF Lucas Radebe __ 41, Leeds United

(21) DF Pierre Issa __ 1, Marsiglia

(7) MF Quinton Fortune __ 6, Atlético Madrid

(8) MF Alfred Phiri __ 2, Vanspor

(10) MF John Moshoeu __ 44, Fenerbahçe

(11) MF Helman Mkhalele __ 35, Kayserispor

(15) MF Dottor Khumalo __ 43, teste di Kaizer

(18) MF Lebohang Morula __ 0, Vanspor

(20) MF William Mokoena __ 0, Manning Rangers

(6) FW Phil Masinga __ 41, Bari

(9) FW Shaun Bartlett __ 29, Città del Capo Spurs

(12) FW Brendan Augustine __ 26, LASK Linz

(13) FW Delron Buckley __ 0, VfL Bochum

(14) FW Jerry Sikhosana __ 9, Orlando Pirates

(17) FW Benni McCarthy __ 10, Ajax

COREA E GIAPPONE 2002

_ Coppa del Mondo 2002 _ in Corea e Giappone, 31 maggio - 30 giugno

Gruppo A | Danimarca Senegal Uruguay Francia

Gruppo B : Spagna Paraguay Sudafrica Slovenia

Gruppo C | Brasile Brasile Turchia Costa Rica Cina

Gruppo D : Corea del Sud Stati Uniti Portogallo Polonia

Gruppo E : Germania Irlanda Irlanda Camerun Arabia Saudita

Gruppo F: Svezia, Inghilterra, Argentina, Nigeria

Gruppo G: Messico Italia Italia Croazia Ecuador

Gruppo H: Giappone, Belgio, Russia, Tunisia

Giorno 1 | 31 maggio - 5 giugno

Secondo giorno | 6 giugno - 10 giugno

Terzo giorno | 11 giugno - 14 giugno

Gruppo A:

(1) 31 maggio Francia 0-1 Senegal al Seoul World Cup Stadium, Seoul

(3) 1 giugno Uruguay 1-2 Danimarca allo stadio della Munsu Cup, Ulsan

(18) 6 giugno Francia 0-0 Uruguay allo stadio principale di Asiad, Busan

(19) 6 giugno Danimarca 1-1 Senegal al Daegu World Cup Stadium, Daegu

(33) 11 giugno Danimarca 2-0 Francia allo stadio di Incheon Munhak, Incheon

(34) 11 giugno Senegal 3-3 Uruguay al Suwon World Cup Stadium, Suwon

Gruppo B:

(6) 2 giugno Paraguay 2-2 Sud Africa allo stadio principale di Asiad, Busan

(8) 2 giugno Spagna 3-1 Slovenia allo stadio della Coppa del Mondo di Gwangju, Gwangju

(22) 7 giugno Spagna 3-1 Paraguay allo stadio della Coppa del Mondo di Jeonju, Jeonju

(24) 8 giugno Sudafrica 1-0 Slovenia al Daegu World Cup Stadium, Daegu

(39) 12 giugno Sudafrica 2-3 Spagna al Daejeon World Cup Stadium, Daejeon

(40) 12 giugno Slovenia 1-3 Paraguay allo stadio della Coppa del Mondo di Jeju, Jeju

Gruppo C:

(10) 3 giugno Brasile 2-1 Turchia allo stadio Munsu Cup, Ulsan

(12) 4 giugno Cina 0-2 Costa Rica allo stadio della Coppa del Mondo di Gwangju, Gwangju

(26) 8 giugno Brasile 4-0 Cina allo stadio della Coppa del Mondo di Jeju, Jeju

(28) 9 giugno Costa Rica 1-1 Turchia allo stadio Munhak di Incheon, Incheon

(41) 13 giugno Costa Rica 2-5 Brasile al Suwon World Cup Stadium, Suwon

(42) 13 giugno Turchia 3-0 Cina al Seoul World Cup Stadium, Seoul

Gruppo D:

(14) 4 giugno Corea del Sud 2-0 Polonia allo stadio principale di Asiad, Busan

(16) 5 giugno Stati Uniti 3-2 Portogallo al Suwon World Cup Stadium, Suwon

(30) 10 giugno Corea del Sud 1-1 Stati Uniti al Daegu World Cup Stadium, Daegu

(32) 10 giugno Portogallo 4-0 Polonia allo stadio della Coppa del Mondo di Jeonju, Jeonju

(47) 14 giugno Portogallo 0-1 Corea del Sud allo stadio Munhak, Incheon

(48) 14 giugno Polonia 3-1 USA al Daejeon World Cup Stadium, Daejeon

Gruppo E:

(2) 1 giugno Irlanda 1-1 Camerun @ Niigata Stadium, Niigata

(4) 1 giugno Germania 8-0 Arabia Saudita @ Sapporo Dome, Sapporo

(17) 5 giugno Germania 1-1 Irlanda @ Kashima Soccer Stadium, Ibaraki

(19) 6 giugno Camerun 1-0 Arabia Saudita allo stadio di Saitama, Saitama

(35) 11 giugno Camerun 0-2 Germania allo stadio di Shizuoka, Shizuoka

(36) 11 giugno Arabia Saudita 0-3 Irlanda allo Stadio Internazionale di Yokohama, Yokohama

Gruppo F:

(5) 2 giugno Inghilterra 1-1 Svezia @ Stadio Saitama, Saitama

(7) 2 giugno Argentina 1-0 Nigeria allo stadio di calcio di Kashima, Ibaraki

(21) 7 giugno Svezia 2-1 Nigeria allo stadio di Kobe Wing Stadium, Kobe

(23) 7 giugno Argentina 0-1 Inghilterra @ Sapporo Dome, Sapporo

(37) 12 giugno Svezia 1-1 Argentina allo stadio Miyagi, Miyagi

(38) 12 giugno Nigeria 0-0 Inghilterra allo stadio Nagai, Osaka

Gruppo G:

(9) 3 giugno Croazia 0-1 Messico allo stadio Niigata, Niigata

(11) 3 giugno Italia 2-0 Ecuador @ Sapporo Dome, Sapporo

(25) 8 giugno Italia 1-2 Croazia allo stadio di calcio di Kashima, Ibaraki

(27) 9 giugno Messico 2-1 Ecuador allo stadio Miyagi, Miyagi

(43) 13 giugno Messico 1-1 Italia @ Ōita Stadio, Ōita

(44) 13 giugno Ecuador 1-0 Croazia allo Stadio Internazionale di Yokohama, Yokohama

Gruppo H:

(13) 4 giugno Giappone 2-2 Belgio allo stadio Saitama, Saitama

(15) 5 giugno Russia 2-0 Tunisia al Kobe Wing Stadium, Kobe

(29) 9 giugno Giappone 1-0 Russia allo Stadio Internazionale di Yokohama, Yokohama

(31) 10 giugno Tunisia 1-1 Belgio @ Ōita Stadio, Ōita

(45) 14 giugno Tunisia 0-2 Giappone allo stadio Nagai, Osaka

(46) 14 giugno Belgio 3-2 Russia allo stadio di Shizuoka, Shizuoka

_ Coppa del Mondo 2002 _ in Corea e Giappone, 31 maggio - 30 giugno

Il Giro dei 16

(49) 15 giugno Germania 1-0 Paraguay allo stadio della Coppa del Mondo di Jeju, Jeju

(50) 15 giugno Danimarca 0-3 Inghilterra allo stadio Niigata, Niigata

(51) 16 giugno Svezia 1-2 a.e.t. (1-1) Senegal @ Ōita Stadium, Ōita

(52) 16 giugno Spagna 3-2 penna. 1-1 a.e.t. (1-1) Irlanda @ Suwon World Cup Stadium, Suwon

(53) 17 giugno Messico 0-2 USA al Jeonju World Cup Stadium, Jeonju

(54) 17 giugno Brasile 2-0 Belgio allo stadio di Kobe Wing Stadium, Kobe

(55) 18 giugno Giappone 0-1 Turchia allo stadio Miyagi, Miyagi

(56) 18 giugno Corea del Sud 2-1 a.e.t. (1-1) Italia al Daejeon World Cup Stadium, Daejeon

Quarti di finale

(57) 21 giugno Inghilterra 1-2 Brasile allo stadio di Shizuoka, Shizuoka

(58) 21 giugno Germania 1-0 Stati Uniti allo stadio Munsu Cup, Ulsan

(59) 22 giugno Spagna 3-5 piume. 0-0 a.e.t. (0-0) Corea del Sud allo stadio della Coppa del Mondo di Gwangju, Gwangju

(60) 22 giugno Senegal 0-1 a.e.t. (0-0) Turchia @ Nagai Stadium, Osaka

Semifinali

(61) 25 giugno Germania 1-0 Corea del Sud al Seoul World Cup Stadium, Seoul

(62) 26 giugno Brasile 1-0 Turchia allo stadio Saitama, Saitama

Terzo posto

(63) 29 giugno Corea del Sud 2-3 Turchia al Daegu World Cup Stadium, Daegu

Finale

(64) 30 giugno Germania 0-2 Brasile allo Stadio Internazionale di Yokohama, Yokohama

SQUADRE E GIOCATORI PARTECIPANTI

_ Argentina (ARG)

_ - 23 giocatori

(1) GK Germán Burgos __ 35, Atlético Madrid

(12) GK Pablo Cavallero __ 8, Celta Vigo

(23) GK Roberto Bonano __ 13, Barcellona

(2) DF Roberto Ayala __ 74, Valencia

(3) DF Juan Pablo Sorín __ 35, Cruzeiro

(4) DF Mauricio Pochettino __ 16, Paris Saint-Germain

(6) DF Walter Samuel __ 30, Roma

(8) DF Javier Zanetti __ 66, Internazionale

(13) DF Diego Placente __ 6, Bayer Leverkusen

(22) DF José Chamot __ 42, Milano

(5) MF Matías Almeyda __ 33, Parma

(10) MF Ariel Ortega __ 81, River Plate

(11) MF Juan Sebastián Verón __ 47, Manchester United

(14) MF Diego Simeone __ 104, Lazio

(15) MF Claudio Husaín __ 14, Río de la Plata

(16) MF Pablo Aimar __ 18, Valencia

(17) MF Gustavo López __ 31, Celta Vigo

(18) MF Kily González __ 30, Valencia

(20) MF Marcelo Gallardo __ 42, AS Monaco

(7) FW Claudio López __ 49, Lazio

(9) FW Gabriel Batistuta __ 75, Roma

(19) FW Hernán Crespo __ 33, Lazio

(21) FW Claudio Caniggia __ 50, Rangers

_ Belgio (BEL)

_ - 23 giocatori

(1) GK Geert De Vlieger __ 25, Willem II

(13) GK Franky Vandendriessche __ 0, Mouscron

(23) GK Frédéric Herpoel __ 7, Gent

(2) DF Eric Deflandre __ 41, Lione

(3) DF Glen De Boeck __ 33, Anderlecht

(4) DF Eric Van Meir __ 32, Standard Liegi

(5) DF Nico Van Kerckhoven __ 40, Schalke 04

(12) DF Peter Van Der Heyden __ 4, Club Brugge

(15) DF Jacky Peeters __ 13, Gent

(16) DF Daniel Van Buyten __ 7, Marsiglia

(6) MF Timmy Simons __ 12, Club Brugge

(8) MF Bart Goor __ 38, Hertha BSC

(10) MF Johan Walem __ 33, Standard Liegi

(11) MF Gert Verheyen __ 46, Club Brugge

(14) MF Sven Vermant __ 12, Schalke 04

(17) MF Gaëtan Englebert __ 4, Club Brugge

(18) MF Yves Vanderhaeghe __ 30, Anderlecht

(19) MF Bernd Thijs __ 2, Racing Genk

(21) MF Danny Boffin __ 52, St. Truiden

(7) FW Marc Wilmots __ 66, Schalke 04

(9) FW Wesley Sonck __ 12, Racing Genk

(20) FW Branko Strupar __ 14, Derby County

(22) FW Mbo Mpenza __ 26, Mouscron

_ Brasile (BRA)

_ - 23 giocatori

(1) GK Marcos __ 15, Palmeiras

(12) GK Dida __ 49, Corinzi

(22) GK Rogério Ceni __ 12, San Paolo

(2) DF Cafu __ 103, Roma

(3) DF Lúcio __ 15, Bayer Leverkusen

(4) DF Roque Júnior __ 17, Milano

(5) DF Edmílson __ 12, Lione

(6) DF Roberto Carlos __ 84, Real Madrid

(13) DF Juliano Belletti __ 10, São Paulo

(14) DF Ânderson Polga __ 5, Grêmio

(16) DF Junior __ 12, Parma

(7) MF Ricardinho __ 3, Corinzi

(8) MF Gilberto Silva __ 6, Atlético Mineiro

(10) MF Rivaldo __ 58, Barcellona

(11) MF Ronaldinho __ 24, Paris Saint-Germain

(15) MF Kléberson __ 5, Atlético Paranaense

(18) MF Vampeta __ 36, Corinzi

(19) MF Juninho __ 43, Middlesbrough

(23) MF Kaká __ 2, São Paulo

(9) FW Ronaldo __ 56, Internazionale

(17) FW Denílson __ 53, Real Betis

(20) FW Edílson __ 17, Cruzeiro

(21) FW Luizão __ 8, Grêmio

_ Camerun (CMR)

_ - 23 giocatori

(1) GK Alioum Boukar __ 46, Samsunspor

(16) GK Jacques Songo'o __ 66, Metz

(22) GK Idriss Carlos Kameni __ 1, Le Havre

(3) DF Pierre Womé __ 46, Bologna

(4) Canzone di DF Rigobert __ 59, 1.

(5) DF Raymond Kalla __ 47, Estremadura

(6) DF Pierre Njanka __ 31, Strasburgo

(8) DF Geremi Njitap __ 38, Real Madrid

(13) DF Lucien Mettomo __ 17, Manchester City

(2) MF Bill Tchato __ 12, Montpellier

(7) MF Joseph N'Do __ 16, Al-Khaleej

(12) MF Lauren Etame Mayer __ 15, Arsenal

(14) MF Joël Epalle __ 22, Panathinaikos

(15) MF Nicolas Alnoudji __ 15, Rizespor

(17) MF Marc-Vivien Foé __ 47, Lione

(19) MF Eric Djemba-Djemba __ 0, Nantes

(20) MF Salomon Olembé __ 39, Marsiglia

(23) MF Daniel N'Gom Kome __ 4, Numancia

(9) FW Samuel Eto'o __ 27, Maiorca

(10) FW Patrick M'Boma __ 42, Sunderland

(11) FW Pius N'Diefi __ 13, Berlina

(18) FW Patrick Suffo __ 18, Sheffield United

(21) FW Joseph-Désiré Job __ 34, Metz

_ Cina (CHN)

_ - 23 giocatori

(1) GK Un Qi __ 5, Dalian Shide

(22) GK Jiang Jin __ 52, Tianjin Teda FC

(23) GK Ou Chuliang __ 74, Yunnan Hongta

(2) DF Zhang Enhua __ 65, Dalian Shide

(3) DF Yang Pu Yang __ 14, Pechino Guoan

(4) DF Wu Chengying __ 53, Shanghai Shenhua

(5) DF Fan Zhiyi __ 105, Dundee

(7) DF Sun Jihai __ 59, Manchester City

(14) DF Li Weifeng __ 55, Shenzhen Pingan

(17) DF Du Wei __ 7, Shanghai Shenhua

(21) DF Xu Yunlong __ 20, Pechino Guoan

(6) MF Shao Jiayi __ 18, Pechino Guoan

(8) MF Li Tie __ 76, Liaoning

(9) MF Ma Mingyu __ 91, Sichuan Guancheng

(11) MF Yu Genwei __ 17, Tianjin Teda FC

(13) MF Gao Yao __ 4, Shandong Luneng

(15) MF Zhao Junzhe __ 13, Liaoning

(18) MF Li Xiaopeng __ 26, Shandong Luneng

(19) MF Qi Hong __ 36, Shanghai Zhongyuan

(10) FW Hao Haidong __ 95, Dalian Shide

(12) FW Su Maozhen __ 43, Shandong Luneng

(16) FW Qu Bo __ 16, Qingdao Hainiu

(20) FW Yang Chen __ 26, Eintracht Francoforte

_____

_ Costa Rica (CRC)

_ - 23 giocatori

(1) GK Erick Lonnis __ 74, Deportivo Saprissa

(18) GK Álvaro Mesén __ 16, Alajuelense

(23) GK Lester Morgan __ 5, Herdiano

(2) DF Jervis Drummond __ 38, Deportivo Saprissa

(3) DF Luis Marín __ 74, Alajuelense

(4) DF Mauricio Wright __ 40, Herdiano

(5) DF Gilberto Martínez __ 27, Deportivo Saprissa

(14) DF Juan José Rodríguez __ 2, San Carlos

(15) DF Harold Wallace __ 54, Alajuelense

(21) DF Pablo Chinchilla __ 12, Alajuelense

(22) DF Carlos Castro __ 22, Alajuelense

(6) MF Wilmer López __ 68, Alajuelense

(8) MF Mauricio Solís __ 84, Alajuelense

(10) MF Walter Centeno __ 49, Deportivo Saprissa

(17) MF Hernán Medford __ 87, Deportivo Saprissa

(19) MF Rodrigo Cordero __ 25, Herdiano

(7) FW Rolando Fonseca __ 79, Deportivo Saprissa

(9) FW Paulo Wanchope __ 48, Manchester City

(11) FW Rónald Gómez __ 53, OFI Creta

(12) FW Winston Parks __ 3, Udinese

(13) FW Daniel Vallejos __ 2, Herdiano

(16) FW Steven Bryce __ 33, Alajuelense

(20) FW William Sunsing __ 23, Herdian

_____

_ Germania (GER)

_ - 23 giocatori

(1) GK Oliver Kahn __ 45, Bayern Monaco di Baviera

(12) GK Jens Lehmann __ 14, Borussia Dortmund

(23) GK Hans-Jörg Butt __ 2, Bayer Leverkusen

(2) DF Thomas Linke __ 34, Bayern Monaco di Baviera

(3) DF Marko Rehmer __ 27, Hertha BSC

(4) DF Frank Baumann __ 11, Werder Bremen

(6) DF Christian Ziege __ 66, Tottenham Hotspur

(15) DF Sebastian Kehl __ 8, Borussia Dortmund

(21) DF Christoph Metzelder __ 6, Borussia Dortmund

(5) MF Carsten Ramelow __ 25, Bayer Leverkusen

(8) MF Dietmar Hamann __ 40, Liverpool

(10) MF Lars Ricken __ 16, Borussia Dortmund

(13) MF Michael Ballack __ 22, Bayer Leverkusen

(16) MF Jens Jeremies __ 33, Bayern Monaco di Baviera

(17) MF Marco Bode __ 34, Werder Bremen

(18) MF Jörg Böhme __ 6, Schalke 04

(19) MF Bernd Schneider __ 9, Bayer Leverkusen

(22) MF Torsten Frings __ 8, Werder Bremen

(7) FW Oliver Neuville __ 30, Bayer Leverkusen

(9) FW Carsten Jancker __ 26, Bayern Monaco di Baviera

(11) FW Miroslav Klose __ 12, 1. FC Kaiserslautern

(14) FW Gerald Asamoah __ 11, Schalke 04

(20) FW Oliver Bierhoff __ 65, AS Monaco

_____

_ Danimarca (DEN)

_ - 23 giocatori

(1) GK Thomas Sørensen __ 14, Sunderland

(16) GK Peter Kjær __ 4, Aberdeen

(22) GK Jesper Christiansen __ 0, Vejle

(3) DF René Henriksen __ 39, Panathinaikos

(4) DF Martin Laursen __ 15, Milano

(5) DF Jan Heintze __ 83, PSV

(6) DF Thomas Helveg __ 67, Milano

(12) DF Niclas Jensen __ 8, Manchester City

(13) DF Steven Lustü __ 4, Lyn

(20) DF Kasper Bøgelund __ 2, PSV

(2) MF Stig Tøfting __ 36, Bolton Wanderers

(7) MF Thomas Gravesen __ 22, Everton

(8) MF Jesper Grønkjær __ 25, Chelsea

(10) MF Martin Jørgensen __ 32, Udinese

(14) MF Claus Jensen __ 13, Charlton Athletic

(15) MF Jan Michaelsen __ 11, Panathinaikos

(17) MF Christian Poulsen __ 3, Copenaghen

(19) MF Dennis Rommedahl __ 19, PSV

(23) MF Brian Steen Nielsen __ 65, Malmö

(9) FW Jon Dahl Tomasson __ 38, Feyenoord

(11) FW Ebbe Sand __ 44, Schalke 04

(18) FW Peter Løvenkrands __ 4, Rangers

(21) FW Peter Madsen __ 4, Brøndby

_____

_ Ecuador (ECU)

_ - 23 giocatori

(1) GK José Francisco Cevallos __ 62, Barcellona

(12) GK Oswaldo Ibarra __ 21, El Nacional

(22) GK Daniel Viteri __ 0, Emelec

(2) DF Augusto Porozo __ 26, Emelec

(3) DF Iván Hurtado __ 90, Barcellona

(4) DF Ulisse della Croce __ 52, Hiberniano

(6) DF Raúl Guerrón __ 23, Deportivo Quito

(15) DF Marlon Ayoví __ 26, Deportivo Quito

(17) DF Giovanny Espinoza __ 19, Aucas

(23) DF Walter Ayoví __ 2, Emelec

(5) MF Alfonso Obregón __ 40, LDU Quito

(8) MF Luis Gómez __ 8, Barcellona

(10) MF Álex Aguinaga __ 92, Necaxa

(14) MF Juan Carlos Burbano __ 18, El Nacional

(16) MF Cléber Chalá __ 64, El Nacional

(20) MF Edwin Tenorio __ 33, Barcellona

(21) MF Wellington Sánchez __ 35, Emelec

(7) FW Nicolás Asencio __ 4, Barcellona

(9) FW Iván Kaviedes __ 26, Barcellona

(11) FW Agustín Delgado __ 46, Southampton

(13) FW Ángel Fernández __ 68, El Nacional

(18) FW Carlos Tenorio __ 9, LDU Quito

(19) FW Edison Mendez __ 24, Deportivo Quito

_ Inghilterra (GNL)

_ - 23 giocatori

(1) GK David Seaman __ 68, Arsenal

(13) GK Nigel Martyn __ 22, Leeds United

(22) GK David James __ 9, West Ham United

(2) DF Danny Mills __ 7, Leeds United

(3) DF Ashley Cole __ 8, Arsenal

(5) DF Rio Ferdinand __ 21, Leeds United

(6) DF Sol Campbell __ 45, Arsenal

(12) DF Wes Brown __ 6, Manchester United

(14) DF Wayne Bridge __ 5, Southampton

(15) DF Martin Keown __ 42, Arsenal

(16) DF Gareth Southgate __ 48, Middlesbrough

(4) MF Trevor Sinclair __ 5, West Ham United

(7) MF David Beckham __ 49, Manchester United

(8) MF Paul Scholes __ 43, Manchester United

(18) MF Owen Hargreaves __ 6, Bayern Monaco di Baviera

(19) MF Joe Cole __ 6, West Ham United

(21) MF Nicky Butt __ 18, Manchester United

(23) MF Kieron Dyer __ 9, Newcastle United

(9) FW Robbie Fowler __ 24, Leeds United

(10) FW Michael Owen __ 35, Liverpool

(11) FW Emile Heskey __ 23, Liverpool

(17) FW Teddy Sheringham __ 46, Tottenham Hotspur

(20) FW Darius Vassell __ 5, Aston Villa

_ Spagna (ESP)

_ - 23 giocatori

(1) GK Iker Casillas __ 13, Real Madrid

(13) GK Ricardo __ 1, Real Valladolid

(23) GK Pedro Contreras __ 0, Malaga

(2) DF Curro Torres __ 4, Valencia

(3) DF Juanfran __ 7, Celta Vigo

(5) DF Carles Puyol __ 8, Barcellona

(6) DF Fernando Hierro __ 85, Real Madrid

(15) DF Enrique Romero __ 3, Deportivo La Coruña

(20) DF Miguel Ángel Nadal __ 59, Mallorca

(4) MF Iván Helguera __ 22, Real Madrid

(8) MF Rubén Baraja __ 9, Valencia

(14) MF David Albelda __ 2, Valencia

(16) MF Gaizka Mendieta __ 32, Lazio

(17) MF Juan Carlos Valerón __ 20, Deportivo La Coruña

(18) MF Sergio __ 5, Deportivo La Coruña

(19) MF Xavi __ 3, Barcellona

(21) MF Luis Enrique __ 57, Barcellona

(22) MF Joaquín __ 3, Betis reale

(7) FW Raúl __ 51, Real Madrid

(9) FW Fernando Morientes __ 19, Real Madrid

(10) FW Diego Tristán __ 7, Deportivo La Coruña

(11) FW Javier de Pedro __ 5, Real Sociedad

(12) FW Albert Luque __ 0, Mallorca

_ Francia (FRA)

_ - 23 giocatori

(1) GK Ulrich Ramé __ 11, Bordeaux

(16) GK Fabien Barthez __ 47, Manchester United

(23) GK Grégory Coupet __ 1, Lione

(2) DF Vincent Candela __ 36, Roma

(3) DF Bixente Lizarazu __ 74, Bayern Monaco di Baviera

(5) DF Philippe Christanval __ 4, Barcellona

(8) DF Marcel Desailly __ 93, Chelsea

(13) DF Mikaël Silvestre __ 10, Manchester United

(15) DF Lilian Thuram __ 73, Juventus

(18) DF Frank Leboeuf __ 47, Marsiglia

(19) DF Willy Sagnol __ 9, Bayern Monaco di Baviera

(4) MF Patrick Vieira __ 52, Arsenal

(6) MF Youri Djorkaeff __ 79, Bolton Wanderers

(7) MF Claude Makélélé __ 14, Real Madrid

(10) MF Zinedine Zidane __ 73, Real Madrid

(14) MF Alain Boghossian __ 26, Parma

(17) MF Emmanuel Petit __ 57, Chelsea

(22) MF Johan Micoud __ 14, Parma

(9) FW Djibril Cissé __ 1, Auxerre

(11) FW Sylvain Wiltord __ 38, Arsenal

(12) FW Thierry Henry __ 35, Arsenal

(20) FW David Trezeguet __ 36, Juventus

(21) FW Christophe Dugarry __ 51, Bordeaux

_____

_ Croazia (CRO)

_ - 23 giocatori

(1) GK Stipe Pletikosa __ 17, Hajduk Split

(12) GK Tomislav Butina __ 7, Dinamo Zagabria

(23) GK Vladimir Vasilj __ 2, Zagabria

(2) DF Anthony Šerić __ 8, Hellas Verona

(3) DF Josip Šimunić __ 6, Hertha BSC

(4) DF Stjepan Tomas __ 17, Vicenza

(6) DF Boris Živković __ 15, Bayer Leverkusen

(15) DF Daniel Šarić __ 25, Panathinaikos

(17) DF Robert Jarni __ 78, Panathinaikos

(20) DF Dario Šimić __ 48, Internazionale

(21) DF Robert Kovač __ 19, Bayern Monaco di Baviera

(5) MF Milano Rapaić __ 23, Fenerbahçe

(8) MF Robert Prosinečki __ 48, Portsmouth

(10) MF Niko Kovač __ 20, Bayern Monaco di Baviera

(13) MF Mario Stanić __ 43, Chelsea

(14) MF Zvonimir Soldo __ 59, VfB Stoccarda

(16) MF Jurica Vranje' __ 7, Bayer Leverkusen

(7) FW Davor Vugrinec __ 21, Lecce

(9) FW Davor Þuker __ 68, 1860 Monaco di Baviera

(11) FW Alen Bokšić __ 36, Middlesbrough

(18) FW Ivica Olić __ 4, Zagabria

(19) FW Goran Vlaović __ 50, Panathinaikos

(22) FW Boško Balaban __ 13, Aston Villa

_____

_ Irlanda (IRL)

_ - 23 giocatori

(1) GK Shay Given __ 39, Newcastle United

(16) GK Dean Kiely __ 6, Charlton Athletic

(23) GK Alan Kelly __ 34, Blackburn Rovers

(2) DF Steve Finnan __ 13, Fulham

(3) DF Ian Harte __ 40, Leeds United

(4) DF Kenny Cunningham __ 38, Wimbledon

(5) DF Steve Staunton __ 98, Aston Villa

(14) DF Gary Breen __ 43, Coventry City

(15) DF Richard Dunne __ 14, Manchester City

(18) DF Gary Kelly __ 46, Leeds United

(20) DF Andrew O'Brien __ 5, Newcastle United

(6) MF Roy Keane __ 58, Manchester United

(7) MF Jason McAteer __ 47, Sunderland

(8) MF Matt Holland __ 19, Ipswich Town

(9) MF Damien Duff __ 26, Blackburn Rovers

(11) MF Kevin Kilbane __ 31, Sunderland

(12) MF Mark Kinsella __ 28, Charlton Athletic

(21) MF Steven Reid __ 5, Millwall

(22) MF Lee Carsley __ 19, Everton

(10) FW Robbie Keane __ 33, Leeds United

(13) FW David Connolly __ 33, Wimbledon

(17) FW Niall Quinn __ 88, Sunderland

(19) FW Clinton Morrison __ 7, Crystal Palace

_ Italia (ITA)

_ - 23 giocatori

(1) GK Gianluigi Buffon __ 26, Juventus

(12) GK Christian Abbiati __ 0, Milano

(22) GK Tenda da sole Francesco __ 22, Internazionale

(2) DF Christian Panucci __ 24, Roma

(3) DF Paolo Maldini __ 122, Milano

(4) DF Francesco Coco __ 13, Barcellona

(5) DF Fabio Cannavaro __ 58, Parma

(13) DF Alessandro Nesta __ 43, Lazio

(15) DF Mark Iuliano __ 16, Juventus

(23) DF Marco Materazzi __ 7, Internazionale

(6) MF Cristiano Zanetti __ 4, Internazionale

(8) MF Gennaro Gattuso __ 13, Milano

(11) MF Cristiano Doni __ 3, Atalanta

(14) MF Luigi Di Biagio __ 28, Internazionale

(16) MF Angelo Di Livio __ 38, Fiorentina

(17) MF Damiano Tommasi __ 14, Roma

(19) MF Gianluca Zambrotta __ 23, Juventus

(7) FW Alessandro Del Piero __ 49, Juventus

(9) FW Filippo Inzaghi __ 38, Milano

(10) FW Francesco Totti __ 29, Roma

(18) FW Marco Delvecchio __ 16, Roma

(20) FW Vincenzo Montella __ 14, Roma

(21) FW Christian Vieri __ 24, Internazionale

_ Giappone (JPN)

_ - 23 giocatori

(1) GK Yoshikatsu Kawaguchi __ 43, Portsmouth

(12) GK Seigo Narazaki __ 15, Nagoya Grampus Eight

(23) GK Hitoshi Sogahata __ 1, Kashima Antlers

(2) DF Yutaka Akita __ 38, Kashima Antlers

(3) DF Naoki Matsuda __ 24, Yokohama F. Marinai

(4) DF Ryuzo Morioka __ 32, Shimizu S-Pulse

(6) DF Toshihiro Hattori __ 35, Jubilo Iwata

(16) DF Kōji Nakata __ 20, Kashima Antlers

(17) DF Tsuneyasu Miyamoto __ 5, Gamba Osaka

(5) MF Junichi Inamoto __ 22, Arsenal

(7) MF Hidetoshi Nakata __ 39, Parma

(8) MF Hiroaki Morishima __ 57, ciliegio di Osaka

(14) MF Alessandro dos Santos __ 0, Shimizu S-Pulse

(15) MF Takashi Fukunishi __ 5, Jubilo Iwata

(18) MF Shinji Ono __ 21, Feyenoord

(19) MF Mitsuo Ogasawara __ 0, Kashima Antlers

(20) MF Tomokazu Myojin __ 16, Kashiwa Reysol

(21) MF Kazuyuki Toda __ 10, Shimizu S-Pulse

(22) MF Daisuke Ichikawa __ 1, Shimizu S-Pulse

(9) FW Akinori Nishizawa __ 24, Osaka Cherry

(10) FW Masashi Nakayama __ 47, Jubilo Iwata

(11) FW Takayuki Suzuki __ 10, Kashima Antlers

(13) FW Atsushi Yanagisawa __ 22, Kashima Antlers

_____

_ Corea del Sud (KOR)

_ - 23 giocatori

(1) GK Lee Woon-Jae __ 32, Suwon Samsung Bluewings

(12) GK Kim Byung-Ji __ 58, Pohang Steelers

(23) GK Choi Eun-Sung __ 1, Cittadino di Daejeon

(2) DF Hyun Young-Min __ 8, Ulsan Hyundai Horangi

(4) DF Choi Jin-Cheul __ 15, Jeonbuk Hyundai Motors

(6) DF Yoo Sang-Chul __ 92, Kashiwa Reysol

(7) DF Kim Tae-Young __ 74, Jeonnam's Dragons

(10) DF Lee Young-Pyo __ 48, Anyang LG Cheetahs

(15) DF Lee Min-Sung __ 52, Busan I'Cons

(20) DF Hong Myung-Bo __ 124, Pohang Steelers

(3) MF Choi Sung-Yong __ 60, Suwon Samsung Bluewings

(5) MF Kim Nam-Il __ 21, Jeonnam Dragons

(8) MF Choi Tae-Uk __ 16, Anyang LG Cheetahs

(13) MF Lee Eul-Yong __ 19, Bucheon SK

(17) MF Yoon Jung-Hwan __ 36, ciliegio di Osaka

(19) MF Ahn Ahn Jung-Hwan __ 19, Perugia

(21) MF Park Ji-Sung __ 30, Kyoto Purple Sanga

(22) MF Song Chong-Gug __ 27, Busan I'Cons

(9) FW Seol Ki-Hyeon __ 31, Anderlecht

(11) FW Choi Yong-Soo __ 58, JEF United Ichihara

(14) FW Lee Chun-Soo __ 22, Ulsan Hyundai Horangi

(16) FW Cha Du-Ri __ 12, Università della Corea

(18) FW Hwang Sun-Hong __ 95, Kashiwa Reysol

_ Messico (MEX)

_ - 23 giocatori

(1) GK Óscar Pérez __ 37, Croce Blu

(12) GK Oswaldo Sánchez __ 22, Guadalajara

(23) GK Jorge Campos __ 123, U.N.A.M.

(2) DF Francisco Gabriel de Anda __ 15, Pachuca

(5) DF Manuel Vidrio __ 27, Pachuca

(16) DF Salvador Carmona __ 56, Toluca

(20) DF Melvin Brown __ 8, Blue Cross

(22) DF Alberto Rodríguez __ 13, Pachuca

(3) MF Rafael García __ 21, Toluca

(4) MF Rafael Márquez __ 36, AS Monaco

(6) MF Gerardo Torrado Gerardo __ 28, Poli Ejido

(7) MF Ramón Morales __ 17, Guadalajara

(8) MF Alberto García Aspe __ 108, Puebla

(11) MF Braulio Luna __ 15, Necaxa

(13) MF Sigifredo Mercado __ 18, Atlante

(14) MF Germán Villa __ 46, America

(18) MF Johan Rodríguez __ 14, Santos

(19) MF Gabriel Caballero __ 5, Pachuca

(9) FW Jared Borgetti __ 29, Santos

(10) FW Cuauhtémoc Blanco __ 75, Real Valladolid

(15) FW Luis Hernández __ 85, America

(17) FW Francisco Palencia __ 67, Espanyol

(21) FW Jesús Arellano __ 49, Monterrey

_ Nigeria (NGA)

_ - 23 giocatori

(1) GK Ike Shorunmu __ 34, Lucerna

(12) GK Austin Ejide __ 3, Gabros International

(22) GK Vincent Enyeama __ 2, Enyimba

(2) DF Joseph Yobo __ 14, Marsiglia

(3) DF Celestine Babayaro __ 24, Chelsea

(5) DF Isaac Okoronkwo __ 12, Shakhtar Donetsk

(6) DF Taribo West __ 38, 1.

(13) DF Rabiu Afolabi __ 5, Standard Liegi

(14) DF Ifeanyi Udeze __ 15, PAOK

(16) DF Efe Sodje __ 7, Crewe Alexandra

(19) DF Eric Ejiofor __ 12, Maccabi Haifa

(7) MF Pius Ikedia __ 9, Ajax

(8) MF Mutiu Adepoju __ 49, Salamanca

(10) MF Jay-Jay Okocha __ 56, Paris Saint-Germain

(11) MF Garba Lawal __ 34, Roda JC

(15) Giudice di MF Christopher __ 7, Anversa Reale

(20) MF James Obiorah __ 2, Lokomotiv Mosca

(4) FW Nwankwo Kanu __ 33, Arsenal

(9) FW Bartholomew Ogbeche __ 4, Paris Saint-Germain

(17) FW Julius Aghahowa __ 17, Shakhtar Donetsk

(18) FW Benedict Akwuegbu __ 16, Shenyang Haishi

(21) FW John Utaka __ 4, Al-Sadd

(23) FW Femi Opabunmi __ 2, Ibadan

_ Polonia (POL)

_ - 23 giocatori

(1) GK Jerzy Dudek __ 21, Liverpool

(12) GK Radosław Majdan __ 5, Göztepe

(22) GK Adam Matysek __ 34, RKS Radomsko

(2) DF Tomasz Kłos __ 37, 1. FC Kaiserslautern

(3) DF Jacek Zieliński __ 52, Legia Warszawa

(6) DF Tomasz Hajto __ 44, Schalke 04

(13) DF Arkadiusz Głowacki __ 2, Wisła Krakow

(15) DF Tomasz Wałdoch __ 71, Schalke 04

(16) DF Maciej Murawski __ 4, Legia Warszawa

(20) DF Jacek Bąk __ 36, Lens

(4) MF Michał Żewłakow __ 25, Mouscron

(5) MF Tomasz Rząsa __ 9, Feyenoord

(7) MF Piotr Świerczewski __ 65, Marsiglia

(10) MF Radosław Kałużny __ 30, Energie Cottbus

(17) MF Arkadiusz Bąk __ 12, Widzew Łódź

(18) MF Jacek Krzynówek __ 23, 1.

(21) MF Marek Koźmiński __ 42, Ancona

(23) MF Paweł Sibik __ 2, Odra Wodzisław

(8) FW Cezary Kucharski __ 15, Legia Warszawa

(9) FW Paweł Kryszałowicz __ 23, Eintracht Francoforte

(11) FW Emmanuel Olisadebe __ 16, Panathinaikos

(14) FW Marcin Żewłakow __ 17, Mouscron

(19) FW Maciej Żurawski __ 9, Wisła Krakow

_ Portogallo (POR)

_ - 23 giocatori

(1) GK Vítor Baía __ 75, Porto

(15) GK Nélson __ 1, Sporting CP

(16) GK Ricardo __ 10, Boavista

(2) DF Jorge Costa __ 46, Porto

(3) DF Abel Xavier __ 18, Liverpool

(4) DF Marco Caneira __ 1, Benfica

(5) DF Fernando Couto __ 82, Lazio

(13) DF Jorge Andrade __ 5, Porto

(18) DF Nuno Frechaut __ 9, Boavista

(22) DF Beto __ 16, CP sportivo

(23) DF Rui Jorge __ 20, Sporting CP

(6) MF Paulo Sousa __ 50, Spagna

(7) MF Luís Figo __ 81, Real Madrid

(10) MF Rui Costa __ 67, Milano

(11) MF Sérgio Conceição __ 41, Internazionale

(12) MF Hugo Viana __ 4, Sporting CP

(14) MF Pedro Barbosa __ 21, Sporting CP

(17) MF Paulo Bento __ 31, Sporting CP

(19) MF Capucho __ 29, Porto

(20) MF Petit __ 9, Boavista

(8) FW João Pinto __ 77, Sporting CP

(9) FW Pauleta __ 33, Bordeaux

(21) FW Nuno Gomes __ 28, Fiorentina

_ Paraguay (PAR)

_ - 23 giocatori

(1) GK José Luis Chilavert __ 69, Strasburgo

(12) GK Justo Villar __ 8, Libertà

(22) GK Ricardo Tavarelli __ 20, Olimpia

(2) DF Francisco Arce __ 51, Palmeiras

(3) DF Pedro Sarabia __ 40, River Plate

(4) DF Carlos Gamarra __ 76, AEK Atene

(5) DF Celso Ayala __ 76, River Plate

(17) DF Juan Carlos Franco __ 3, Olimpia

(18) DF Julio César Cáceres __ 1, Olympia

(19) DF Daniel Sanabria __ 6, Libertà

(21) DF Denis Caniza __ 49, Santos Laguna

(6) MF Estanislao Struway __ 69, Libertà

(8) MF Guido Alvarenga __ 18, Léon

(10) MF Roberto Acuña __ 77, Real Saragozza

(13) MF Carlos Paredes __ 41, Porto

(14) MF Diego Gavilán __ 21, Tecos

(15) MF Carlos Bonet __ 3, Libertà

(16) MF Gustavo Morínigo __ 11, Libertà

(7) FW Richard Baez __ 25, Olimpia

(9) FW Roque Santa Cruz __ 24, Bayern Monaco di Baviera

(11) FW Jorge Campos __ 31, Università Cattolica

(20) FW José Cardozo __ 57, Toluca

(23) FW Nelson Cuevas __ 11, River Plate

_ Russia (RUS)

_ - 23 giocatori

(1) GK Ruslan Nigmatullin __ 20, Hellas Verona

(12) GK Stanislav Cherchesov __ 49, Tirolo Innsbruck

(23) GK Aleksandr Filimonov __ 16, Uralan Elista

(2) DF Yuri Kovtun __ 44, Spartak Mosca

(3) DF Yuri Nikiforov __ 56, PSV

(5) DF Andrei Solomatin __ 5, CSKA Mosca

(7) DF Viktor Onopko __ 97, Real Oviedo

(13) DF Vyacheslav Dayev __ 7, CSKA Mosca

(14) DF Igor Chugainov __ 30, Uralan Elista

(18) DF Dmitri Sennikov __ 4, Lokomotiv Mosca

(4) MF Alexey Smertin __ 25, Bordeaux

(6) MF Igor Semshov __ 2, Torpedo Mosca

(8) MF Valery Karpin __ 69, Celta Vigo

(9) MF Yegor Titov __ 30, Spartak Mosca

(10) MF Aleksandr Mostovoi __ 59, Celta Vigo

(15) MF Dmitri Alenichev __ 43, Porto

(17) MF Sergei Semak __ 31, CSKA Mosca

(20) MF Marat Izmailov __ 8, Lokomotiv Mosca

(21) MF Dmitri Khokhlov __ 39, Società Reale

(11) FW Vladimir Beschastnykh __ 64, Spartak Moscow

(16) FW Aleksandr Kerzhakov __ 3, Zenit St.

(19) FW Ruslan Pimenov __ 1, Lokomotiv Mosca

(22) FW Dmitri Sychev __ 3, Spartak Moscow

_ Arabia Saudita (KSA)

_ - 23 giocatori

(1) GK Mohamed Al-Deayea __ 168, Al-Hilal

(21) GK Mabrouk Zaid __ 1, Al-Ittihad

(22) GK Mohammed Al-Khojali __ 12, Al-Nassr

(2) DF Mohammed Al-Jahani __ 73, Al-Ahli

(3) DF Redha Tukar __ 5, Al-Shababab

(4) DF Abdullah Zubromawi __ 115, Al-Ahli

(5) DF Mohsin Al-Harthi __ 20, Al-Nassr

(6) DF Fouzi Al-Shehri __ 2, Al-Ahli

(12) DF Ahmed Dokhi __ 47, Al-Hilal

(13) DF Hussein Sulaimani __ 80, Al-Ahli

(23) DF Mansour Al-Thagafi __ 0, Al-Nassr

(7) MF Ibrahim Al-Shahrani __ 59, Al-Ahli

(8) MF Mohammed Noor __ 29, Al-Ittihad

(10) MF Mohammad Al-Shalhoub __ 17, Al-Hilal

(14) MF Abdulaziz Khathran __ 0, Al-Shababab

(16) MF Khamis Al-Owairan __ 76, Al-Ittihad

(17) MF Abdullah Al-Waked __ 45, Al-Shababab

(18) MF Nawaf Al-Temyat __ 48, Al-Hilal

(19) MF Omar Al-Ghamdi __ 28, Al-Hilal

(9) FW Sami Al-Jaber __ 148, Al-Hilal

(11) FW Obeid Al-Dosari __ 97, Al-Ahli

(15) FW Abdullah Jumaan Al-Dosari __ 20, Al-Hilal

(20) FW Al Hasan Al-Jami __ 18, Al-Ittihad

_____

_ Svezia (SWE)

_ - 23 giocatori

(1) GK Magnus Hedman __ 44, Coventry City

(12) GK Magnus Kihlstedt __ 12, Copenaghen

(23) GK Andreas Isaksson __ 1, Djurgården

(2) DF Olof Mellberg __ 21, Aston Villa

(3) DF Patrik Andersson __ 95, Barcellona

(4) DF Johan Mjällby __ 35, Celtico

(5) DF Michael Svensson __ 11, Troyes

(13) DF Tomas Antonelius __ 6, Copenaghen

(14) DF Erik Edman __ 5, Heerenveen

(15) DF Andreas Jakobsson __ 12, Hansa Rostock

(16) DF Teddy Lucic __ 41, AIK

(6) MF Tobias Linderoth __ 19, Everton

(7) MF Niclas Alexandersson __ 58, Everton

(8) MF Anders Svensson __ 24, Southampton

(9) MF Fredrik Ljungberg __ 31, Arsenale

(17) MF Magnus Svensson __ 24, Brøndby

(18) MF Mattias Jonson __ 23, Brøndby

(19) MF Pontus Farnerud __ 2, AS Monaco

(20) MF Daniel Andersson __ 38, Venezia

(10) FW Marcus Allbäck __ 18, Heerenveen

(11) FW Henrik Larsson __ 67, Celtico

(21) FW Zlatan Ibrahimović __ 9, Ajax

(22) FW Andreas Andersson __ 32, AIK

_____

_ Slovenia (SVN)

_ - 23 giocatori

(1) GK Marko Simeunovič __ 43, Maribor

(12) GK Mladen Dabanovič __ 20, Lokeren Oost-Vlaanderen

(23) GK Dejan Nemec __ 1, Club Brugge

(2) DF Goran Sankovič __ 5, Slavia Praga

(3) DF 'eljko Milinovič __ 35, JEF United Ichihara

(4) DF Muamer Vugdalič __ 13, Maribor

(5) DF Marinko Galič __ 65, Capodistria

(6) DF Aleksander Knavs __ 38, 1. FC Kaiserslautern

(14) DF Saša Gajser __ 20, Gent

(19) DF Amir Karić __ 43, Maribor

(22) DF Spasoje Bulajič __ 15, 1.

(7) MF Džoni Novak _ _ 68, SpVgg Unterhaching

(8) MF Ale' Čeh __ 71, Grazer

(10) MF Zlatko Zahovič __ 64, Benfica

(11) MF Miran Pavlin __ 45, Porto

(15) MF Rajko Tavčar __ 6, 1.

(17) MF Zoran Pavlović __ 21, Austria Vienna

(20) MF Nastja Čeh __ 6, Club Brugge

(9) FW Milano Osterc __ 41, Hapoel Tel Aviv

(13) FW Mladen Rudonja __ 58, Portsmouth

(16) FW Senad Tiganj __ 3, Olimpija Ljubljana

(18) FW Milenko Ačimovič __ 39, Tottenham Hotspur

(21) FW Sebastjan Cimirotič __ 12, Lecce

_ Senegal (SEN)

_ - 23 giocatori

(1) GK Tony Sylva __ 15, AS Monaco

(16) GK Omar Diallo __ 42, Olympique Khouribga

(22) GK Kalidou Cissokho __ 0, ASC Giovanna d'Arco

(2) DF Omar Daf __ 31, Sochaux

(4) DF Papa Malick Diop __ 25, Lorient

(5) DF Alassane N'Dour __ 7, Saint-Étienne

(6) DF Aliou Cissé __ 20, Montpellier

(13) DF Lamine Diatta __ 19, Rennes

(17) DF Ferdinand Coly __ 16, Lens

(21) DF Habib Beye __ 6, Strasburgo

(3) MF Pape Sarr __ 22, lente

(10) MF Khalilou Fadiga __ 25, Auxerre

(12) MF Amdy Faye __ 6, Auxerre

(14) MF Moussa N'Diaye __ 38, Berlina

(15) MF Salif Diao __ 20, berlina

(19) MF Papa Bouba Diop __ 12, Lens

(20) MF Sylvain N'Diaye __ 6, Lille

(23) MF Makhtar N'Diaye __ 11, Rennes

(7) FW Henri Camera __ 34, Berlina

(8) FW Amara Traoré __ 12, Gueugnon

(9) FW Souleymane Camara __ 9, AS Monaco

(11) FW El Hadji Diouf __ 21, Lens

(18) FW Pape Thiaw __ 13, Strasburgo

_____

_ Tunisia (TUN)

_ - 23 giocatori

(1) GK Ali Boumnijel __ 14, Bastia

(16) GK Hassen Bejaoui __ 2, Bizertin

(22) GK Ahmed Jaouachi __ 0, Monastir

(2) DF Khaled Badra __ 72, Espérance

4) DF Mohamed Mkacher __ 15, IT Sahel

(6) DF Hatem Trabelsi __ 27, Ajax

(12) DF Raouf Bouzaiene __ 39, Genova

(14) DF Hamdi Marzouki __ 7, Club Africain

(15) DF Radhi Jaïdi __ 40, Espérance

(17) DF Tarek Thabet __ 70, Espérance

(19) DF Emir Mkademi __ 9, ES Sahel

(23) DF José Clayton __ 12, Espérance

(3) MF Zoubeir Baya __ 77, Beşiktaş

(7) MF Imed Mhedhebi __ 30, Genova

(8) MF Hassen Gabsi __ 48, Genova

(10) MF Kaies Ghodhbane __ 62, IT Sahel

(13) MF Riadh Bouazizi __ 47, Bursaspor

(18) MF Selim Ben Achour __ 3, Martigues

(21) MF Mourad Melki __ 11, Espérance

(5) FW Ziad Jaziri __ 26, IT Sahel

(9) FW Riadh Jelassi __ 20, Club Africain

(11) FW Adel Sellimi __ 64, SC Friburgo

(20) FW Ali Zitouni __ 23, Espérance

_____

_ Turchia (TUR)

_ - 22 giocatori

(1) GK Rüştü Reçber __ 64, Fenerbahçe

(12) GK Ömer Çatkıç __ 6, Gaziantepspor

(23) GK Zafer Özgültekin __ 1, Ankaragücü

(2) DF Emre Aşık __ 16, Galatasaray

(3) DF Bülent Korkmaz __ 68, Galatasaray

(4) DF Fatih Akyel __ 36, Fenerbahçe

(5) DF Alpay Özalan __ 62, Aston Villa

(16) DF Ümit Özat __ 14, Fenerbahçe

(20) DF Hakan Ünsal __ 25, Galatasaray

(7) MF Okan Buruk __ 26, Internazionale

(8) MF Tugay Kerimoğlu __ 69, Blackburn Rovers

(10) MF Yıldıldıray Baştürk __ 13, Bayer Leverkusen

(13) MF Mustafa İzzet __ 7, Leicester City

(14) MF Tayfur Havutçu __ 39, Beşiktaş

(18) MF Ergün Penbe __ 21, Galatasaray

(19) MF Abdullah Ercan __ 70, Fenerbahçe

(21) MF Emre Belözoğlu __ 11, Internazionale

(6) FW Arif Erdem __ 50, Galatasaray

(9) FW Hakan Şükür __ 73, Parma

(11) FW Hasan Şaş __ 14, Galatasaray

(15) FW Nihat Kahveci __ 11, Royal Society

(17) FW İlhan Mansız __ 6, Beşiktaş

_ Stati Uniti (USA)

_ - 23 giocatori

(1) GK Brad Friedel __ 74, Blackburn Rovers

(18) GK Kasey Keller __ 58, Tottenham Hotspur

(19) GK Tony Meola __ 98, Kansas City Wizards (USA)

(3) DF Gregg Berhalter __ 25, Crystal Palace

(4) DF Pablo Mastroeni __ 8, Miami Fusion (USA)

(6) DF David Regis __ 28, Metz

(12) DF Jeff Agoos __ 127, San Jose Terremoti (USA)

(14) DF Steve Cherundolo __ 10, Hannover 96

(16) DF Carlos Llamosa __ 26, New England Revolution (USA)

(22) DF Tony Sanneh __ 29, 1.

(23) DF Eddie Pope __ 48, D.C. United (USA)

(2) MF Frankie Hejduk __ 38, Bayer Leverkusen

(5) MF John O'Brien __ 13, Ajax

(7) MF Eddie Lewis __ 38, Fulham

(8) MF Earnie Stewart __ 77, CNA Breda

(10) MF Claudio Reyna __ 86, Sunderland

(13) MF Cobi Jones __ 153, LA Galaxy (USA)

(17) MF DaMarcus Beasley __ 9, Chicago Fire (USA)

(9) FW Joe-Max Moore __ 95, Everton

(11) FW Clint Mathis __ 19, MetroStars (USA)

(15) FW Josh Wolff __ 16, Chicago Fire (USA)

(20) FW Brian McBride __ 58, Columbus Crew (USA)

(21) FW Landon Donovan __ 20, San Jose Terremoti (USA)

_ Uruguay (URU)

_ - 23 giocatori

(1) GK Fabián Carini __ 35, Juventus

(12) GK Gustavo Munúa __ 9, Nazionale

(23) GK Federico Elduayen __ 1, Peñarol

(2) DF Gustavo Méndez __ 45, Nazionale

(3) DF Alejandro Lembo __ 31, Nazionale

(4) DF Paolo Montero __ 45, Juventus

(6) DF Darío Rodríguez __ 21, Peñarol

(14) DF Gonzalo Sorondo __ 18, Internazionale

(19) DF Joe Bizera __ 9, Peñarol

(5) MF Pablo García __ 36, Venezia

(7) MF Gianni Guigou __ 36, Roma

(10) MF Fabian O'Neill __ 19, Perugia

(16) MF Marcelo Romero __ 22, Malaga

(17) MF Mario Regueiro __ 14, Racing de Santander

(22) MF Gonzalo de los Santos __ 28, Valencia

(8) FW Gustavo Varela __ 7, Nazionale

(9) FW Darío Silva __ 36, Malaga

(11) FW Federico Magallanes __ 24, Venezia

(13) FW Sebastian Abreu __ 13, Croce Blu

(15) FW Nicolás Olivera __ 26, Siviglia

(18) FW Richard Morales __ 12, Nazionale

(20) FW Álvaro Recoba __ 43, Internazionale

(21) FW Diego Forlán __ 4, Manchester United

_____

_ Sudafrica (RSA)

_ - 23 giocatori

(1) GK Hans Vonk __ 29, Heerenveen

(16) GK André Arendse __ 49, Santos Città del Capo

(20) GK Calvin Marlin __ 2, Ajax Cape Town

(2) DF Cyril Nzama __ 19, Kaizer Chiefs

(3) DF Bradley Carnell __ 21, VfB Stoccarda

(4) DF Aaron Mokoena __ 22, Germinal Beerschot

(5) DF Jacob Lekgetho __ 15, Lokomotiv Mosca

(13) DF Pierre Issa __ 41, Watford

(19) DF Lucas Radebe __ 65, Leeds United

(22) DF Thabang Molefe __ 5, Jomo Cosmos

(6) MF MacBeth Sibaya __ 9, Jomo Cosmos

(7) MF Quinton Fortune __ 39, Manchester United

(8) MF Thabo Mngomeni __ 37, Orlando Pirates

(9) MF MacDonald Mukansi __ 7, Lokomotiv Sofia

(10) MF Bennett Mnguni __ 9, Lokomotiv Mosca

(11) MF Jabu Pule __ 9, Kaizer Chiefs

(12) MF Teboho Mokoena __ 10, San Gallo

(15) MF Sibusiso Zuma __ 22, Copenaghen

(18) MF Delron Buckley __ 32, VfL Bochum

(21) MF Steven Pienaar __ 0, Ajax

(14) FW Siyabonga Nomvethe __ 30, Udinese

(17) FW Benni McCarthy __ 43, Porto

(23) FW George Koumantarakis __ 6, Basilea

GERMANIA 2006

GERMANIA 2006

_ Coppa del Mondo 2006 _ in Germania / Germania

Gruppo A : Germania Ecuador Polonia Costa Rica

Gruppo B : Inghilterra Svezia Paraguay Trinidad e Tobago

Gruppo C : Argentina Paesi Bassi Costa d'Avorio Serbia e Montenegro

Gruppo D : Portogallo Messico Messico Angola Iran

Gruppo E | Italia Ghana Repubblica Ceca Stati Uniti

Gruppo F : Brasile Australia Croazia Croazia Giappone

Gruppo G | Svizzera Francia Corea del Sud Togo

Gruppo H : Spagna Ucraina Ucraina Tunisia Arabia Saudita

Giorno 1 | Ven 9 giugno

Giorno 2 | Sab Sab/10 giugno

Giorno di gara 3 | Domenica 11 giugno

Giorno 4 | Lunedì 12 giugno

Giorno 5 | Martedì 13 giugno

Giorno di gara 6 | mercoledì 14 giugno

Giorno 7 | Giovedì 15 giugno

Giorno 8 | Ven/16 giugno

Giorno 9 | Sab Sab/17 giugno

Giorno 10 | Domenica 18 giugno

Giorno 11 | Lunedì 19 giugno

Giorno 12 | Mar 20 giugno

Giorno di gara 13 | Mercoledì 21 giugno

Giorno 14 | Giovedì 22 giugno

Giorno 15 | Ven/23 giugno

Gruppo A:

(1) Ven Ven/9 Germania 4-2 (2-1) Costa Rica @ Allianz Arena, München

(2) Ven Ven/9 Polonia 0-2 (0-1) Ecuador @ Veltins-Arena, Gelsenkirchen

(17) Wed Jun/14 Germany 1-0 (0-0) Poland @ Signal Iduna Park, Dortmund

(18) Giovedì 15 giugno 15 Ecuador 3-0 (1-0) Costa Rica @ AOL Arena, Amburgo

(33) Mar-Giugno/20 Ecuador 0-3 (0-2) Germania all'Olympiastadion, Berlino

(34) Mar 20 giugno Costa Rica 1-2 (1-1) Polonia @ AWD-Arena, Hannover

Gruppo B:

(3) Sat Jun/10 England 1-0 (1-0) Paraguay @ Commerzbank-Arena, Frankfurt

(4) Sat Jun/10 Trinidad e Tobago 0-0 Svezia @ Signal Iduna Park, Dortmund

(19) Thu Jun/15 England 2-0 (0-0) Trinidad e Tobago @ Frankenstadion, Nürnberg

(20) Thu Jun/15 Svezia 1-0 (0-0) Paraguay @ Olympiastadion, Berlino

(35) Martedì 20 giugno Svezia 2-2 (0-1) Inghilterra @ RheinEnergieStadion, Colonia

(36) Mar-Giugno/20 Paraguay 2-0 (1-0) Trinidad e Tobago @ Fritz-Walter-Stadion, Kaiserslautern

Gruppo C:

(5) Sab giugno/10 Argentina 2-1 (2-0) Costa d'Avorio @ AOL Arena, Amburgo

(6) Sun Jun/11 Serbia e Montenegro 0-1 (0-1) Paesi Bassi @ Zentralstadion, Lipsia

(21) Ven/16 giugno Argentina 6-0 (3-0) Serbia e Montenegro @ Veltins-Arena, Gelsenkirchen

(22) Ven / 16 giugno Paesi Bassi 2-1 (2-1) Costa d'Avorio @ Gottlieb-Daimler-Stadion, Stoccarda

(37) Wed Jun/21 Netherlands 0-0 Argentina @ Commerzbank-Arena, Francoforte

(38) Mercoledì 21 giugno Costa d'Avorio 3-2 (1-2) Serbia e Montenegro @ Allianz Arena, München

Gruppo D:

(7) Sun giugno/11 Messico 3-1 (1-1) Iran @ Frankenstadion, Norimberga

(8) Sun Jun/11 Angola 0-1 (0-1) Portogallo @ RheinEnergieStadion, Colonia

(23) Ven/16 giugno Messico 0-0 Angola @ AWD-Arena, Hannover

(24) Sab 17 giugno Portogallo 2-0 (0-0) Iran @ Commerzbank-Arena, Francoforte

(39) Mercoledì 21 giugno Portogallo 2-1 (2-1) Messico @ Veltins-Arena, Gelsenkirchen

(40) Wed giugno/21 Iran 1-1 (0-0) Angola @ Zentralstadion, Lipsia

Gruppo E:

(9) Lun Lun Giugno/12 Italia 2-0 (1-0) Ghana @ AWD-Arena, Hannover

(10) Lun Lun Giu/12 Stati Uniti 0-3 (0-2) Repubblica Ceca @ Veltins-Arena, Gelsenkirchen

(25) Sab 17 giugno Italia 1-1 (1-1) Stati Uniti @ Fritz-Walter-Stadion, Kaiserslautern

(26) Sab giugno/17 Repubblica Ceca 0-2 (0-1) Ghana @ RheinEnergieStadion, Colonia

(41) Thu Jun/22 Repubblica Ceca 0-2 (0-1) Italia @ AOL Arena, Amburgo

(42) Thu Jun/22 Ghana 2-1 (2-1) Stati Uniti @ Frankenstadion, Nürnberg

Gruppo F:

(11) Mar-Giu-13 Brasile 1-0 (1-0) Croazia @ Olympiastadion, Berlino

(12) Lunedì 12 giugno Australia 3-1 (0-1) Giappone @ Fritz-Walter-Stadion, Kaiserslautern

(27) Dom 18 giu/18 Brasile 2-0 (0-0) Australia @ Allianz Arena, München

(28) Dom 18 giugno Giappone 0-0 Croazia @ Frankenstadion, Norimberga

(43) Giovedì 22 giugno Giappone 1-4 (1-1) Brasile @ Signal Iduna Park, Dortmund

(44) Thu Jun/22 Croatia 2-2 (1-1) Australia @ Gottlieb-Daimler-Stadion, Stoccarda

Gruppo G:

(13) Mar-Giugno/13 Francia 0-0 Svizzera @ Gottlieb-Daimler-Stadion, Stoccarda

(14) Mar 13 giugno 2013 Corea del Sud 2-1 (0-1) Togo @ Commerzbank-Arena, Francoforte

(29) Domenica 18 giugno Francia 1-1 (1-0) Corea del Sud @ Zentralstadion, Lipsia

(30) Lun Lun/Giu/19 Togo 0-2 (0-1) Svizzera @ Signal Iduna Park, Dortmund

(45) Ven Ven/23 giugno/23 Togo 0-2 (0-0) Francia @ RheinEnergieStadion, Colonia

(46) Ven 2/3 giugno Svizzera 2-0 (1-0) Corea del Sud @ AWD-Arena, Hannover

Gruppo H:

    (15) Wed Jun/14 Spain 4-0 (2-0) Ukraine @ Zentralstadion, Leipzig

    (16) Mercoledì 14 giugno Tunisia 2-2 (1-0) Arabia Saudita @ Allianz Arena, Monaco di Baviera

    (31) Lun Lun/Giu/19 Spagna 3-1 (0-1) Tunisia @ Gottlieb-Daimler-Stadion, Stoccarda

    (32) Lun/Giu/19 Arabia Saudita 0-4 (0-2) Ucraina @ AOL Arena, Amburgo

    (47) Ven/23 giugno/23 giugno Arabia Saudita 0-1 (0-1) Spagna @ Fritz-Walter-Stadion, Kaiserslautern

    (48) Ven 2/3 giugno Ucraina 1-0 (0-0) Tunisia @ Olympiastadion, Berlino

_ Coppa del Mondo 2006 _ in Germania / Germania

_ Finale

Il Giro dei 16

(49) Sab 24 giugno Germania 2-0 (2-0) Svezia @ Allianz Arena, München

(50) Sabato 24 giugno Argentina 2-1 a.e.t. (1-1, 1-1) Messico @ Zentralstadion, Lipsia

(51) Sun Jun/25 Inghilterra 1-0 (0-0) Ecuador @ Gottlieb-Daimler-Stadion, Stoccarda

(52) Sun Jun/25 Portogallo 1-0 (1-0) Paesi Bassi @ Frankenstadion, Nürnberg

(53) lun. giugno/26 Italia 1-0 (0-0) Australia @ Fritz-Walter-Stadion, Kaiserslautern

(54) Lunedì 26 giugno Svizzera 0-3 penna. 0-0 a.e.t. (0-0) Ucraina @ RheinEnergieStadion, Colonia

(55) Mar-Giugno/27 Brasile 3-0 (2-0) Ghana @ Signal Iduna Park, Dortmund

(56) Martedì 27 giugno Spagna 1-3 (1-1) Francia @ AWD-Arena, Hannover

Quarti di finale

(57) Ven giugno/30 Germania 4-2 penna. 1-1 a.e.t. (1-1, 0-0) Argentina all'Olympiastadion, Berlino

(58) Ven giugno/30 Italia 3-0 (1-0) Ucraina @ AOL Arena, Amburgo

(59) Sat Jul/1 lug/1 Inghilterra 1-3 penna. 0-0 a.e.t. (0-0) Portogallo @ Veltins-Arena, Gelsenkirchen

(60) Sat Jul/1 Brasile 0-1 (0-0) Francia @ Commerzbank-Arena, Francoforte

Semifinali

(61) Mar Jul/4 Germania 0-2 a.e.t. (0-0) Italia @ Signal Iduna Park, Dortmund

_ -; Grosso 119' Del Piero 120+1

(62) Mercoledì 5 luglio Portogallo 0-1 (0-1) Francia @ Allianz Arena, München

_ -; Zidane 33' (penna.)

Terzo posto nello spareggio

(63) Sat Jul/8 Germania 3-1 (0-0) Portogallo @ Gottlieb-Daimler-Stadion, Stoccarda

_ Schweinsteiger 56', 78' Petit 60' (o.g.); Nuno Gomes 88'.

Finale

(64) Sun Jul/9 Italia 5-3 penna. 1-1 a.e.t. (1-1, 1-1) Francia @ Olympiastadion, Berlino

_ Materazzi 19'; Zidane 7' (penna.)

SELEZIONI PARTECIPANTI

_ Angola (ANG)

_ - 23 giocatori

(1) GK João Ricardo __ 26, Moreirense

(12) GK Lamá __ 9, Petro Atlético (ANG)

(22) GK Mário __ 1, InterClube (ANG)

(2) DF Marco Airosa __ 2, Barreirense (POR)

(3) DF Jamba __ 35, Aviação (ANG)

(4) DF Lebo Lebo __ 15, Petro Atlético (ANG)

(5) DF Kali __ 21, Barreirense (POR)

(15) DF Rui Marques __ 1, Leeds United (ENG)

(20) DF Locó __ 11, primo agosto (ANG)

(21) DF Delgado __ 17, Petro Atletico (ANG)

(23) DF Marco Abreu __ 3, Portimonense (POR)

(6) MF Miloy __ 11, InterClube (ANG)

(7) MF Figueiredo __ 22, Varzim (POR)

(8) MF André __ 33, Al-Salmiya (KUW)

(13) MF Édson __ 7, Paços de Ferreira (POR)

(14) MF Mendonça __ 34, Varzim (POR)

(17) MF Zé Kalanga __ 23, Petro Atlético (ANG)

(9) FW Mantorras __ 11, Benfica (POR)

(10) FW Akwá __ 77, Al-Wakra (QAT)

(11) FW Mateus __ 4, Gil Vicente (POR)

(16) FW Flávio __ 46, Al-Ahly (EGY)

(18) FW Love __ 35, Aviação (ANG)

(19) FW Titi Buengo __ 2, Piede di Clermont (FRA)

_ Argentina (ARG)

_ - 23 giocatori

(1) GK Roberto Abbondanzieri __ 22, Boca Juniors (ARG)

(12) GK Leo Franco __ 3, Atlético Madrid (ESP)

(23) GK Óscar Ustari __ 0, Indipendente (ARG)

(2) DF Roberto Ayala __ 100, Valencia (ESP)

(3) DF Juan Pablo Sorín __ 71, Villarreal (ESP)

(4) DF Fabricio Coloccini __ 23, Deportivo La Coruña (ESP)

(6) DF Gabriel Heinze __ 29, Manchester United (ENG)

(13) DF Lionel Scaloni __ 6, Deportivo La Coruña (ESP)

(15) DF Gabriel Milito __ 15, Real Saragozza (ESP)

(17) DF Leandro Cufré __ 2, Roma (ITA)

(21) DF Nicolás Burdisso __ 8, Internazionale (ITA)

(5) MF Esteban Cambiasso __ 22, Internazionale (ITA)

(8) MF Javier Mascherano __ 15, Corinzi (BRA)

(10) MF Juan Román Riquelme __ 31, Villarreal (ESP)

(16) MF Pablo Aimar __ 40, Valencia (ESP)

(18) MF Maxi Rodríguez __ 13, Atlético Madrid (ESP)

(22) MF Lucho González __ 27, Porto (POR)

(7) FW Javier Saviola __ 31, Barcellona (ESP)

(9) FW Hernán Crespo __ 55, Chelsea (GNL)

(11) FW Carlos Tevez __ 21, Corinzi (BRA)

(14) FW Rodrigo Palacio __ 2, Boca Juniors (ARG)

(19) FW Lionel Messi __ 7, Barcellona (ESP)

(20) FW Julio Cruz __ 15, Internazionale (ITA)

_____

_ Australia (AUS)

_ - 23 giocatori

(1) GK Mark Schwarzer __ 37, Middlesbrough (ENG)

(12) GK Ante Čović __ 1, Hammarby (SWE)

(18) GK 'eljko Kalac __ 52, Milano (ITA)

(2) DF Lucas Neill __ 25, Blackburn Rovers (MOT)

(3) DF Craig Moore __ 33, Newcastle United (ENG)

(6) DF Tony Popovic __ 56, Crystal Palace (ENG)

(7) DF Brett Emerton __ 48, Blackburn Rovers (MOT)

(11) DF Stan Lazaridis __ 59, Birmingham City (ENG)

(16) DF Michael Beauchamp __ 2, Central Coast Mariners (AUS)

(20) DF Luke Wilkshire __ 8, Bristol City (ENG)

(22) DF Mark Milligan __ 1, Sydney FC (AUS)

(4) MF Tim Cahill __ 16, Everton (ENG)

(5) MF Jason Čulina __ 13, PSV Eindhoven (NED)

(8) MF Josip Skoko __ 46, Wigan Athletic (ENG)

(13) MF Vincenzo Grella __ 17, Parma (ITA)

(14) MF Scott Chipperfield __ 46, Basilea (SUI)

(21) Miglio MF Sterjovski __ 22, Basilea (SUI)

(23) MF Marco Bresciano __ 24, Parma (ITA)

(9) FW Mark Viduka __ 33, Middlesbrough (ENG)

(10) FW Harry Kewell __ 20, Liverpool (ENG)

(15) FW John Aloisi __ 41, Alaves (ESP)

(17) FW Archie Thompson __ 20, Melbourne Victory (AUS)

(19) FW Joshua Kennedy __ 1, Dynamo Dresda (GER)

_____

_ Brasile (BRA)

_ - 23 giocatori

(1) GK Dida __ 86, Milano (ITA)

(12) GK Rogério Ceni __ 15, San Paolo (BRA)

(22) GK Julio Cesar __ 11, Internazionale (ITA)

(2) DF Cafu __ 138, Milano (ITA)

(3) DF Lúcio __ 50, Bayern Monaco (GER)

(4) DF Juan __ 38, Bayer Leverkusen (GER)

(6) DF Roberto Carlos __ 121, Real Madrid (ESP)

(13) DF Cicinho __ 10, Real Madrid (ESP)

(14) DF Luisão __ 19, Benfica (POR)

(15) DF Cris __ 16, Lione (FRA)

(16) DF Gilberto __ 9, Hertha BSC (GER)

(5) MF Emerson __ 70, Juventus (ITA)

(8) MF Kaká __ 38, Milano (ITA)

(10) MF Ronaldinho __ 63, Barcellona (ESP)

(11) MF Zé Roberto __ 79, Bayern Monaco (GER)

(17) MF Gilberto Silva __ 36, Arsenale (GNL)

(18) MF Mineiro __ 2, San Paolo (BRA)

(19) MF Juninho __ 37, Lione (FRA)

(20) MF Ricardinho __ 19, Corinzi (BRA)

(7) FW Adriano __ 32, Internazionale (ITA)

(9) FW Ronaldo __ 92, Real Madrid (ESP)

(21) FW Fred __ 3, Lione (FRA)

(23) FW Robinho __ 23, Real Madrid (ESP)

_ Svizzera (SUI)

_ - 23 giocatori

(1) GK Pascal Zuberbühler __ 40, Basilea (SUI)

(12) GK Diego Benaglio __ 1, Nazionale (POR)

(21) GK Fabio Coltorti __ 2, Cavalletta (SUI)

(3) DF Ludovic Magnin __ 30, Stoccarda (GER)

(4) DF Philippe Senderos __ 12, Arsenale (GNL)

(8) DF Raphaël Wicky __ 67, Amburgo (GER)

(13) DF Stéphane Grichting __ 6, Auxerre (FRA)

(17) DF Christoph Spycher __ 21, Eintracht Frankfurt (GER)

(20) DF Patrick Müller __ 64, Lione (FRA)

(23) DF Philipp Degen __ 15, Borussia Dortmund (GER)

(2) MF Johan Djourou __ 2, Arsenale (GNL)

(5) MF Xavier Margairaz __ 3, Zurigo (SUI)

(6) MF Johann Vogel __ 85, Milano (ITA)

(7) MF Ricardo Cabanas __ 37, Colonia (GER)

(14) MF David Degen __ 3, Basilea (SUI)

(15) MF Blerim Džemaili __ 3, Zurigo (SUI)

(16) MF Tranquillo Barnetta __ 13, Bayer Leverkusen (GER)

(19) MF Valon Behrami __ 6, Lazio (ITA)

(9) FW Alexander Frei __ 45, Rennes (FRA)

(10) FW Daniel Gygax __ 22, Lille (FRA)

(11) FW Marco Streller __ 10, Colonia (GER)

(18) FW Mauro Lustrinelli __ 5, Sparta Praga (CZE)

(22) FW Hakan Yakın __ 46, Giovani Ragazzi (SUI)

―――――――――――――――――――

_ Costa d'Avorio (CIV)

_ - 23 giocatori

(1) GK Jean-Jacques Tizié __ 24, Espérance (TUN)

(16) GK Gérard Gnanhouan __ 6, Montpellier (FRA)

(23) GK Boubacar Barry __ 6, Beveren (BEL)

(3) DF Arthur Boka __ 23, Strasburgo (FRA)

(4) DF Kolo Touré __ 42, Arsenale (GNL)

(6) DF Blaise Kouassi __ 36, Troyes (FRA)

(12) DF Abdoulaye Méïté __ 18, Marsiglia (FRA)

(13) DF Marco Zoro __ 13, Messina (ITA)

(17) DF Cyril Domoraud __ 50, Créteil (FRA)

(20) DF Guy Demel __ 7, Amburgo (GER)

(21) DF Emmanuel Eboué __ 11, Arsenale (GNL)

(2) MF Kanga Akalé __ 22, Auxerre (FRA)

(5) MF Didier Zokora __ 38, Saint-Étienne (FRA)

(7) MF Emerse Faé __ 14, Nantes (FRA)

(10) MF Gilles Yapi Yapo __ 26, Giovani Ragazzi (SUI)

(18) MF Abdul Kader Keïta __ 26, Lille (FRA)

(19) MF Yaya Touré __ 14, Olympiacos (GRE)

(22) MF Romaric __ 8, Le Mans (FRA)

(8) FW Bonaventure Kalou __ 49, Paris Saint-Germain (FRA)

(9) FW Arouna Koné __ 17, PSV Eindhoven (NED)

(11) FW Didier Drogba __ 32, Chelsea (GNL)

(14) FW Bakari Koné __ 16, Nizza (FRA)

(15) FW Aruna Dindane __ 34, Lens (FRA)

―――――――――――――――――――

_ Costa Rica (CRC)

_ - 23 giocatori

(1) GK Álvaro Mesén __ 38, Herediano (CRC)

(18) GK José Porras __ 16, Deportivo Saprissa (CRC)

(23) GK Wardy Alfaro __ 2, Alajuelense (CRC)

(2) DF Jervis Drummond __ 56, Deportivo Saprissa (CRC)

(3) DF Luis Marín __ 120, Alajuelense (CRC)

(4) DF Michael Umaña __ 18, Bruges (CRC)

(5) DF Gilberto Martínez __ 57, Brescia (ITA)

(12) DF Leonardo González __ 36, Herediano (CRC)

(15) DF Harold Wallace __ 78, Alajuelense (CRC)

(17) DF Gabriel Badilla __ 7, Deportivo Saprissa (CRC)

(22) DF Michael Rodríguez __ 3, Alajuelense (CRC)

(6) MF Danny Fonseca __ 22, cartaginese (CRC)

(7) MF Christian Bolaños __ 16, Deportivo Saprissa (CRC)

(8) MF Mauricio Solis __ 107, Comunicazioni CSD (GUA)

(10) MF Walter Centeno __ 93, Deportivo Saprissa (CRC)

(14) MF Randall Azofeifa __ 5, Deportivo Saprissa (CRC)

(16) MF Carlos Hernández __ 17, Alajuelense (CRC)

(20) MF Douglas Sequeira __ 29, Real Salt Lake (USA)

(9) FW Paulo Wanchope __ 69, Erede (CRC)

(11) FW Rónald Gómez __ 80, Deportivo Saprissa (CRC)

(13) FW Kurt Bernard __ 3, Puntarenas (CRC)

(19) FW Álvaro Saborío __ 23, Deportivo Saprissa (CRC)

(21) FW Víctor Núñez __ 3, Cartaginés (CRC)

_____

_ Repubblica Ceca (CZE)

_ - 23 giocatori

(1) GK Petr Čech __ 41, Chelsea (GNL)

(16) GK Jaromír Blažek __ 11, Sparta Praga (CZE)

(23) GK Antonín Kinský __ 5, Saturn Ramenskoye (RUS)

(2) DF Zdeněk Grygera __ 41, Ajax (NED)

(3) DF Pavel Mare' __ 10, Zenit San Pietroburgo (RUS)

(5) DF Radoslav Kováč __ 6, Spartak Moscow (RUS)

(6) DF Marek Jankulovski __ 48, Milano (ITA)

(13) DF Martin Jiránek __ 24, Spartak Mosca (RUS)

(21) DF Tomás Ujfaluši __ 48, Fiorentina (ITA)

(22) DF David Rozehnal __ 22, Paris Saint-Germain (FRA)

(4) MF Tomás Galásek __ 49, Ajax (NED)

(7) MF Libor Sionko __ 17, Austria Vienna (AUT)

(8) MF Karel Poborský __ 115, Dynamo České Budějovice (CZE)

(10) MF Tomás Rosický __ 54, Borussia Dortmund (GER)

(11) MF Pavel Nedvěd __ 87, Juventus (ITA)

(14) MF David Jarolím __ 3, Amburgo (GER)

(19) MF Jan Polák __ 18, Norimberga (GER)

(20) MF Jaroslav Plašil __ 14, AS Monaco (FRA)

(9) FW Jan Koller __ 68, Borussia Dortmund (GER)

(12) FW Vratislav Lokvenc __ 72, Red Bull Salzburg (AUT)

(15) FW Milan Baro' __ 49, Aston Villa (ENG)

(17) FW Jiří Çtajner __ 21, Hannover 96 (GER)

(18) FW Marek Heinz __ 28, Galatasaray (TUR)

_____

_ Germania (GER)

_ - 23 giocatori

(1) GK Jens Lehmann __ 32, Arsenale (GNL)

(12) GK Oliver Kahn __ 85, Bayern Monaco (GER)

(23) GK Timo Hildebrand __ 3, Stoccarda (GER)

(2) DF Marcell Jansen __ 7, Borussia Mönchengladbach (GER)

(3) DF Arne Friedrich __ 36, Hertha BSC (GER)

(4) DF Robert Huth __ 16, Chelsea (GNL)

(6) DF Jens Nowotny __ 46, Bayer Leverkusen (GER)

(16) DF Philipp Lahm __ 18, Bayern Monaco (GER)

(17) DF Per Mertesacker __ 23, Hannover 96 (GER)

(21) DF Christoph Metzelder __ 22, Borussia Dortmund (GER)

(5) MF Sebastian Kehl __ 27, Borussia Dortmund (GER)

(7) MF Bastian Schweinsteiger __ 28, Bayern Monaco (GER)

(8) MF Torsten Frings __ 52, Werder Bremen (GER)

(13) MF Michael Ballack __ 65, Bayern Monaco (GER)

(15) MF Thomas Hitzlsperger __ 15, Stoccarda (GER)

(18) MF Tim Borowski __ 20, Werder Bremen (GER)

(19) MF Bernd Schneider __ 64, Bayer Leverkusen (GER)

(22) MF David Odonkor __ 1, Borussia Dortmund (GER)

(9) FW Mike Hanke __ 6, Wolfsburg (GER)

(10) FW Oliver Neuville __ 55, Borussia Mönchengladbach (GER)

(11) FW Miroslav Klose __ 55, Werder Bremen (GER)

(14) FW Gerald Asamoah __ 40, Schalke 04 (GER)

(20) FW Lukas Podolski __ 25, Colonia (GER)

_____

_ Ecuador (ECU)

_ - 23 giocatori

(1) GK Edwin Villafuerte __ 15, Deportivo Quito (ECU)

(12) GK Cristian Mora __ 8, LDU Quito (ECU)

(22) GK Damien Lanza __ 5, Aucas (ECU)

(2) DF Jorge Guagua __ 18, El Nacional (ECU)

(3) DF Iván Hurtado __ 130, Al-Arabi (QAT)

(4) DF Ulises de la Cruz __ 84, Aston Villa (ENG)

(5) DF José Luis Perlaza __ 3, Olmedo (ECU)

(13) DF Paul Ambrosi __ 24, LDU Quito (ECU)

(17) DF Giovanny Espinoza __ 56, LDU Quito (ECU)

(18) DF Néicer Reasco __ 31, LDU Quito (ECU)

(6) MF Patricio Urrutia __ 6, LDU Quito (ECU)

(7) MF Christian Lara __ 19, El Nacional (ECU)

(8) MF Edison Mendez __ 64, LDU Quito (ECU)

(14) MF Segundo Castillo __ 11, El Nacional (ECU)

(15) MF Marlon Ayoví __ 74, Deportivo Quito (ECU)

(16) MF Antonio Valencia __ 17, Ricreativo (ESP)

(19) MF Luis Saritama __ 15, Deportivo Quito (ECU)

(20) MF Edwin Tenorio __ 68, Barcellona (ECU)

(9) FW Félix Borja __ 6, El Nacional (ECU)

(10) FW Iván Kaviedes __ 44, Argentinos Juniors (ARG)

(11) FW Agustín Delgado __ 68, LDU Quito (ECU)

(21) FW Carlos Tenorio __ 29, Al-Sadd (QAT)

(23) FW Christian Benitez __ 5, El Nacional (ECU)

_____

_ Inghilterra (GNL)

_ - 23 giocatori

(1) GK Paul Robinson __ 21, Tottenham Hotspur (ENG)

(13) GK David James __ 34, Manchester City (ENG)

(22) GK Scott Carson __ 0, Liverpool (ENG)

(2) DF Gary Neville __ 79, Manchester United (ENG)

(3) DF Ashley Cole __ 46, Arsenale (GNL)

(5) DF Rio Ferdinand __ 47, Manchester United (ENG)

(6) DF John Terry __ 24, Chelsea (ENG)

(12) DF Sol Campbell __ 68, Arsenale (GNL)

(14) DF Wayne Bridge __ 23, Chelsea (GNL)

(15) DF Jamie Carragher __ 25, Liverpool (ENG)

(4) MF Steven Gerrard __ 42, Liverpool (MOT)

(7) MF David Beckham __ 89, Real Madrid (ESP)

(8) MF Frank Lampard __ 40, Chelsea (GNL)

(11) MF Joe Cole __ 32, Chelsea (GNL)

(16) MF Owen Hargreaves __ 30, Bayern Monaco (GER)

(17) MF Jermaine Jenas __ 15, Tottenham Hotspur (ENG)

(18) MF Michael Carrick __ 6, Tottenham Hotspur (ENG)

(19) MF Aaron Lennon __ 1, Tottenham Hotspur (ENG)

(20) MF Stewart Downing __ 2, Middlesbrough (ENG)

(9) FW Wayne Rooney __ 29, Manchester United (ENG)

(10) FW Michael Owen __ 77, Newcastle United (ENG)

(21) FW Peter Crouch __ 7, Liverpool (ENG)

(23) FW Theo Walcott __ 1, Arsenal (ENG)

_ Spagna (ESP)

_ - 23 giocatori

(1) GK Iker Casillas __ 58, Real Madrid (ESP)

(19) GK Santiago Cañizares __ 45, Valencia (ESP)

(23) GK Pepe Reina __ 3, Liverpool (GNL)

(2) DF Míchel Salgado __ 50, Real Madrid (ESP)

(3) DF Mariano Pernía __ 1, Getafe (ESP)

(4) DF Carlos Marchena __ 27, Valencia (ESP)

(5) DF Carles Puyol __ 47, Barcellona (ESP)

(12) DF Antonio López __ 8, Atlético Madrid (ESP)

(15) DF Sergio Ramos __ 11, Real Madrid (ESP)

(20) DF Juanito __ 15, Real Betis (ESP)

(22) DF Pablo __ 11, Atlético Madrid (ESP)

(6) MF David Albelda __ 33, Valencia (ESP)

(8) MF Xavi __ 36, Barcellona (ESP)

(10) MF José Antonio Reyes __ 19, Arsenale (GNL)

(11) MF Luis García __ 10, Liverpool (GNL)

(13) MF Andrés Iniesta __ 3, Barcellona (ESP)

(14) MF Xabi Alonso __ 26, Liverpool (ENG)

(16) MF Marcos Senna __ 3, Villarreal (ESP)

(17) MF Joaquín __ 38, Real Betis (ESP)

(18) MF Cesc Fàbregas __ 4, Arsenale (GNL)

(7) FW Raúl __ 95, Real Madrid (ESP)

(9) FW Fernando Torres __ 30, Atlético Madrid (ESP)

(21) FW David Villa __ 8, Valencia (ESP)

_____

_ Francia (FRA)

_ - 23 giocatori

(1) GK Mickaël Landreau __ 3, Nantes (FRA)

(16) GK Fabien Barthez __ 80, Marsiglia (FRA)

(23) GK Grégory Coupet __ 18, Lione (FRA)

(2) DF Jean-Alain Boumsong __ 19, Newcastle United (ENG)

(3) DF Éric Abidal __ 8, Lione (FRA)

(5) DF William Gallas __ 40, Chelsea (ENG)

(13) DF Mikaël Silvestre __ 39, Manchester United (ENG)

(15) DF Lilian Thuram __ 114, Juventus (ITA)

(17) DF Gaël Givet __ 11, AS Monaco (FRA)

(19) DF Willy Sagnol __ 38, Bayern Monaco (GER)

(21) DF Pascal Chimbonda __ 1, Wigan Athletic (ENG)

(4) MF Patrick Vieira __ 87, Juventus (ITA)

(6) MF Claude Makélélé __ 43, Chelsea (GNL)

(7) MF Florent Malouda __ 13, Lione (FRA)

(8) MF Vikash Dhorasoo __ 16, Parigi Saint-Germain (FRA)

(10) MF Zinedine Zidane __ 102, Real Madrid (ESP)

(18) MF Alou Diarra __ 9, Lens (FRA)

(22) MF Franck Ribéry __ 3, Marsiglia (FRA)

(9) FW Sidney Govou __ 19, Lione (FRA)

(11) FW Sylvain Wiltord __ 80, Lione (FRA)

(12) FW Thierry Henry __ 78, Arsenale (GNL)

(14) FW Louis Saha __ 9, Manchester United (ENG)

(20) FW David Trézéguet __ 63, Juventus (ITA)

_____

_ Ghana (GHA)

_ - 23 giocatori

(1) GK Sammy Adjei __ 31, Ashdod (SRI)

(16) GK George Owu __ 6, Ashanti Gold (GHA)

(22) GK Richard Kingson __ 33, Ankaraspor (TUR)

(4) DF Samuel Kuffour __ 58, Roma (ITA)

(5) DF John Mensah __ 33, Rennes (FRA)

(6) DF Emmanuel Pappoe __ 27, Hapoel Kfar Saba (SRI)

(7) DF Illiasu Shilla __ 2, Asante Kotoko (GHA)

(13) DF Habib Mohamed __ 1, Re Faisal Babes (GHA)

(17) DF Daniel Quaye __ 7, Cuori di Quercia (GHA)

(18) DF Eric Addo __ 6, PSV Eindhoven (NED)

(21) DF Issah Ahmed __ 10, Randers (DEN)

(2) MF Hans Sarpei __ 7, Wolfsburg (GER)

(8) MF Michael Essien __ 17, Chelsea (ENG)

(9) MF Derek Boateng __ 11, AIK (SWE)

(10) MF Stephen Appiah __ 42, Fenerbahçe (TUR)

(11) MF Sulley Muntari __ 16, Udinese (ITA)

(15) MF John Paintsil __ 21, Hapoel Tel Aviv (SRI)

(23) MF Haminu Dramani __ 7, Stella Rossa di Belgrado (SRB)

(3) FW Asamoah Gyan __ 13, Udinese (ITA)

(12) FW Alex Tachie-Mensah __ 5, San Gallo (SUI)

(14) FW Matthew Amoah __ 16, Borussia Dortmund (GER)

(19) FW Razak Pimpong __ 4, Copenhagen (DEN)

(20) FW Otto Addo __ 13, Magonza 05 (GER)

_____

_ Croazia (CRO)

_ - 23 giocatori

(1) GK Stipe Pletikosa __ 50, Shakhtar Donetsk (UKR)

(12) GK Joey Didulica __ 4, Austria Vienna (AUT)

(23) GK Tomislav Butina __ 28, Club Brugge (BEL)

(3) DF Josip Šimunić __ 42, Hertha BSC (GER)

(4) DF Robert Kovač __ 56, Juventus (ITA)

(5) DF Igor Tudor __ 52, Juventus (ITA)

(7) DF Dario Šimić __ 80, Milano (ITA)

(11) DF Mario Tokić __ 28, Austria Vienna (AUT)

(13) DF Stjepan Tomas __ 48, Galatasaray (TUR)

(2) MF Darijo Srna __ 36, Shakhtar Donetsk (UKR)

(6) MF Jurica Vranje' __ 24, Werder Bremen (GER)

(8) MF Marko Babić __ 33, Bayer Leverkusen (GER)

(10) MF Niko Kovač __ 58, Hertha BSC (GER)

(14) MF Luka Modrić __ 5, Dinamo Zagabria (CRO)

(15) MF Ivan Leko __ 13, Club Brugge (BEL)

(16) MF Jerko Leko __ 36, Dynamo Kyiv (UKR)

(19) MF Niko Kranjčar __ 21, Hajduk Split (CRO)

(20) MF Anthony Šerić __ 14, Panathinaikos (GRE)

(9) FW Dato __ 29, Rangers (SCO)

(17) FW Ivan Klasnić __ 20, Werder Bremen (GER)

(18) FW Ivica Olić __ 36, CSKA Mosca (RUS)

(21) FW Boško Balaban __ 27, Club Brugge (BEL)

(22) FW Ivan Bo?njak __ 13, Dinamo Zagabria (CRO)

_____

_ Iran (IRN)

_ - 23 giocatori

(1) GK Ebrahim Mirzapour __ 64, Foolad (IRN)

(12) GK Hassan Roudbarian __ 3, Pas (IRN)

(22) GK Vahid Talebloo __ 1, Esteghlal (IRN)

(3) DF Sohrab Bakhtiarizadeh __ 31, Batteria Saba (IRN)

(4) DF Yahya Golmohammadi __ 69, Batteria Saba (IRN)

(5) DF Rahman Rezaei __ 43, Messina (ITA)

(13) DF Hossein Kaebi __ 44, Foolad (IRN)

(19) DF Amir Hossein Sadeghi __ 1, Esteghlal (IRN)

(20) DF Mohammad Nosrati __ 44, Pas (IRN)

(2) MF Mehdi Mahdavikia __ 89, Amburgo (GER)

(6) MF Javad Nekounam __ 71, Al-Sharjah (EAU)

(7) MF Ferydoon Zandi __ 10, Kaiserslautern (GER)

(8) MF Ali Karimi __ 90, Bayern Monaco (GER)

(14) MF Andranik Teymourian __ 7, Abu Moslem (IRN)

(18) MF Moharram Navidkia __ 24, Bochum (GER)

(21) MF Mehrzad Madanchi __ 6, Persepoli (IRN)

(23) MF Masoud Shojaei __ 3, Saipa (IRN)

(9) FW Vahid Hashemian __ 28, Hannover 96 (GER)

(10) FW Ali Daei __ 147, batteria Saba (IRN)

(11) FW Rasoul Khatibi __ 12, Sepahan (IRN)

(15) FW Arash Borhani __ 20, Pas (IRN)

(16) FW Reza Enayati __ 15, Esteghlal (IRN)

(17) FW Javad Kazemian __ 25, Persepolis (IRN)

_ Italia (ITA)

_ - 23 giocatori

(1) GK Gianluigi Buffon __ 60, Juventus (ITA)

(12) GK Angelo Peruzzi __ 31, Lazio (ITA)

(14) GK Marco Amelia __ 1, Livorno (ITA)

(2) DF Cristian Zaccardo __ 12, Palermo (ITA)

(3) DF Fabio Grosso __ 17, Palermo (ITA)

(5) DF Fabio Cannavaro __ 93, Juventus (ITA)

(6) DF Andrea Barzagli __ 8, Palermo (ITA)

(13) DF Alessandro Nesta __ 74, Milano (ITA)

(19) DF Gianluca Zambrotta __ 52, Juventus (ITA)

(22) DF Massimo Oddo __ 20, Lazio (ITA)

(23) DF Marco Materazzi __ 28, Internazionale (ITA)

(4) MF Daniele De Rossi __ 17, Roma (ITA)

(8) MF Gennaro Gattuso __ 43, Milano (ITA)

(16) MF Mauro Camoranesi __ 21, Juventus (ITA)

(17) MF Simone Barone __ 13, Palermo (ITA)

(20) MF Simone Perrotta __ 24, Roma (ITA)

(21) MF Andrea Pirlo __ 24, Milano (ITA)

(7) FW Alessandro Del Piero __ 74, Juventus (ITA)

(9) FW Luca Toni __ 18, Fiorentina (ITA)
(10) FW Francesco Totti __ 51, Roma (ITA)
(11) FW Alberto Gilardino __ 15, Milano (ITA)
(15) FW Vincenzo Iaquinta __ 12, Udinese (ITA)
(18) FW Filippo Inzaghi __ 49, Milano (ITA)

_ Giappone (JPN)

_ - 23 giocatori

(1) GK Seigo Narazaki __ 50, Nagoya Grampus Eight (JPN)
(12) GK Yoichi Doi __ 4, FC Tokyo (JPN)
(23) GK Yoshikatsu Kawaguchi __ 89, Iwata Jubilation (JPN)
(2) DF Teruyuki Moniwa __ 8, FC Tokyo (JPN)
(3) DF Yūichi Komano __ 8, Sanfrecce Hiroshima (JPN)
(5) DF Tsuneyasu Miyamoto __ 69, Gamba Osaka (JPN)
(6) DF Kōji Nakata __ 55, Basilea (SUI)
(14) DF Alex __ 72, Urawa Red Diamonds (JPN)
(19) DF Keisuke Tsuboi __ 33, Urawa Red Diamonds (JPN)
(21) DF Akira Kaji __ 43, Gamba Osaka (JPN)
(22) DF Yuji Nakazawa __ 50, Yokohama F. Marinos (JPN)
(4) MF Yasuhito Endo __ 40, Gamba Osaka (JPN)
(7) MF Hidetoshi Nakata __ 74, Fiorentina (ITA)
(8) MF Mitsuo Ogasawara __ 51, Kashima Antlers (JPN)
(10) MF Shunsuke Nakamura __ 60, Celtico (SCO)
(15) MF Takashi Fukunishi __ 62, Giubileo Iwata (JPN)
(17) MF Junichi Inamoto __ 63, West Bromwich Albion (ENG)
(18) MF Shinji Ono __ 54, Urawa Red Diamonds (JPN)
(9) FW Naohiro Takahara __ 41, Amburgo (GER)
(11) FW Seiichiro Maki __ 10, JEF United (JPN)
(13) FW Atsushi Yanagisawa __ 56, Kashima Antlers (JPN)
(16) FW Masashi Oguro __ 18, Grenoble (FRA)
(20) FW Keiji Tamada __ 39, Nagoya Grampus Eight (JPN)

_ Corea del Sud (KOR)

_ - 23 giocatori

(1) GK Lee Woon-Jae __ 97, Suwon Samsung Bluewings (KOR)
(20) GK Kim Yong-Dae __ 15, Seongnam Ilhwa Chunma (KOR)
(21) GK Kim Young-Kwang __ 6, Chunnam Dragons (KOR)
(2) DF Kim Young-Chul __ 12, Seongnam Ilhwa Chunma (KOR)
(3) DF Kim Dong-Jin __ 34, FC Seoul (KOR)
(4) DF Choi Jin-Cheul __ 62, Jeonbuk Hyundai Motors (KOR)
(6) DF Kim Jin-Kyu __ 23, Jubilee Iwata (JPN)
(12) DF Lee Young-Pyo __ 85, Tottenham Hotspur (ENG)
(18) DF Kim Sang-Sik __ 42, Seongnam Ilhwa Chunma (KOR)
(22) DF Song Chong-Gug __ 51, Suwon Samsung Bluewings (KOR)

(23) DF Cho Won-Hee __ 13, Suwon Samsung Bluewings (KOR)

(5) MF Kim Nam-Il __ 66, Suwon Samsung Bluewings (KOR)

(7) MF Park Ji-Sung __ 60, Manchester United (ENG)

(8) MF Kim Do-Heon __ 75, Seongnam Ilhwa Chunma (KOR)

(13) MF Lee Eul-Yong __ 47, Trabzonspor (TUR)

(15) MF Baek Ji-Hoon __ 12, FC Seoul (KOR)

(17) MF Lee Ho __ 11, Ulsan Hyundai Horangi (KOR)

(9) FW Ahn Jung-Hwan __ 61, MSV Duisburg (GER)

(10) FW Park Chu-Young __ 18, FC Seoul (KOR)

(11) FW Seol Ki-Hyeon __ 67, Wolverhampton Wanderers (ENG)

(14) FW Lee Chun-Soo __ 62, Ulsan Hyundai Horangi (KOR)

(16) FW Chung Kyung-Ho __ 40, Gwangju Sangmu Phoenix (KOR)

(19) FW Cho Jae-Jin __ 21, Shimizu S-Pulse (JPN)

_ Messico (MEX)

_ - 23 giocatori

(1) GK Oswaldo Sánchez __ 70, Guadalajara (MEX)

(12) GK José de Jesús Corona __ 6, UAG (MEX)

(13) GK Guillermo Ochoa __ 1, America (MEX)

(2) DF Claudio Suárez __ 178, Chivas USA (USA)

(3) DF Carlos Salcido __ 32, Guadalajara (MEX)

(4) DF Rafael Márquez __ 65, Barcellona (ESP)

(5) DF Ricardo Osorio __ 39, Croce Blu (MEX)

(14) DF Gonzalo Pineda __ 30, Guadalajara (MEX)

(15) DF José Antonio Castro __ 12, America (MEX)

(16) DF Mario Méndez __ 32, Monterrey (MEX)

(22) DF Francisco Javier Rodríguez __ 32, Guadalajara (MEX)

(6) MF Gerardo Torrado Gerardo __ 56, Croce Blu (MEX)

(7) MF Sinha __ 32, Toluca (MEX)

(8) MF Pável Pardo __ 125, America (MEX)

(11) MF Ramón Morales __ 46, Guadalajara (MEX)

(18) MF Andrés Guardado __ 7, Atlante (MEX)

(20) MF Rafael García __ 52, Atlante (MEX)

(21) MF Jesús Arellano __ 69, Monterrey (MEX)

(23) MF Luis Ernesto Pérez __ 52, Monterrey (MEX)

(9) FW Jared Borgetti __ 75, Bolton Wanderers (ENG)

(10) FW Guillermo Franco __ 7, Villarreal (ESP)

(17) FW Francisco Fonseca __ 29, Blue Cross (MEX)

(19) FW Omar Bravo __ 33, Guadalajara (MEX)

_ Paesi Bassi (NED)

_ - 23 giocatori

(1) GK Edwin van der Sar __ 109, Manchester United (ENG)

(22) GK Henk Timmer __ 2, AZ (NED)

(23) GK Maarten Stekelenburg __ 2, Ajax (NED)

(2) DF Kew Jaliens __ 1, AZ (NED)

(3) DF Khalid Boulahrouz __ 11, Amburgo (GER)

(4) DF Joris Mathijsen __ 8, AZ (NED)

(5) DF Giovanni van Bronckhorst __ 57, Barcellona (ESP)

(12) DF Jan Kromkamp __ 11, Liverpool (ENG)

(13) DF André Ooijer __ 19, PSV Eindhoven (NED)

(14) DF John Heitinga __ 18, Ajax (NED)

(15) DF Tim de Cler __ 3, AZ (NED)

(6) MF Denny Landzaat __ 23, AZ (NED)

(8) MF Phillip Cocu __ 97, PSV Eindhoven (NED)

(10) MF Rafael van der Vaart __ 35, Amburgo (GER)

(11) MF Arjen Robben __ 20, Chelsea (GNL)

(16) MF Hedwiges Maduro __ 11, Ajax (NED)

(18) MF Mark van Bommel __ 37, Barcellona (ESP)

(20) MF Wesley Sneijder __ 23, Ajax (NED)

(7) FW Dirk Kuyt __ 19, Feyenoord (NED)

(9) FW Ruud van Nistelrooy __ 51, Manchester United (ENG)

(17) FW Robin van Persie __ 10, Arsenal (ENG)

(19) FW Jan Vennegoor di Hesselink __ 7, PSV Eindhoven (NED)

(21) FW Ryan Babel __ 6, Ajax (NED)

_ Polonia (POL)

_ - 23 giocatori

(1) GK Artur Boruc __ 17, Celtico (SCO)

(12) GK Tomasz Kuszczak __ 4, West Bromwich Albion (ENG)

(22) GK Łukasz Fabiański __ 2, Legia Warszawa (POL)

(2) DF Mariusz Jop __ 12, FC Mosca (RUS)

(3) DF Seweryn Gancarczyk __ 2, Metalist Kharkiv (UKR)

(4) DF Marcin Baszczyński __ 32, Wisła Krakow (POL)

(6) DF Jacek Bąk __ 72, Al-Rayyan (QAT)

(14) DF Michał Żewłakow __ 56, Anderlecht (BEL)

(18) DF Mariusz Lewandowski __ 25, Shakhtar Donetsk (UKR)

(19) DF Bartosz Bosacki __ 11, Lech Poznań (POL)

(7) MF Radosław Sobolewski __ 19, Wisła Kraków (POL)

(8) MF Jacek Krzynówek __ 58, Bayer Leverkusen (GER)

(10) MF Mirosław Szymkowiak __ 29, Trabzonspor (TUR)

(13) MF Sebastian Mila __ 27, Austria Vienna (AUT)

(16) MF Arkadiusz Radomski __ 20, Austria Vienna (AUT)

(17) MF Dariusz Dudka __ 7, Wisła Kraków (POL)

(20) MF Piotr Giza __ 4, Cracovia (POL)

(5) FW Kamil Kosowski __ 45, Kaiserslautern (GER)

(9) FW Maciej Żurawski __ 50, Celtico (SCO)

(11) FW Grzegorz Rasiak __ 30, Tottenham Hotspur (ENG)

(15) FW Euzebiusz Smolarek __ 13, Borussia Dortmund (GER)

(21) FW Ireneusz Jeleń __ 9, Wisła Płock (POL)

(23) FW Paweł Brożek __ 4, Wisła Krakow (POL)

_____

_ Portogallo (POR)

_ - 23 giocatori

(1) GK Ricardo __ 49, Sporting CP (POR)

(12) GK Quim __ 24, Benfica (POR)

(22) GK Paulo Santos __ 1, Braga (POR)

(2) DF Paulo Ferreira __ 30, Chelsea (GNL)

(3) DF Marco Caneira __ 14, Valencia (ESP)

(4) DF Ricardo Costa __ 3, Porto (POR)

(5) DF Fernando Meira __ 30, Stoccarda (GER)

(13) DF Miguel __ 28, Valencia (ESP)

(14) DF Nuno Valente __ 23, Everton (ENG)

(16) DF Ricardo Carvalho __ 24, Chelsea (GNL)

(6) MF Costinha __ 44, Dinamo Mosca (RUS)

(7) MF Luís Figo __ 120, Internazionale (ITA)

(8) MF Petit __ 36, Benfica (POR)

(10) MF Hugo Viana __ 21, Valencia (ESP)

(18) MF Maniche __ 31, Dinamo Mosca (RUS)

(19) MF Tiago __ 22, Lione (FRA)

(20) MF Deco __ 35, Barcellona (ESP)

(9) FW Pauleta __ 82, Paris Saint-Germain (FRA)

(11) FW Simão __ 43, Benfica (POR)

(15) FW Luis Boa Morte __ 24, Fulham (MOT)

(17) FW Cristiano Ronaldo __ 32, Manchester United (ENG)

(21) FW Nuno Gomes __ 53, Benfica (POR)

(23) FW Hélder Postiga __ 24, Porto (POR)

_____

_ Paraguay (PAR)

_ - 23 giocatori

(1) GK Justo Villar __ 39, Newell's Old Boys (ARG)

(12) GK Derlis Gómez __ 5, Sportivo Luqueño (PAR)

(22) GK Aldo Bobadilla __ 5, Libertà (PAR)

(2) DF Jorge Núñez __ 15, Estudiantes de La Plata (ARG)

(3) DF Delio Toledo __ 30, Real Saragozza (ESP)

(4) DF Carlos Gamarra __ 106, Palmeiras (BRA)

(5) DF Julio César Cáceres __ 32, River Plate (ARG)

(14) DF Paulo da Silva __ 33, Toluca (MEX)

(15) DF Julio César Manzur __ 13, Santos (BRA)

(21) DF Denis Caniza __ 74, Croce Blu (MEX)

(6) MF Carlos Bonet __ 29, Libertà (PRY)

(8) MF Edgar Barreto __ 15, NEC (NED)

(10) MF Roberto Acuña __ 93, Deportivo La Coruña (ESP)

(11) MF Diego Gavilán __ 39, Newell's Old Boys (ARG)

(13) MF Carlos Paredes __ 68, Reggina (ITA)

(16) MF Cristian Riveros __ 9, Libertà (PAR)

(17) MF José Montiel __ 6, Olimpia (PAR)

(19) MF Julio dos Santos __ 17, Bayern Monaco (GER)

(7) FW Salvador Cabañas __ 15, Jaguares (MEX)

(9) FW Roque Santa Cruz __ 42, Bayern Monaco (GER)

(18) FW Nelson Valdez __ 11, Werder Bremen (GER)

(20) FW Dante Lopez __ 7, Genova (ITA)

(23) FW Nelson Cuevas __ 35, Pachuca (MEX)

_ Serbia (SRB)

_ - 23 giocatori

(1) GK Dragoslav Jevrić __ 40, Ankaraspor (TUR)

(12) GK Oliver Kovačević __ 3, CSKA Sofia (BUL)

(23) GK Vladimir Stojković __ 0, Stella Rossa di Belgrado (SRB)

(3) DF Ivica Dragutinović __ 26, Siviglia (ESP)

(5) DF Nemanja Vidić __ 20, Manchester United (ENG)

(6) DF Goran Gavrančić __ 25, Dynamo Kyiv (UKR)

(13) DF Dušan Basta __ 2, Stella Rossa di Belgrado (SRB)

(14) DF Nenad Đorđević __ 15, Partizan (SRB)

(15) DF Milano Dudić __ 11, Stella Rossa Belgrado (SRB)

(16) DF Dušan Petković __ 12, OFK Beograd (SRB)

(20) DF Mladen Krstajić __ 45, Schalke 04 (GER)

(2) MF Ivan Ergić __ 1, Basilea (SUI)

(4) MF Igor Duljaj __ 37, Shakhtar Donetsk (UKR)

(7) MF Ognjen Koroman __ 25, Portsmouth (GNL)

(10) MF Dejan Stanković __ 58, Internazionale (ITA)

(11) MF Predrag Đorđević __ 34, Olympiacos (GRE)

(17) MF Albert Nađ __ 42, Partizan (SRB)

(18) MF Zvonimir Vukić __ 25, Shakhtar Donetsk (UKR)

(22) MF Saša Ilić __ 32, Galatasaray (TUR)

(8) FW Mateja Kežman __ 47, Atlético Madrid (ESP)

(9) FW Savo Milošević __ 98, Osasuna (ESP)

(19) FW Nikola Žigić __ 11, Stella Rossa di Belgrado (SRB)

(21) FW Danijel Ljuboja __ 15, Paris Saint-Germain (FRA)

_ Arabia Saudita (KSA)

_ - 23 giocatori

(1) GK Mohamed Al-Deayea __ 175, Al-Hilal (KSA)

(21) GK Mabrouk Zaid __ 33, Al-Ittihad (KSA)

(22) GK Mohammad Khouja __ 8, Al-Shababab (KSA)

(2) DF Ahmed Dokhi Al-Dosari __ 68, Al-Ittihad (KSA)

(3) DF Redha Tukar __ 37, Al-Ittihad (KSA)

(4) DF Hamad Al-Montashari __ 32, Al-Ittihad (KSA)

(5) DF Naif Al-Qadi __ 28, Al-Ahli (KSA)

(12) DF Abdulaziz Khathran __ 19, Al-Hilal (KSA)

(13) DF Hussein Sulaimani __ 97, Al-Ahli (KSA)

(15) DF Ahmed Al-Bahri __ 11, Al-Ettifaq (KSA)

(17) DF Mohammad Al-Bishi __ 0, Al-Ahli (KSA)

(19) DF Mohammad Massad __ 5, Al-Ahli (KSA)

(6) MF Omar Al-Ghamdi __ 38, Al-Hilal (KSA)

(7) MF Mohammed Ameen __ 16, Al-Ittihad (KSA)

(8) MF Mohammed Noor __ 63, Al-Ittihad (KSA)

(10) MF Mohammad Al-Shalhoub __ 48, Al-Hilal (KSA)

(14) MF Saud Khariri __ 34, Al-Ittihad (KSA)

(16) MF Khaled Aziz __ 14, Al-Hilal (KSA)

(18) MF Nawaf Al-Temyat __ 56, Al-Hilal (KSA)

(9) FW Sami Al-Jaber __ 160, Al-Hilal (KSA)

(11) FW Saad Al-Harthi __ 15, Al-Nasr (KSA)

(20) FW Yasser Al-Qahtani __ 45, Al-Hilal (KSA)

(23) FW Malek Mouath __ 5, Al-Ahli (KSA)

_ Svezia (SWE)

_ - 23 giocatori

(1) GK Andreas Isaksson __ 39, Rennes (FRA)

(12) GK John Alvbåge __ 2, Viborg (DEN)

(23) GK Rami Shaaban __ 1, Fredrikstad (NOR)

(2) DF Mikael Nilsson __ 27, Panathinaikos (GRE)

(3) DF Olof Mellberg __ 64, Aston Villa (ENG)

(4) DF Teddy Lucic __ 81, Häcken (SWE)

(5) DF Erik Edman __ 37, Rennes (FRA)

(13) DF Petter Hansson __ 13, Heerenveen (NED)

(14) DF Fredrik Stenman __ 1, Bayer Leverkusen (GER)

(15) DF Karl Svensson __ 1, Göteborg (SWE)

(6) MF Tobias Linderoth __ 58, Copenhagen (DEN)

(7) MF Niclas Alexandersson __ 87, Göteborg (SWE)

(8) MF Anders Svensson __ 66, Elfsborg (SWE)

(9) MF Fredrik Ljungberg __ 57, Arsenale (MOT)

(16) MF Kim Källström __ 34, Rennes (FRA)

(18) MF Mattias Jonson __ 53, Djurgården (SWE)

(19) MF Daniel Andersson __ 47, Malmö (SWE)

(21) MF Christian Wilhelmsson __ 29, Anderlecht (BEL)

(10) FW Zlatan Ibrahimović __ 38, Juventus (ITA)

(11) FW Henrik Larsson __ 89, Barcellona (ESP)

(17) FW Johan Elmander __ 18, Brøndby (DEN)

(20) FW Marcus Allbäck __ 56, Copenaghen (DEN)

(22) FW Markus Rosenberg __ 8, Ajax (NED)

_ Togo (TOG)

_ - 23 giocatori

(1) GK Ouro-Nimini Tchagnirou __ 9, Djoliba (MLI)

(16) GK Kossi Agassa __ 49, Metz (FRA)

(22) GK Kodjovi Obilale __ 0, Étoile Filante (TOG)

(2) DF Daré Nibombé __ 16, Mons (BEL)

(3) DF Jean-Paul Abalo __ 65, APOEL (CYP)

(5) DF Massamasso Tchangai __ 34, Benevento (ITA)

(12) DF Éric Akoto __ 32, Admira Wacker (AUT)

(13) DF Richmond Forson __ 8, Poiré (FRA)

(19) DF Ludovic Assemoassa __ 5, Città di Murcia (ESP)

(23) DF Assimiou Touré __ 1, Bayer Leverkusen (GER)

(6) MF Yao Aziawonou __ 32, Giovani Ragazzi (SUI)

(8) MF Kuami Agboh __ 4, Beveren (BEL)

(9) MF Thomas Dossevi __ 10, Valenciennes (FRA)

(10) MF Mamamam Cherif Touré __ 39, Metz (FRA)

(14) MF Adékambi Olufadé __ 24, Al-Siliyah (QAT)

(15) MF Alaixys Romao __ 11, Louhans-Cuiseaux (FRA)

(18) MF Yao Junior Sènaya __ 16, YF Juventus (SUI)

(21) MF Franck Atsou __ 13, Al-Hilal (KSA)

(4) FW Emmanuel Adebayor __ 29, Arsenale (GNL)

(7) FW Moustapha Salifou __ 34, Brest (FRA)

(11) FW Robert Malm __ 1, Brest (FRA)

(17) FW Mohamed Kader __ 46, Guingamp (FRA)

(20) FW Affo Erassa __ 6, Moulins (FRA)

_ Tunisia (TUN)

_ - 23 giocatori

(1) GK Ali Boumnijel __ 48, Club Africain (TUN)

(16) GK Adel Nefzi __ 0, Monastir (TUN)

(22) GK Hamdi Kasraoui __ 6, Espérance de Tunis (TUN)

(2) DF Karim Essediri __ 7, Rosenborg (NOR)

(3) DF Karim Haggui __ 26, Strasburgo (FRA)

(4) DF Alaeddine Yahia __ 13, Saint-Étienne (FRA)

(6) DF Hatem Trabelsi __ 56, Ajax (NED)

(15) DF Radhi Jaïdi __ 89, Bolton Wanderers (ENG)

(18) DF David Jemmali __ 2, Bordeaux (FRA)

(19) DF Anis Ayari __ 24, Samsunspor (TUR)

(21) DF Karim Saidi __ 15, Feyenoord (NED)

(8) MF Mehdi Nafti __ 29, Città di Birmingham (GNL)

(10) MF Kaies Ghodhbane __ 89, Konyaspor (TUR)

(12) MF Jawhar Mnari __ 37, Norimberga (GER)

(13) MF Riadh Bouazizi __ 85, Kayseri Erciyesspor (TUR)

(14) MF Adel Chedli __ 38, Norimberga (GER)

(20) MF Hamed Namouchi __ 14, Rangers (SCO)

(23) MF Sofiane Melliti __ 14, Gaziantepspor (TUR)

(5) FW Ziad Jaziri __ 61, Troyes (FRA)

(7) FW Haykel Guemamdia __ 13, Strasburgo (FRA)

(9) FW Yassine Chikhaoui __ 1, Étoile du Sahel (TUN)

(11) FW Francileudo Santos __ 28, Tolosa (FRA)

(17) FW Chaouki Ben Saada __ 11, Bastia (FRA)

_ Trinidad e Tobago (TRI)

_ - 23 giocatori

(1) GK Shaka Hislop __ 24, West Ham United (ENG)

(21) GK Kelvin Jack __ 32, Dundee (SCO)

(22) GK Clayton Ince __ 63, Coventry City (ENG)

(2) DF Ian Cox __ 16, Gillingham (ENG)

(3) DF Avery John __ 57, New England Revolution (USA)

(4) DF Marvin Andrews __ 98, Rangers (SCO)

(5) DF Brent Sancho __ 40, Gillingham (GNC)

(6) DF Dennis Lawrence __ 63, Wrexham (WAL)

(8) DF Cyd Gray __ 39, St John Jabloteh (TRI)

(17) DF David Atiba Charles __ 19, W Connection (TRI)

(7) MF Chris Birchall __ 19, Port Vale (ENG)

(9) MF Aurtis Whitley __ 24, St John Jabloteh (TRI)

(10) MF Russell Latapy __ 66, Falkirk (SCO)

(11) MF Carlos Edwards __ 51, Luton Town (ENG)

(16) MF Evans Wise __ 16, Waldhof Mannheim (GER)

(18) MF Densill Theobald __ 38, Falkirk (SCO)

(23) MF Anthony Wolfe __ 4, San Juan Jabloteh (TRI)

(12) FW Collin Samuel __ 18, Dundee United (SCO)

(13) FW Cornell Glen __ 35, LA Galaxy (USA)

(14) FW Stern John __ 95, Coventry City (ENG)

(15) FW Kenwyne Jones __ 29, Southampton (ENG)

(19) FW Dwight Yorke __ 54, Sydney FC (AUS)

(20) FW Jason Scotland __ 25, St. Johnstone (SCO)

_ Ucraina (UKR)

_ - 23 giocatori

(1) GK Oleksandr Shovkovskyi __ 68, Dinamo Kiev (UKR)

(12) GK Andriy Pyatov __ 1, Vorskla Poltava (UKR)

(23) GK Bohdan Shust __ 2, Shakhtar Donetsk (UKR)

(2) DF Andriy Nesmachnyi __ 49, Dynamo Kyiv (UKR)

(3) DF Oleksandr Yatsenko __ 1, Kharkiv (UKR)

(5) DF Volodymyr Yezerskyi __ 24, Dnipro Dnipropetrovsk (UKR)

(6) DF Andriy Rusol __ 23, Dnipro Dnipropetrovsk (UKR)

(13) DF Dmytro Chyhrynskyi __ 0, Shakhtar Donetsk (UKR)

(17) DF Vladyslav Vashchuk __ 58, Dynamo Kyiv (UKR)

(22) DF Vyacheslav Sviderskyi __ 6, Shakhtar Donetsk (UKR)

(4) MF Anatoliy Tymoshchuk __ 55, Shakhtar Donetsk (UKR)

(8) MF Oleh Shelayev __ 19, Dnipro Dnipropetrovsk (UKR)

(9) MF Oleh Husyev __ 25, Dynamo Kyiv (UKR)

(14) MF Andriy Husin __ 64, Krylya Sovetov Samara (RUS)

(18) MF Serhiy Nazarenko __ 15, Dnipro Dnipropetrovsk (UKR)

(19) MF Maksym Kalynychenko __ 21, Spartak Moscow (RUS)

(21) MF Ruslan Rotan __ 19, Dynamo Kyiv (UKR)

(7) FW Andriy Shevchenko __ 64, Milano (ITA)

(10) FW Andriy Voronin __ 32, Bayer Leverkusen (GER)

(11) FW Serhiy Rebrov __ 70, Dynamo Kyiv (UKR)

(15) FW Artem Milevskyi __ 0, Dynamo Kyiv (UKR)

(16) FW Andriy Vorobey __ 53, Shakhtar Donetsk (UKR)

(20) FW Oleksiy Byelik __ 15, Shakhtar Donetsk (UKR)

_____

_ Sostituzioni dall'Ucraina (UKR)

_ - 1 giocatore

(3) DF Vyacheslav Shevchuk __ 16, Shakhtar Donetsk (UKR)

_____

_ Stati Uniti (USA)

_ - 23 giocatori

(1) GK Tim Howard __ 16, Manchester United (ENG)

(18) GK Kasey Keller __ 93, Borussia Mönchengladbach (GER)

(19) GK Marcus Hahnemann __ 6, Lettura (GNC)

(2) DF Chris Albright __ 20, LA Galaxy (USA)

(3) DF Carlos Bocanegra __ 40, Fulham (ING)

(6) DF Steve Cherundolo __ 35, Hannover 96 (GER)

(12) DF Gregg Berhalter __ 44, Energie Cottbus (GER)

(13) DF Jimmy Conrad __ 15, Kansas City Wizards (USA)

(22) DF Oguchi Onyewu __ 14, Standard Liegi (BEL)

(23) DF Eddie Pope __ 80, Real Salt Lake (USA)

(4) MF Pablo Mastroeni __ 48, Colorado Rapids (USA)

(5) MF John O'Brien __ 31, Chivas USA

(7) MF Eddie Lewis __ 69, Leeds United (ENG)

(8) MF Clint Dempsey __ 21, New England Revolution

(10) MF Claudio Reyna __ 109, Manchester City (ENG)

(14) MF Ben Olsen __ 34, D.C. United (USA)

(15) MF Bobby Convey __ 39, lettura (ENG)

(17) MF DaMarcus Beasley __ 58, PSV Eindhoven (NED)

(9) FW Eddie Johnson __ 18, Kansas City Wizards (USA)

(11) FW Brian Ching __ 20, Houston Dynamo (USA)

(16) FW Josh Wolff __ 47, Kansas City Wizards (USA)

(20) FW Brian McBride __ 92, Fulham (MOT)

(21) FW Landon Donovan __ 81, LA Galaxy (USA)

SUDAFRICA 2010

_ Coppa del Mondo 2010 _ in Sud Africa

Gruppo A : Sudafrica Messico Messico Uruguay Francia

Gruppo B : Argentina Nigeria Nigeria Corea del Sud Grecia

Gruppo C : Inghilterra Stati Uniti Algeria Slovenia

Gruppo D | Australia Serbia Germania Ghana

Gruppo E : Paesi Bassi Danimarca Giappone Camerun

Gruppo F : Italia Paraguay Nuova Zelanda Slovacchia

Gruppo G : Brasile Corea del Nord Corea del Nord Costa d'Avorio Portogallo

Gruppo H : Spagna Svizzera Honduras Cile

Giorno 1 | Ven Ven 11 giugno

Giorno 2 | Sab 12 giugno

Giorno 3 | Domenica 13 giugno

Giorno 4 | Lunedì 14 giugno

Giorno 5 | mar 15 giugno

Giorno di gara 6 | Mercoledì 16 giugno

Giorno 7 | Giovedì 17 giugno

Giorno 8 | Ven/18 giugno

Giorno 9 | Sab/19 giugno

Giorno 10 | Sole 20 giugno

Giorno 11 | Lunedì 21 giugno

Giorno 12 | mar mar/22 giugno

Giorno di gara 13 | Mercoledì 23 giugno

Giorno 14 | Giovedì 24 giugno

Giorno 15 | Ven/25 giugno

Gruppo A:

(1) Venerdì 11 giugno 2011 16:00 Sud Africa 1-1 Messico @ Soccer City, Johannesburg

(2) Ven Giu/11 20:30 Uruguay 0-0 Francia allo stadio di Città del Capo, Città del Capo

(17) Wed/16 Jun 20:30 South Africa 0-3 Uruguay @ Loftus Versfeld Stadium, Pretoria

(18) Thu Jun/17 20:30 Francia 0-2 Messico @ Stadio Peter Mokaba, Polokwane

(33) Martedì 22 giugno 2012 16:00 Messico 0-1 Uruguay al Real Bafokeng Stadium, Rustenburg

(34) mar mar/22 giugno 16:00 Francia 1-2 Sud Africa al Free State Stadium, Bloemfontein

Gruppo B:

(4) Sab/12 Jun/12 13:30 South Korea 2-0 Grecia @ Nelson Mandela Bay Stadium, Port Elizabeth

(3) Sab 12 giugno 16:00 Argentina 1-0 Nigeria all'Ellis Park Stadium, Johannesburg

(20) Giovedì 17 giugno 1977, 13:30, Argentina 4-1 Corea del Sud @ Soccer City, Johannesburg

(19) Thu Jun/17 16:00 Grecia 2-1 Nigeria @ Free State Stadium, Bloemfontein

(35) Martedì 22 giugno 20:30 Nigeria 2-2 Corea del Sud @ Stadio Moses Mabhida, Durban

(36) Martedì 22 giugno 20:30 Grecia 0-2 Argentina allo stadio Peter Mokaba, Polokwane

Gruppo C:

(5) Sab/12 giugno 20:30 Inghilterra 1-1 USA al Royal Bafokeng Stadium, Rustenburg

(6) Dom 13 giugno 13:30 Algeria 0-1 Slovenia @ Stadio Peter Mokaba, Polokwane

(22) Ven/18 Giu/18 16:00 Slovenia 2-2 Stati Uniti all'Ellis Park Stadium, Johannesburg

(23) Ven/18 giugno 20:30 Inghilterra 0-0 Algeria allo stadio di Città del Capo, Città del Capo

(38) Mercoledì 23 giugno 2013 16:00 Stati Uniti 1-0 Algeria @ Loftus Versfeld Stadium, Pretoria

(37) Wed/23 Jun/23 16:00 Slovenia 0-1 Inghilterra @ Nelson Mandela Bay Stadium, Port Elizabeth

Gruppo D:

(8) Domenica 13 giugno 2013 16:00 Serbia 0-1 Ghana @ Loftus Versfeld Stadium, Pretoria

(7) Domenica 13 giugno 20:30 Germania 4-0 Australia @ Stadio Moses Mabhida, Durban

(21) Ven/18 Giu/18 13:30 Germania 0-1 Serbia @ Nelson Mandela Bay Stadium, Port Elizabeth

(24) Sab/19 giugno/19 16:00 Ghana 1-1 Australia @ Royal Bafokeng Stadium, Rustenburg

(40) Wed/23 Jun 20:30 Australia 2-1 Serbia @ Stadio Mbombela, Nelspruit

(39) Mercoledì 23 Giugno 20:30 Ghana 0-1 Germania @ Soccer City, Johannesburg

Gruppo E:

(9) Lun Lun/14 Giugno/14 13:30 Olanda 2-0 Danimarca @ Soccer City, Johannesburg

(10) Lun Lun/14 giugno/14 16:00 Giappone 1-0 Camerun al Free State Stadium, Bloemfontein

(25) Sab/19 giugno 19 13:30 Olanda 1-0 Giappone @ Stadio Moses Mabhida, Durban

(26) Sab/19 giugno 19 20:30 Camerun 1-2 Danimarca allo stadio Loftus Versfeld, Pretoria

(43) Giovedì 24 giugno, ore 20:30, Danimarca 1-3 Giappone allo stadio Royal Bafokeng, Rustenburg

(44) Giovedì 24 giugno 20:30 Camerun 1-2 Paesi Bassi allo stadio di Città del Capo, Città del Capo

Gruppo F:

(11) Lun Lun/14 Giugno/14 20:30 Italia 1-1 Paraguay allo stadio di Città del Capo, Città del Capo

(12) Martedì 15 giugno 13:30 13:30 Nuova Zelanda 1-1 Slovacchia allo stadio Royal Bafokeng, Rustenburg

(27) Sun/20 Jun/20 13:30 Slovacchia 0-2 Paraguay @ Free State Stadium, Bloemfontein

(28) Dom 20 giugno/20 16:00 Italia 1-1 Nuova Zelanda allo stadio Mbombela, Nelspruit

(41) Giovedì 24 giugno, 16:00, Slovacchia 3-2 Italia all'Ellis Park Stadium, Johannesburg

(42) Thu Jun/24 16:00 Paraguay 0-0 Nuova Zelanda allo stadio Peter Mokaba, Polokwane

Gruppo G:

(13) Mar 15 giugno 15:00 16:00 Costa d'Avorio 0-0 Portogallo al Nelson Mandela Bay Stadium, Port Elizabeth

(14) Mar 15 giugno 20:30 Brasile 2-1 Corea del Nord all'Ellis Park Stadium, Johannesburg

(29) Dom 20 giugno 20:30 Brasile 3-1 Costa d'Avorio @ Soccer City, Johannesburg

(30) Lun Lun/21 Giu/21 13:30 Portogallo 7-0 Corea del Nord allo stadio di Città del Capo, Città del Capo

(45) Ven/25 giugno/25 16:00 Portogallo 0-0 Brasile allo stadio Moses Mabhida, Durban

(46) Ven Ven/25 giugno/25 16:00 Corea del Nord 0-3 Costa d'Avorio @ Stadio Mbombela, Nelspruit

Gruppo H:

(15) Wed/16 Jun 13:30 Honduras 0-1 Chile @ Stadio Mbombela, Nelspruit

(16) Mercoledì 16 giugno 16:00 Spagna 0-1 Svizzera @ Stadio Moses Mabhida, Durban

(31) Lun Lun/21 Giu/21 16:00 Cile 1-0 Svizzera al Nelson Mandela Bay Stadium, Port Elizabeth

(32) Lun Lun/21 Giu/21 20:30 Spagna 2-0 Honduras @ Ellis Park Stadium, Johannesburg

(47) Ven/25 giugno 20:30 Cile 1-2 Spagna allo stadio Loftus Versfeld, Pretoria

(48) Ven/25 giugno/25 20:30 Svizzera 0-0 Honduras @ Free State Stadium, Bloemfontein

_ Coppa del Mondo 2010 _ in Sud Africa

_ Finale

Il Giro dei 16

(49) Sab/26 giu/26 16:00 Uruguay 2-1 Corea del Sud al Nelson Mandela Bay Stadium, Port Elizabeth

(50) Sab/26 giugno 20:30 Stati Uniti 1-2 a.e.t. (1-1) Ghana @ Royal Bafokeng Stadium, Rustenburg

(51) Sun giugno/27 16:00 Germania 4-1 Inghilterra al Free State Stadium, Bloemfontein

(52) Domenica 27 giugno 20:30 Argentina 3-1 Messico @ Soccer City, Johannesburg

(53) Lun Lun/28 Giugno/28 16:00 Paesi Bassi 2-1 Slovacchia @ Stadio Moses Mabhida, Durban

(54) Lun/28 giugno 20:30 Brasile 3-0 Cile all'Ellis Park Stadium, Johannesburg

(55) Martedì 29 giugno, ore 16:00, Paraguay, penna 5-3. 0-0 a.e.t. (0-0) Giappone @ Loftus Versfeld Stadium, Pretoria

(56) Martedì 29 giugno 20:30 Spagna 1-0 Portogallo allo stadio di Città del Capo, Città del Capo

Quarti di finale

(57) Ven Jul/2 16:00 Olanda 2-1 Brasile @ Nelson Mandela Bay Stadium, Port Elizabeth

(58) Venerdì 2 luglio 20,30 Uruguay 4-2 penna. 1-1 a.e.t. (1-1) Ghana @ Soccer City, Johannesburg

(59) Sab/3 Jul/3 16:00 Argentina 0-4 Germania allo stadio di Città del Capo, Città del Capo

(60) Sab Jul/3 20:30 Paraguay 0-1 Spagna @ Ellis Park Stadium, Johannesburg

Semifinali

(61) Martedì giugno/6 20:30 Uruguay 2-3 Paesi Bassi allo stadio di Città del Capo, Città del Capo

(62) Wed Jul/7 20:30 Germania 0-1 Spagna @ Stadio Moses Mabhida, Durban

La partita per il terzo posto

(63) Sab Jul/10 20:30 Uruguay 2-3 Germania @ Nelson Mandela Bay Stadium, Port Elizabeth

Finale

(64) Sun Jul/11 20:30 Olanda 0-1 a.e.t. (0-0) Spagna @ Soccer City, Johannesburg

SQUADRE E GIOCATORI PARTECIPANTI

_ Argentina (ARG)

_ - 23 giocatori

(1) GK Diego Pozo __ 3, Colombo (ARG)

(21) GK Mariano Andújar __ 4, Catania (ITA)

(22) GK Sergio Romero __ 5, AZ (NED)

(2) DF Martin Demichelis __ 25, Bayern Monaco (GER)

(3) DF Clemente Rodríguez __ 11, Studenti (ARG)

(4) DF Nicolás Burdisso __ 28, Roma (ITA)

(6) DF Gabriel Heinze __ 63, Marsiglia (FRA)

(12) DF Ariel Garcé __ 3, Columbus (ARG)

(13) DF Walter Samuel __ 54, Internazionale (ITA)

(15) DF Nicolás Otamendi __ 6, Vélez Sársfield (ARG)

(5) MF Mario Bolatti __ 4, Fiorentina (ITA)

(7) MF Angelo di Maria __ 7, Benfica (POR)

(8) MF Juan Sebastián Verón __ 69, Studenti (ARG)

(14) MF Javier Mascherano __ 56, Liverpool (MOT)

(17) MF Jonás Gutiérrez __ 15, Newcastle United (ENG)

(20) MF Maxi Rodriguez __ 35, Liverpool (MOT)

(23) MF Javier Pastore __ 0, Palermo (ITA)

(9) FW Gonzalo Higuaín __ 4, Real Madrid (ESP)

(10) FW Lionel Messi __ 44, Barcellona (ESP)

(11) FW Carlos Tevez __ 51, Manchester City (ENG)

(16) FW Sergio Agüero __ 20, Atlético Madrid (ESP)

(18) FW Martín Palermo __ 14, Boca Juniors (ARG)

(19) FW Diego Milito __ 20, Internazionale (ITA)

_ Australia (AUS)

_ - 23 giocatori

(1) GK Mark Schwarzer __ 75, Fulham (ENG)

(12) GK Adam Federici __ 1, Lettura (GNL)

(18) GK Eugene Galeković __ 4, Adelaide United (AUS)

(2) DF Lucas Neill __ 56, Galatasaray (TUR)

(3) DF Craig Moore __ 50,

(6) DF Michael Beauchamp __ 21, Al-Jazeera (EAU)

(8) DF Luke Wilkshire __ 42, Dinamo Mosca (RUS)

(11) DF Scott Chipperfield __ 65, Basilea (SUI)

(20) DF Mark Milligan __ 10, JEF United (JPN)

(21) DF David Carney __ 25, Twente (NED)

(4) MF Tim Cahill __ 40, Everton (ENG)

(5) MF Jason Čulina __ 49, Gold Coast United (AUS)

(7) MF Brett Emerton __ 72, Blackburn Rovers (MOT)

(13) MF Vince Grella __ 45, Blackburn Rovers (MOT)

(15) MF Jedinak Mile __ 11, Antalyaspor (TUR)

(16) MF Carl Valeri __ 22, Sassuolo (ITA)

(19) MF Richard Garcia __ 7, Hull City (ENG)

(22) MF Dario Vidošić __ 7, MSV Duisburg (GER)

(23) MF Marco Bresciano __ 55, Palermo (ITA)

(9) FW Joshua Kennedy __ 19, Nagoya Grampus (JPN)

(10) FW Harry Kewell __ 45, Galatasaray (TUR)

(14) FW Brett Holman __ 31, AZ (NED)

(17) FW Nikita Rukavytsya __ 3, Roeselare (BEL)

_____

_ Brasile (BRA)

_ - 23 giocatori

(1) GK Julio Cesar __ 47, Internazionale (ITA)

(12) GK Gomes __ 9, Tottenham Hotspur (ENG)

(22) GK Doni __ 10, Roma (ITA)

(2) DF Maicon __ 56, Internazionale (ITA)

(3) DF Lúcio __ 89, Internazionale (ITA)

(4) DF Juan __ 73, Roma (ITA)

(6) DF Michel Bastos __ 3, Lione (FRA)

(13) DF Daniel Alves __ 33, Barcellona (ESP)

(14) DF Luisão __ 40, Benfica (POR)

(15) DF Thiago Silva __ 4, Milano (ITA)

(16) DF Gilberto __ 32, Cruzeiro (BRA)

(5) MF Felipe Melo __ 16, Juventus (ITA)

(7) MF Elano __ 41, Galatasaray (TUR)

(8) MF Gilberto Silva __ 86, Panathinaikos (GRE)

(10) MF Kaká __ 76, Real Madrid (ESP)

(17) MF Joshua __ 26, VfL Wolfsburg (GER)

(18) MF Ramires __ 11, Benfica (POR)

(19) MF Julio Baptista __ 45, Roma (ITA)

(20) MF Kléberson __ 31, fiammingo (BRA)

(9) FW Luís Fabiano __ 36, Siviglia (ESP)

(11) FW Robinho __ 73, Santos (BRA)

(21) FW Nilmar __ 15, Villarreal (ESP)

(23) FW Grafite __ 2, VfL Wolfsburg (GER)

_____

_ Svizzera (SUI)

_ - 23 giocatori

(1) GK Diego Benaglio __ 25, VfL Wolfsburg (GER)

(12) GK Marco Wölfli __ 4, Giovani Ragazzi (SUI)

(21) GK Johnny Leoni __ 0, Zurigo (SUI)

(2) DF Stephan Lichtsteiner __ 26, Lazio (ITA)

(3) DF Ludovic Magnin __ 61, Zurigo (SUI)

(4) DF Philippe Senderos __ 38, Everton (ENG)

(5) DF Steve von Bergen __ 10, Hertha BSC (GER)

(13) DF Stéphane Grichting __ 33, Auxerre (FRA)

(17) DF Ziegler Challenge __ 10, Sampdoria (ITA)

(22) DF Mario Eggimann __ 8, Hannover 96 (GER)

(6) MF Benjamin Huggel __ 36, Basilea (SUI)

(7) MF Tranquillo Barnetta __ 50, Bayer Leverkusen (GER)

(8) MF Gökhan Inler __ 34, Udinese (ITA)

(11) MF Valon Behrami __ 26, West Ham United (ENG)

(14) MF Marco Padalino __ 7, Sampdoria (ITA)

(15) MF Hakan Yakin __ 80, Lucerna (SUI)

(16) MF Gelson Fernandes __ 22, Saint-Étienne (FRA)

(20) MF Pirmin Schwegler __ 3, Eintracht Francoforte (GER)

(23) MF Xherdan Shaqiri __ 1, Basilea (SUI)

(9) FW Alexander Frei __ 73, Basilea (SUI)

(10) FW Blaise Nkufo __ 29, Twente (NED)

(18) FW Albert Bunjaku __ 1, 1. FC Nürnberg (GER)

(19) FW Eren Derdiyok __ 19, Bayer Leverkusen (GER)

_ Costa d'Avorio (CIV)

_ - 23 giocatori

(1) GK Boubacar Barry __ 45, Lokeren (BEL)

(16) GK Aristide Zogbo __ 6, Maccabi Netanya (PVR)

(23) GK Daniel Yeboah __ 4, ASEC Mimosas (CIV)

(2) DF Benjamin Angoua __ 7, Valenciennes (FRA)

(3) DF Arthur Boka __ 54, VfB Stoccarda (GER)

(4) DF Kolo Touré __ 76, Manchester City (ENG)

(6) DF Steve Gohouri __ 11, Wigan Athletic (ENG)

(17) DF Siaka Tiéné __ 55, Valenciennes (FRA)

(20) DF Guy Demel __ 26, Hamburger SV (GER)

(21) DF Emmanuel Eboué __ 52, Arsenale (GNL)

(22) DF Sol Bamba __ 16, Hibernian (SCO)

(5) MF Didier Zokora __ 80, Siviglia (ESP)

(9) MF Cheick Tioté __ 8, Twente (NED)

(12) MF Jean-Jacques Gosso __ 6, AS Monaco (FRA)

(13) MF Romaric __ 38, Siviglia (ESP)

(14) MF Emmanuel Koné __ 12, Internazionale (ROU)

(18) MF Kader Keïta __ 55, Galatasaray (TUR)

(19) MF Yaya Touré __ 47, Barcellona (ESP)

(7) FW Seydou Doumbia __ 5, Young Boys (SUI)

(8) FW Salomon Kalou __ 28, Chelsea (GNL)

(10) FW Gervinho __ 15, Lille (FRA)

(11) FW Didier Drogba __ 68, Chelsea (GNL)

(15) FW Aruna Dindane __ 54, Portsmouth (GNL)

_____

_ Cile (CHI)

_ - 23 giocatori

(1) GK Claudio Bravo __ 41, Real Sociedad (ESP)

(12) GK Miguel Pinto __ 13, Università del Cile (CHI)

(23) GK Luis Marín __ 2, Unione Spagnola (CHI)

(2) DF Ismael Fuentes __ 25, Università Cattolica (CHI)

(3) DF Waldo Ponce __ 23, Università Cattolica (CHI)

(5) DF Pablo Contreras __ 49, PAOK (GRIGIO)

(8) DF Arturo Vidal __ 21, Bayer Leverkusen (GER)

(17) DF Gary Medel __ 23, Boca Juniors (ARG)

(18) DF Gonzalo Jara __ 31, West Bromwich Albion (ENG)

(4) Isola di Mauritius MF __ 10, Udinese (ITA)

(6) MF Carlos Carmona __ 18, Reggina (ITA)

(10) MF Jorge Valdivia __ 36, Al-Ain (EAU)

(13) MF Marco Estrada __ 20, Università del Cile (CHI)

(14) MF Matías Fernández __ 35, Sporting CP (POR)

(19) MF Gonzalo Fierro __ 16, Flamengo (BRA)

(20) MF Rodrigo Millar __ 19, Colo-Colo (CHI)

(21) MF Rodrigo Tello __ 32, Beşiktaş (TUR)

(7) FW Alexis Sanchez __ 26, Udinese (ITA)

(9) FW Humberto Suazo __ 41, Real Saragozza (ESP)

(11) FW Mark Gonzalez __ 38, CSKA Mosca (RUS)

(15) FW Jean Beausejour __ 23, America (MEX)

(16) FW Fabián Orellana __ 13, Xerez (ESP)

(22) FW Esteban Paredes __ 12, Colo-Colo (CHI)

_____

_ Camerun (CMR)

_ - 23 giocatori

(1) GK Carlos Kameni __ 58, Spagna

(16) GK Souleymanou Hamidou __ 40, Kayserispor (TUR)

(22) GK Guy N'dy Assembé __ 0, Valenciennes (FRA)

(2) DF Benoît Assou-Ekotto __ 4, Tottenham Hotspur (ENG)

(3) DF Nicolas N'Koulou __ 6, AS Monaco (FRA)

(4) DF Rigobert Song __ 133, Trabzonspor (TUR)

(5) DF Sébastien Bassong __ 3, Tottenham Hotspur (ENG)

(8) DF Geremi __ 109, Ankaragücü (TUR)

(12) DF Gaëtan Bong __ 0, Valenciennes (FRA)

(14) DF Aurélien Chedjou __ 8, Lille (FRA)

(19) DF Stéphane Mbia __ 29, Marsiglia (FRA)

(6) MF Alex Song __ 20, Arsenale (MOT)

(7) MF Landry N'Guémo __ 17, Celtico (SCO)

(10) MF Achille Emana __ 32, Real Betis (ESP)

(11) MF Jean Makoun __ 46, Lione (FRA)

(18) MF Eyong Enoh __ 12, Ajax (NED)

(20) MF Georges Mandjeck __ 4, 1. FC Kaiserslautern (GER)

(21) MF Joël Matip __ 1, Schalke 04 (GER)

(9) FW Samuel Eto'o __ 92, Internazionale (ITA)

(13) FW Eric Choupo-Moting __ 0, 1.

(15) FW Pierre Webó __ 39, Maiorca (ING)

(17) FW Mohammadou Idrissou __ 28, SC Friburgo (GER)

(23) FW Vincent Aboubakar __ 0, Cotonsport Garoua (WRC)

_____

_ Germania (GER)

_ - 23 giocatori

(1) GK Manuel Neuer __ 5, Schalke 04 (GER)

(12) GK Tim Wiese __ 2, Werder Bremen (GER)

(22) GK Hans-Jörg Butt __ 3, Bayern Monaco (GER)

(2) DF Marcell Jansen __ 31, Hamburger SV (GER)

(3) DF Arne Friedrich __ 72, Hertha BSC (GER)

(4) DF Dennis Aogo __ 2, Hamburger SV (GER)

(5) DF Serdar Tasci __ 12, VfB Stoccarda (GER)

(14) DF Holger Badstuber __ 2, Bayern Monaco (GER)

(16) DF Philipp Lahm __ 65, Bayern Monaco (GER)

(17) DF Per Mertesacker __ 62, Werder Bremen (GER)

(20) DF Jérôme Boateng __ 5, Hamburger SV (GER)

(6) MF Sami Khedira __ 5, VfB Stoccarda (GER)

(7) MF Bastian Schweinsteiger __ 74, Bayern Monaco (GER)

(8) MF Mesut Özil __ 10, Werder Bremen (GER)

(10) MF Lukas Podolski __ 73, 1.

(13) MF Thomas Müller __ 2, Bayern Monaco (GER)

(15) MF Piotr Trochowski __ 31, Hamburger SV (GER)

(18) MF Toni Kroos __ 4, Bayer Leverkusen (GER)

(21) MF Marko Marin __ 9, Werder Bremen (GER)

(9) FW Stefan Kießling __ 4, Bayer Leverkusen (GER)

(11) FW Miroslav Klose __ 96, Bayern Monaco (GER)

(19) FW Cacau __ 8, VfB Stoccarda (GER)

(23) FW Mario Gómez __ 34, Bayern Monaco (GER)

_____

_ Danimarca (DEN)

_ - 23 giocatori

(1) GK Thomas Sørensen __ 86, Stoke City (ENG)

(16) GK Stephan Andersen __ 5, Brøndby (DEN)

(22) GK Jesper Christiansen __ 11, København (DEN)

(3) DF Simon Kjær __ 9, Palermo (ITA)

(4) DF Daniel Agger __ 30, Liverpool (ENG)

(5) DF William Kvist __ 13, København (DEN)

(6) DF Lars Jacobsen __ 29, Blackburn Rovers (MOT)

(13) DF Per Krøldrup __ 28, Fiorentina (ITA)

(15) DF Simon Poulsen __ 4, AZ (NED)

(23) DF Patrick Mtiliga __ 2, Malaga (ESP)

(2) MF Christian Poulsen __ 72, Juventus (ITA)

(7) MF Daniel Jensen __ 47, Werder Bremen (GER)

(8) MF Jesper Grønkjær __ 76, København (DEN)

(10) MF Martin Jørgensen __ 94, AGF (DEN)

(12) MF Thomas Kahlenberg __ 30, VfL Wolfsburg (GER)

(14) MF Jakob Poulsen __ 11, AGF (DEN)

(17) MF Mikkel Beckmann __ 3, Randers (DEN)

(19) MF Dennis Rommedahl __ 94, Ajax (NED)

(20) MF Thomas Enevoldsen __ 4, Groningen (NED)

(21) MF Christian Eriksen __ 2, Ajax (NED)

(9) FW Jon Dahl Tomasson __ 108, Feyenoord (NED)

(11) FW Nicklas Bendtner __ 32, Arsenale (GNL)

(18) FW Søren Larsen __ 17, MSV Duisburg (GER)

_ Algeria (ALG)

_ - 23 giocatori

(1) GK Lounès Gaouaoui __ 48, ASO Chlef (ALG)

(16) GK Faouzi Chaouchi __ 9, IT Sétif (ALG)

(23) GK Raïs M'Bohli __ 1, Slavia Sofia (BUL)

(2) DF Madjid Bougherra __ 40, Rangers (SCO)

(3) DF Nadir Belhadj __ 44, Portsmouth (GNL)

(4) DF Antar Yahia __ 43, VfL Bochum (GER)

(5) DF Rafik Halliche __ 15, Nazionale (POR)

(12) DF Habib Bellaïd __ 1, Eintracht Frankfurt (GER)

(14) DF Abdelkader Laïfaoui __ 6, IT Sétif (ALG)

(18) DF Carl Medjani __ 0, Ajaccio (FRA)

(20) DF Djamel Mesbah __ 1, Lecce (ITA)

(6) MF Yazid Mansouri __ 66, Lorient (FRA)

(7) MF Ryad Boudebouz __ 1, Sochaux (FRA)

(8) MF Medhi Lacen __ 2, Racing Santander (ESP)

(15) MF Karim Ziani __ 54, VfL Wolfsburg (GER)

(17) MF Adlène Guedioura __ 1, Wolverhampton Wanderers (ENG)

(19) MF Hassan Yebda __ 9, Portsmouth (GNL)

(21) MF Foued Kadir __ 1, Valenciennes (FRA)

(22) MF Djamel Abdoun __ 6, Nantes (FRA)

(9) FW Abdelkader Ghezzal __ 18, Siena (ITA)

(10) FW Rafik Saïfi __ 59, Istres (FRA)

(11) FW Rafik Djebbour __ 15, AEK (GRE)

(13) FW Karim Matmour __ 21, Borussia Mönchengladbach (GER)

_ Inghilterra (GNL)

_ - 23 giocatori

(1) GK David James __ 50, Portsmouth (ENG)

(12) GK Robert Green __ 10, West Ham United (ENG)

(23) GK Joe Hart __ 3, Città di Birmingham (ENG)

(2) DF Glen Johnson __ 22, Liverpool (ENG)

(3) DF Ashley Cole __ 78, Chelsea (GNL)

(5) DF Michael Dawson __ 0, Tottenham Hotspur (ENG)

(6) DF John Terry __ 60, Chelsea (ENG)

(13) DF Stephen Warnock __ 1, Aston Villa (ENG)

(15) DF Matthew Upson __ 19, West Ham United (ENG)

(18) DF Jamie Carragher __ 36, Liverpool (ENG)

(20) DF Ledley King __ 20, Tottenham Hotspur (ENG)

(4) MF Steven Gerrard __ 80, Liverpool (MOT)

(7) MF Aaron Lennon __ 17, Tottenham Hotspur (ENG)

(8) MF Frank Lampard __ 78, Chelsea (GNL)

(11) MF Joe Cole __ 54, Chelsea

(14) MF Gareth Barry __ 36, Manchester City (ENG)

(16) MF James Milner __ 8, Aston Villa (ENG)

(17) MF Shaun Wright-Phillips __ 31, Manchester City (ENG)

(22) MF Michael Carrick __ 22, Manchester United (ENG)

(9) FW Peter Crouch __ 38, Tottenham Hotspur (ENG)

(10) FW Wayne Rooney __ 60, Manchester United (ENG)

(19) FW Jermain Defoe __ 39, Tottenham Hotspur (ENG)

(21) FW Emile Heskey __ 58, Aston Villa (ENG)

_ Spagna (ESP)

_ - 23 giocatori

(1) GK Iker Casillas __ 104, Real Madrid (ESP)

(12) GK Víctor Valdés __ 1, Barcellona (ESP)

(23) GK Pepe Reina __ 20, Liverpool (ENG)

(2) DF Raúl Albiol __ 23, Real Madrid (ESP)

(3) DF Gerard Piqué __ 16, Barcellona (ESP)

(4) DF Carlos Marchena __ 59, Valencia (ESP)

(5) DF Carles Puyol __ 83, Barcellona (ESP)

(11) DF Joan Capdevila __ 46, Villarreal (ESP)

(15) DF Sergio Ramos __ 60, Real Madrid (ESP)

(17) DF Álvaro Arbeloa __ 15, Real Madrid (ESP)

(6) MF Andrés Iniesta __ 43, Barcellona (ESP)

(8) MF Xavi __ 87, Barcellona (ESP)

(10) MF Cesc Fàbregas __ 49, Arsenale (GNL)

(13) MF Juan Mata __ 8, Valencia (ESP)

(14) MF Xabi Alonso __ 69, Real Madrid (ESP)

(16) MF Sergio Busquets __ 13, Barcellona (ESP)

(20) MF Javi Martínez __ 2, Athletic Bilbao (ESP)

(21) MF David Silva __ 36, Valencia (ESP)

(22) MF Jesús Navas __ 6, Siviglia (ESP)

(7) FW David Villa __ 58, Valencia (ESP)

(9) FW Fernando Torres __ 73, Liverpool (ENG)

(18) FW Pedro __ 3, Barcellona (ESP)

(19) FW Fernando Llorente __ 7, Atletico Bilbao (ESP)

_____

_ Francia (FRA)

_ - 23 giocatori

(1) GK Hugo Lloris __ 11, Lione (FRA)

(16) GK Steve Mandanda __ 13, Marsiglia (FRA)

(23) GK Cédric Carrasso __ 0, Bordeaux (FRA)

(2) DF Bacary Sagna __ 20, Arsenale (GNL)

(3) DF Éric Abidal __ 54, Barcellona (GNL)

(4) DF Anthony Réveillère __ 6, Lione (FRA)

(5) DF William Gallas __ 81, Arsenale (GNL)

(6) DF Marc Planus __ 1, Bordeaux (FRA)

(13) DF Patrice Evra __ 30, Manchester United (ENG)

(17) DF Sébastien Squillaci __ 20, Arsenale (GNL)

(22) DF Gaël Clichy __ 4, Arsenale (GNL)

(7) MF Franck Ribéry __ 45, Bayern Monaco (GER)

(8) MF Yoann Gourcuff __ 20, Lione (FRA)

(14) MF Jérémy Toulalan __ 34, Lione (FRA)

(15) MF Florent Malouda __ 54, Chelsea (GNL)

(18) MF Alou Diarra __ 25, Bordeaux (FRA)

(19) MF Abou Diaby __ 5, Arsenale (GNL)

(20) MF Mathieu Valbuena __ 2, Marsiglia (FRA)

(9) FW Djibril Cissé __ 39, Panathinaikos (GRE)

(10) FW Sidney Govou __ 46, Lione (FRA)

(11) FW André-Pierre Gignac __ 13, Marsiglia (FRA)

(12) FW Thierry Henry __ 121, Barcellona (ESP)

(21) FW Nicolas Anelka __ 67, Chelsea (GNL)

_____

_ Ghana (GHA)

_ - 23 giocatori

(1) GK Daniel Adjei __ 2, Liberty Professionals (GHA)

(16) GK Stephen Ahorlu __ 0, Cuore Lions (GHA)

(22) GK Richard Kingson __ 58, Wigan Athletic (ENG)

(2) DF Hans Sarpei __ 23, Bayer Leverkusen (GER)

(4) DF John Paintsil __ 65, Fulham (ENG)

(5) DF John Mensah __ 58, Sunderland (ENG)

(7) DF Samuel Inkoom __ 15, Basilea (SUI)

(8) DF Jonathan Mensah __ 3, Granada (ESP)

(15) DF Isaac Vorsah __ 6, 1899 Hoffenheim (GER)

(17) DF Abdul Rahim Ayew __ 6, Zamalek (EGY)

(19) DF Lee Addy __ 3, Bechem Chelsea (GHA)

(6) MF Anthony Annan __ 38, Rosenborg (NOR)

(9) MF Derek Boateng __ 19, Getafe (ESP)

(10) MF Stephen Appiah __ 56, Bologna (ITA)

(11) MF Sulley Muntari __ 52, Internazionale (ITA)

(13) MF André Ayew __ 15, Arles-Avignon (FRA)

(20) MF Quincy Owusu-Abeyie __ 12, Al-Sadd (QAT)

(21) MF Kwadwo Asamoah __ 29, Udinese (ITA)

(23) MF Kevin-Prince Boateng __ 0, Portsmouth (GNL)

(3) FW Asamoah Gyan __ 32, Rennes (FRA)

(12) FW Principe Tagoe __ 17, 1899 Hoffenheim (GER)

(14) FW Matthew Amoah __ 31, NAC (NED)

(18) FW Dominic Adiyiah __ 4, Milano (ITA)

_ Grecia (GRE)

_ - 23 giocatori

(1) GK Kostas Chalkias __ 27, PAOK (GRE)

(12) GK Alexandros Tzorvas __ 6, Panathinaikos (GRE)

(13) GK Michalis Sifakis __ 1, Aris (GRE)

(2) DF Giourkas Seitaridis __ 67, Panathinaikos (GRE)

(3) DF Christos Patsatzoglou __ 41, Omonia (CYP)

(5) DF Vangelis Moras __ 10, Bologna (ITA)

(8) DF Avraam Papadopoulos __ 12, Olympiakos (GRE)

(11) DF Loukas Vyntra __ 27, Panathinaikos (GRE)

(15) DF Vasilis Torosidis __ 25, Olympiakos (GRE)

(16) DF Sotirios Kyrgiakos __ 56, Liverpool (ENG)

(19) DF Sokratis Papastathopoulos __ 10, Genova (ITA)

(22) DF Stelios Weeds __ 0, PAOK (GRIGIO)

(4) MF Nikos Nikos Spiropoulos __ 17, Panathinaikos (GRE)

(6) MF Alexandros Tziolis __ 17, Siena (ITA)

(10) MF Giorgos Karagounis __ 91, Panathinaikos (GRE)

(18) MF Sotiris Ninis __ 3, Panathinaikos (GRE)

(21) MF Kostas Katsouranis __ 67, Panathinaikos (GRE)

(23) MF Sakis Prittas __ 0, Aris (GRE)

(7) FW Georgios Samaras __ 32, Celtico (SCO)

(9) FW Angelos Charisteas __ 82, 1.

(14) FW Dimitris Salpingidis __ 34, Panathinaikos (GRE)

(17) FW Theofanis Gekas __ 46, Hertha BSC (GER)

(20) FW Pantelis Kapetanos __ 3, Steaua Bucureşti (ROM)

_ Honduras (HON)

_ - 23 giocatori

(1) GK Ricardo Canales __ 2, Motagua (HON)

(18) GK Noel Valladares __ 71, Olympia (HON)

(22) GK Donis Escober __ 11, Olympia (HON)

(2) DF Osman Chávez __ 26, Platense (HON)

(3) DF Maynor Figueroa __ 66, Wigan Athletic (ENG)

(4) DF Johnny Palacios __ 4, Olympia (HON)

(5) DF Víctor Bernárdez __ 40, Anderlecht (BEL)

(14) DF Oscar García __ 42, Olimpia (HON)

(16) DF Mauricio Sabillon __ 25, Hangzhou Greentown (CHN)

(21) DF Emilio Izaguirre __ 39, Motagua (HON)

(23) DF Sergio Mendoza __ 46, Motagua (HON)

(6) MF Hendry Thomas __ 39, Wigan Athletic (ENG)

(7) MF Ramón Núñez __ 16, Olimpia (HON)

(8) MF Wilson Palacios __ 69, Tottenham Hotspur (GNL)

(17) MF Edgar Álvarez __ 46, Bari

(19) MF Danilo Turcios __ 82, Olympia (HON)

(20) MF Amado Guevara __ 133, Motagua (HON)

(9) FW Carlos Pavón __ 98, Real España (HON)

(10) FW Jerry Palacios __ 11, Hangzhou Greentown (CHN)

(11) FW David Suazo __ 50, Genova (ITA)

(12) FW Georgie Bienvenido __ 11, Motagua (HON)

(13) FW Roger Espinoza __ 10, Kansas City Wizards (USA)

(15) FW Walter Martinez __ 34, Maratona (HON)

_ Italia (ITA)

_ - 23 giocatori

(1) GK Gianluigi Buffon __ 101, Juventus (ITA)

(12) GK Federico Marchetti __ 5, Cagliari (ITA)

(14) GK Morgan De Sanctis __ 3, Napoli (ITA)

(2) DF Christian Maggio __ 5, Napoli (ITA)

(3) DF Domenico Criscito __ 7, Genova (ITA)

(4) DF Giorgio Chiellini __ 29, Juventus (ITA)

(5) DF Fabio Cannavaro __ 133, Juventus (ITA)

(13) DF Salvatore Bocchetti __ 5, Genova (ITA)

(19) DF Gianluca Zambrotta __ 94, Milano (ITA)

(23) DF Leonardo Bonucci __ 2, Bari (ITA)

(6) MF Daniele De Rossi __ 54, Roma (ITA)

(7) MF Simone Pepe __ 15, Udinese (ITA)

(8) MF Gennaro Gattuso __ 72, Milano (ITA)

(15) MF Claudio Marchisio __ 4, Juventus (ITA)

(16) MF Mauro Camoranesi __ 53, Juventus (ITA)

(17) MF Angelo Palombo __ 17, Sampdoria (ITA)

(21) MF Andrea Pirlo __ 66, Milano (ITA)

(22) MF Riccardo Montolivo __ 13, Fiorentina (ITA)

(9) FW Vincenzo Iaquinta __ 37, Juventus (ITA)

(10) FW Antonio Di Natale __ 33, Udinese (ITA)

(11) FW Alberto Gilardino __ 41, Fiorentina (ITA)

(18) FW Fabio Quagliarella __ 20, Napoli (ITA)

(20) FW Giampaolo Pazzini __ 8, Sampdoria (ITA)

_____

_ Giappone (JPN)

_ - 23 giocatori

(1) GK Seigo Narazaki __ 76, Nagoya Grampus (JPN)

(21) GK Eiji Kawashima __ 10, Kawasaki Frontale (JPN)

(23) GK Yoshikatsu Kawaguchi __ 116, Iwata Jubilation (JPN)

(3) DF Yūichi Komano __ 53, Giubileo Iwata (JPN)

(4) DF Marcus Tulio Tanaka Tulio __ 39, Nagoya Grampus (JPN)

(5) DF Yuto Nagatomo __ 26, FC Tokyo (JPN)

(6) DF Atsuto Uchida __ 31, Kashima Antlers (JPN)

(13) DF Daiki Iwamasa __ 2, Kashima Antlers (JPN)

(15) DF Yasuyuki Konno __ 37, FC Tokyo (JPN)

(22) DF Yuji Nakazawa __ 105, Yokohama F. Marinos (JPN)

(2) MF Yuki Abe __ 45, Urawa Red Diamonds (JPN)

(7) MF Yasuhito Endō __ 94, Gamba Osaka (JPN)

(10) MF Shunsuke Nakamura __ 97, Yokohama F. Marinos (JPN)

(14) MF Kengo Nakamura __ 47, Kawasaki Frontale (JPN)

(17) MF Makoto Hasebe __ 31, VfL Wolfsburg (GER)

(18) MF Keisuke Honda __ 15, CSKA Mosca (RUS)

(20) MF Junichi Inamoto __ 80, Kawasaki Frontale (JPN)

(8) FW Daisuke Matsui __ 23, Grenoble (FRA)

(9) FW Shinji Okazaki __ 28, Shimizu S-Pulse (JPN)

(11) FW Keiji Tamada __ 70, Nagoya Grampus (JPN)

(12) FW Kisho Yano __ 18, Albirex Niigata (JPN)

(16) FW Yoshito Ōkubo __ 49, Vissel Kobe (JPN)

(19) FW Takayuki Morimoto __ 6, Catania (ITA)

_____

_ Corea del Nord (PRK)

_ - 23 giocatori

(1) GK Ri Myong-Guk __ 28, Pyongyang City (PRK)

(18) GK Kim Myong-Gil __ 10, Amrokgang (PRK)

(20) GK Kim Myong-Won __ 9, Amrokgang (PRK)

(2) DF Cha Jong-Hyok __ 31, Amrokgang (PRK)

(3) DF Ri Jun-Il __ 26, Sobaeksu (PRK)

(5) DF Ri Kwang-Chon __ 41, 25 aprile (PRK)

(8) DF Ji Yun-Nam __ 23, 25 aprile (PRK)

(13) DF Pak Chol-Jin __ 34, Amrokgang (PRK)

(14) DF Pak Nam-Chol __ 12, Amrokgang (PRK)

(16) DF Nam Song-Chol __ 41, 25 aprile (PRK)

(21) DF Ri Kwang-Hyok __ 15, Kyonggongop (PRK)

(4) MF Pak Nam-Chol __ 35, 25 aprile (PRK)

(6) MF Kim Kum-Il __ 11, 25 aprile (PRK)

(11) MF Mun In-Guk __ 42, 25 aprile (PRK)

(15) MF Kim Yong-Jun __ 52, Pyongyang City (PRK)

(17) MF An Yong-Hak __ 24, Omiya Ardija (JPN)

(19) MF Ri Chol-Myong __ 10, Pyongyang City (PRK)

(22) MF Kim Kyong-Il __ 7, Rimyongsu (PRK)

(23) MF Pak Sung-Hyok __ 3, Sobaeksu (PRK)

(7) FW An Chol-Hyok __ 16, Rimyongsu (PRK)

(9) FW Jong Tae-Se __ 20, Kawasaki Frontale (JPN)

(10) FW Hong Yong-Jo __ 40, Rostov (RUS)

(12) FW Choe Kum-Chol __ 16, 25 aprile (PRK)

_____

_ Corea del Sud (KOR)

_ - 23 giocatori

(1) GK Lee Woon-Jae __ 130, Suwon Samsung Bluewings (KOR)

(18) GK Jung Sung-Ryong __ 15, Seongnam Ilhwa Chunma (KOR)

(21) GK Kim Young-Kwang __ 14, Ulsan Hyundai (KOR)

(2) DF Oh Beom-Seok __ 37, Ulsan Hyundai (KOR)

(3) DF Kim Hyung-Il __ 2, Pohang Steelers (KOR)

(12) DF Lee Young-Pyo __ 112, Al-Hilal (KSA)

(14) DF Lee Jung-Soo __ 24, Kashima Antlers (JPN)

(15) DF Kim Dong-Jin __ 61, Ulsan Hyundai (KOR)

(22) DF Cha Du-Ri __ 46, SC Friburgo (GER)

(23) DF Kang Kang Min-Soo __ 31, Suwon Samsung Bluewings (KOR)

(4) MF Cho Yong-Hyung __ 31, Jeju United (KOR)

(5) MF Kim Nam-Il __ 92, Tom Tomsk (RUS)

(6) MF Kim Bo-Kyung __ 6, Oita Trinita (JPN)

(7) MF Park Ji-Sung __ 88, Manchester United (ENG)

(13) MF Kim Jae-Sung __ 7, Pohang Steelers (KOR)

(16) MF Ki Sung-Yong __ 21, Celtico (SCO)

(17) MF Lee Chung-Yong __ 23, Bolton Wanderers (ENG)

(8) FW Kim Jung-Woo __ 54, Gwangju Sangmu (KOR)

(9) FW Ahn Jung-Hwan __ 70, Dalian Shide (CHN)

(10) FW Park Chu-Young __ 40, AS Monaco (FRA)

(11) FW Lee Seung-Yeoul __ 8, FC Seul (KOR)

(19) FW Yeom Ki-Hun __ 33, Suwon Samsung Bluewings (KOR)

(20) FW Lee Dong-Gook __ 83, Jeonbuk Hyundai Motors (KOR)

_____

_ Messico (MEX)

_ - 23 giocatori

(1) GK Óscar Pérez __ 52, Chiapas (MEX)

(13) GK Guillermo Ochoa __ 37, America (MEX)

(23) GK Luis Ernesto Michel __ 4, Guadalajara (MEX)

(2) DF Francisco Rodriguez __ 48, PSV Eindhoven (NED)

(3) DF Carlos Salcido __ 73, PSV Eindhoven (NED)

(4) DF Rafael Márquez __ 91, Barcellona (ESP)

(5) DF Ricardo Osorio __ 76, VfB Stoccarda (GER)

(12) DF Paul Aguilar __ 10, Pachuca (MEX)

(15) DF Héctor Moreno __ 10, AZ (NED)

(16) DF Efraín Juárez __ 19, UNAM (MEX)

(19) DF Jonny Magallón __ 52, Guadalajara (MEX)

(20) DF Jorge Torres Nilo __ 8, Atlas (MEX)

(6) MF Gerardo Torrado Gerardo __ 114, Croce Blu (MEX)

(7) MF Pablo Barrera __ 21, UNAM (MEX)

(8) MF Israele Castro __ 31, UNAM (MEX)

(18) MF Andrés Guardado __ 56, Deportivo La Coruña (ESP)

(22) MF Alberto Medina __ 56, Guadalajara (MEX)

(9) FW Guillermo Franco __ 21, West Ham United (ENG)

(10) FW Cuauhtémoc Blanco __ 115, Veracruz (MEX)

(11) FW Carlos Vela __ 28, Arsenale (GNL)

(14) FW Javier Hernández __ 12, Guadalajara (MEX)

(17) FW Giovani dos Santos __ 26, Galatasaray (TUR)

(21) FW Adolfo Bautista __ 37, Guadalajara (MEX)

_ Nigeria (NGA)

_ - 23 giocatori

(1) GK Vincent Enyeama __ 51, Hapoel Tel Aviv (SRI)

(16) GK Austin Ejide __ 16, Hapoel Petah Tikva (PVR)

(23) GK Dele Aiyenugba __ 9, Bnei Yehuda (PVR)

(2) DF Joseph Yobo __ 64, Everton (ENG)

(3) DF Taye Taiwo __ 35, Marsiglia (FRA)

(5) DF Rabiu Afolabi __ 12, Red Bull Salzburg (AUT)

(6) DF Danny Shittu __ 23, Bolton Wanderers (ENG)

(17) DF Chidi Odiah __ 21, CSKA Mosca (RUS)

(21) DF Uwa Echiéjilé __ 9, Rennes (FRA)

(22) DF Dele Adeleye __ 5, Sparta Rotterdam (NED)

(13) MF Ayila Yussuf __ 24, Dynamo Kyiv (UKR)

(14) MF Sani Kaita __ 16, Alania Vladikavkaz (RUS)

(15) MF Lukman Haruna __ 5, AS Monaco (FRA)

(20) MF Dickson Etuhu __ 11, Fulham (ENG)

(4) FW Nwankwo Kanu __ 72, Portsmouth (ENG)

(7) FW John Utaka __ 41, Portsmouth (ENG)

(8) FW Yakubu Yakubu Aiyegbeni __ 47, Everton (ENG)

(9) FW Obafemi Martins __ 27, VfL Wolfsburg (GER)

(10) FW Brown Ideye __ 0, Sochaux (FRA)

(11) FW Peter Odemwingie __ 43, Lokomotiv Mosca (RUS)

(12) FW Kalu Uche __ 18, Almería (ESP)

(18) FW Victor Obinna __ 30, Malaga (ESP)

(19) FW Chinedu Obasi __ 17, 1899 Hoffenheim (GER)

_ Paesi Bassi (NED)

_ - 23 giocatori

(1) GK Maarten Stekelenburg __ 25, Ajax (NED)

(16) GK Michel Vorm __ 3, Utrecht (NED)

(22) GK Sander Boschker __ 1, Twente (NED)

(2) DF Gregory van der Wiel __ 8, Ajax (NED)

(3) DF John Heitinga __ 51, Everton (ENG)

(4) DF Joris Mathijsen __ 53, Hamburger SV (GER)

(5) DF Giovanni van Bronckhorst __ 97, Feyenoord (NED)

(12) DF Khalid Boulahrouz __ 28, VfB Stoccarda (GER)

(13) DF André Ooijer __ 53, PSV Eindhoven (NED)

(15) DF Edson Braafheid __ 5, Celtico (SCO)

(6) MF Mark van Bommel __ 54, Bayern Monaco (GER)

(8) MF Nigel de Jong __ 40, Manchester City (ENG)

(10) MF Wesley Sneijder __ 59, Internazionale (ITA)

(14) Zeeuw Demy MF __ 23, Ajax (NED)

(18) MF Stijn Schaars __ 11, AZ (NED)

(20) MF Ibrahim Afellay __ 20, PSV Eindhoven (NED)

(23) MF Rafael van der Vaart __ 75, Real Madrid (ESP)

(7) FW Dirk Kuyt __ 60, Liverpool (GNL)

(9) FW Robin van Persie __ 41, Arsenal (ENG)

(11) FW Arjen Robben __ 46, Bayern Monaco (GER)

(17) FW Eljero Elia __ 5, Hamburger SV (GER)

(19) FW Ryan Babel __ 38, Liverpool (ENG)

(21) FW Klaas-Jan Huntelaar __ 30, Milano (ITA)

_ Nuova Zelanda (NZL)

_ - 23 giocatori

(1) GK Mark Paston __ 23, Wellington Phoenix (NZL)

(12) GK Glen Moss __ 15, Melbourne Victory (AUS)

(23) GK James Bannatyne __ 3, Team Wellington (NZL)

(2) DF Ben Sigmund __ 14, Wellington Phoenix (NZL)

(3) DF Tony Lochhead __ 30, Wellington Phoenix (NZL)

(4) DF Winston Reid __ 3, Midtjylland (DEN)

(5) DF Ivan Vicelich __ 66, Auckland City (NZL)

(6) DF Ryan Nelsen __ 41, Blackburn Rovers (ENG)

(18) DF Andrew Boyens __ 15, New York Red Bulls (USA)

(19) DF Tommy Smith __ 4, Ipswich Town (ENG)

(7) MF Simon Elliott __ 63,

(8) MF Tim Brown __ 25, Wellington Phoenix (NZL)

(11) MF Leo Bertos __ 34, Wellington Phoenix (NZL)

(13) MF Andy Barron __ 11, Team Wellington (NZL)

(15) MF Michael McGlinchey __ 5, Motherwell (SCO)

(16) MF Aaron Clapham __ 0, Canterbury United (NZL)

(17) MF David Mulligan __ 25,

(21) MF Jeremy Christie __ 22, Tampa Bay (USA)

(22) MF Jeremy Brockie __ 18, Newcastle Jets (AUS)

(9) FW Shane Smeltz __ 30, Gold Coast United (AUS)

(10) FW Chris Killen __ 31, Middlesbrough (ENG)

(14) FW Rory Fallon __ 7, Plymouth Argyle (ENG)

(20) FW Chris Wood __ 9, West Bromwich Albion (ENG)

_____

_ Portogallo (POR)

_ - 23 giocatori

(1) GK Eduardo __ 12, Braga (POR)

(12) GK Beto __ 1, Porto (POR)

(22) GK Daniel Fernandes __ 2, Iraklis (GRE)

(2) DF Bruno Alves __ 28, Porto (POR)

(3) DF Paulo Ferreira __ 59, Chelsea (GNL)

(4) DF Rolando __ 7, Porto (POR)

(5) DF Duda __ 14, Malaga (ESP)

(6) DF Ricardo Carvalho __ 60, Chelsea (GNL)

(13) DF Miguel __ 53, Valencia (ESP)

(15) DF Pepe __ 24, Real Madrid (ESP)

(21) DF Ricardo Costa __ 6, Lille (FRA)

(23) DF Fábio Coentrão __ 3, Benfica (POR)

(8) MF Pedro Mendes __ 5, Sporting CP (POR)

(10) MF Danny __ 8, Zenit San Pietroburgo (RUS)

(11) MF Simão __ 79, Atlético Madrid (ESP)

(14) MF Miguel Veloso __ 10, Sporting CP (POR)

(16) MF Raul Meireles __ 31, Porto (POR)

(17) MF Rúben Amorim __ 0, Benfica (POR)

(19) MF Tiago __ 49, Atlético Madrid (ESP)

(20) MF Deco __ 71, Chelsea (GNL)

(7) FW Cristiano Ronaldo __ 69, Real Madrid (ESP)

(9) FW Liédson __ 7, Sporting CP (POR)

(18) FW Hugo Almeida __ 23, Werder Bremen (GER)

_____

_ Paraguay (PAR)

_ - 23 giocatori

(1) GK Justo Villar __ 71, Real Valladolid (ESP)

(12) GK Diego Barreto __ 2, Cerro Porteño (PAR)

(22) GK Aldo Bobadilla __ 18, Medellín indipendente (COL)

(2) DF Dario Veron __ 27, UNAM (MEX)

(3) DF Claudio Morel __ 25, Boca Juniors (ARG)

(4) DF Denis Caniza __ 95, León (MEX)

(5) DF Julio César Cáceres __ 59, Atlético Mineiro (BRA)

(6) DF Carlos Bonet __ 60, Olympia (PAR)

(14) DF Paulo da Silva __ 67, Sunderland (ENG)

(17) DF Aureliano Torres __ 25, San Lorenzo (ARG)

(21) DF Antolín Alcaraz __ 5, Club Brugge (BEL)

(8) MF Édgar Barreto __ 47, Atalanta (ITA)

(11) MF Jonathan Santana __ 21, VfL Wolfsburg (GER)

(13) MF Enrique Vera __ 25, LDU Quito (ECU)

(15) MF Víctor Cáceres __ 25, Libertà (PAR)

(16) MF Cristian Riveros __ 45, Croce Blu (MEX)

(20) MF Néstor Ortigoza __ 3, Argentinos Juniors (ARG)

(7) FW Óscar Cardozo __ 29, Benfica (POR)

(9) FW Roque Santa Cruz __ 66, Manchester City (MOT)

(10) FW Édgar Benítez __ 12, Pachuca (MEX)

(18) FW Nelson Valdez __ 38, Borussia Dortmund (GER)

(19) FW Lucas Barrios __ 3, Borussia Dortmund (GER)

(23) FW Rodolfo Gamarra __ 2, Libertà (PAR)

_ Serbia (SRB)

_ - 23 giocatori

(1) GK Vladimir Stojković __ 33, Wigan Athletic (ENG)

(12) GK Bojan Isailović __ 4, Zagłębie Lubin (POL)

(23) GK Anđelko Đuričić __ 1, União Leiria (POR)

(2) DF Antonio Rukavina __ 20, 1860 Monaco (GER)

(3) DF Aleksandar Kolarov __ 13, Lazio (ITA)

(5) DF Nemanja Vidić __ 45, Manchester United (ENG)

(6) DF Branislav Ivanović __ 31, Chelsea (GNL)

(13) DF Aleksandar Luković __ 21, Udinese (ITA)

(16) DF Ivan Obradović __ 12, Real Saragozza (ESP)

(20) DF Neven Subotić __ 13, Borussia Dortmund (GER)

(4) MF Gojko Kačar __ 17, Hertha BSC (GER)

(7) MF Zoran Tošić __ 21, 1. FC Köln (GER)

(10) MF Dejan Stanković __ 88, Internazionale (ITA)

(11) MF Nenad Milija' __ 17, Wolverhampton Wanderers (ENG)

(14) MF Milano Jovanović __ 26, Standard Liegi (BEL)

(17) MF Milo' Krasić __ 31, CSKA Mosca (RUS)

(18) MF Milo' Ninković __ 9, Dynamo Kyiv (UKR)

(19) MF Radosav Petrović __ 9, Partizan (SRB)

(22) MF Zdravko Kuzmanović __ 27, VfB Stoccarda (GER)

(8) FW Danko Lazović __ 37, Zenit San Pietroburgo (RUS)

(9) FW Marko Pantelić __ 32, Ajax (NED)

(15) FW Nikola Žigić __ 45, Valencia (ESP)

(21) FW Dragan Dragan Mrđa __ 6, Vojvodina (SRB)

_ Slovenia (SVN)

_ - 23 giocatori

(1) GK Samir Handanović __ 38, Udinese (ITA)

(12) GK Jasmin Handanovič __ 3, Mantova (ITA)

(16) GK Aleksander Þeliga Þeliga __ 1, Sparta Rotterdam (NED)

(2) DF Mi , Brečko __ 30, 1. FC Colonia (GER)

(3) DF Elvedin Džinić __ 0, Maribor (SVN)

(4) DF Marko Þuler __ 16, Gent (BEL)

(5) DF Boštjan Cesar __ 41, Grenoble (FRA)

(6) DF Branko Ilič __ 36, Lokomotiv Mosca (RUS)

(13) DF Bojan Jokić __ 33, Chievo (ITA)

(19) DF Suad Filekovič __ 14, Maribor (SVN)

(22) DF Matej Mavrič __ 32, TuS Koblenz (GER)

(8) MF Robert Koren __ 45, West Bromwich Albion (ENG)

(15) MF Rene Krhín __ 3, Internazionale (ITA)

(17) MF Andraž Kirm __ 25, Wisła Krakow (POL)

(18) MF Aleksandar Radosavljević __ 14, Larissa (GRE)

(20) MF Andrej Komac __ 40, Maccabi Tel Aviv (SRI)

(21) MF Dalibor Stevanovič __ 15, Vitesse (NED)

(7) FW Nejc Pečnik __ 7, Nazionale (POR)

(9) FW Zlatan Ljubijankič __ 16, Gent (BEL)

(10) FW Valter Birsa __ 33, Auxerre (FRA)

(11) FW Milivoje Novakovič __ 37, 1. FC Köln (GER)

(14) FW Zlatko Dedič __ 23, VfL Bochum (GER)

(23) FW Tim Matavz __ 0, Groningen (NED)

_ Slovacchia (SVK)

_ - 23 giocatori

(1) GK Ján Mucha __ 14, Legia Warszawa (POL)

(12) GK Dušan Perni __ 1, Dundee United (SCO)

(23) GK Dušan Kuciak __ 2, FC Vaslui (ROU)

(2) DF Peter Pekarík __ 21, VfL Wolfsburg (GER)

(3) DF Martin Þkrtel __ 37, Liverpool (GNL)

(4) DF Marek Čech __ 38, West Bromwich Albion (ENG)

(5) DF Radoslav Zabavník __ 42, Magonza 05 (GER)

(16) DF Ján Ďurica __ 35, Hannover 96 (GER)

(21) DF Kornel Saláta __ 3, Slovan Bratislava (SVK)

(22) DF Martin Petrá' __ 38, Cesena (ITA)

(6) MF Zdeno Þtrba Þtrba __ 20, Skoda Xanthi (GRE)

(7) MF Vladimír Weiss __ 7, Bolton Wanderers (ENG)

(8) MF Ján Kozák __ 22, Timişoara (ROU)

(9) MF Stanislav Þesták __ 29, VfL Bochum (GER)

(10) MF Marek Sapara __ 24, Ankaragücü (TUR)

(15) MF Miroslav Stoch __ 10, Twente (NED)

(17) MF Marek Hamasík __ 30, Napoli (ITA)

(19) MF Juraj Kucka __ 5, Sparta Praga (CZE)

(20) MF Kamil Kopúnek __ 7, Spartak Trnava (SVK)

(11) FW Róbert Vittek __ 69, Ankaragücü (TUR)

(13) FW Filip Holoʽko __ 37, Beşiktaş (TUR)

(14) FW Martin Jakubko __ 21, Saturn Moscow Oblast (RUS)

(18) FW Erik Jendrišek __ 13, 1. FC Kaiserslautern (GER)

_____

_ Stati Uniti (USA)

_ - 23 giocatori

(1) GK Tim Howard __ 51, Everton (ENG)

(18) GK Brad Guzan __ 16, Aston Villa (ENG)

(23) GK Marcus Hahnemann __ 7, Wolverhampton Wanderers (ENG)

(2) DF Jonathan Spector __ 25, West Ham United (ENG)

(3) DF Carlos Bocanegra __ 79, Rennes (FRA)

(5) DF Oguchi Onyewu __ 54, Milano (ITA)

(6) DF Steve Cherundolo __ 60, Hannover 96 (GER)

(12) DF Jonathan Bornstein __ 32, Chivas USA

(15) DF Jay DeMerit __ 19, Watford (ENG)

(21) DF Clarence Goodson __ 14, Start (NOR)

(4) MF Michael Bradley __ 43, Borussia Mönchengladbach (GER)

(7) MF DaMarcus Beasley __ 92, Rangers (SCO)

(8) MF Clint Dempsey __ 62, Fulham (MOT)

(10) MF Landon Donovan __ 123, Galassia di Los Angeles (USA)

(11) MF Stuart Holden __ 14, Bolton Wanderers (ENG)

(13) MF Ricardo Clark __ 29, Eintracht Francoforte (GER)

(16) MF José Francisco Torres __ 10, Pachuca (MEX)

(19) MF Maurice Edu __ 13, Rangers (SCO)

(22) MF Benny Feilhaber __ 32, AGF (DEN)

(9) FW Hercules Gómez __ 4, Puebla (MEX)

(14) FW Edson Buddle __ 3, Los Angeles Galaxy (USA)

(17) FW Jozy Altidore __ 25, Hull City (ENG)

(20) FW Robbie Findley __ 6, Real Salt Lake (USA)

_____

_ Uruguay (URU)

_ - 23 giocatori

(1) GK Fernando Muslera __ 6, Lazio (ITA)

(12) GK Juan Castillo __ 11, Deportivo Cali (COL)

(23) GK Martín Silva __ 1, Defensor Sporting (URU)

(2) DF Diego Lugano __ 42, Fenerbahçe (TUR)

(3) DF Diego Godín __ 38, Villarreal (ESP)

(4) DF Jorge Fucile __ 24, Porto (POR)

(6) DF Mauricio Victorino __ 4, Università del Cile (CHI)

(16) DF Maxi Pereira __ 37, Benfica (POR)

(19) DF Andrés Scotti __ 26, Colo-Colo (CHI)

(22) DF Martín Cáceres __ 19, Siviglia (ESP)

(5) MF Walter Gargano __ 28, Napoli (ITA)

(8) MF Sebastian Eguren __ 27, AIK (SWE)

(11) MF Álvaro Pereira __ 15, Porto (POR)

(14) MF Nicolás Lodeiro __ 4, Ajax (NED)

(15) MF Diego Perez __ 50, AS Monaco (FRA)

(17) MF Egidio Egidio Arévalo Ríos __ 6, Peñarol (URU)

(18) MF Ignacio González __ 17, Valencia (ESP)

(20) MF Álvaro Fernández __ 7, Università del Cile (CHI)

(7) FW Edinson Cavani __ 14, Palermo (ITA)

(9) FW Luis Suárez __ 30, Ajax (NED)

(10) FW Diego Forlán __ 62, Atlético Madrid (ESP)

(13) FW Sebastian Abreu __ 56, Botafogo (BRA)

(21) FW Sebastián Fernández __ 6, Banfield (ARG)

_ Sudafrica (RSA)

_ - 23 giocatori

(1) GK Moeneeb Josephs __ 17, Orlando Pirates (RSA)

(16) GK Itumeleng Khune __ 27, Kaizer Chiefs (RSA)

(22) GK Shu-Aib Walters __ 0, Maritzburg United (RSA)

(2) DF Siboniso Gaxa __ 37, Mamelodi Sundowns (RSA)

(3) DF Tsepo Masilela __ 31, Maccabi Haifa (SRI)

(4) DF Aaron Mokoena __ 101, Portsmouth (GNL)

(5) DF Anele Ngcongca __ 5, Racing Genk (BEL)

(14) DF Matthew Booth __ 27, Mamelodi Sundowns (RSA)

(15) DF Lucas Thwala __ 24, Orlando Pirates (RSA)

(20) DF Bongani Khumalo __ 14, Supersport United (RSA)

(21) DF Siyabonga Sangweni __ 8, Frecce d'oro (RSA)

(6) MF MacBeth Sibaya __ 58, Rubin Kazan (RUS)

(7) MF Lance Davids __ 22, Ajax Cape Town (RSA)

(8) MF Siphiwe Tshabalala __ 48, Kaizer Chiefs (RSA)

(10) MF Steven Pienaar __ 50, Everton (ENG)

(11) MF Teko Modise __ 52, Orlando Pirates (RSA)

(12) MF Reneilwe Letsholonyane __ 13, Kaizer Chiefs (RSA)

(13) MF Kagisho Dikgacoi __ 37, Fulham (GNL)

(19) MF Surprise Moriri __ 34, Mamelodi Sundowns (RSA)

(23) MF Thanduyise Khuboni __ 9, Frecce d'oro (RSA)

(9) FW Katlego Mphela __ 31, Mamelodi Sundowns (RSA)

(17) FW Bernard Parker __ 28, Twente (NED)

(18) FW Siyabonga Nomvethe __ 76, Moroka Swallows (RSA)

BRASILE 2014

_ Coppa del Mondo 2014 _ in Brasile

Gruppo A : Brasile Croazia Croazia Messico Camerun

Gruppo B : Spagna Paesi Bassi Cile Australia

Gruppo C : Colombia Grecia Grecia Costa d'Avorio Giappone

Gruppo D | Uruguay Costa Rica Inghilterra Italia

Gruppo E | Svizzera Ecuador Francia Francia Honduras

Gruppo F : Argentina Bosnia-Erzegovina Iran Nigeria

Gruppo G : Germania Portogallo Ghana Stati Uniti

Gruppo H : Belgio Algeria Russia Corea del Sud

Giorno 1 | Giovedì 12 giugno

Giorno 2 | Ven/13 giugno

Giorno 3 | Sab/14 giugno

Giorno 4 | Sole 15 giugno

Giorno 5 | Lunedì 16 giugno

Giorno 6 | Martedì 17 giugno

Giorno di gara 7 | Mercoledì 18 giugno

Giorno 8 | Giovedì 19 giugno

Giorno 9 | Ven/20 giugno

Giorno 10 | Sabato 21 giugno

Giorno 11 | Dom/22 giugno

Giorno di gara 12 | lun/23 giugno

Giorno 13 | Martedì 24 giugno

Giorno della partita 14 | Mercoledì 25 giugno

Giorno 15 | Giovedì 26 giugno

Gruppo A:

(1) Giovedì 12 giugno 2012 17:00 Brasile 3-1 (1-1) Croazia @ São Paulo Arena, São Paulo (UTC-3)

Neymar 29', 71' (penna) Oscar 90+1'; Marcelo 11' (o.g.)].

(2) Ven/13 giugno 13:00 Messico 1-0 (0-0) Camerun @ Estádio das Dunas, Natal (UTC-3)

[Oribe Peralta 61']

(17) Mar-Giu/17 16:00 Brasile 0-0 Messico @ Estádio Castelão, Fortaleza (UTC-3)

(18) Mer 18 giugno 18:00 Camerun 0-4 Croazia @ Arena Amazônia, Manaus (UTC-4)

[-; Ivica Olić 11' Ivan Perišić 48' Mario Mandžukić 61', 73']

(33) Lun Lun/23 Giu/23 17:00 Camerun 1-4 Brasile @ Estádio Nacional Mané Garrincha, Brasília (UTC-3)

Joel Matip 26'; Neymar 17', 35' Fred 49' Fernandinho 84'].

(34) Lun Lun/23 Giu/23 17:00 Croazia 1-3 Messico @ Arena Pernambuco, Recife (UTC-3)

[Iván Perišić 87'; Rafael Márquez 72' Andrés Guardado 75' Javier Hernández 82'].

Gruppo B:

(3) Ven/13 Giu/13 16:00 Spagna 1-5 (1-1) Paesi Bassi @ Arena Fonte Nova, Salvador (UTC-3)

Xabi Alonso 27' (penna); Robin Van Persie 44', 72' Arjen Robben 53', 80' Stefan De Vrij 65'].

(4) Ven/13 Giu/13 18:00 Cile 3-1 (2-1) Australia @ Arena Pantanal, Cuiabá (UTC-4)

Alexis Sánchez 12' Jorge Valdívia 14' Jean Beausejour 90+2'; Cahill 35'].

(19) Mercoledì 18 giugno 16:00 Spagna 0-2 Cile @ Estádio do Maracanã, Rio de Janeiro (UTC-3)

[-; Eduardo Vargas 20' Charles Aránguiz 43']

(20) Mercoledì 18 giugno 13:00 Australia 2-3 Paesi Bassi @ Estádio Beira-Rio, Porto Alegre (UTC-3)

Tim Cahill 21' Jedinak Mile 54' (penna); Arjen Robben 20' Robin Van Persie 58' Memphis Depay 68'].

(35) Lun 23 Giu 13:00 Australia 0-3 Spagna @ Arena da Baixada, Curitiba (UTC-3)

[-; David Villa 36' Fernando Torres 69' Juan Mata 82']

(36) Mon Jun/23 13:00 Paesi Bassi 2-0 Chile @ Arena de São Paulo, São Paulo (UTC-3)

[Leroy Fer 77' Memphis Depay 90+2']

Gruppo C:

(5) Sab/14 giugno/14 13:00 Colombia 3-0 Grecia @ Estádio Mineirão, Belo Horizonte (UTC-3)

[Pablo Armero 5' Teófilo Gutiérrez 58' James Rodríguez 90+3']

(6) Sab/14 giugno/14 22:00 Costa d'Avorio 2-1 Giappone @ Arena Pernambuco, Recife (UTC-3)

[Wilfried Bony 64' Gervinho 66'; Keisuke Honda 16']

(21) Thu Jun/19 13:00 Colombia 2-1 Côte d'Ivoire @ Estadio Nacional Mané Garrincha, Brasília (UTC-3)

[James Rodríguez 64', Juan Quintero 70'; Gervinho 73']

(22) Giovedì 19 giugno 19:00 Giappone 0-0 Grecia @ Estádio das Dunas, Natal (UTC-3)

(37) Mar 24 giugno, 16:00 Giappone 1-4 Colombia @ Arena Pantanal, Cuiabá (UTC-4)

[Shinji Okazaki 45+1'; Juan Cuadrado 17' (penna) Jackson Martínez 55', 82' James Rodríguez 90'].

(38) Mar 24 giugno ore 17:00 Grecia 2-1 Costa d'Avorio @ Estádio Castelão, Fortaleza (UTC-3)

Andreas Samaris 42' Georgios Samaras 90+3' (penna); Wilfried Bony 74']

Gruppo D:

(7) Sab/14 giugno/14 16:00 Uruguay 1-3 Costa Rica @ Estádio Castelão, Fortaleza (UTC-3)

Edinson Cavani 24' (penna); Joel Campbell 54' Oscar Duarte 57' Marcos Ureña 84'].

(8) Sab/14 giugno/14 18:00 Inghilterra 1-2 Italia @ Arena Amazônia, Manaus (UTC-4)

Daniel Sturridge 37'; Claudio Marchisio 35' Mario Balotelli 50']].

(23) Thu Jun/19 16:00 Uruguay 2-1 Inghilterra @ Arena de São Paulo, São Paulo (UTC-3)

[Luis Suárez 39', 85'; Wayne Rooney 75']

(24) Ven/20 Giu/20 13:00 Italia 0-1 Costa Rica @ Arena Pernambuco, Recife (UTC-3)

[-; Bryan Ruiz 44']

(39) Mar 24 Jun/24 13:00 Italia 0-1 Uruguay @ Estádio das Dunas, Natal (UTC-3)

[-; Diego Godín 81']

(40) Mar 24 giugno ore 13:00 Costa Rica 0-0 Inghilterra @ Estádio Mineirão, Belo Horizonte (UTC-3)

Gruppo E:

(9) Dom 15 giugno 15 giugno 13:00 Svizzera 2-1 Ecuador @ Estádio Nacional Mané Garrincha, Brasília (UTC-3)

[Ammiraglio Mehmedi 48' Haris Seferović 90+3'; Enner Valencia 22']

(10) Dom 15 giugno 15 giugno 16:00 Francia 3-0 Honduras @ Estádio Beira-Rio, Porto Alegre (UTC-3)

Noel Valladares 48' (es.) Karim Benzema 45' (penna), 72'].

(25) Ven/20 Giu/20 16:00 Svizzera 2-5 Francia @ Arena Fonte Nova, Salvador (UTC-3)

[Blerim Džemaili 81' Granit Xhaka 87'; Olivier Giroud 17' Blaise Matuidi 18' Mathieu Valbuena 40' Karim Benzema 67' Moussa Sissoko 73']

(26) Ven/20 Giu/20 19:00 Honduras 1-2 Ecuador @ Arena da Baixada, Curitiba (UTC-3)

Carlo Costly 31'; Enner Valencia 34', 65']

(41) Wed 25 Jun/25 16:00 Honduras 0-3 Svizzera @ Arena Amazônia, Manaus (UTC-4)

Xherdan Shaqiri 6', 31', 71']

(42) Mercoledì 25 giugno 2005 17:00 Ecuador 0-0 Francia @ Estádio do Maracanã, Rio de Janeiro (UTC-3)

Gruppo F:

(11) Dom 15 giugno 15 giugno 19:00 Argentina 2-1 Bosnia-Erzegovina @ Estádio do Maracanã, Rio de Janeiro (UTC-3)

[Sead Kolašinac 3' (o.g.) Lionel Messi 65'; Verità Ibišević 85']

(12) Lun/16 giugno 16:00 Iran 0-0 Nigeria @ Arena da Baixada, Curitiba (UTC-3)

(27) Sab/21 13:00 giugno Argentina 1-0 Iran @ Estádio Mineirão, Belo Horizonte (UTC-3)

[Lionel Messi 90']

(28) Sab/21 Giu/21 18:00 Nigeria 1-0 Bosnia-Erzegovina @ Arena Pantanal, Cuiabá (UTC-4)

[Peter Odemwingie 29']

(43) Wed 25 Jun/25 13:00 Nigeria 2-3 Argentina @ Estádio Beira-Rio, Porto Alegre (UTC-3)

Ahmed Musa 4', 47'; Lionel Messi 3', 45+1' Red Mark 50']

(44) Wed/25 Jun/25 13:00 Bosnia-Herzegovina 3-1 Iran @ Arena Fonte Nova, Salvador (UTC-3)

[Edin Džeko 23' Miralem Pjanić 59' Avdija Vršajević 83'; Reza Ghoochannejhad 82']

Gruppo G:

(13) lun/16 giugno 13:00 Germania 4-0 Portogallo @ Arena Fonte Nova, Salvador (UTC-3)
Thomas Müller 12' (penna), 45+1', 78', Mats Hummels 32']
(14) Lun/16 giugno 19:00 Ghana 1-2 Stati Uniti @ Estádio das Dunas, Natal (UTC-3)
André Ayew 82'; Clint Dempsey 1', John Brooks 86']
(29) Sab/21 Giu/21 16:00 Germania 2-2 Ghana @ Estádio Castelão, Fortaleza (UTC-3)
Mario Götze 51' Miroslav Klose 71'; André Ayew 54' Asamoah Gyan 63']
(30) Dom 22/02 giugno 18:00 Stati Uniti 2-2 Portogallo @ Arena Amazônia, Manaus (UTC-4)
[Jermaine Jones 64', Clint Dempsey 81'; Nani 5', Varela 90+5']
(45) Thu Jun/26 13:00 Stati Uniti 0-1 Germania @ Arena Pernambuco, Recife (UTC-3)
[-; Thomas Müller 55']
(46) Thu Jun/26 13:00 Portogallo 2-1 Ghana @ Estádio Nacional Mané Garrincha, Brasília (UTC-3)
John Boye 31' (o.g.) Cristiano Ronaldo 80'; Asamoah Gyan 57']
Gruppo H:
(15) Martedì giugno/17 13:00 Belgio 2-1 Algeria @ Estádio Mineirão, Belo Horizonte (UTC-3)
Marouane Fellaini 70' Dries Mertens 80'; Sofiane Feghouli 25' (penna.)
(16) mar giugno/17 18:00 Russia 1-1 Corea del Sud @ Arena Pantanal, Cuiabá (UTC-4)
[Alexander Kerzhakov 74'; Lee Keunho 68']
(31) Dom 22/02 giugno 13:00 Belgio 1-0 Russia @ Estádio do Maracanã, Rio de Janeiro (UTC-3)
Divock Origi 88']
(32) Dom 22/02 giugno 16:00 Corea del Sud 2-4 Algeria @ Estádio Beira-Rio, Porto Alegre (UTC-3)
Son Heung Min 50' Koo Jacheol 72'; Islam Slimani 26' Rafik Halliche 28' Abdelmoumene Djabou 38' Yacine Brahimi 62'].
(47) Thu Jun/26 17:00 Corea del Sud 0-1 Belgio @ Arena de São Paulo, São Paulo (UTC-3)
Jan Vertonghen 78
(48) Thu Jun/26 17:00 Algeria 1-1 Russia @ Arena da Baixada, Curitiba (UTC-3)
[Islam Slimani 60'; Alexander Kokorin 6']

_ Coppa del Mondo 2014 _ Finali

Attorno al 16 | Sab/28 giugno/28 giugno - mar/1 luglio

    Quarti di finale | ven 4 lug - sab 5 lug

    Semifinali | Martedì 8 luglio - Mercoledì 9 luglio

    Partita per il terzo posto : sabato 12 luglio

    Finale | Sun Jul/13

Il Giro dei 16

    (49) Sab/28 giugno/28 13:00 Brasile 3-2 penna. 1-1 a.e.t. (1-1, 1-1) Cile @ Estádio Mineirão, Belo Horizonte (UTC-3) _ 1A - 2B

    David Luiz 18'; Alexis Sánchez 32']

    (50) Sab/28 giugno/28 17:00 Colombia 2-0 (1-0) Uruguay @ Estádio do Maracanã, Rio de Janeiro (UTC-3) _ 1C - 2D

    [James Rodriguez 28', 50']

    (51) Sole/29 giugno/29 13:00 Paesi Bassi 2-1 (0-0) Messico @ Estádio Castelão, Fortaleza (UTC-3) _ 1B - 2A

    [Wesley Sneijder 88' Klaas Jan Huntelaar 90' (penna); Giovani dos Santos 48']

    (52) Dom 29/06/2009 17:00 Costa Rica 5-3 penna. 1-1 a.e.t. (1-1, 0-0) Grecia @ Arena Pernambuco, Recife (UTC-3) _ 1D - 2C

    Bryan Ruiz 52'; Socratis Papastathopoulos 90']

    (53) Mon Jun/30 13:00 Francia 2-0 (0-0) Nigeria @ Estádio Nacional Mané Garrincha, Brasília (UTC-3) _ 1E - 2F

    [Paul Pogba 79' Joseph Yobo 90+2' (o.g.)].

    (54) Mon Jun/30 17:00 Germania 2-1 a.e.t. (0-0, 0-0) Algeria @ Estádio Beira-Rio, Porto Alegre (UTC-3) _ 1G - 2H

    André Schürrle 92' Mesut Özil 120'; Abdelmoumene Djabou 121'].

    (55) Martedì luglio/1 13:00 Argentina 1-0 a.e.t. (0-0, 0-0) Svizzera @ Arena de São Paulo, São Paulo _ 1F - 2E
[Angelo di Maria 118']

    (56) Martedì luglio/1 17:00 Belgio 2-1 a.e.t. (0-0, 0-0) Stati Uniti @ Arena Fonte Nova, Salvador _ 1H - 2G
[Kevin De Bruyne 93' Romelu Lukaku 105'; Julian Green 107']

Quarti di finale

    (57) Ven/4 luglio/4 17:00 Brasile 2-1 (1-0) Colombia @ Estádio Castelão, Fortaleza _ W49 - W50

    Thiago Silva 7' David Luiz 69'; Rodríguez 80' (penna.)].

    (58) Ven Jul/4 13:00 Francia 0-1 (0-1) Germania @ Estádio do Maracanã, Rio de Janeiro (UTC-3) _ W53 - W54

    [-; Mats Hummels 13']

    (59) Sab/5 lug/5 17:00 Paesi Bassi 4-3 penna. 0-0 a.e.t. (0-0, 0-0) Costa Rica @ Arena Fonte Nova, Salvador (UTC-3) _ W51 - W52

    (60) Sab/5 lug/5 13:00 Argentina 1-0 (1-0) Belgio @ Estádio Nacional Mané Garrincha, Brasília (UTC-3) _ W55 - W56

[Gonzalo Higuaín 8']

Semifinali

(61) Mar Jul/8 17:00 Brasile 1-7 (0-5) Germania @ Estádio Mineirão, Belo Horizonte (UTC-3) _ W57 - W58

[Oscar 90'; Thomas Müller 11' Miroslav Klose 23' Toni Kroos 24', 26' Sami Khedira 29' Andre Schürrle 69', 79'].

(62) Wed Jul/9 17:00 Olanda 2-4 penna. 0-0 a.e.t. (0-0, 0-0) Argentina @ Arena de São Paulo, São Paulo (UTC-3) _ W59 - W69

Partita per il terzo posto

(63) Sab Jul/12 17:00 Brasile 0-3 (0-2) Paesi Bassi @ Estádio Nacional Mané Garrincha, Brasília (UTC-3) _ L61 - L62

[-; Robin Van Persie 3' (penna) Daley Blind 17' Georginio Wijnaldum 90+1']

Finale

(64) Sun Jul/13 16:00 Germania 1-0 a.e.t. (0-0, 0-0) Argentina @ Estádio do Maracanã, Rio de Janeiro

SQUADRE E GIOCATORI CHE PARTECIPANO AI MONDIALI DEL 2014

SELEZIONE: ar-Argentina

(1) GK Sergio Romero_ ## 45, AS Monaco (FRA)

(12) GK Agustín Orión_ ## 3, Boca Juniors (ARG)

(21) GK Mariano Andújar_ ## 10, Catania (ITA)

(2) DF Ezequiel Garay_ ## 18, Benfica (POR)

(3) DF Hugo Campagnaro_ ## 13, Internazionale (ITA)

(4) DF Pablo Zabaleta_ ## 36, Manchester City (ENG)

(15) DF Martin Demichelis_## 37, Manchester City (ENG)

(16) DF Red Frame_ ## 20, Sporting (POR)

(17) DF Federico Fernández ## 24, Napoli (ITA)

(23) DF José María Basanta ## 8, Monterrey (MEX)

(5) MF Fernando Gago_ ## 47, Boca Juniors (ARG)

(6) MF Lucas Biglia_ ## 16, Lazio (ITA)

(7) MF Ángel di María_ ## 45, Real Madrid (ESP)

(8) MF Enzo Pérez_ ## 5, Benfica (POR)

(11) MF Maxi Rodriguez_ ## 53, Newell's Old Boys (ARG)

(13) MF Augusto Fernández_## 7, Celta Vigo (ESP)

(14) MF Javier Mascherano_## 96, Barcellona (ESP)

(19) MF Ricardo Álvarez_ ## 5, Internazionale (ITA)

(9) FW Gonzalo Higuaín_ ## 36, Napoli (ITA)

(10) FW Lionel Messi_ ## 84, Barcellona (ESP)

(18) FW Rodrigo Palacio_ ## 15, Internazionale (ITA)

(20) FW Sergio Agüero_ ## 50, Manchester City (ENG)

(22) FW Ezequiel Lavezzi_ ## 29, Paris Saint-Germain (FRA)

SELEZIONE: au-australia

(1) GK Mathew Ryan_ ## 6, Club Brugge (BEL)

(12) GK Mitchell Langerak_## 3, Borussia Dortmund (GER)

(18) GK Eugene Galeković_ ## 8, Adelaide United (AUS)

(2) DF Ivan Franjić_ ## 8, Brisbane Roar (AUS)

(3) DF Jason Davidson_ ## 6, Heracles Almelo (NED)

(6) DF Matthew Špiranović ## 17, Western Sydney Wanderers (AUS)

(8) DF Bailey Wright_ ## 0, Preston North End (ENG)

(19) DF Ryan McGowan_ ## 9, Shandong Luneng Taishan (CHN)

(22) DF Alex Wilkinson_ ## 2, Jeonbuk Hyundai Motors

(5) MF Mark Milligan_ ## 28, Melbourne Victory (AUS)

(10) MF Ben Halloran_ ## 1, Fortuna Düsseldorf (GER)

(11) MF Tommy Oar_ ## 14, Utrecht (NED)

(13) MF Oliver Bozanić_ ## 3, Lucerna (SUI)

(14) MF James Troisi_ ## 10, Atalanta (ITA)
(15) MF Mile Jedinak_ ## 43, Crystal Palace (ENG)
(16) MF James Holland_ ## 13, Austria Vienna (AUT)
(17) MF Matt McKay_ ## 46, Brisbane Roar (AUS)
(20) MF Dario Vidošić_ ## 22, Sion (SWI)
(21) MF Massimo Luongo_ ## 1, Swindon Town (ENG)
(23) MF Mark Bresciano_ ## 73, Al-Gharafa (QAT)
(4) FW Tim Cahill_ ## 68, New York Red Bulls (USA)
(7) FW Mathew Leckie_ ## 7, FSV Francoforte (GER)
(9) FW Adam Taggart_ ## 4, Newcastle Jets (AUS)

SELEZIONE: ba-bosnia-erzegovina
(1) GK Asmir Begović_ ## 30, Stoke City (ENG)
(12) GK Jasmin Fejzić_ ## 0, VfR Aalen (GER)
(22) GK Asmir Avdukić_ ## 3, Borac Banja Luka (BIH)
(2) DF Avdija Vršajević_ ## 13, Hajduk Split (CRO)
(3) DF Ermin Bičakčić_ ## 7, Eintracht Braunschweig (GER)
(4) DF Emir Spahić_ ## 74, Bayer Leverkusen (GER)
(5) DF Sead Kolašinac_ ## 4, Schalke 04 (GER)
(6) DF Ognjen Vranje'_ ## 13, Elazığspor (TUR)
(7) DF Muhamed Bešić_ ## 9, Ferencváros (HUN)
(13) DF Mensur Mujdža_ ## 24, SC Freiburg (GER)
(15) DF Toni Šunjić_ ## 7, Zorya Luhansk (UKR)
(8) MF Miralem Miralem Pjanić_ ## 48, Roma (ITA)
(10) MF Zvjezdan Misimović ## 82, Guizhou Renhe (CHN)
(14) MF Izet Hajrović_ ## 7, Galatasaray (TUR)
(16) MF Senad Lulić_ ## 33, Lazio (ITA)
(17) MF Senijad Ibričić_ ## 42, Kayseri Erciyesspor (TUR)
(18) MF Haris Medunjanin _ ## 35, Gaziantepspor (TUR)
(20) MF Anel Hadžić_ ## 2, Sturm Graz (AUT)
(21) MF Tino-Sven Sušić_ ## 2, Hajduk Split (CRO)
(23) MF Sejad Salihović_ ## 42, 1899 Hoffenheim (GER)
(9) FW Versione Ibišević_ ## 55, VfB Stoccarda (GER)
(11) FW Edin Džeko_ ## 62, Manchester City (ENG)
(19) FW Edin Višća_ ## 10, İstanbul BB (TUR)

SELEZIONE: be-belgio
(1) GK Thibaut Courtois_ ## 16, Atlético Madrid (ESP)
(12) GK Simon Mignolet_ ## 14, Liverpool (ENG)
(13) GK Sammy Bossut_ ## 1, Zulte Waregem (BEL)
(2) DF Toby Alderweireld_## 34, Atlético Madrid (ESP)

(3) DF Thomas Vermaelen_ ## 48, Arsenal (ENG)

(4) DF Vincent Kompany_ ## 59, Manchester City (ENG)

(5) DF Jan Vertonghen_ ## 56, Tottenham Hotspur (ENG)

(15) DF Daniel Van Buyten_## 79, Bayern Monaco (GER)

(18) DF Nicolas Lombaerts_## 26, Zenit San Pietroburgo (RUS)

(21) DF Anthony Vanden Borre ## 25, Anderlecht (BEL)

(23) DF Laurent Ciman_ ## 8, Standard Liegi (BEL)

(6) MF Axel Witsel_ ## 48, Zenit San Pietroburgo (RUS)

(7) MF Kevin De Bruyne_ ## 22, VfL Wolfsburg (GER)

(8) MF Marouane Fellaini_## 50, Manchester United (ENG)

(10) MF Eden Hazard_ ## 45, Chelsea (ENG)

(11) MF Kevin Mirallas Kevin Mirallas_ ## 44, Everton (ENG)

(16) MF Steven Defour_ ## 43, Porto (POR)

(19) MF Mousa Dembélé_ ## 55, Tottenham Hotspur (ENG)

(20) MF Adnan Januzaj_ ## 1, Manchester United (ENG)

(22) MF Nacer Chadli_ ## 20, Tottenham Hotspur (ENG)

(9) FW Romelu Lukaku_ ## 29, Everton (ENG)

(14) FW Dries Mertens_ ## 24, Napoli (ITA)

(17) FW Divock Origi_ ## 2, Lille (FRA)

SELEZIONE: br-brasile

(1) GK Jefferson_ ## 9, Botafogo (BRA)

(12) GK Júlio César_ ## 79, Toronto (CAN)

(22) GK Victor_ ## 6, Atlético Mineiro (BRA)

(2) DF Dani Alves_ ## 74, Barcellona (ESP)

(3) DF Thiago Silva_ ## 45, Paris Saint-Germain (FRA)

(4) DF David Luiz_ ## 35, Chelsea (ENG)

(6) DF Marcelo_ ## 30, Real Madrid (ESP)

(13) DF Dante_ ## 12, Bayern Monaco (GER)

(14) DF Maxwell_ ## 8, Paris Saint-Germain (FRA)

(15) DF Henrique_ ## 5, Napoli (ITA)

(23) DF Maicon_ ## 71, Roma (ITA)

(5) MF Fernandinho_ ## 6, Manchester City (ENG)

(8) MF Paulinho_ ## 25, Tottenham Hotspur (ENG)

(11) MF Oscar_ ## 30, Chelsea (ENG)

(16) MF Ramires_ ## 42, Chelsea (ENG)

(17) MF Luiz Gustavo_ ## 18, VfL Wolfsburg (GER)

(18) MF Hernanes_ ## 24, Internazionale (ITA)

(19) MF Willian_ ## 6, Chelsea (ENG)

(7) FW Hulk_ ## 34, Zenit San Pietroburgo (RUS)

(9) FW Fred_ ## 33, Fluminense (BRA)

(10) FW Neymar_ ## 48, Barcellona (ESP)

(20) FW Bernard_ ## 10, Shakhtar Donetsk (UKR)

(21) FW Jô_ ## 16, Atlético Mineiro (BRA)

SELEZIONE: ch-svizzera

(1) GK Diego Benaglio_ ## 56, VfL Wolfsburg (GER)

(12) GK Yann Sommer_ ## 6, Basilea (SUI)

(21) GK Roman Bürki_ ## 0, Cavalletta (SUI)

(2) DF Stephan Lichtsteiner ## 62, Juventus (ITA)

(3) DF Ziegler Challenge_ ## 35, Sassuolo (ITA)

(4) DF Philippe Senderos_## 53, Valencia (ESP)

(5) DF Steve von Bergen_ ## 40, Young Boys (SUI)

(6) DF Michael Lang_ ## 5, Cavalletta (SUI)

(13) DF Ricardo Rodríguez_## 20, VfL Wolfsburg (GER)

(20) DF Johan Djourou_ ## 44, Hamburger SV (GER)

(22) DF Fabian Schär_ ## 5, Basilea (SUI)

(7) MF Tranquillo Barnetta ## 73, Eintracht Frankfurt (GER)

(8) MF Gökhan Inler_ ## 71, Napoli (ITA)

(10) MF Granit Xhaka_ ## 25, Borussia Mönchengladbach (GER)

(11) MF Valon Behrami_ ## 47, Napoli (ITA)

(14) MF Valentin Stocker_ ## 23, Basilea (SUI)

(15) MF Blerim Džemaili_ ## 33, Napoli (ITA)

(16) MF Gelson Fernandes_ ## 47, SC Freiburg (GER)

(23) MF Xherdan Shaqiri_ ## 32, Bayern Monaco (GER)

(9) FW Haris Seferović_ ## 10, Royal Society (ESP)

(17) FW Mario Gavranović_ ## 10, Zurigo (SUI)

(18) FW Admir Mehmedi_ ## 20, SC Freiburg (GER)

(19) FW Josip Drmić_ ## 6, 1.

SELEZIONE: ci-cote-d-ivoire

(1) GK Boubacar Barry_ ## 79, Lokeren (BEL)

(16) GK Sylvain Gbohouo_ ## 1, Séwé Sport (CIV)

(23) GK Sayouba Mandé_ ## 1, Stabæk (NOR)

(2) DF Ousmane Viera_ ## 3, Çaykur Rizespor (TUR)

(3) DF Arthur Boka_ ## 79, VfB Stoccarda (GER)

(4) DF Kolo Touré_ ## 106, Liverpool (ENG)

(5) DF Didier Zokora_ ## 119, Trabzonspor (TUR)

(7) DF Jean-Daniel Akpa-Akpro ## 1, Tolosa (FRA)

(17) DF Serge Aurier_ ## 8, Tolosa (FRA)

(18) DF Constant Djakpa_ ## 4, Eintracht Frankfurt (GER)

(22) DF Sol Bamba_ ## 43, Trabzonspor (TUR)

(9) MF Cheick Tioté_ ## 44, Newcastle United (ENG)

(13) MF Didier Ya Konan_ ## 25, Hannover 96 (GER)

(14) MF Ismaël Diomandé_ ## 1, Saint-Étienne (FRA)

(19) MF Yaya Touré_ ## 83, Manchester City (ENG)

(20) MF Serey Die_ ## 6, Basilea (SWI)

(6) FW Mathis Bolly_ ## 3, Fortuna Düsseldorf (GER)

(8) FW Salomon Kalou_ ## 64, Lille (FRA)

(10) FW Gervinho_ ## 53, Roma (ITA)

(11) FW Didier Drogba_ ## 100, Galatasaray (TUR)

(12) FW Wilfried Bony_ ## 24, Swansea City (WAL)

(15) FW Max Gradel_ ## 25, Saint-Étienne (FRA)

(21) FW Giovanni Sio_ ## 7, Basilea (SWI)

SELEZIONE: cl-chile

(1) GK Claudio Bravo_ ## 79, Real Sociedad (ESP)

(12) GK Cristoforo Toselli ## 4, Università Cattolica (CHI)

(23) GK Johnny Herrera_ ## 7, Università del Cile (CHI)

(2) DF Eugenio Mena_ ## 24, Santos (BRA)

(3) DF Miiko Albornoz_ ## 2, Malmö FF (SWE)

(13) DF José Rojas_ ## 18, Università del Cile (CHI)

(17) DF Gary Medel_ ## 60, Cardiff City (WAL)

(18) DF Gonzalo Jara_ ## 65, Nottingham Forest (ENG)

(4) Isola MF Mauritius_ ## 46, Juventus (ITA)

(5) MF Francisco Silva_ ## 11, Osasuna (ESP)

(6) MF Carlos Carmona_ ## 43, Atalanta (ITA)

(8) MF Arturo Vidal_ ## 53, Juventus (ITA)

(10) MF Jorge Valdívia_ ## 56, Palmeiras (BRA)

(14) MF Fabián Orellana_ ## 25, Celta Vigo (ESP)

(15) MF Jean Beausejour_ ## 59, Wigan Athletic (ENG)

(16) MF Felipe Gutiérrez_ ## 17, Twente (NED)

(19) MF José Pedro Fuenzalida ## 23, Colo-Colo (CHI)

(20) MF Charles Aránguiz_ ## 20, Internazionale (BRA)

(21) MF Marcelo Díaz_ ## 20, Basilea (SWI)

(7) FW Alexis Sánchez_ ## 66, Barcellona (ESP)

(9) FW Mauricio Pinilla_ ## 26, Cagliari (ITA)

(11) FW Eduardo Vargas_ ## 29, Valencia (ESP)

(22) FW Esteban Paredes_ ## 34, Colo-Colo (CHI)

SELEZIONE: cm-camerone

(1) GK Loïc Feudjou_ ## 1, Coton Sport (CMR)

(16) GK Charles Itandje_ ## 9, Konyaspor (TUR)

(23) GK Sammy N'Djock_ ## 2, Fethiyespor (TUR)

(2) DF Benoît Assou-Ekotto ## 21, Queens Park Rangers (ENG)

(3) DF Nicolas N'Koulou_ ## 47, Marsiglia (FRA)

(4) DF Cédric Djeugoué_ ## 3, Coton Sport (WRC)

(5) DF Dany Nounkeu_ ## 15, Beşiktaş (TUR)

(12) DF Henri Bedimo_ ## 30, Lione (FRA)

(14) DF Aurélien Chedjou_ ## 30, Galatasaray (TUR)

(22) DF Allan Nyom_ ## 8, Granada (ESP)

(6) MF Alex Song_ ## 46, Barcellona (ESP)

(7) MF Landry N'Guémo_ ## 39, Bordeaux (FRA)

(11) MF Jean Makoun_ ## 66, Rennes (FRA)

(17) MF Stéphane Mbia_ ## 49, Siviglia (ESP)

(18) MF Eyong Enoh_ ## 37, Antalyaspor (TUR)

(20) MF Edgar Salli_ ## 8, Lens (FRA)

(21) MF Joël Matip_ ## 22, Schalke 04 (GER)

(8) FW Benjamin Moukandjo ## 16, Nancy (FRA)

(9) FW Samuel Eto'o_ ## 116, Chelsea (ENG)

(10) FW Vincent Aboubakar_## 23, Lorient (FRA)

(13) FW Maxim Choupo-Moting ## 26, Mainz 05 (GER)

(15) FW Pierre Webó_ ## 55, Fenerbahçe (TUR)

(19) FW Fabrice Olinga_ ## 7, Zulte Waregem (BEL)

SELEZIONE: co-colombia

(1) GK David Ospina_ ## 42, Nizza (FRA)

(12) GK Camilo Vargas_ ## 0, Santa Fe (COL)

(22) GK Faryd Mondragón_ ## 55, Deportivo Cali (COL)

(2) DF Cristián Zapata_ ## 21, Milano (ITA)

(3) DF Mario Yepes_ ## 96, Atalanta (ITA)

(4) DF Santiago Arias_ ## 5, PSV (NED)

(7) DF Pablo Armero_ ## 51, West Ham United (ENG)

(16) DF Éder Álvarez Balanta ## 2, River Plate (ARG)

(18) DF Juan Camilo Zuñiga ## 52, Napoli (ITA)

(23) DF Carlos Valdés_ ## 13, San Lorenzo (ARG)

(5) MF Carlos Carbonero_ ## 1, River Plate (ARG)

(6) MF Carlos Sánchez_ ## 44, Elche (ESP)

(8) MF Abel Aguilar_ ## 48, Tolosa (FRA)

(10) MF James Rodriguez _ ## 21, AS Monaco (FRA)

(11) MF Juan Guillermo Cuadrado ## 26, Fiorentina (ITA)

(13) MF Fredy Guarín_ ## 48, Internazionale (ITA)

(14) MF Victor Ibarbo_ ## 8, Cagliari (ITA)

(15) MF Alexander Mejía_ ## 9, Atlético Nacional (COL)

(20) MF Juan Fernando Quintero ## 4, Porto (POR)

(9) FW Teófilo Gutiérrez_## 29, River Plate (ARG)

(17) FW Carlos Bacca_ ## 10, Sevilla (ESP)

(19) FW Adrián Ramos_ ## 24, Hertha BSC (GER)

(21) FW Jackson Martínez_ ## 27, Porto (POR)

SELEZIONE: cr-costa-rica

(1) GK Keylor Navas_ ## 52, Levante (ESP)

(18) GK Patrick Pemberton_## 20, Alajuelense (CRC)

(23) GK Daniel Cambronero_## 4, Herediano (CRC)

(2) DF Johnny Acosta_ ## 25, Alajuelense (CRC)

(3) DF Giancarlo González ## 34, Columbus Crew (USA)

(4) DF Michael Umaña_ ## 82, Saprissa (CRC)

(6) DF Óscar Duarte_ ## 10, Club Brugge (BEL)

(8) DF Heiner Mora_ ## 21, Saprissa (CRC)

(12) DF Waylon Francis_ ## 1, Columbus Crew (USA)

(15) DF Júnior Díaz_ ## 61, Mainz 05 (GER)

(16) DF Cristian Gamboa_ ## 25, Rosenborg (NOR)

(19) DF Roy Miller_ ## 48, New York Red Bulls (USA)

(5) MF Celso Borges_ ## 62, AIK (SWE)

(7) MF Christian Bolaños_## 54, Copenaghen (DEN)

(11) MF Michael Barrantes_## 50, Aalesund (NOR)

(13) MF Esteban Granados_ ## 11, Herediano (CRC)

(17) MF Yeltsin Tejeda_ ## 22, Saprissa (CRC)

(20) MF Diego Calvo_ ## 9, Vålerenga (NOR)

(22) MF José Miguel Cubero ## 34, Herediano (CRC)

(9) FW Joel Campbell_ ## 32, Olympiacos (GRE)

(10) FW Bryan Ruiz_ ## 62, PSV (NED)

(14) FW Randall Brenes_ ## 38, cartaginese (CRC)

(21) FW Marco Ureña_ ## 23, Kuban Krasnodar (RUS)

SELEZIONE: de-deutschland

(1) GK Manuel Neuer_ ## 45, Bayern Monaco (GER)

(12) GK Ron-Robert Zieler_## 3, Hannover 96 (GER)

(22) GK Roman Weidenfeller ## 2, Borussia Dortmund (GER)

(2) DF Kevin Großkreutz_ ## 4, Borussia Dortmund (GER)

(4) DF Benedikt Höwedes_ ## 20, Schalke 04 (GER)

(5) DF Mats Hummels_ ## 29, Borussia Dortmund (GER)

(15) DF Erik Durm_ ## 1, Borussia Dortmund (GER)

(16) DF Philipp Lahm_ ## 105, Bayern Monaco (GER)

(17) DF Per Mertesacker_ ## 97, Arsenal (ENG)

(20) DF Jérôme Boateng_ ## 38, Bayern Monaco (GER)

(3) MF Matthias Ginter_ ## 2, SC Freiburg (GER)

(6) MF Sami Khedira Sami _ ## 45, Real Madrid (ESP)

(7) MF Bastian Schweinsteiger ## 101, Bayern Monaco (GER)

(8) MF Mesut Özil_ ## 54, Arsenale (GNL)

(9) MF André Schürrle_ ## 32, Chelsea (ENG)

(13) MF Thomas Müller_ ## 48, Bayern Monaco (GER)

(14) MF Julian Draxler_ ## 11, Schalke 04 (GER)

(18) MF Toni Kroos_ ## 43, Bayern Monaco (GER)

(19) MF Mario Götze_ ## 28, Bayern Monaco (GER)

(21) MF Marco Reus_ ## 20, Borussia Dortmund (GER)

(23) MF Christoph Kramer_ ## 2, Borussia Mönchengladbach (GER)

(10) FW Lukas Podolski_ ## 113, Arsenal (ENG)

(11) FW Miroslav Klose_ ## 131, Lazio (ITA)

SELEZIONE: dz-algeria

(1) GK Cédric Si Mohamed_## 1, CS Constantine (ALG)

(16) GK Mohamed Zemmamouche ## 7, USM Alger (ALG)

(23) GK Raïs M'Bolhi_ ## 27, CSKA Sofia (BUL)

(2) DF Madjid Bougherra_ ## 61, Lekhwiya (QAT)

(3) DF Faouzi Ghoulam_ ## 5, Napoli (ITA)

(4) DF Essaïd Belkalem_ ## 13, Watford (ENG)

(5) DF Rafik Halliche_ ## 28, Accademico (POR)

(6) DF Djamel Mesbah_ ## 26, Livorno (ITA)

(7) DF Carl Medjani_ ## 25, Valenciennes (FRA)

(17) DF Liassine Cadamuro-Bentaïba ## 6, Mallorca (ENG)

(20) DF Aïssa Mandi_ ## 2, Reims (FRA)

(8) MF Hassan Yebda_ ## 24, Udinese (ITA)

(10) MF Sofiane Feghouli_ ## 18, Valencia (ESP)

(11) MF Yacine Brahimi_ ## 5, Grenada (ESP)

(12) MF Medhi Lacen_ ## 29, Getafe (ESP)

(14) MF Nabil Bentaleb_ ## 2, Tottenham Hotspur (ENG)

(18) MF Abdelmoumene Djabou ## 76, Club Africain (TUN)

(19) MF Saphir Taïder_ ## 10, Internazionale (ITA)

(21) MF Riyad Mahrez_ ## 1, Leicester City (ENG)

(22) MF Mehdi Mostefa_ ## 22, Ajaccio (FRA)

(9) FW Nabil Ghilas_ ## 5, Porto (POR)

(13) FW Islam Slimani_ ## 19, Sporting CP (POR)

(15) FW El Arbi Hillel Soudani ## 21, Dinamo Zagabria (CRO)

SELEZIONE: ec-ecuador

(1) GK Máximo Banguera_ ## 24, Barcellona (ECU)

(12) GK Adrian Bone_ ## 3, El Nacional (ECU)

(22) GK Alexander Dominguez ## 18, LDU Quito (ECU)

(2) DF Jorge Guagua_ ## 58, Emelec (ECU)

(3) DF Frickson Erazo_ ## 36, Flamengo (BRA)

(4) DF Juan Carlos Paredes ## 37, Barcellona (ECU)

(10) DF Walter Ayoví_ ## 89, Pachuca (MEX)

(18) DF Óscar Bagüí_ ## 21, Emelec (ECU)

(21) DF Gabriel Achilier_ ## 22, Emelec (ECU)

(5) MF Renato Ibarra_ ## 17, Vitesse (NED)

(6) MF Christian Noboa_ ## 41, Dinamo Mosca (RUS)

(7) MF Jefferson Montero_## 39, Morelia (MEX)

(8) MF Édison Méndez_ ## 109, Santa Fe (COL)

(9) MF Joao Rojas_ ## 29, Croce Blu (MEX)

(14) MF Segundo Castillo_ ## 81, Al-Hilal (KSA)

(15) MF Michael Arroyo_ ## 20, Atlante (MEX)

(16) MF Antonio Valencia_ ## 70, Manchester United (ENG)

(19) MF Luis Saritama_ ## 48, Barcellona (ECU)

(20) MF Fidel Martínez_ ## 8, Tijuana (MEX)

(23) MF Carlos Gruezo_ ## 2, VfB Stoccarda (GER)

(11) FW Felipe Caicedo_ ## 49, Al-Jazira (EAU)

(13) FW Enner Valencia_ ## 9, Pachuca (MEX)

(17) FW Jaime Ayoví_ ## 30, Tijuana (MEX)

SELEZIONE: Inghilterra

(1) GK Joe Hart_ ## 40, Manchester City (ENG)

(13) GK Ben Foster_ ## 6, West Bromwich Albion (ENG)

(22) GK Fraser Forster_ ## 1, Celtico (SCO)

(2) DF Glen Johnson_ ## 51, Liverpool (ENG)

(3) DF Leighton Baines_ ## 23, Everton (ENG)

(5) DF Gary Cahill_ ## 23, Chelsea (ENG)

(6) DF Phil Jagielka_ ## 25, Everton (ENG)

(12) DF Chris Smalling_ ## 11, Manchester United (ENG)

(16) DF Phil Jones_ ## 9, Manchester United (ENG)

(23) DF Luke Shaw_ ## 1, Southampton (ENG)

(4) MF Steven Gerrard_ ## 110, Liverpool (ENG)

(7) MF Jack Wilshere_ ## 16, Arsenal (ENG)

(8) MF Frank Lampard_ ## 103, Chelsea (ENG)

(14) MF Jordan Henderson_ ## 9, Liverpool (ENG)

(15) MF Alex Oxlade-Chamberlain ## 14, Arsenal (ENG)

(17) MF James Milner_ ## 46, Manchester City (ENG)

(19) MF Raheem Sterling_ ## 3, Liverpool (ENG)

(20) MF Adam Lallana_ ## 4, Southampton (ENG)

(21) MF Ross Barkley_ ## 4, Everton (ENG)

(9) FW Daniel Sturridge_ ## 11, Liverpool (ENG)

(10) FW Wayne Rooney_ ## 90, Manchester United (ENG)

(11) FW Danny Welbeck_ ## 22, Manchester United (ENG)

(18) FW Rickie Lambert_ ## 4, Southampton (ENG)

SELEZIONE: en-spain

    (1) GK Iker Casillas_ ## 153, Real Madrid (ESP)

    (12) GK David de Gea_ ## 0, Manchester United (ENG)

    (23) GK Pepe Reina_ ## 31, Napoli (ITA)

    (2) DF Raúl Albiol_ ## 46, Napoli (ITA)

    (3) DF Gerard Piqué_ ## 60, Barcellona (ESP)

    (5) DF Juanfran_ ## 6, Atlético Madrid (ESP)

    (15) DF Sergio Ramos_ ## 115, Real Madrid (ESP)

    (18) DF Jordi Alba_ ## 25, Barcellona (ESP)

    (22) DF César Azpilicueta_## 6, Chelsea (GNL)

    (4) MF Javi Martínez_ ## 16, Bayern Monaco (GER)

    (6) MF Andrés Iniesta_ ## 95, Barcellona (ESP)

    (8) MF Xavi_ ## 131, Barcellona (ESP)

    (10) MF Cesc Fàbregas_ ## 88, Barcellona (ESP)

    (13) MF Juan Mata_ ## 32, Manchester United (ENG)

    (14) MF Xabi Alonso_ ## 109, Real Madrid (ESP)

    (16) MF Sergio Busquets_ ## 64, Barcellona (ESP)

    (17) MF Koke_ ## 7, Atlético Madrid (ESP)

    (20) MF Santi Cazorla_ ## 62, Arsenale (GNL)

    (21) MF David Silva_ ## 79, Manchester City (ENG)

    (7) FW David Villa_ ## 94, Atlético Madrid (ESP)

    (9) FW Fernando Torres_ ## 107, Chelsea (ENG)

    (11) FW Pedro_ ## 38, Barcellona (ESP)

    (19) FW Diego Costa_ ## 1, Atlético Madrid (ESP)

SELEZIONE: fr-france

    (1) GK Hugo Lloris_ ## 56, Tottenham Hotspur (ENG)

    (16) GK Stéphane Ruffier_ ## 2, Saint-Étienne (FRA)

    (23) GK Mickaël Landreau_ ## 11, Bastia (FRA)

    (2) DF Mathieu Debuchy_ ## 20, Newcastle United (ENG)

    (3) DF Patrice Evra_ ## 57, Manchester United (ENG)

    (4) DF Raphaël Varane_ ## 5, Real Madrid (ESP)

    (5) DF Mamadou Sakho_ ## 18, Liverpool (ENG)

    (13) DF Eliaquim Mangala_ ## 3, Porto (POR)

    (15) DF Bacary Sagna_ ## 40, Arsenal (ENG)

    (17) DF Lucas Digne_ ## 2, Paris Saint-Germain (FRA)

    (21) DF Laurent Koscielny_## 17, Arsenal (ING)

    (6) MF Yohan Cabaye_ ## 29, Paris Saint-Germain (FRA)

    (8) MF Mathieu Valbuena_ ## 33, Marsiglia (FRA)

(11) MF Antoine Griezmann_## 3, Real Sociedad (ESP)

(12) MF Rio Mavuba_ ## 11, Lille (FRA)

(14) MF Blaise Matuidi_ ## 22, Paris Saint-Germain (FRA)

(18) MF Moussa Sissoko_ ## 16, Newcastle United (ENG)

(19) MF Paul Pogba_ ## 10, Juventus (ITA)

(22) MF Morgan Schneiderlin ## 0, Southampton (ENG)

(7) FW Rémy Cabella_ ## 1, Montpellier (FRA)

(9) FW Olivier Giroud_ ## 29, Arsenal (ENG)

(10) FW Karim Benzema_ ## 65, Real Madrid (ESP)

(20) FW Loïc Rémy_ ## 24, Newcastle United (ENG)

SELEZIONE: gh-ghana

(1) GK Steven Adams_ ## 7, Stelle della Dogana (GHA)

(12) GK Adam Kwarasey_ ## 21, Strømsgodset (NOR)

(16) GK Fatau Dauda_ ## 17, Orlando Pirates (SAF)

(2) DF Samuel Inkoom_ ## 46, Platanias (GRE)

(4) DF Daniel Opare_ ## 16, Standard Liegi (BEL)

(15) DF Rashid Sumaila_ ## 6, Mamelodi Sundowns (SAF)

(19) DF Jonathan Mensah_ ## 26, Évian (FRA)

(21) DF John Boye_ ## 29, Rennes (FRA)

(23) DF Harrison Afful_ ## 40, Espérance (TUN)

(5) MF Michael Essien_ ## 57, Milano (ITA)

(6) MF Afriyie Acquah_ ## 4, Parma (ITA)

(7) MF Christian Atsu_ ## 22, Vitesse (NED)

(8) MF Emmanuel Agyemang-Badu ## 48, Udinese (ITA)

(10) MF André Ayew_ ## 48, Marsiglia (FRA)

(11) MF Sulley Muntari_ ## 81, Milano (ITA)

(14) MF Albert Adomah_ ## 14, Middlesbrough (ENG)

(17) MF Mohammed Rabiu_ ## 16, Kuban Krasnodar (RUS)

(20) MF Kwadwo Asamoah_ ## 61, Juventus (ITA)

(22) MF Wakaso Mubarak_ ## 16, Rubin Kazan (RUS)

(3) FW Asamoah Gyan_ ## 78, Al-Ain (EAU)

(9) FW Kevin-Prince Boateng ## 12, Schalke 04 (GER)

(13) FW Jordan Ayew_ ## 12, Sochaux (FRA)

(18) FW Majeed Waris_ ## 9, Valenciennes (FRA)

SELEZIONE: gr-grecia

(1) GK Orestis Karnezis_ ## 18, Grenada (ESP)

(12) GK Panagiotis Glykos_## 2, PAOK (GRE)

(13) GK Stefanos Kapino_ ## 2, Panathinaikos (GRE)

(2) DF Giannis Maniatis_ ## 29, Olympiacos (GRE)

(3) DF Giorgos Tzavellas_## 13, PAOK (GRE)

(4) DF Kostas Manolas_ ## 8, Olympiacos (GRE)

(5) DF Vangelis Moras_ ## 18, Verona (ITA)

(11) DF Loukas Vyntra_ ## 49, Levante (ESP)

(15) DF Vasilis Torosidis_## 65, Roma (ITA)

(19) DF Sokratis Papastathopoulos ## 47, Borussia Dortmund (GER)

(20) DF José Holebas_ ## 21, Olympiacos (GRE)

(6) MF Alexandros Tziolis ## 49, Kayserispor (TUR)

(8) MF Panagiotis Kone_ ## 15, Bologna (ITA)

(10) MF Giorgos Karagounis ## 134, Fulham (ENG)

(16) MF Lazaros Christodoulopoulos ## 18, Bologna (ITA)

(18) MF Giannis Fetfatzidis ## 18, Genova (ITA)

(21) MF Kostas Katsouranis ## 110, PAOK (GRE)

(22) MF Andreas Samaris_ ## 4, Olympiacos (GRE)

(23) MF Panagiotis Tachtsidis ## 5, Torino (ITA)

(7) FW Giorgos Samaras_ ## 73, Celtico (SCO)

(9) FW Kostas Mitroglou_ ## 31, Fulham (ENG)

(14) FW Dimitris Salpingidis ## 75, PAOK (GRE)

(17) FW Theofanis Gekas_ ## 71, Konyaspor (TUR)

SELEZIONE: hn-honduras

(1) GK Luis López_ ## 0, Real España (HON)

(18) GK Noel Valladares_ ## 121, Olympia (HON)

(22) GK Donis Escober_ ## 26, Olympia (HON)

(2) DF Osman Chavez_ ## 54, Qingdao Jonoon (CHN)

(3) DF Maynor Figueroa_ ## 104, Hull City (ENG)

(4) DF Juan Pablo Montes_## 11, Motagua (HON)

(5) DF Víctor Bernárdez_ ## 77, San Jose Earthquakes (USA)

(6) DF Juan Carlos García ## 33, Wigan Athletic (ENG)

(7) DF Emilio Izaguirre_ ## 67, Celtico (SCO)

(23) DF Brayan Beckeles_ ## 22, Olympia (HON)

(8) MF Wilson Palacios MF Wilson Palacios_ ## 94, Stoke City (ENG)

(10) MF Mario Martínez_ ## 35, Real España (HON)

(12) MF Edder Delgado_ ## 25, Real España (HON)

(14) MF Óscar García_ ## 92, Houston Dynamo (USA)

(15) MF Roger Espinoza_ ## 41, Wigan Athletic (ENG)

(17) MF Marvin Chávez_ ## 41, Chivas USA (USA)

(19) MF Luis Garrido_ ## 19, Olimpia (HON)

(20) MF Jorge Claros_ ## 48, Motagua (HON)

(21) MF Andy Najar_ ## 16, Anderlecht (BEL)

(9) FW Jerry Palacios_ ## 23, Alajuelense (CRC)

(11) FW Jerry Bengtson_ ## 43, New England Revolution (USA)

(13) FW Carlo Costly_ ## 69, Real España (HON)

(16) FW Rony Martínez_ ## 12, Royal Society (HON)

SELEZIONE: hr-croazia
(1) GK Stipe Pletikosa_ ## 110, Rostov (RUS)
(12) GK Oliver Zelenika_ ## 0, Lokomotiva (CRO)
(23) GK Danijel Subašić_ ## 6, AS Monaco (FRA)
(2) DF , Vrsaljko_ ## 6, Genova (ITA)
(3) DF Danijel Pranjić_ ## 48, Panathinaikos (GRE)
(5) DF Vedran Ćorluka_ ## 72, Lokomotiv Moscow (RUS)
(6) DF Dejan Lovren_ ## 23, Southampton (ENG)
(11) DF Darijo Srna_ ## 112, Shakhtar Donetsk (UKR)
(13) DF Gordon Schildenfeld ## 21, Panathinaikos (GRE)
(21) DF Domagoj Vida_ ## 23, Dynamo Kyiv (UKR)
(4) MF Ivan Perišić_ ## 28, VfL Wolfsburg (GER)
(7) MF Ivan Rakitić_ ## 61, Siviglia (ESP)
(8) MF Ognjen Vukojević_ ## 55, Dynamo Kyiv (UKR)
(10) MF Luka Modrić_ ## 74, Real Madrid (ESP)
(14) MF Marcelo Brozović_ ## 0, Dinamo Zagabria (CRO)
(15) MF Ivan Močinić_ ## 0, Rijeka (CRO)
(19) MF Sammir_ ## 5, Getafe (SPA)
(20) MF Mateo Kovačić _ ## 9, Internazionale (ITA)
(9) FW Nikica Jelavić_ ## 33, Hull City (ENG)
(16) FW Prima di Rebić_ ## 4, Fiorentina (ITA)
(17) FW Mario Mandžukić_ ## 49, Bayern Monaco (GER)
(18) FW Ivica Olić_ ## 91, VfL Wolfsburg (GER)
(22) FW Eduardo_ ## 63, Shakhtar Donetsk (UKR)

SELEZIONE: ir-iran
(1) GK Rahman Ahmadi_ ## 10, Sepahan (IRN)
(12) GK Alireza Haghighi_ ## 5, Sporting Covilhã (POR)
(22) GK Daniel Davari_ ## 4, Eintracht Braunschweig (GER)
(4) DF Jalalal Hosseini_ ## 84, Persepolis (IRN)
(5) DF Amir Hossein Sadeghi ## 16, Esteghlal (IRN)
(13) DF Hossein Mahini_ ## 21, Persepolis (IRN)
(15) DF Pejman Montazeri_ ## 21, Umm Salal (QAT)
(17) DF Ahmad Alenemeh_ ## 9, Naft Teheran (IRN)
(19) DF Hashem Beikzadeh_ ## 17, Esteghlal (IRN)
(20) DF Steven Beitashour_## 6, Vancouver Whitecaps (CAN)
(23) DF Mehrdad Pouladi_ ## 19, Persepolis (IRN)
(2) MF Khosro Heydari_ ## 48, Esteghlal (IRN)
(3) MF Ehsan Hajsafi_ ## 61, Sepahan (IRN)

(6) MF Javad Nekounam_ ## 139, Al-Kuwait (KUW)

(7) MF Masoud Shojaei_ ## 49, Las Palmas (ESP)

(8) MF Reza Haghighi_ ## 7, Persepolis (IRN)

(11) MF Ghasem Haddadifar_## 16, Zob Ahan (IRN)

(14) MF Andranik Teymourian ## 78, Esteghlal (IRN)

(18) MF Bakhtiar Rahmani_ ## 4, Foolad (IRN)

(21) MF Ashkan Dejagah_ ## 13, Fulham (ENG)

(9) FW Alireza Jahanbakhsh ## 6, NEC (NED)

(10) FW Karim Ansarifard_ ## 41, Trattore Sazi (IRN)

(16) FW Reza Ghoochannejhad ## 13, Charlton Athletic (ENG)

SELEZIONE: it-italy

(1) GK Gianluigi Buffon_ ## 139, Juventus (ITA)

(12) GK Salvatore Sirigu_ ## 8, Paris Saint-Germain (FRA)

(13) GK Mattia Perin_ ## 0, Genova (ITA)

(2) DF Mattia De Sciglio_## 10, Milano (ITA)

(3) DF Giorgio Chiellini_## 67, Juventus (ITA)

(4) DF Matteo Darmian_ ## 1, Torino (ITA)

(7) DF Ignazio Abate_ ## 19, Milano (ITA)

(15) DF Andrea Barzagli_ ## 47, Juventus (ITA)

(19) DF Leonardo Bonucci_ ## 36, Juventus (ITA)

(20) DF Gabriel Paletta_ ## 2, Parma (ITA)

(5) MF Thiago Motta_ ## 20, Paris Saint-Germain (FRA)

(6) MF Antonio Candreva_ ## 19, Lazio (ITA)

(8) MF Claudio Marchisio_## 43, Juventus (ITA)

(14) MF Alberto Aquilani_ ## 34, Fiorentina (ITA)

(16) MF Daniele De Rossi_ ## 94, Roma (ITA)

(18) MF Marco Parolo_ ## 3, Parma (ITA)

(21) MF Andrea Pirlo_ ## 108, Juventus (ITA)

(23) MF Marco Verratti_ ## 5, Paris Saint-Germain (FRA)

(9) FW Mario Balotelli_ ## 29, Milano (ITA)

(10) FW Antonio Cassano_ ## 36, Parma (ITA)

(11) FW Alessio Cerci_ ## 11, Torino (ITA)

(17) FW Ciro Immobile_ ## 2, Torino (ITA)

(22) FW Lorenzo Insigne_ ## 4, Napoli (ITA)

SELEZIONE: jp-japan

(1) GK Eiji Kawashima_ ## 56, Standard Liegi (BEL)

(12) GK Shusaku Nishikawa_## 12, Urawa Red Diamonds (JPN)

(23) GK Shūichi Gonda_ ## 2, F.C. Tokyo (JPN)

(2) DF Atsuto Uchida_ ## 67, Schalke 04 (GER)

(3) DF Gōtoku Sakai_ ## 12, VfB Stoccarda (GER)

(5) DF Yuto Nagatomo_ ## 69, Internazionale (ITA)

(6) DF Masato Morishige_ ## 9, F.C. Tokyo (JPN)

(15) DF Yasuyuki Konno_ ## 80, Gamba Osaka (JPN)

(19) DF Masahiko Inoha_ ## 21, Jubilo Iwata (JPN)

(21) DF Hiroki Sakai_ ## 17, Hannover 96 (GER)

(22) DF Maya Yoshida_ ## 40, Southampton (ENG)

(4) MF Keisuke Honda_ ## 55, Milano (ITA)

(7) MF Yasuhito Endō_ ## 143, Gamba Osaka (JPN)

(8) MF Hiroshi Kiyotake_ ## 25, 1. FC Nürnberg (GER)

(10) MF Shinji Kagawa_ ## 56, Manchester United (ENG)

(14) MF Toshihiro Aoyama_ ## 5, Sanfrecce Hiroshima (JPN)

(16) MF Hotaru Yamaguchi_ ## 11, ciliegia di Osaka (JPN)

(17) MF Makoto Hasebe_ ## 78, 1. FC Nürnberg (GER)

(9) FW Shinji Okazaki_ ## 75, Mainz 05 (GER)

(11) FW Yoichiro Kakitani_## 11, Ciliegio di Osaka (JPN)

(13) FW Yoshito Ōkubo_ ## 56, Kawasaki Frontale (JPN)

(18) FW Yuya Osako_ ## 8, 1860 Monaco (GER)

(20) FW Manabu Saitō_ ## 4, Yokohama F. Marinos (JPN)

SELEZIONE: kr-south-korea

(1) GK Jung Sung-Ryong_ ## 60, Suwon Bluewings (KOR)

(21) GK Kim Seung-Gyu_ ## 5, Ulsan Hyundai (KOR)

(23) GK Lee Bum-Young_ ## 0, Busan I'Park (KOR)

(2) DF Kim Chang-Soo_ ## 8, Kashiwa Reysol (JPN)

(3) DF Yun Yun Suk-Young_ ## 3, Queens Park Rangers (ENG)

(4) DF Kwak Tae-Hwi_ ## 34, Al-Hilal (KSA)

(5) DF Kim Young-Gwon_ ## 20, Guangzhou Evergrande (CHN)

(6) DF Hwang Seok-Ho_ ## 3, Sanfrecce Hiroshima (JPN)

(12) DF Lee Yong_ ## 11, Ulsan Hyundai (KOR)

(20) DF Hong Jeong-Ho_ ## 24, FC Augsburg (GER)

(22) DF Park Joo-Ho_ ## 13, Mainz 05 (GER)

(7) MF Kim Bo-Kyung_ ## 27, Cardiff City (WAL)

(8) MF Ha Dae-Sung_ ## 13, Beijing Guoan (CHN)

(13) MF Koo Ja-Cheol_ ## 36, Mainz 05 (GER)

(14) MF Han Kook-Young_ ## 9, Kashiwa Reysol (JPN)

(15) MF Park Jong-Woo_ ## 10, Guangzhou R&F (CHN)

(16) MF Ki Ki Sung-Yueng_ ## 58, Sunderland (ENG)

(17) MF Lee Chung-Yong_ ## 54, Bolton Wanderers (ENG)

(9) FW Son Heung-Min_ ## 24, Bayer Leverkusen (GER)

(10) FW Park Chu-Young_ ## 63, Watford (ENG)

(11) FW Lee Keun-Ho_ ## 63, Sangju Sangmu (KOR)

(18) FW Kim Shin-Wook_ ## 26, Ulsan Hyundai (KOR)

(19) FW Ji Dong-Won_ ## 27, FC Augsburg (GER)

SELEZIONE: mx-mexico

(1) GK José de Jesús Corona ## 33, Croce Blu (MEX)

(12) GK Alfredo Talavera_ ## 14, Toluca (MEX)

(13) GK Guillermo Ochoa_ ## 58, Ajaccio (FRA)

(2) DF Francisco Javier Rodríguez ## 94, America (MEX)

(3) DF Carlos Salcido_ ## 122, UANL (MEX)

(4) DF Rafael Márquez_ ## 119, León (MEX)

(5) DF Diego Reyes_ ## 14, Porto (POR)

(7) DF Miguel Layún_ ## 14, America (MEX)

(15) DF Héctor Moreno_ ## 52, Espanyol (ESP)

(16) DF Miguel Ángel Ponce ## 8, Toluca (MEX)

(18) DF Andrés Guardado_ ## 103, Bayer Leverkusen (GER)

(22) DF Paul Aguilar_ ## 29, America (MEX)

(6) MF Héctor Herrera_ ## 12, Porto (POR)

(8) MF Marco Fabián_ ## 14, Croce Blu (MEX)

(17) MF Isaác Brizuela_ ## 7, Toluca (MEX)

(20) MF Javier Aquino_ ## 21, Villarreal (ESP)

(21) MF Carlos Peña_ ## 16, León (MEX)

(23) MF José Juan Vázquez_## 4, León (MEX)

(9) FW Raúl Jiménez_ ## 25, America (MEX)

(10) FW Giovani dos Santos ## 75, Villarreal (ESP)

(11) FW Alan Polished_ ## 5, UANL (MEX)

(14) FW Javier Hernández_ ## 61, Manchester United (ENG)

(19) FW Oribe Peralta_ ## 32, Santos Laguna (MEX)

SELEZIONE: ng-nigeria

(1) GK Vincent Enyeama_ ## 90, Lille (FRA)

(16) GK Austin Ejide_ ## 32, Hapoel Be'er Sheva (PVR)

(21) GK Chigozie Agbim_ ## 11, Gombe United (NGA)

(2) DF Joseph Yobo_ ## 96, Norwich City (ENG)

(3) DF Uwa Elderson Echiéjilé ## 42, AS Monaco (FRA)

(5) DF Efe Ambrose_ ## 36, Celtico (SCO)

(6) DF Azubuike Egwuekwe_## 32, Lupi Guerrieri (NGA)

(12) DF Kunle Odunlami_ ## 10, Sunshine Stars (NGA)

(13) DF Juwon Oshaniwa_ ## 10, Ashdod (SRI)

(14) DF Godfrey Oboabona_ ## 35, Çaykur Rizespor (TUR)

(22) DF Kenneth Omeruo_ ## 17, Middlesbrough (ENG)

(4) MF Reuben Gabriel_ ## 11, Waasland-Beveren (BEL)

(10) MF John Obi Mikel_ ## 59, Chelsea (ENG)

(11) MF Victor Moses_ ## 20, Liverpool (ENG)

(15) MF Ramon Azeez_ ## 1, Almería (ESP)

(17) MF Ogenyi Onazi_ ## 20, Lazio (ITA)

(18) MF Michael Babatunde_## 4, Volyn Lutsk (UKR)

(7) FW Ahmed Musa_ ## 35, CSKA Mosca (RUS)

(8) FW Peter Odemwingie_ ## 60, Stoke City (ENG)

(9) FW Emmanuel Emenike_ ## 22, Fenerbahçe (TUR)

(19) FW Uche Nwofor_ ## 6, Heerenveen (NED)

(20) FW Michael Uchebo_ ## 3, Cercle Brugge (BEL)

(23) FW Shola Ameobi_ ## 6, Newcastle United (ENG)

SELEZIONE: nl-paesi Bassi

(1) GK Jasper Cillessen_ ## 7, Ajax

(22) GK Michel Vorm_ ## 14, Swansea City (WAL)

(23) GK Tim Krul_ ## 5, Newcastle United (ENG)

(2) DF Ron Vlaar_ ## 23, Aston Villa (ENG)

(3) DF Stefan de Vrij_ ## 11, Feyenoord (NED)

(4) DF Bruno Martins Indi ## 15, Feyenoord (NED)

(5) DF Daley Blind_ ## 11, Ajax (NED)

(7) DF Daryl Janmaat_ ## 15, Feyenoord

(12) DF Paul Verhaegh_ ## 2, Augsburg (GER)

(13) DF Joël Veltman_ ## 2, Ajax (NED)

(14) DF Terence Kongolo_ ## 1, Feyenoord (NED)

(6) MF Jonathan de Guzman ## 10, Swansea City (WAL)

(8) MF Nigel de Jong_ ## 70, Milano (ITA)

(10) MF Wesley Sneijder_ ## 98, Galatasaray (TUR)

(11) MF Arjen Robben _ ## 74, Bayern Monaco (GER)

(16) MF Jordy Clasie_ ## 8, Feyenoord (NED)

(18) MF Leroy Fer_ ## 5, Norwich City (ENG)

(20) MF Georginio Wijnaldum ## 4, PSV (NED)

(21) MF Memphis Depay_ ## 6, PSV (NED)

(9) FW Robin van Persie_ ## 84, Manchester United (ENG)

(15) FW Dirk Kuyt_ ## 98, Fenerbahçe (TUR)

(17) FW Jeremain Lens_ ## 21, Dynamo Kyiv (UKR)

(19) FW Klaas-Jan Huntelaar ## 61, Schalke 04 (GER)

SELEZIONE: pt-portogallo

(1) GK Eduardo_ ## 33, Braga (POR)

(12) GK Rui Patrício_ ## 29, Sporting (POR)

(22) GK Beto_ ## 7, Siviglia (ESP)

(2) DF Bruno Alves_ ## 71, Fenerbahçe (TUR)

(3) DF Pepe_ ## 57, Real Madrid (ESP)

(5) DF Fábio Coentrão_ ## 43, Real Madrid (ESP)

(13) DF Ricardo Costa_ ## 18, Valencia (ESP)

(14) DF Luís Neto_ ## 7, Zenit San Pietroburgo (RUS)

(19) DF André Almeida_ ## 3, Benfica (POR)

(21) DF João Pereira_ ## 35, Valencia (ESP)

(4) MF Miguel Veloso_ ## 47, Dynamo Kyiv (UKR)

(6) MF William Carvalho_ ## 3, Sporting (POR)

(8) MF João Moutinho_ ## 66, AS Monaco (FRA)

(10) MF Vieirinha_ ## 7, VfL Wolfsburg (GER)

(15) MF Rafa Silva_ ## 2, Braga (POR)

(16) MF Raul Meireles_ ## 73, Fenerbahçe (TUR)

(17) MF Nani_ ## 73, Manchester United (ENG)

(18) MF Silvestre Varela_ ## 22, Porto (POR)

(20) MF Rúben Amorim_ ## 11, Benfica (POR)

(7) FW Cristiano Ronaldo_## 110, Real Madrid (ESP)

(9) FW Hugo Almeida_ ## 54, Beşiktaş (TUR)

(11) FW Éder_ ## 7, Braga (POR)

(23) FW Hélder Postiga_ ## 67, Lazio (ITA)

SELEZIONE: ru-russia

(1) GK Igor Akinfeev_ ## 67, CSKA Mosca

(12) GK Yuri Lodygin_ ## 2, Zenit San Pietroburgo

(16) GK Sergey Ryzhikov_ ## 1, Rubin Kazan

(2) DF Aleksei Kozlov_ ## 10, Dinamo Mosca

(3) DF Georgi Shchennikov ## 3, CSKA Mosca

(4) DF Sergei Ignashevich ## 95, CSKA Mosca

(5) DF Andrei Semyonov_ ## 1, Terek Grozny

(13) DF Vladimir Granat_ ## 4, Dinamo Mosca

(14) DF Vasili Berezutski_## 77, CSKA Mosca

(22) DF Andrey Yeshchenko_## 11, Anzhi Makhachkala

(23) DF Dmitri Kombarov_ ## 21, Spartak Moscow

(7) MF Igor Denisov_ ## 42, Dinamo Mosca

(8) MF Denis Glushakov _ ## 26, Spartak Moscow

(10) MF Alan Dzagoev _ ## 31, CSKA Mosca

(15) MF Roman Shirokov_ ## 40, Krasnodar

(17) MF Oleg Shatov_ ## 6, Zenit San Pietroburgo

(20) MF Viktor Fayzulin_ ## 18, Zenit San Pietroburgo

(6) FW Maksim Kanunnikov_## 2, Rubin Kazan

(9) FW Aleksandr Kokorin_## 20, Dinamo Mosca

(11) FW Aleksandr Kerzhakov ## 79, Zenit San Pietroburgo

(18) FW Yuri Zhirkov_ ## 59, Dinamo Mosca

(19) FW Aleksandr Samedov_## 16, Lokomotiv Mosca

(21) FW Aleksei Ionov_ ## 5, Dinamo Mosca

SELEZIONE: Stati Uniti d'America
   (1) GK Tim Howard_ ## 99, Everton (ENG)
   (12) GK Brad Guzan_ ## 25, Aston Villa (ENG)
   (22) GK Nick Rimando_ ## 14, Real Salt Lake (USA)
   (2) DF DeAndre Yedlin_ ## 4, Seattle Sounders FC (USA)
   (3) DF Omar Gonzalez_ ## 19, Los Angeles Galaxy (USA)
   (5) DF Matt Besler_ ## 16, Sporting Kansas City (USA)
   (6) DF John Brooks_ ## 4, Hertha BSC (GER)
   (7) DF DaMarcus Beasley_ ## 115, Puebla (MEX)
   (20) DF Geoff Cameron_ ## 26, Stoke City (ENG)
   (21) DF Timothy Chandler_ ## 12, 1. FC Nürnberg (GER)
   (23) DF Fabian Johnson_ ## 21, 1899 Hoffenheim (GER)
   (4) MF Michael Bradley_ ## 85, Toronto FC (CAN)
   (10) MF Mikkel Diskerud_ ## 19, Rosenborg (NOR)
   (11) MF Alejandro Bedoya_ ## 27, Nantes (FRA)
   (13) MF Jermaine Jones_ ## 41, Beşiktaş (TUR)
   (14) MF Brad Davis_ ## 16, Houston Dynamo (USA)
   (15) MF Kyle Beckerman_ ## 36, Real Salt Lake (USA)
   (16) MF Julian Green_ ## 2, Bayern Monaco (GER)
   (19) MF Graham Zusi_ ## 22, Sporting Kansas City (USA)
   (8) FW Clint Dempsey_ ## 104, Seattle Sounders FC (USA)
   (9) FW Aron Jóhannsson_ ## 8, AZ (NED)
   (17) FW Jozy Altidore_ ## 69, Sunderland (ENG)
   (18) FW Chris Wondolowski_## 20, San Jose Earthquakes (USA)

SELEZIONE: uy-uruguay
   (1) GK Fernando Muslera_ ## 57, Galatasaray (TUR)
   (12) GK Rodrigo Muñoz_ ## 0, Libertà (PAR)
   (23) GK Martín Silva_ ## 4, Vasco da Gama (BRA)
   (2) DF Diego Lugano_ ## 93, West Bromwich Albion (ENG)
   (3) DF Diego Godín_ ## 76, Atlético Madrid (ESP)
   (4) DF Sebastián Coates_ ## 14, Nazionale (URU)
   (13) DF Jorge Fucile_ ## 41, Porto (POR)
   (16) DF Maxi Pereira_ ## 89, Benfica (POR)
   (19) DF José María Giménez ## 5, Atlético Madrid (ESP)
   (22) DF Martín Cáceres_ ## 56, Juventus (ITA)
   (5) MF Walter Gargano_ ## 62, Parma (ITA)
   (6) MF Álvaro Pereira_ ## 56, São Paulo (BRA)
   (7) MF Cristian Rodríguez## 72, Atlético Madrid (ESP)

(14) MF Nicolás Lodeiro_ ## 26, Botafogo (BRA)

(15) MF Diego Perez_ ## 89, Bologna (ITA)

(17) MF Egidio Egidio Arévalo Ríos ## 54, Morelia (MEX)

(18) MF Gastón Ramírez_ ## 28, Southampton (ENG)

(20) MF Álvaro González_ ## 42, Lazio (ITA)

(8) FW Abel Hernández_ ## 12, Palermo (ITA)

(9) FW Luis Suárez_ ## 77, Liverpool (ENG)

(10) FW Diego Forlán_ ## 109, Osaka Cherry (JPN)

(11) FW Christian Stuani_ ## 9, Inglese

(21) FW Edinson Cavani_ ## 61, Paris Saint-Germain (FRA)

RUSSIA 2018

_ Coppa del Mondo 2018 _ in Russia

Gruppo A : Russia Arabia Saudita Egitto Egitto Uruguay

Gruppo B : Portogallo Spagna Marocco Marocco Iran

Gruppo C | Francia Australia Perù Danimarca

Gruppo D : Argentina Islanda Islanda Croazia Nigeria

Gruppo E : Brasile Svizzera Costa Rica Serbia

Gruppo F : Germania Messico Messico Svezia Corea del Sud

Gruppo G - Belgio Panama Tunisia Tunisia Inghilterra

Gruppo H | Polonia Senegal Colombia Giappone

Giorno 1 | Giovedì 14 giugno

Giorno 2 | Ven/15 giugno

Giorno 3 | Sab 16 giugno

Giorno 4 | Dom/17 giugno

Giorno 5 | Lunedì 18 giugno

Giorno 6 | Martedì 19 giugno

Giorno di gara 7 | Mercoledì 20 giugno

Giorno 8 | Giovedì 21 giugno

Giorno 9 | Ven/22 giugno

Giorno 10 | Sab/23 giugno

Giorno della partita 11 | Sole 24 giugno

Giorno 12 | lun/25 giugno

Giorno 13 | mar mar/26 giugno

Giorno della partita 14 | Mercoledì 27 giugno

Giorno 15 | Giovedì 28 giugno

Gruppo A:

(1) Thu Jun/14 18:00 Russia 5-0 (2-0) Arabia Saudita @ Stadio Luzhniki, Mosca (UTC+3)

Gazinsky 12' Cheryshev 43', 90+1' Dzyuba 71' Golovin 90+4'].

(2) Ven/15 giugno/15 17:00 Egitto 0-1 (0-0) Uruguay @ Ekaterinburg Arena, Ekaterinburg (UTC+5)

[-; Giménez 89']

(17) Martedì 19 giugno 19:00 Russia 3-1 (0-0) Egitto @ Stadio di San Pietroburgo, San Pietroburgo (UTC+3)

A. Fathi 47' (es.) Cheryshev 59' Dzyuba 62'; M. Salah 73' (penna.)].

(18) Wed 20 Jun/20 18:00 Uruguay 1-0 (1-0) Arabia Saudita @ Rostov Arena, Rostov-on-Don (UTC+3)

[L. Suárez 23']

(33) Lun Lun/25 Giu/25 18:00 Uruguay 3-0 (2-0) Russia @ Samara Arena, Samara (UTC+4)

L. Suárez 10' Cheryshev 23' (es.) E. Cavani 90']

(34) Lun/25 giugno/25 17:00 Arabia Saudita 2-1 (1-1) Egitto @ Volgograd Arena, Volgograd (UTC+3)

Salman Al-Faraj 45+6' (penna) Salem Al-Dawsari 90+5'; M. Salah 22'].

Gruppo B:

(4) Ven 15 giugno 15 giugno 18:00 Marocco 0-1 (0-0) Iran allo Stadio di San Pietroburgo, San Pietroburgo (UTC+3)

[-; Bouhaddouz 90+5' (o.g.)]

(3) Ven 15 giugno 15 giugno 21:00 Portogallo 3-3 (2-1) Spagna @ Fisht Stadium, Sochi (UTC+3)

Ronaldo 4' (penna), 44', 88'; Costa 24', 55' Nacho 58'].

(19) Wed 20 Jun/20 15:00 Portogallo 1-0 (1-0) Marocco allo stadio Luzhniki, Mosca (UTC+3)

[Ronaldo 4']

(20) Wed 20 Jun/20 21:00 Iran 0-1 (0-0) Spagna @ Kazan Arena, Kazan (UTC+3)

[-; Diego Costa 54"]

(35) lun/25 giugno/25 21:00 Iran 1-1 (0-1) Portogallo @ Mordovia Arena, Saransk (UTC+3)

Karim Ansarifard 90+3' (penna); Quaresma 45']

(36) Lun Lun/25 Giu/25 20:00 Spagna 2-2 (1-1) Marocco @ Stadio di Kaliningrad, Kaliningrad (UTC+2)

[Isco 19' Iago Aspas 90+1'; Boutaib 14' En-Nesyri 81']

Gruppo C:

(5) Sab/16 giugno 13:00 Francia 2-1 (0-0) Australia @ Kazan Arena, Kazan (UTC+3)

Griezmann 58' (penna.) Behich 81' (o.g.); Jedinak 62' (penna.)].

(6) Sab/16 giugno 19:00 Perù 0-1 (0-0) Danimarca @ Mordovia Arena, Saransk (UTC+3)

[-; Poulsen 59']

(22) Giovedì 21 giugno 2011 16:00 Danimarca 1-1 (1-1) Australia @ Samara Arena, Samara (UTC+4)

[Eriksen 7'; Jedinak 38' (penna.)]

(21) Thu Jun/21 20:00 Francia 1-0 (1-0) Perù @ Ekaterinburg Arena, Ekaterinburg (UTC+5)

[Mbappé 34']

(37) Martedì 26 giugno/26 17:00 Danimarca 0-0 (0-0) Francia @ Stadio Luzhniki, Mosca (UTC+3)

(38) mar 26/06 mar 17:00 Australia 0-2 (0-1) Perù @ Fisht Stadium, Sochi (UTC+3)

[-; Carrillo 18' Guerriero 50']

Gruppo D:

(7) sab 16 giugno 16:00 Argentina 1-1 (1-1) Islanda @ Spartak Stadium, Mosca (UTC+3)

[Omen 19'; Finnbogason 23']

(8) Sab/16 giugno 21:00 Croazia 2-0 (1-0) Nigeria allo stadio di Kaliningrad, Kaliningrad (UTC+2)

Etebo 32' (es.) Modrić 71' (penna)

(23) Giovedì 21 giugno 21:00 Argentina 0-3 (0-0) Croazia @ Stadio Nizhny Novgorod, Nizhny Novgorod (UTC+3)

[-; Rebić 53' Modrić 80' Rakitić 90+1']

(24) Ven/22 giugno/22 18:00 Nigeria 2-0 (0-0) Islanda @ Volgograd Arena, Volgograd (UTC+3)

[Musa 49', 75']

(39) mar mar/26 giugno 21:00 Nigeria 1-2 (0-1) Argentina allo Stadio di San Pietroburgo, San Pietroburgo (UTC+3)

Mosè 51' (penna); Messi 14' Marco rosso 86']

(40) mar mar/26 giugno 21:00 Islanda 1-2 (0-0) Croazia @ Rostov Arena, Rostov-on-Don (UTC+3)

G. Sigurðsson 76' (penna); Badelj 53' Perišić 90'].

Gruppo E:

(10) Sun Jun/17 16:00 Costa Rica 0-1 (0-0) Serbia @ Samara Arena, Samara (UTC+4)

[-; Kolarov 56']

(9) Dom/17 giugno/17 21:00 Brasile 1-1 (1-0) Svizzera a Rostov Arena, Rostov-on-Don (UTC+3)

[Coutinho 20'; Zuber 50']

(25) Ven/22 giugno/22 15:00 Brasile 2-0 (0-0) Costa Rica allo Stadio di San Pietroburgo, San Pietroburgo (UTC+3)

[P. Coutinho 90+1 Neymar Jr 90+7']

(26) Ven/22 giugno/22 20:00 Serbia 1-2 (1-0) Svizzera @ Stadio di Kaliningrad, Kaliningrad (UTC+2)

[Mitrović 5'; Xhaka 52' Shaqiri 90']

(41) Wed/27 Jun/27 21:00 Serbia 0-2 (0-1) Brazil @ Spartak Stadium, Mosca (UTC+3)

[-; Paulinho 36' Thiago Silva 68']

(42) Mercoledì 27 giugno 27 giugno 21:00 Svizzera 2-2 (1-0) Costa Rica @ Stadio Nizhny Novgorod, Nizhny Novgorod (UTC+3)

Džemaili 31' Drmić 88'; Waston 56' Sommer 90+3' (o.g.)].

Gruppo F:

(11) Sun Jun/17 18:00 Germania 0-1 (0-1) Messico @ Stadio Luzhniki, Mosca (UTC+3)

[-; Lozano 35']

(12) Lun 18 giugno 15:00 Svezia 1-0 (0-0) Corea del Sud @ Stadio Nizhny Novgorod, Nizhny Novgorod (UTC+3)

[Granqvist 65' (penna.)]

(28) Sab/23 giugno 18:00 Corea del Sud 1-2 (0-1) Messico all'Arena di Rostov, Rostov-on-Don (UTC+3)

Figlio Heung-min 90+3'; Carlos V. 26' (penna.) J. Hernández 66'].

(27) Sab/23 Giu/23 21:00 Germania 2-1 (0-1) Svezia @ Fisht Stadium, Sochi (UTC+3)

[Reus 48' Kroos 90+5'; Toivonen 32']

(43) Mer 27/06/2007 17:00 Corea del Sud 2-0 (0-0) Germania @ Kazan Arena, Kazan (UTC+3)

[Kim Young-gwon 90+2' Son Heung-min 90+6']

(44) Mercoledì 27 giugno 27 giugno 19:00 Messico 0-3 (0-0) Svezia @ Ekaterinburg Arena, Ekaterinburg (UTC+5)

Augustinsson 50' Granqvist 62' (penna) Álvarez 74' (o.g.)

Gruppo G:

(13) Lun 18 giugno 18:00 Belgio 3-0 (0-0) Panama @ Fisht Stadium, Sochi (UTC+3)

Mertens 47' Lukaku 69', 75']

(14) Lun/18 giugno 21:00 Tunisi 1-2 (1-1) Inghilterra @ Volgograd Arena, Volgograd (UTC+3)

Sassi 35' (penna); Kane 11', 90+1']

(29) Sab/23 giugno 15:00 Belgio 5-2 (3-1) Tunisia @ Spartak Stadium, Mosca (UTC+3)

[E. Pericolo 6' (penna), 51' R. Lukaku 16', 45+3', Batshuayi 90'; Bronn 18' Khazri 90+3'].

(30) Dom 24 giugno 15:00 Inghilterra 6-1 (5-0) Panama @ Nizhny Novgorod Stadium, Nizhny Novgorod (UTC+3)

Pietre 8', 40' Kane 22' (penna), 45+1' (penna), 62' Lingard 36'; Baloy 78']

(45) Thu Jun/28 20:00 Inghilterra 0-1 (0-0) Belgio @ Stadio di Kaliningrad, Kaliningrad (UTC+2)

[-; Adnan Januzaj 51']

(46) Giovedì 28 giugno 28 giugno 21:00 Panama 1-2 (1-0) Tunisia @ Mordovia Arena, Saransk (UTC+3)

Yassine Meriah 33' (o.g.); Fakhereedine Ben Youssef Ben Youssef 51' Wahbi Khazri 66'].

Gruppo H:

(16) mar gen/19 15:00 Colombia 1-2 (1-1) Giappone @ Mordovia Arena, Saransk (UTC+3)

J. Quintero 39'; Kagawa 6' (penna) Osako 73'].

(15) Martedì 19 giugno 19:00 Polonia 1-2 (0-1) Senegal @ Spartak Stadium, Mosca (UTC+3)

[Krychowiak 86'; Cionek 37' (o.g.) Niang 60']

(32) Dom 24 giugno/24 20:00 Giappone 2-2 (1-1) Senegal @ Ekaterinburg Arena, Ekaterinburg (UTC+5)

[Inui 34' Honda 78'; Mané 11' M. Wagué 71']

(31) Dom 24 giugno/24 21:00 Polonia 0-3 (0-1) Colombia @ Kazan Arena, Kazan (UTC+3)

[-; Y. Mine 40' Falcao 70' Piazza 75']

(47) Giovedì 28 giugno 2008 17:00 Giappone 0-1 (0-1) Polonia @ Volgograd Arena, Volgograd (UTC+3)

[-; Bednarek 59']

(48) Thu Jun/28 18:00 Senegal 0-1 (0-1) Colombia @ Samara Arena, Samara (UTC+4)

[-; Y. Mina 74']

_ Coppa del Mondo 2018 _ Finali

Attorno al 16 | Sab Sab/30 giugno/30 - mar 3 luglio

    Quarti di finale | ven 6 lug/6 - sab 7 lug/7

    Semifinali | Martedì 10 luglio - Mercoledì 11 luglio

    Partita per il terzo posto : sab lug/14

    Finale | Sole 15 luglio

Il Giro dei 16

    (49) Sab 30 giugno 21:00 Uruguay 2-1 (1-0) Portogallo @ Fisht Stadium, Sochi (UTC+3)

    [Edinson Cavani 7', 62'; Pepe 55']

    (50) Sab 30 giugno 17:00 Francia 4-3 (1-1) Argentina @ Kazan Arena, Kazan (UTC+3)

    Antoine Griezmann 13' (penna) Benjamin Pavard 57' Kylian Mbappé 64', 68'; Ángel Di María 41' Gabriel Mercado 48' Sergio Agüero 90+3'].

    (51) Sun Jul/1 17:00 Spagna 3-4 penna. 1-1 a.e.t. (1-1, 1-1) Russia @ Stadio Luzhniki, Mosca (UTC+3)

    [Sergei Ignashevich 12' (o.g.); Artem Dzyuba 41' (penna.)]

    (52) Sun Jul/1 21:00 lug Croazia 3-2 penna. 1-1 a.e.t. (1-1, 1-1) Danimarca allo stadio Nizhny Novgorod, Nizhny Novgorod (UTC+3)

    [Mario Mandžukić 4'; Mathias Jørgensen 1']

    (53) Lun Lun 2 LUG/2 18:00 Brasile 2-0 (0-0) Messico @ Samara Arena, Samara (UTC+4)

    [Neymar 51' Roberto Firmino 88']

    (54) Lun 2 LU/2 21:00 Belgio 3-2 (0-0) Giappone @ Rostov Arena, Rostov-on-Don (UTC+3)

    Jan Vertonghen 69' Marouane Fellaini 74' Nacer Chadli 90+4'; Genki Haraguchi 48' Takashi Inui 52']

    (55) mar 3 lug/3 17:00 Svezia 1-0 (0-0) Svizzera allo Stadio di San Pietroburgo, San Pietroburgo (UTC+3)

    [Emil Forsberg 66']

    (56) Martedì 3 luglio 3 21:00 Colombia 3-4 piume. 1-1 a.e.t. (1-1, 0-0) Inghilterra allo Spartak Stadium, Mosca (UTC+3)

    Yerry Mina 90+3'; Harry Kane 57' (penna.)

Quarti di finale

    (57) Ven Jul/6 17:00 Uruguay 0-2 (0-1) Francia @ Stadio Nizhny Novgorod, Nizhny Novgorod (UTC+3)

    [-; Raphaël Varane 40' Antoine Griezmann 61']

    (58) Ven Jul/6 21:00 Brasile 1-2 (0-2) Belgio @ Kazan Arena, Kazan (UTC+3)

    [Renato Augusto 76'; Fernandinho 13' (o.g.) Kevin De Bruyne 31'].

    (59) Sab Jul/7 21:00 Russia 3-4 piume. 2-2 a.e.t. (1-1, 1-1) Croazia @ Fisht Stadium, Sochi (UTC+3)

    Denis Cheryshev 31' Mário Figueira Fernandes 115'; Andrej Kramarić 39' Domagoj Vida 100'].

    (60) Sab Jul/7 18:00 Svezia 0-2 (0-1) Inghilterra @ Samara Arena, Samara (UTC+4)

    [-; Harry Maguire 30' Dele Alli 58']

Semifinali

(61) Martedì luglio/10 21:00 Francia 1-0 (0-0) Belgio allo Stadio di San Pietroburgo, San Pietroburgo (UTC+3)
[Samuel Umtiti 51']

(62) Wed Jul/11 21:00 Croazia 2-1 a.e.t. (1-1, 0-1) Inghilterra @ Stadio Luzhniki, Mosca (UTC+3)
[Ivan Perišić 68' Mario Mandžukić 109'; Kieran Trippier 5']

Partita per il terzo posto

(63) Sat Jul/14 17:00 Belgio 2-0 (1-0) Inghilterra allo Stadio di San Pietroburgo, San Pietroburgo (UTC+3)
Thomas Meunier 4' Eden Hazard 82

Finale

(64) Dom 15 LUG/15 18:00 Francia 4-2 (2-1) Croazia @ Stadio Luzhniki, Mosca (UTC+3)
[Mandžukić 18' (es.) Griezmann 38' (penna) Pogba 59' Mbappé 65'; Perišić 28' Mandžukić 69'].

Egitto

Coach: Héctor Cúper

No. Pos. Club dei giocatori

1 GK Essam El Hadary (capitano) Al-Taawoun

2 DF Ali Gabr West Bromwich Albion

3 DF Ahmed Elmohamady Aston Villa

4 MF Omar Omar Gaber Los Angeles FC

5 MF Sam Morsy Wigan Athletic

6 DF Ahmed Hegazi West Bromwich Albion

7 DF Ahmed Fathy Al Ahly

8 MF Tarek Hamed Zamalek

9 FW Marwan Mohsen Al Ahly

10 FW Mohamed Salah Liverpool

11 FW Kahraba Al-Ittihad

12 DF Ayman Ayman Ashraf Al Ahly

13 DF Mohamed Abdel Shafy Al-Fateh

14 FW Ramadan Sobhi Stoke City

15 DF Mahmoud Hamdy Zamalek

16 GK Sceriffo Ekramy Al Ahly

17 MF Mohamed Elneny Arsenal

18 FW Shikabala Al-Raed

19 MF Abdallah El Said KuPS

20 DF Saad Samir Al Ahly

21 MF Trézéguet Kasımpaşa

22 FW Amr Warda Atromites

23 GK Mohamed El Shenawy Al Ahly

Russia

Coach: Stanislav Cherchesov

No. Pos. Club dei giocatori

1 GK Igor Akinfeev (capitano) CSKA Mosca

2 DF Mário Fernandes CSKA Mosca

3 DF Ilya Kutepov Spartak Mosca

4 DF Sergei Ignashevich CSKA Mosca

5 DF Andrei Semyonov Akhmat Grozny

6 MF Denis Cheryshev Villarreal

7 MF Daler Kuzyayev Zenit San Pietroburgo

8 MF Yury Gazinsky Krasnodar

9 MF Alan Dzagoev CSKA Mosca

10 FW Fyodor Smolov Krasnodar

11 MF Roman Zobnin Spartak Mosca

12 GK Andrey Lunyov Zenit San Pietroburgo

13 DF Fyodor Kudryashov Rubin Kazan

14 DF Vladimir Granat Rubin Kazan

15 MF Aleksei Miranchuk Miranchuk Lokomotiv Mosca

16 MF Anton Miranchuk Lokomotiv Mosca

17 MF Aleksandr Golovin CSKA Mosca

18 MF Yuri Zhirkov Zenit San Pietroburgo

19 MF Aleksandr Samedov Spartak Mosca

20 GK Vladimir Gabulov Club Brugge

21 MF Aleksandr Yerokhin Zenit San Pietroburgo

22 FW Artem Dzyuba Arsenal Tula

23 DF Igor Smolnikov Zenit San Pietroburgo

Arabia Saudita

Coach: Juan Antonio Pizzi

No. Pos. Club dei giocatori

1 GK Abdullah Al-Mayouf (capitano) Al-Hilal

2 DF Mansoor Al-Harbi Al-Ahli

3 DF Osama Hawsawi Al-Hilal

4 DF Ali Al-Bulaihi Al-Hilal

5 DF Omar Hawsawi Al-Nassr

6 DF Mohammed Al-Breik Al-Hilal

7 MF Salman Al-Faraj Al-Hilal

8 MF Yahya Al-Shehri Leganes

9 MF Hattan Bahebri Al-Shabab Al-Shabab

10 FW Mohammad Al-Sahlawi Al-Nassr

11 MF Abdulmalek Al-Khaibri Al-Hilal

12 MF Mohamed Kanno Al-Hilal

13 DF Yasser Al-Shahrani Al-Hilal

14 MF Abdullah Otayf Al-Hilal

15 MF Abdullah Al-Khaibari Al-Shababab
16 MF Casa Al-Mogahwi Al-Ahli
17 MF Taisir Al-Jassim Al-Ahli
18 MF Salem Al-Dawsari Villarreal
19 FW Fahad Al-Muwallad Levante
20 FW Muhannad Assiri Al-Ahli
21 GK Yasser Al-Mosailem Al-Ahli
22 GK Mohammed Al-Owais Al-Ahli
23 DF Motaz Hawsawi Al-Ahli

Uruguay
Allenatore: Óscar Tabárez
No. Pos. Club dei giocatori
1 GK Fernando Muslera Galatasaray
2 DF José Giménez Atlético Madrid
3 DF Diego Godín (capitano) Atlético Madrid
4 DF Guillermo Varela Peñarol
5 MF Carlos Sánchez Monterrey
6 MF Rodrigo Bentancur Juventus
7 MF Cristian Rodríguez Peñarol
8 MF Nahitan Nández Boca Juniors
9 FW Luis Suárez Barcellona
10 FW Giorgian De Arrascaeta Cruzeiro
11 FW Cristhian Stuani Girona
12 Campagna indipendente GK Martin
13 DF Gaston Silva Independent
14 MF Lucas Torreira Sampdoria
15 MF Matias Vicino Inter Milan
16 DF Maxi Pereira Porto
17 MF Diego Laxalt Genova
18 FW Maxi Gómez Celta Vigo
19 DF Sebastian Coates Sporting CP
20 FW Jonathan Urretaviscaya Monterrey
21 FW Edinson Cavani Paris Saint-Germain
22 DF Martín Cáceres Lazio
23 GK Martín Silva Vasco da Gama

Gruppo B
Iran
Coach: Carlos Queiroz
No. Pos. Club dei giocatori

1 GK Alireza Beiranvand Persepolis

2 MF Mehdi Torabi Saipa

3 DF Ehsan Hajsafi Olympiacos

4 DF Rouzbeh Cheshmi Esteghlal

5 DF Milad Mohammadi Akhmat Grozny

6 MF Saeid Ezatolahi Amkar Perm

7 MF Masoud Shojaei (capitano) AEK Atene

8 DF Morteza Pouraliganji Al-Sadd

9 MF Omid Ebrahimi Esteghlal

10 FW Karim Ansarifard Olympiacos

11 MF Vahid Amiri Persepolis

12 GK Mohammad Rashid Mazaheri Zob Ahan

13 DF Mohammad Reza Khanzadeh Padideh

14 FW Saman Ghoddos Östersund

15 DF Pejman Montazeri Esteghlal

16 FW Reza Ghoochannejhad Heerenveen

17 FW Mehdi Taremi Al-Gharafa

18 FW Alireza Jahanbakhsh AZ

19 DF Majid Hosseini Esteghlal

20 FW Sardar Azmoun Rubin Kazan

21 MF Ashkan Dejagah Dejagah Nottingham Forest

22 GK Amir Abedzadeh Marítimo

23 DF Ramin Rezaeian Oostende

Marocco

   Coach: Hervé Renard

   No. Pos. Club dei giocatori

   1 GK Yassine Bounou Girona

   2 DF Achraf Hakimi Real Madrid

   3 DF Hamza Mendyl Lille

   4 DF Manuel da Costa İstanbul Başakşehir

   5 DF Medhi Benatia (capitano) Juventus

   6 DF Romain Saïss Wolverhampton Wanderers

   7 MF Hakim Ziyech Ajax

   8 MF Karim El Ahmadi Feyenoord

   9 FW Ayoub El Kaabi RS Berkane

   10 MF Younès Belhanda Galatasaray

   11 MF Fayçal Fajr Getafe

   12 GK Munir Mohamedi Numancia

   13 FW Khalid Boutaïb Yeni Malatyaspor

   14 MF Mbark Boussoufa Al-Jazira

   15 MF Youssef Youssef Aït Bennasser Caen

   16 MF Nordin Amrabat Leganés

17 DF Nabil Dirar Fenerbahçe

18 MF Amine Harit Schalke 04

19 FW Youssef En-Nesyri Malaga

20 FW Aziz Bouhaddouz FC St.

21 MF Sofyan Amrabat Feyenoord

22 GK Ahmed Reda Tagnaouti IR Tanger

23 MF Mehdi Carcela Standard Liegi

Portogallo

Coach: Fernando Santos

No. Pos. Club dei giocatori

1 GK Rui Patrício Sporting CP

2 DF Bruno Alves Rangers

3 DF Pepe Beşiktaş

4 MF Manuel Fernandes Lokomotiv Mosca

5 DF Raphaël Guerreiro Borussia Dortmund

6 DF José Fonte Dalian Yifang

7 FW Cristiano Ronaldo (capitano) Real Madrid

8 MF João Moutinho Monaco

9 FW André Silva Milano

10 MF João Mário West Ham United

11 MF Bernardo Silva Silva Manchester City

12 GK Anthony Lopes Lyon

13 DF Rúben Dias Benfica

14 MF William Carvalho Sporting CP

15 DF Ricardo Pereira Porto

16 MF Bruno Fernandes Sporting CP

17 FW Gonçalo Guedes Valencia

18 FW Gelson Martins Sporting CP

19 DF Mário Rui Napoli

20 FW Ricardo Quaresma Beşiktaş

21 DF Cédric Southampton

22 GK Beto Göztepe

23 MF Adrien Silva Leicester City

Spagna

Coach: Fernando Hierro

No. Pos. Club dei giocatori

1 GK David da Gea Manchester United

2 DF Dani Carvajal Real Madrid

3 DF Gerard Piqué Gerard Piqué Barcellona

4 DF Nacho Real Madrid

5 MF Sergio Busquets Barcellona

6 MF Andrés Iniesta Barcellona

7 MF Saúl Atlético Madrid

8 MF Koke Atlético Madrid

9 FW Rodrigo Valencia

10 MF Thiago Bayern Monaco di Baviera

11 FW Lucas Vázquez Real Madrid

12 DF Álvaro Odriozola Real Sociedad

13 GK Kepa Arrizabalaga Athletic Bilbao

14 DF César Azpilicueta Chelsea

15 DF Sergio Ramos (capitano) Real Madrid

16 DF Nacho Monreal Arsenal

17 FW Iago Aspas Celta Vigo

18 DF Jordi Alba Barcellona

19 FW Diego Costa Atlético Madrid

20 MF Marco Asensio Real Madrid

21 FW David Silva Manchester City

22 MF Isco Real Madrid

23 GK Pepe Reina Napoli

Gruppo C

Australia

Coach: Bert van Marwijk

No. Pos. Club dei giocatori

1 GK Mathew Ryan Brighton & Hove Albion

2 DF Milo 'Degenek Yokohama F. Marinos

3 DF James Meredith Millwall

4 FW Tim Cahill Millwall

5 DF Mark Milligan Al-Ahli

6 DF Matthew Jurman Suwon Samsung Bluewings

7 FW Mathew Leckie Hertha BSC

8 MF Massimo Luongo Queens Park Rangers

9 FW Tomi Juric Luzern

10 FW Robbie Kruse VfL Bochum

11 FW Andrew Nabbout Urawa Red Diamonds

12 GK Brad Jones Feyenoord

13 MF Aaron Mooy Huddersfield Town

14 FW Jamie Maclaren Hibernian

15 Miglia MF Jedinak (capitano) Aston Villa

16 DF Aziz Behich Bursaspor

17 FW Daniel Arzani Melbourne City

18 GK Danny Vukovic Genk

19 DF Josh Risdon Western Sydney Wanderers
20 DF Trent Sainsbury Grasshopper
21 FW Dimitri Petratos Newcastle Jets
22 MF Jackson Irvine Hull City
23 MF Tom Rogic Celtic

Danimarca

Coach: Åge Hareide
No. Pos. Club dei giocatori
1 GK Kasper Schmeichel Leicester City
2 MF Michael Krohn-Dehli Deportivo La Coruña
3 DF Jannik Vestergaard Borussia Mönchengladbach
4 DF Simon Kjær (capitano) Siviglia
5 DF Jonas Knudsen Ipswich Town
6 DF Andreas Christensen Chelsea
7 MF William Kvist Copenhagen
8 MF Thomas Delaney Werder Bremen
9 FW Nicolai Jørgensen Feyenoord
10 MF Christian Eriksen Tottenham Hotspur
11 FW Martin Braithwaite Bordeaux
12 FW Kasper Dolberg Ajax
13 DF Mathias Jørgensen Huddersfield Town
14 DF Henrik Dalsgaard Brentford
15 FW Viktor Fischer Copenhagen
16 GK Jonas Lössl Huddersfield Town
17 DF Jens Stryger Larsen Udinese
18 MF Lukas Lerager Bordeaux
19 MF Lasse Schöne Ajax
20 FW Yussuf Poulsen RB Leipzig
21 FW Andreas Cornelius Atalanta
22 GK Frederik Rønnow Brøndby
23 FW Pione Sisto Celta Vigo

Francia

Coach: Didier Deschamps
No. Pos. Club dei giocatori
1 GK Hugo Lloris (capitano) Tottenham Hotspur
2 DF Benjamin Pavard VfB Stoccarda
3 DF Presnel Kimpembe Paris Saint-Germain
4 DF Raphaël Varane Real Madrid
5 DF Samuel Umtiti Barcellona

6 MF Paul Pogba Manchester United
7 FW Antoine Griezmann Atlético Madrid
8 FW Thomas Lemar Monaco
9 FW Olivier Giroud Chelsea
10 FW Kylian Mbappé Paris Saint-Germain
11 FW Ousmane Dembélé Barcelona
12 MF Corentin Tolisso Bayern Monaco di Baviera
13 MF N'Golo Kanté Chelsea
14 MF Blaise Matuidi Juventus
15 MF Steven Nzonzi Siviglia
16 GK Steve Mandanda Marsiglia
17 DF Adil Rami Marsiglia
18 FW Nabil Fekir Lyon
19 DF Gibril Sidibé Monaco
20 FW Florian Thauvin Marsiglia
21 DF Lucas Hernandez Atletico Madrid
22 DF Benjamin Mendy Manchester City
23 GK Alphonse Areola Paris Saint-Germain

Perù
Coach: Ricardo Gareca
No. Pos. Club dei giocatori
1 GK Pedro Gallese Veracruz
2 DF Alberto Rodríguez Atlético Junior
3 DF Università Aldo Corzo
4 DF Anderson Santamaría Puebla
5 DF Miguel Araujo Alianza Lima
6 DF Miguel Trauco Flamengo
7 MF Paolo Hurtado Vitória de Guimarães
8 MF Christian Cueva São Paulo
9 FW Paolo Guerrero (capitano) Flamengo
10 FW Jefferson Farfán Lokomotiv Mosca
11 FW Raúl Ruidíaz Morelia
12 GK Carlos Cáceda Sport Municipale
13 MF Renato Tapia Feyenoord
14 MF Andy Polo Portland Timbers
15 DF Christian Ramos Veracruz
16 MF Wilder Cartagena Veracruz
17 DF Luis Advíncula Lobos BUAP
18 FW André Carrillo Watford
19 MF Yoshimar Yotun Orlando City
20 FW Edison Fiori AaB
21 GK José Carvallo UTC

22 DF Nilson Loyola Melgar
23 MF Pedro Aquino Lobos BUAP

Gruppo D

Argentina

Coach: Jorge Sampaoli

No. Pos. Club dei giocatori

1 GK Nahuel Guzman UANL

2 DF Gabriel Mercado Sevilla

3 DF Nicolas Tagliafico Ajax

4 DF Cristian Ansaldi Torino

5 MF Lucas Biglia Milano

6 DF Federico Fazio Roma

7 MF Éver Banega Sevilla

8 DF Marcos Acuña Sporting CP

9 FW Gonzalo Higuaín Juventus

10 FW Lionel Messi (capitano) Barcellona

11 MF Angel Di Maria Paris Saint-Germain

12 GK Franco Armani River Plate

13 MF Maximiliano Meza Independent

14 DF Javier Mascherano Hebei Cina Fortune

15 MF Enzo Perez River Plate

16 DF Manchester United Red Frame

17 DF Nicolas Otamendi Manchester City

18 DF Eduardo Salvio Benfica

19 FW Sergio Agüero Manchester City

20 MF Giovani Lo Celso Paris Saint-Germain

21 FW Paulo Dybala Juventus

22 MF Cristian Pavón Boca Juniors

23 GK Willy Knight Chelsea

Croazia

Coach: Zlatko Dalić

No. Pos. Club dei giocatori

1 GK Dominik Livaković Dinamo Zagabria

2 DF 'Vrsaljko Atlético Madrid

3 DF Ivan Strinić Sampdoria

4 FW Ivan Perišić Inter Milan

5 DF Vedran Ćorluka Lokomotiv Mosca

6 DF Lascia Lovren Liverpool

7 MF Ivan Rakitić Barcellona

8 MF Mateo Kovačić Real Madrid

9 FW Andrej Kramarić 1899 Hoffenheim

10 MF Luka Modrić (capitano) Real Madrid

11 MF Marcelo Brozović Inter Milan

12 GK Lovre Kalinić Gent

13 DF Tin Jedvaj Bayer Leverkusen

14 MF Filip Bradarić Rijeka

15 DF Duje Ćaleta-Car Red Bull Salisburgo

16 FW Nikola Kalinić [nota 2] Milano

17 FW Mario Mandžukić Juventus

18 FW Ante Rebić Eintracht Frankfurt

19 MF Milano Badelj Fiorentina

20 FW Marko Pjaca Schalke 04

21 DF Domagoj Life Beşiktaş

22 DF Josip Pivarić Dynamo Kyiv

23 GK Danijel Subašić Monaco

Islanda

Coach: Heimir Hallgrímsson

No. Pos. Club dei giocatori

1 GK Hannes Þór Halldórsson Randers

2 DF Birkir Már Sævarsson Valur

3 MF Samúel Friðjónsson Vålerenga

4 MF Albert Guðmundsson PSV Eindhoven

5 DF Sverrir Ingi Ingason Rostov

6 DF Ragnar Sigurðsson Rostov

7 MF Jóhann Berg Guðmundsson Burnley

8 MF Birkir Bjarnason Bjarnason Aston Villa

9 FW Björn Bergmann Sigurðarson Rostov

10 MF Gylfi Sigurðsson Everton

11 FW Alfreð Finnbogason FC Augsburg

12 GK Frederik Schram Roskilde

13 GK Rúnar Alex Rúnarsson Nordsjælland

14 DF Kári Árnason Aberdeen

15 DF Hólmar Örn Eyjólfsson Levski Sofia

16 MF Ólafur Ingi Skúlason Kardemir Karabükspor

17 MF Aron Gunnarsson (capitano) Cardiff City

18 DF Hörður Björgvin Magnússon Bristol City

19 MF Rúrik Gíslason SV Sandhausen

20 MF Emil Emil Hallfreðsson Udinese

21 MF Arnór Ingvi Traustason Malmö

22 FW Jón Daði Böðvarsson Lettura

23 DF Ari Freyr Skúlason Lokeren

Nigeria

    Coach: Gernot Rohr

    No. Pos. Club dei giocatori

    1 GK Ikechukwu Ezenwa Enyimba

    2 DF Brian Idowu Amkar Perm

    3 DF Elderson Echiéjilé Cercle Brugge

    4 MF Wilfred Ndidi Leicester City

    5 DF William Troost-Ekong Bursaspor

    6 DF Leon Balogun Mainz 05

    7 FW Ahmed Musa CSKA Mosca

    8 MF Peter Etebo Las Palmas

    9 FW Odion Odion Ighalo Changchun Yatai

    10 MF John Obi Mikel (capitano) Tianjin TEDA

    11 FW Victor Moses Chelsea

    12 DF Shehu Abdullahi Bursaspor

    13 FW Simeon Nwankwo Crotone

    14 FW Kelechi Iheanacho Leicester City

    15 MF Joel Obi Torino

    16 GK Daniel Akpeyi Chippa United

    17 MF Ogenyi Onazi Trabzonspor

    18 FW Alex Iwobi Arsenal

    19 MF John Ogu Hapoel Be'er Sheva

    20 DF Chidozie Awaziem Nantes

    21 DF Tyronne Ebuehi ADO Den Haag

    22 DF Kenneth Omeruo Kasımpaşa

    23 GK Francesco Uzoho Deportivo La Coruña

Gruppo E

    Brasile

    Coach: Tite

    No. Pos. Club dei giocatori

    1 GK Alisson Roma

    2 DF Thiago Silva Paris Saint-Germain

    3 DF Miranda Inter

    4 DF Pedro Geromel Grêmio

    5 MF Casemiro Real Madrid

    6 DF Filipe Luís Atlético Madrid

    7 FW Douglas Costa Juventus

    8 MF Renato Augusto Renato Augusto Beijing Sinobo Guoan

    9 FW Gabriel Jesus Manchester City

    10 FW Neymar Paris Saint-Germain

11 MF Philippe Coutinho Barcellona
12 DF Marcelo (capitano) Real Madrid
13 DF Marquinhos Paris Saint-Germain
14 DF Danilo Manchester City
15 MF Paulinho Barcellona
16 GK Cássio Corinthians
17 MF Fernandinho Manchester City
18 MF Fred Shakhtar Donetsk
19 MF William Chelsea
20 FW Roberto Firmino Firmino Liverpool
21 FW Taison Shakhtar Donetsk
22 DF Fagner Corinzi
23 GK Ederson Manchester City

Costa Rica
Allenatore: Óscar Ramírez
No. Pos. Club dei giocatori
1 GK Keylor Navas Real Madrid
2 DF Johnny Acosta Golden Eagles
3 DF Giancarlo González Bologna
4 DF Ian Smith Norrköping
5 MF Celso Borges Deportivo La Coruña
6 DF Óscar Duarte Espanyol
7 MF Christian Bolaños Saprissa
8 DF Bryan Oviedo Sunderland
9 MF Daniel Colindres Saprissa
10 MF Bryan Ruiz (capitano) Sporting CP
11 FW Johan Venegas Saprissa
12 FW Joel Campbell Real Betis
13 MF Rodney Wallace New York City FC
14 MF Randall Azofeifa Herediano
15 DF Francisco Calvo Minnesota United
16 DF Cristian Gamboa Celtic
17 MF Yeltsin Yeltsin Tejeda Losanna
18 GK Patrick Pemberton Alajuelense
19 DF Kendall Waston Vancouver Whitecaps FC
20 MF David Guzman Portland Timbers
21 FW Marco Ureña Los Angeles FC
22 DF Kenner Gutiérrez Alajuelense
23 GK Leonel Moreira Herediano

Serbia

Coach: Mladen Krstajić

No. Pos. Club dei giocatori

1 GK Vladimir Stojković Partizan

2 DF Antonio Rukavina Villarreal

3 DF Du`ko Tošić Beşiktaş

4 MF Luka Milivojević Palazzo di cristallo

5 DF Uro' Spajić Anderlecht

6 DF Branislav Ivanović Zenit San Pietroburgo

7 MF Andrija Živković Benfica

8 FW Aleksandar Prijović PAOK

9 FW Aleksandar Mitrović Fulham

10 MF Dušan Tadić Southampton

11 DF Aleksandar Kolarov (capitano) Roma

12 GK Predrag Rajković Maccabi Tel Aviv

13 DF Milo` Veljković Werder Bremen

14 DF Milano Rodić Stella Rossa Belgrado

15 DF Nikola Milenković Fiorentina

16 MF Marko Grujić Cardiff City

17 MF Filip Kostić Hamburger SV

18 FW Nemanja Radonjić Stella Rossa Belgrado

19 FW Luka Jović Eintracht Francoforte

20 MF Sergej Milinković-Savić Lazio

21 MF Nemanja Matić Manchester United

22 MF Adem Ljajić Torino

23 GK Marko Dmitrović Eibar

Svizzera

Coach: Vladimir Petković

No. Pos. Club dei giocatori

1 GK Yann Sommer Borussia Mönchengladbach

2 DF Stephan Lichtsteiner (capitano) Juventus

3 DF François Moubandje Toulouse

4 DF Nico Elvedi Borussia Mönchengladbach

5 DF Manuel Akanji Borussia Dortmund

6 DF Michael Lang Basilea

7 FW Breel Embolo Schalke 04

8 MF Remo Freuler Atalanta

9 FW Haris Seferović Benfica

10 MF Granit Xhaka Arsenal

11 MF Valon Behrami Udinese

12 GK Yvon Mvogo RB Lipsia

13 DF Ricardo Rodríguez Milano

14 MF Steven Zuber 1899 Hoffenheim
15 MF Blerim Džemaili Bologna
16 MF Gelson Fernandes Eintracht Frankfurt
17 MF Denis Zakaria Borussia Mönchengladbach
18 FW Mario Gavranović Dinamo Zagabria
19 FW Josip Drmić Borussia Mönchengladbach
20 DF Johan Djourou Antalyaspor
21 GK Roman Bürki Borussia Dortmund
22 DF Fabian Schär Deportivo La Coruña
23 MF Xherdan Shaqiri Stoke City

Gruppo F

Germania

Coach: Joachim Löw

No. Pos. Club dei giocatori

1 GK Manuel Neuer (capitano) Bayern Monaco di Baviera
2 DF Marvin Plattenhardt Hertha BSC
3 DF Jonas Hector 1. FC Colonia
4 DF Matthias Ginter Borussia Mönchengladbach
5 Stuoie DF Hummels Bayern Monaco di Baviera
6 MF Sami Khedira Juventus
7 MF Julian Draxler Paris Saint-Germain
8 MF Toni Kroos Real Madrid
9 FW Timo Werner RB Leipzig
10 MF Mesut Özil Arsenal
11 FW Marco Reus Borussia Dortmund
12 GK Kevin Trapp Paris Saint-Germain
13 MF Thomas Müller Bayern Monaco di Baviera
14 MF Leon Goretzka Goretzka Schalke 04
15 DF Niklas Süle Bayern Monaco di Baviera
16 DF Antonio Rüdiger Chelsea
17 DF Jérôme Boateng Bayern Monaco di Baviera
18 DF Joshua Kimmich Bayern Monaco di Baviera
19 MF Sebastian Rudy Bayern Monaco di Baviera
20 MF Julian Brandt Bayer Leverkusen
21 MF İlkay Gündoğan Manchester City
22 GK Marc-André ter Stegen Barcelona
23 FW Mario Gomez VfB Stoccarda

Messico

Coach: Juan Carlos Osorio

No. Pos. Club dei giocatori
1 GK José de Jesús Corona Cruz Azul
2 DF Hugo Ayala UANL
3 DF Carlos Salcedo Eintracht Frankfurt
4 DF Rafael Márquez (capitano) Atlas
5 MF Érick Gutiérrez Pachuca
6 MF Jonathan dos Santos LA Galaxy
7 MF Miguel Layún Sevilla
8 FW Marco Fabian Eintracht Francoforte
9 FW Raul Jimenez Benfica
10 MF Giovani dos Santos LA Galaxy
11 FW Carlos Vela Los Angeles FC
12 GK Alfredo Talavera Toluca
13 GK Guillermo Ochoa Standard Liegi
14 FW Javier Hernández West Ham United
15 DF Héctor Moreno Real Sociedad
16 DF Héctor Herrera Porto
17 MF Jesús Manuel Corona Porto
18 MF Andrés Guardado Real Betis
19 FW Oribe Peralta America
20 MF Javier Aquino UANL
21 DF Edson Álvarez América
22 FW Hirving Lozano PSV Eindhoven
23 MF Jesús Gallardo UNAM

Corea del Sud
Coach: Shin Tae-yong
No. Pos. Club dei giocatori
1 GK Kim Seung-gyu Vissel Kobe
2 DF Lee Yong Jeonbuk Hyundai Motors
3 DF Jung Seung-hyun Sagan Tosu
4 DF Oh Ban-suk Jeju United
5 DF Yun Young-sun Seongnam FC
6 DF Park Joo-ho Ulsan Hyundai
7 FW Son Heung-min Tottenham Hotspur
8 MF Ju Se-jong Asan Mugunghwa
9 FW Kim Shin-wook Jeonbuk Hyundai Motors
10 MF Lee Seung-woo Hellas Verona
11 FW Hwang Hee-chan Red Bull Salisburgo
12 DF Kim Min-woo Sangju Sangmu Sangmu
13 MF Koo Ja-cheol FC Augsburg
14 DF Hong Chul Sangju Sangmu
15 MF Jung Woo-young Vissel Kobe

16 MF Ki Sung-yueng (capitano) Swansea City
17 MF Lee Jae-sung Jeonbuk Hyundai Motors
18 MF Moon Seon-min Incheon United
19 DF Kim Young-gwon Guangzhou EverGrand
20 DF Jang Hyun-soo FC Tokyo
21 GK Kim Jin-hyeon Cherry Osaka
22 DF Go Yo-han FC Seoul
23 GK Jo Hyeon-woo Daegu FC

Svezia
Coach: Janne Andersson
No. Pos. Club dei giocatori
1 GK Robin Olsen Copenhagen
2 DF Mikael Lustig Celtic
3 DF Victor Lindelöf Manchester United
4 DF Andreas Granqvist (capitano) Krasnodar
5 DF Martin Olsson Swansea City
6 DF Ludwig Augustinsson Werder Bremen
7 MF Sebastian Larsson Hull City
8 MF Albin Ekdal Hamburger SV
9 FW Marcus Berg Al Ain
10 MF Emil Forsberg RB Lipsia
11 FW John Guidetti Alavés
12 GK Karl-Johan Johnsson Guingamp
13 MF Gustav Svensson Seattle Sounders FC
14 DF Filip Helander Bologna
15 MF Oscar Hiljemark Genova
16 DF Emil Krafth Bologna
17 MF Viktor Claesson Krasnodar
18 DF Pontus Jansson Leeds United
19 MF Marcus Rohdén Crotone
20 FW Ola Toivonen Toulouse
21 MF Jimmy Durmaz Tolosa
22 FW Isaac Kiese Thelin Waasland-Beveren
23 GK Kristoffer Nordfeldt Swansea City

Gruppo G
Belgio
Coach: Roberto Martinez
No. Pos. Club dei giocatori
1 GK Thibaut Courtois Chelsea

2 DF Toby Alderweireld Tottenham Hotspur
3 DF Thomas Vermaelen Barcellona
4 DF Vincent Kompany Manchester City
5 DF Jan Vertonghen Tottenham Hotspur
6 MF Axel Witsel Tianjin Quanjian
7 MF Kevin De Bruyne Manchester City
8 MF Marouane Fellaini Manchester United
9 FW Romelu Lukaku Manchester United
10 FW Eden Hazard (capitano) Chelsea
11 MF Yannick Yannick Carrasco Dalian Yifang
12 GK Simon Mignolet Liverpool
13 GK Koen Casteels VfL Wolfsburg
14 FW Dries Mertens Napoli
15 DF Thomas Meunier Paris Saint-Germain
16 MF Thorgan Hazard Borussia Mönchengladbach
17 MF Youri Tielemans Monaco
18 FW Adnan Januzaj Royal Society
19 MF Mousa Dembélé Tottenham Hotspur
20 DF Dedryck Boyata Celtic
21 FW Michy Batshuayi Borussia Dortmund
22 MF Nacer Chadli West Bromwich Albion
23 DF Leander Dendoncker Anderlecht

Inghilterra
    Coach: Gareth Southgate
    No. Pos. Club dei giocatori
    1 GK Jordan Pickford Everton
    2 DF Kyle Walker Manchester City
    3 DF Danny Rose Tottenham Hotspur
    4 MF Eric Dier Tottenham Hotspur
    5 DF John Stones Manchester City
    6 DF Harry Maguire Leicester City
    7 MF Jesse Lingard Manchester United
    8 MF Jordan Henderson Liverpool
    9 FW Harry Kane (capitano) Tottenham Hotspur
    10 FW Raheem Sterling Manchester City
    11 FW Jamie Vardy Leicester City
    12 DF Kieran Trippier Tottenham Hotspur
    13 GK Jack Butland Stoke City
    14 FW Danny Welbeck Arsenal
    15 DF Gary Cahill Chelsea
    16 DF Phil Jones Manchester United
    17 DF Fabian Delph Manchester City

18 DF Ashley Young Manchester United
19 FW Marcus Rashford Manchester United
20 MF Dele Alli Tottenham Hotspur
21 MF Ruben Loftus-Cheek Crystal Palace
22 DF Trent Alexander-Arnold Liverpool
23 GK Nick Pope Burnley

Panama
Coach: Hernán Darío Gómez
No. Pos. Club dei giocatori
1 GK Jaime Penedo Dinamo București
2 DF Michael Amir Murillo New York Red Bulls
3 DF Harold Cummings Harold Cummings San Jose Terremoti
4 DF Fidel Escobar New York Red Bulls
5 DF Roman Torres Seattle Sounders FC
6 MF Gabriel Gómez Atlético Bucaramanga
7 FW Blas Perez Municipal
8 MF Édgar Bárcenas Tapachula
9 FW Gabriel Torres Huachipato
10 FW Ismael Díaz Deportivo Fabril
11 Università MF Armando Cooper del Cile
12 GK José Calderón Chorrillo
13 Dinamo DF Adolfo Machado Houston Dynamo
14 MF Valentín Pimentel Plaza Amador
15 DF Erick Davis Dunajská Streda
16 FW Abdiel Arroyo Alajuelense
17 DF Luis Ovalle CD Olimpia
18 FW Luis Tejada Sport Boys
19 MF Ricardo Ávila Gent
20 Terremoti MF Hannibal Godoy San Jose
21 MF José José Luis Rodríguez Gent
22 GK Álex Rodríguez San Francisco
23 DF Felipe Baloy (capitano) Comune

Tunisia
Coach: Nabil Maâloul
No. Pos. Club dei giocatori
1 GK Farouk Ben Mustapha Al-Shababab
2 DF Syam Ben Youssef Kasımpaşa
3 DF Yohan Benalouane Leicester City
4 DF Yassine Meriah CS Sfaxien

5 DF Oussama Haddadi Dijon
6 DF Rami Bedoui Étoile du Sahel
7 FW Saîf-Eddine Khaoui Troyes
8 FW Fakhreddine Ben Youssef Al-Ettifaq
9 MF Anice Badri Espérance
10 FW Wahbi Khazri Rennes
11 DF Dylan Bronn Gent
12 DF Ali Maâloul Al Ahly
13 MF Ferjani Sassi Al-Nassr
14 MF Mohamed Amine Ben Amor Al-Ahli
15 FW Ahmed Khalil Club Africain
16 GK Aymen Mathlouthi (capitano) Al-Batin
17 MF Ellyes Skhiri Montpellier
18 FW Bassem Srarfi Nizza
19 FW Saber Khalifa Club Africain
20 FW Ghailene Chaalali Espérance
21 DF Hamdi Nagguez Zamalek
22 GK Mouez Hassen Châteauroux
23 FW Naïm Sliti Dijon

Gruppo H
Colombia
Coach: José Pékerman
No. Pos. Club dei giocatori
1 GK David Ospina Arsenale
2 DF Cristián Zapata Milano
3 DF Óscar Murillo Pachuca
4 DF Santiago Arias PSV Eindhoven
5 MF Wílmar Barrios Boca Juniors
6 MF Carlos Sánchez Espanyol
7 FW Carlos Bacca Villarreal
8 MF Abel Aguilar Deportivo Cali
9 FW Radamel Falcao (capitano) Monaco
10 MF James Rodriguez Bayern Monaco di Baviera
11 MF Juan Cuadrado Juventus
12 GK Camilo Vargas Deportivo Cali
13 DF Yerry Mina Barcelona
14 FW Luis Muriel Sevilla
15 MF Mateus Uribe America
16 MF Jefferson Lerma Levante
17 DF Johan Mojica Girona
18 DF Farid Díaz Olimpia
19 FW Miguel Borja Palmeiras

20 MF Juan Fernando Quintero River Plate

21 FW José Izquierdo Brighton & Hove Albion

22 GK José Fernando Cuadrado Una volta Caldas

23 DF Davinson Sanchez Tottenham Hotspur

Giappone

Coach: Akira Nishino

No. Pos. Club dei giocatori

1 GK Eiji Kawashima Metz

2 DF Naomichi Ueda Ueda Kashima Antlers

3 DF Gen Shoji Kashima Antlers

4 MF Keisuke Honda Pachuca

5 DF Yuto Nagatomo Galatasaray

6 DF Wataru Endo Urawa Red Diamonds

7 MF Gaku Shibasaki Getafe

8 MF Genki Haraguchi Fortuna Düsseldorf

9 FW Shinji Okazaki Leicester City

10 MF Shinji Kagawa Borussia Dortmund

11 MF Takashi Usami Fortuna Düsseldorf

12 GK Masaaki Higashiguchi Gamba Osaka

13 FW Yoshinori Muto Mainz 05

14 MF Takashi Inui Eibar

15 FW Yuya Osako 1. FC Colonia

16 MF Hotaru Yamaguchi Ciliegia di Osaka

17 MF Makoto Hasebe (capitano) Eintracht Frankfurt

18 MF Ryota Oshima Kawasaki Frontale Kawasaki

19 DF Hiroki Sakai Marsiglia

20 DF Tomoaki Makino Urawa Red Diamonds

21 DF Gōtoku Sakai Hamburger SV

22 DF Maya Yoshida Southampton

23 GK Kosuke Nakamura Kashiwa Reysol

Polonia

Coach: Adam Nawałka

No. Pos. Club dei giocatori

1 GK Wojciech Szczęsny Juventus

2 DF Michał Pazdan Legia Varsavia

3 DF Artur Jędrzejczyk Legia Warsaw

4 DF Thiago Cionek SPAL

5 DF Jan Bednarek Southampton

6 MF Jacek Góralski Ludogorets Razgrad

7 FW Arkadiusz Milik Napoli

8 MF Karol Linetty Sampdoria

9 FW Robert Lewandowski (capitano) Bayern Monaco di Baviera

10 MF Grzegorz Krychowiak Krychowiak West Bromwich Albion

11 MF Kamil Grosicki Hull City

12 GK Bartosz Białkowski Ipswich Città

13 MF Maciej Rybus Lokomotiv Mosca

14 FW Łukasz Teodorczyk Anderlecht

15 DF Kamil Glik Monaco

16 MF Jakub Błaszczykowski VfL Wolfsburg

17 MF Sławomir Peszko Lechia Gdańsk

18 DF Bartosz Bereszyński Sampdoria

19 MF Piotr Zieliński Napoli

20 DF Łukasz Piszczek Borussia Dortmund

21 MF Rafał Kurzawa Górnik Zabrze

22 GK Łukasz Fabiański Swansea City

23 FW Dawid Kownacki Sampdoria

Senegal

Coach: Aliou Cissé

No. Pos. Club dei giocatori

1 GK Abdoulaye Diallo Rennes

2 DF Adama Mbengue Caen

3 DF Kalidou Koulibaly Napoli

4 DF Kara Mbodji Anderlecht

5 MF Idrissa Gueye Everton

6 MF Salif Sané Hannover 96

7 FW Moussa Moussa Sow Bursaspor

8 MF Cheikhou Kouyaté (capitano) West Ham United

9 FW Mame Biram Diouf Stoke City

10 FW Sadio Mané Liverpool

11 MF Cheikh N'Doye Birmingham City

12 DF Youssouf Sabaly Bordeaux

13 MF Alfred N'Diaye Wolverhampton Wanderers

14 FW Moussa Konaté Amiens

15 FW Diafra Sakho Rennes

16 GK Khadim N'Diaye Horoya

17 MF Badou Ndiaye Stoke City

18 FW Ismaïla Sarr Rennes

19 FW M'Baye Niang Torino

20 FW Keita Baldé Monaco

21 DF Lamine Gassama Alanyaspor

22 DF Moussa Wagué Eupen

23 GK Alfred Gomis SPAL

Lightning Source UK Ltd.
Milton Keynes UK
UKHW050652090123
415051UK00015B/967